DROIT INTERNATIONAL PUBLIC DE L'ENVIRONNEMENT

Mise en œuvre en République Démocratique du Congo

VOLUME 1

Fimpa Tuwizana Twison

DROIT INTERNATIONAL PUBLIC DE L'ENVIRONNEMENT

Mise en œuvre en République Démocratique du Congo

VOLUME 1

Préface de Marie-Pascale Malanda Diatuka

L'Harmattan

5-7, rue de l'École polytechnique, 75005 Paris

www.harmattan.fr

ISBN : 978-2-336-49483-8
EAN : 9782336494838

Sigles et abréviations

A.G.N.U. : Assemblée Générale des Nations Unies
Art. : Article
C&I : Critère et Indicateur
Chap. : Chapitre
CONF. : Conférence
Dir. : Direction
Doc. N.U. : Document des Nations Unies
Id. : Idem
N° : Numéro
P. : Page
Préc. : Précité
R.T.Can. : Recueil des Traités du Canada
R.T.N.U. : Recueil des Traités des Nations Unies
RD McGill : Revue de Droit de l'Université McGill
Rés. : Résolution
R-PP Draft : Plan de Préparation à la Réduction des Emissions liées à la Déforestation et à la Dégradation des Forêts de la République Démocratique du Congo
Sess. : Session
Suppl. : Suppléant
AC : Accord de Cancun
AC : Accord de Copenhague
AC : Afrique Contemporaine
ACTD : Aldo Chirco and Ted mec Dorman
ADI : Association de Droit international
ADP : Aide Publique au Développement
AEI : Association Environnementale Indigène
AFD : Agence Française de Développement
AFD : Agence Française de Développement
AFDI : Agriculteurs Français et Développement International
AIBT : Accord International sur les Bois Tropicaux
AND : Autorité Nationale Désignée
AP : Accord de Paris

BAD : Banque Africaine de Développement
BAD : Banque Asiatique de Développement
BERD : Banque Européenne pour la Reconstruction et le Développement
BID : Banque Interaméricaine de Développement
BM : Banque Mondiale
BP : Briefing Paper
CAD : Comité d'Aide au Développement
CBFF : Congo Basin Forest Fund
CCNUCC : Convention-Cadre des Nations Unies sur les Changements Climatiques
CD : Catégorie du Développement
CDB : Convention sur la Diversité Biologique
CDI : Commission du Droit International
CE : Conseil Exécutif
CED : Centre pour l'Environnement et le Développement
CEE : Communauté Economique Européenne
CEE : Communauté Economique Européenne
CI : Conservation Internationale
CIFOR : Center for International Forestry Research
CIJ : Cour Internationale de Justice
CIRCB : Convention Internationale pour la Réglementation de la Chasse à la Baleine
CLPI : Consentement Libre Préalable Informé
CMED : Conférence Mondiale sur l'Environnement et le Développement
CNDR : Commission Nationale de Développement et de la Réforme
CN-REDD : Coordination Nationale de la Réduction des Emissions liées à la Déforestation et à la Dégradation des Forêts
CNUDD : Conférence des Nations Unies sur le Développement Durable
CO_2 : Dioxyde de Carbone
COMIFAC : Commission des Ministres des Forêts d'Afrique Centrale
CONAP : Conseil National des Aires Protégées
COP : Conférence des Parties
CP : Courrier de la Planète
CPI : Climate Policy Initiative
CRDI : Centre de Recherche pour le Développement International
DIPE : Droit International Public de l'Environnement

DUDH : Déclaration Universelle des Droits de l'Homme
EC : Etude Climat
EE : Ecological and Economics
EI : Etude Internationale
EIC : Etat Indépendant du Congo
EJIL : European Journal of International Law
EOD : Entité Opérationnelle Désignée
FAO : Organisation des Nations Unies pour l'Alimentation et l'Agriculture
FCPF : Fonds de Partenariat pour le Carbone Forestier
FEM : Fonds pour l'Environnement Mondial
FENU : Fonds d'Equipements des Nations Unies
FIDA : Fonds International de Développement Agricole
FM : Forests Monitor
FPP : Forest Peoples Programmes
FVC : Fonds Vert Climat
GEF : Global Environment Facility
GES : Gaz à Effet de Serre
GIEC : Groupe d'Experts Intergouvernemental sur l'Evolution du Climat
$GtCO_2e$/an : Giga Tonnes de Dioxyde de Carbone en Euro par An
GTZ : Agence de Coopération Technique Allemande pour le Développement
GWh/an : Gigawatte-Heure par an
ICA : Consultations Analyses Internationales
ICCN : Institut Congolais pour la Conservation de la Nature
ICLQ : International Comparative Law Quarterly
IDD : Institut pour un Développement Durable
IDDRI : Institut de Développement Durable et des Relations Internationales
IFDD : Institut de la Francophonie pour le Développement Durable
IFR : International Forestry Review
INDD : Institut National de Développement Durable
INERA : Institut National d'Etudes et de Recherches Agronomiques
IRAM : Institut de Recherches et d'Applications des Méthodes de Développement
IRD : Institut de Recherche pour le Développement
IUCN : Union Internationale pour la Conservation de la Nature
JSF : Journal of Sustainable Forestry
Km^2 : Kilomètre carré

$KtCO_2e$/an : Kilo Tonnes de Dioxyde de Carbone en Euro par an

LGDJ : Librairie Générale de Droit et de Jurisprudence

LPCFRDC : Loi Portant Code Forestier en République Démocratique du Congo

LRDC : Lois de la République Démocratique du Congo

LRG : Lois de la République de Guatemala

LRM : Lois du Royaume du Maroc

LRZ : Lois de la République du Zaire

McGill LJ : Revue de Droit de l'Université McGill

MEDD : Ministère de l'Environnement et Développement Durable

MEDDRDC : Ministère de l'Environnement et Développement Durable de la République Démocratique du Congo

MEDPA : Mécanisme d'Experts sur les Droits des Peuples Autochtones

MHa : Millions d'Hectares

MNV : Mesure, Notifiable et Vérifiable

MRV : Mesure, Rapportable et Vérifiable

MSN : Mesure, Suivi, Notification

$MTCO_2$ e : Méga Tonne de Dioxyde de Carbone en Euro

$MTCO_2$: Méga Tonne de Dioxyde de Carbone

NOEI : Nouvel Ordre Economique International

NU : Nationd Unies

OAB : Organisation Africaine du Bois

OCDE : Organisation de Coopération et de Développement Economique

ODA : Official Development Assistance

OGM : Organismes Génétiquement Modifiés

OIBT : Organisation Internationale des Bois Tropicaux

OIT : Organisation Internationale du Travail

OMC : Organisation Mondiale du Commerce

ONG : Organisation Non Gouvernementale

ONU : Organisation des Nations Unies

ONUDI : Organisation des Nations Unies pour le Développement Industriel

PCSE : Principes et Critères Sociaux et Environnementaux

PD : Pays Développés

PDLT : Projet de Développement Local de Torodi

PED : Pays en Développement

PIB : Produit Intérieur Brut

PIBA : Produit Intérieur Brut Agricole

PIDCP : Pacte International relatif aux Droits Civils et Politiques

PIDESC : Pacte International relatif aux Droits Economiques, Sociaux et Culturels

PKCCNUCC : Protocole de Kyoto à la Convention-Cadre des Nations Unies sur les Changements Climatiques

PMA : Pays Moins Avancés

PMO : Program Management Office

PNI : Parc National d'Ifrane

PNUD : Programme des Nations Unies pour le Développement

PNUE : Programme des Nations Unies pour l'Environnement

PPP : Partenariat Public-Privé

QI : Questions Internationales

Queen's LJ : Queen's Law Journal

RAP : Revue d'Analyse et de Prospective

RCA DH : Recueil de la Commission Africaine des Droits de l'Homme

RCA DHP : Recueil de la Commission Africaine des Droits de l'Homme et des Peuples

RCA : République Centrafricaine

RCADI : Recueils des Cours de l'Académie de Droit International

RCADI : Revue des Cours de l'Académie de Droit International

RCE DH : Recueil de la Commission Européenne des Droits de l'Homme

RCIJ : Recueil de la Cour Internationale de Justice

RCSG : Revue et Cas en Sciences de Gestion

RCSP : Registre de la Cour Suprême des Philippines

RCSR : Revue Canadienne des Sciences Régionales

RDC : République Démocratique du Congo

RED : Revue d'Economie du Développement

REDD : Réduction des Emissions liées à la Déforestation et à la Dégradation des Forêts

REDD+ : Réduction des Emissions liées à la Déforestation et à la Dégradation des Forêts, et incluant la conservation, la gestion forestière durable et l'accroissement des stocks de carbone

REDDES : Programme Thématique OIBT relatif à la Réduction du Déboisement, de la Dégradation des Forêts et à la Valorisation des Services Environnementaux

REJ : Revue Ecologique Jeunes

RF : Rainforest Foundation
RFMTSC : Reserva Forestal Municipal de Todos Santos Cuchumatan
RFSP : Revue Française de Science Politique
RIEJ : Revue Interdisciplinaire d'Etudes Juridiques
RSE : Revue en Sciences de l'Environnement
RTNU : Recueil des Traités des Nations Unies
RTNU : Recueil des Traités des Nations Unies
SBSTA : Organe Subsidiaire pour le Conseil Scientifique et Technique
SET : Savoir Ecologique Traditionnel
SIGAP : Système Guatemaltèque des Aires Protégées
SPB : Synthèses Policy Brief
TC : Tonne Carbone
TCO_2 : Tonne Dioxyde de Carbone
TCO_2e/$: Tonne Dioyde de Carbone en Dollar
TCO_2e/Euro : Tonne Dioyde de Carbone en Euro
$TeqCO_2$: Tonnes Equivalent Dioxyde de Carbone
TIC : Technologies de l'Information et de la Communication
UAF : Unité d'Aménagement Forestier
UE : Union Européenne
UNDP : United Nations Development Programme
UNESCO : Organisation des Nations Unies pour l'Education, la Science et la Culture
UN-REDD : Programme des Nations Unies pour la Réduction des Emissions liées à la Déforestation et à la Dégradation des Forêts
WCS : Wildlife Conservation Society
WWF : World Wildlife Fund

Préface

Droit international public de l'environnement : mise en oeuvre en République Démocratique du Congo.

***L'Éternel Dieu prit l'homme et l'établit dans le jardin pour le cultiver et le garder* (Genèse 2 :15).**

En observant le gâchis qui nous entoure, faudrait-il s'interroger sur la capacité humaine à solutionner les problèmes environnementaux ou souscrire à la logique de l'évolution naturelle vers le chaos ? Et pourtant, nous (Humains), point culminant de l'évolution, agissons désormais comme des Acteurs du chaos, de l'effondrement de la Vie et du Vivant. On parle désormais de l'Anthropocène, entendue comme une nouvelle époque géologique qui se caractérise par l'avènement de l'Homme comme principale force de changement sur Terre, surpassant même les forces géophysiques naturelles. En effet, depuis plus de trois siècles, notre histoire humaine s'est considérablement accélérée en consacrant solidement un paradigme du développement effréné non durable et des progrès technologiques tributaires des énergies fossiles, lesquels ont profondément modifié notre environnement ainsi que ses interactions naturelles. Si l'humanité ne réduit pas son forçage anthropique carboné, cause principale du changement climatique, de la pollution chimique et de l'érosion de la biodiversité, tous les facteurs et processus écologiques de notre patrimoine commun seront en dérèglement fonctionnels parfois irréversibles.

Garder le jardin, équivaut donc à cultiver notre patrimoine commun, la Planète Terre, en développant une culture écologique vertueuse par la promotion de l'éthique du biocentrisme comme dépassement de celle de l'anthropocentrisme.

Chercheur, le Professeur FIMPA TUWIZANA Twison, Auteur de cet ouvrage, est Docteur en Droit de l'Environnement, Développement Durable et Sécurité Alimentaire de l'Université de Montréal au Canada. Professeur des Universités en République Démocratique du Congo, FIMPA consacre ses recherches sur l'Environnement et le Développement Durable.

Professeur FIMPA analyse avec acuité les conditions de Développement Durable, concept qui prit corps à Rio de Janeiro en Juin 1992, lors de la *Conférence des Nations Unies sur l'Environnement et le Développement (CNUED),* et marqua un tournant décisif en matière d'environnement, de prise de conscience planétaire sur l'avenir de la planète et, ouvra la voie à plusieurs Conventions internationales sur la protection de l'Environnement.

Sur le cheminement mondial du Droit international de l'Environnement, l'Auteur prend la mesure de retracer les grandes étapes du consensus international (Conférence des Nations Unies sur l'Environnement Humain à Stockholm en 1972 ; Conférence des Nations Unies sur le Développement Durable (CNUDD) à Johannesburg en 2002 ; Rio + 20 en 2012 ; Accord de Paris sur le Climat en 2015) avec l'instauration d'instruments juridiques structurants portés par des engagements politiques au profit de la planète et des lois qui régissent le monde vivant.

Dans cet ouvrage, l'Auteur nourrit et plonge le lecteur dans une analyse qui met en exergue à la fois, la crise climatique, environnementale, sociale et tous les effondrements qui en découlent pour les générations actuelles et futures. Les scientifiques ont répertorié sept menaces majeures d'origine anthropique qu'il convient de contenir tant au niveau planétaire, national que local : le changement climatique, la perte de la biodiversité, la pollution chimique, les changements d'utilisation des terres, la crise de l'eau, l'acidification des océans, l'appauvrissement de la couche d'ozone stratosphérique.

Sur base de ce large spectre relatif au Droit international public de l'Environnement, à ses fondements géopolitiques, scientifiques, techniques, politiques et sociaux, à ses principes généraux directeurs, à ses défis et à ses opportunités ; Professeur FIMPA nous conduit enfin dans l'épicentre de ses recherches et de ses réflexions, à savoir : la mise en œuvre efficace et efficiente du Droit international public de l'Environnement en République Démocratique du Congo, dans une perspective de Développement Durable. Ce dernier devra être étayé par la gestion rationnelle de ses ressources naturelles (Énergies propres, Forêts, Tourbières, Eau, Minerais stratégiques, Terres arables…) lesquelles ont toutes vocation « d'Actifs écologiques stratégiques » susceptibles d'assurer des nombreux services écosystémiques au profit de la vie terrestre et par voie de conséquence de renforcer l'affirmation de notre destinée géopolitique de « Pays – Solution ».

Le point d'orgue de ses recherches consacre l'indispensable participation des populations locales et autochtones comme condition préalable, sans laquelle, aucun objectif de mise en œuvre ne pourra être atteint.

C'est pourquoi, les juristes et la Communauté internationale parlent du Droit international public de l'Environnement que la République Démocratique du Congo s'engage non seulement à mettre en œuvre, mais aussi à vulgariser à travers les nouvelles Technologies de l'Information et de la Communication. C'est dans cette optique que la République Démocratique du Congo a souscrit aux outils juridiques internationaux de protection de l'environnement en adoptant des mécanismes internes (lois, programmes, mesures, normes…) de mise en œuvre associant toutes les couches socio-professionnelles au processus décisionnel.

La finalité étant de concilier les enjeux de protection de l'environnement et les impératifs locaux de développement économique, dans une logique de lutte contre la pauvreté, essentiellement dans les milieux ruraux. Concrètement, il s'agit de faire converger les objectifs des instruments juridiques internationaux et les intérêts des communautés locales. Question cruciale car dans la réalité des pays du Sud Global, les avantages des instruments juridiques internationaux peuvent être réduits, voire annihilés, si leur mise en œuvre ne tient pas compte du paysage social et culturel et, surtout ne démontre pas des bénéfices nets en termes d'amélioration des conditions de vie, de progrès économiques palpables et des compensations financières justes et équitables.

Professeur FIMPA TUWIZANA plaide pour une République Démocratique du Congo, Pays - Solution à la lutte planétaire contre le réchauffement du système climatique, qui ne se veut plus comme un simple objet de décor. Elle est un partenaire patenté qui, non seulement, apporte son appui décisif à l'harmonisation, à la mutualisation, à l'éclairage des enjeux politiques et géostratégiques cruciaux de notre siècle, mais s'inscrit également dans une approche participative des communautés locales et autochtones pour garantir, légitimer et pérenniser la mise en œuvre des engagements internationaux, auxquels elle a souverainement souscrit.

Ce livre, du Professeur FIMPA TUWIZANA est une boussole appropriée, un cadre de référence exhaustif, qui apporte de solides outils de compréhension et indique la direction en vue d'une gouvernance environnementale largement consensuelle, laquelle donne de la voix et du rôle aux populations locales. Il ne laissera aucun lecteur avisé sur sa soif.

Marie-Pascale Malanda Diatuka

Coordonnatrice de l'Agence congolaise de la transition écologique et du développement durable (ACTEDD)

Introduction générale

Ce livre porte sur le Droit international public de l'environnement : mise en œuvre en République Démocratique du Congo.

Certaines raisons m'ont mené à la rédaction de cet ouvrage. En effet, sous les termes génériques de *gestion durable* et d'*approche écosystémique* des ressources naturelles et forestières[1], la lutte contre le réchauffement climatique à travers la mise en route des instruments juridiques internationaux de protection de l'environnement ainsi que les moyens appropriés pour la mener deviennent, ces vingt dernières années, des thèmes indispensables dans l'agenda politique international. Pour s'en convaincre, différents instruments juridiques de protection de l'environnement adoptés au niveau international, notamment l'*Accord de Paris* de 2015 prévoit la limitation du réchauffement climatique bien en dessous du seuil de 2° C. L'*Accord* va plus loin en encourageant la poursuite d'efforts limitant la hausse des températures à 1,5° C, en reconnaissant que cela réduit significativement les risques et impacts du changement climatique[2].

Bien que la problématique du réchauffement climatique et l'augmentation des émissions de gaz à effet de serre (GES) dans l'atmosphère fassent débat au niveau international, le phénomène et ses impacts sont reconnus comme une menace pour l'environnement global en termes notamment, de réduction de la biodiversité, de disparition d'espèces animales et végétales et d'appauvrissement de la couche d'ozone[3]. La participation des populations locales et la gestion durable des ressources s'inscrivent dans une dynamique très présente en droit international public de l'environnement (DIPE) et sont réaffirmées dans les instruments juridiques récents de protection de

---

[1] UNEP/COP/V/6, Annexe A- *Description de l'approche par écosystème*, par. 1 : l'approche écosystémique est « *une stratégie de gestion intégrée des terres, des eaux et des ressources vivantes, qui favorise la conservation et l'utilisation durable d'une manière équitable* » (Conférence des Parties à la *Convention sur la diversité biologique, CDB*).

[2] *Accord de Paris*, 12 décembre 2015, (2015) Draft Décision -/CP.21, en ligne : http://unfcc.int/resource/docs/2015/cop21/fre/109r01f.pdf (consulté le 3 septembre 2024) [AP], Annexe, art. 2, par. 1 a).

[3] GROUPE D'EXPERTS INTERGOUVERNEMENTAL SUR L'EVOLUTION DU CLIMAT [GIEC], *Bilan 2023 des changements climatiques : les éléments scientifiques. Contribution du Groupe de travail au Sixième Rapport d'évaluation du Groupe d'Experts intergouvernemental sur l'évolution du climat*, 2023.

l'environnement[4]. Tout cela est relié au concept de développement durable[5]. Ce dernier est d'ailleurs mentionné dans la résolution 70/1 de l'Assemblée générale des Nations Unies du 27 septembre 2015[6], comme l'approche conduisant à la protection des ressources naturelles et forestières, la stimulation des activités économiques, ainsi qu'à la réduction de la pauvreté dans les pays en développement.

Une majorité de la doctrine estimerait que la participation des communautés locales concernées, dans la mise en place des projets de développement, serait un facteur conciliateur des trois piliers[7] du développement durable et d'efficacité de mise en œuvre d'instruments juridiques internationaux pertinents de protection de l'environnement et des droits humains[8]. Pour que la participation locale atteigne ses objectifs dans les pays en développement (PED), huit critères clés ont été dégagés : l'information, la consultation, la concertation, le dialogue, l'implication, la participation, l'appropriation et l'adhésion[9].

---

[4] Notamment, *Déclaration de principes, non juridiquement contraignante mais faisant autorité, pour un consensus mondial sur la gestion et l'exploitation écologiquement viable de tous les types de forêts* (ci-après « *Déclaration sur les forêts* ») ; *Convention sur la diversité biologique* (ci-après « *CDB* » 1992) ; *CCNUCC* (1992).

[5] *Déclaration finale de la Conférence des Nations Unies sur le développement durable* (Rio+20), *L'Avenir que nous voulons : une gouvernance du développement durable ouverte et participative*, Rés. 66/288, Doc. Off. A.G. N.U., 66è sess., pt. n° 19, Doc. N.U. A/66/288 (2012), Annexe, par. 13 : « *Nous considérons qu'il est indispensable, pour réaliser le développement durable, que les peuples aient la possibilité d'agir sur leur vie et leur avenir, de participer aux processus décisionnels et d'exprimer leurs préoccupations* […] *à concrétiser l'avenir que nous voulons pour les générations actuelles et futures* ».

[6] *Transformer notre monde : le Programme de développement durable à l'horizon 2030*, Rés. 70/1, Doc. Off. A.G. N.U., 70è sess., suppl. n° 15 et 116, Doc. N.U. A/RES/70/1 (2015), objectif 13 : « […] *Le développement durable repose sur l'idée que les mesures visant à éliminer la pauvreté sous toutes ses formes et dans toutes ses dimensions, à lutter contre les inégalités dans les pays et d'un pays à l'autre, à préserver la planète, à créer une croissance économique soutenue, partagée et durable et à favoriser la cohésion sociale sont intimement liées et interdépendantes* ».

[7] Economie, écologie et social.

[8] Entre autres, Laure LEDOUX (dir.), « Implementing EU biodiversity policy : UK experiences », (2000) 17 *Land Use Policy* 257, 260 ; Jean-Age Riseth, « An Indigenous Perspective on National Parks and Sami Reindeer Management in Norway », (2007) 45 *Geographical Research* 177, 180 ; Roda MUSHKAT, « Public Participation in Environmental Law Making : A Comment on the International Framework and the Asia-Pacific Perspective », (2002) 1 *Chinese Journal of International Law* 185, 195 ; Michaël POISSONNET et Guillaume LESCUYER, « Aménagement forestier et participation : quelle leçons tirées des forêts communales du Cameroun ? », (2005) 6-2 *R.S.E.* 1, 6.

[9] Christian BRODHAG, *Glossaire du développement durable*, Saint-Etienne, Les Editions AGORA-21, 2001, p. 36.

Autre raison, le choix du droit international public de l'environnement et sa mise en œuvre en République Démocratique du Congo (ci-après « RDC ») comme sujet de recherche. La première concerne la nature même des procédures de gestion durable (approche éco systémique) des ressources naturelles et forestières, qui sont complexes, conflictuelles et controversées. Leur déploiement passe par la mobilisation d'acteurs nombreux interagissant à de multiples niveaux[10]. Pour être effective, cette mobilisation d'acteurs devrait, à son tour, articuler les aspects techniques des instruments juridiques avec leurs volets, sociaux et humains. Non considérés, en effet, ces derniers peuvent entraîner un déficit de légitimité, des contestations et des controverses, facteurs de dysfonctionnements, voire d'échecs du processus. La deuxième raison de notre choix réside dans la nécessité d'éviter tous ces revers aux outils juridiques internationaux, en assurant la participation effective et efficiente des populations locales et autochtones à leur mise en œuvre. La troisième raison est la pertinence de la mise en route des instruments juridiques internationaux en RDC pour la recherche d'efficacité : s'assurer que les implications et les effets environnementaux, socioéconomiques et culturels des outils juridiques internationaux seront déterminés, évalués (scientifiquement et démocratiquement) et pris en considération (mis en balance) avant que des décisions irréversibles ne soient prises.

Comme objectifs notamment, je donnerai des exemples de projets à partir des données disponibles et je vérifierai l'application des exigences participatives dans cet ouvrage. Aussi, cette recherche vise à valoriser le principe de prévention et de précaution qui obligent les Etats à saisir que c'est la nature même du développement économique qu'il faut repenser afin d'éviter aux générations futures la naissance de problèmes encore plus graves.

Autre objectif, d'une part, cette étude montrera que, pour efficaces qu'ils soient, les instruments juridiques internationaux pertinents de protection de l'environnement et des droits de l'homme ne constituent pas un remède miracle dans l'approche écosystémique des ressources naturelles et forestières dans leurs contextes spécifiques, en vue de réduire les émissions de GES dans l'atmosphère. A cet égard, il serait profitable d'associer à ces instruments juridiques internationaux d'autres approches. D'où, le second intérêt de cette recherche, à savoir l'implication du public concerné par la vulgarisation et la mise en œuvre de ces instruments juridiques dont les peuples autochtones et les communautés locales. Le cas congolais servira d'illustration dans le cadre de cette analyse. Par exemple, l'articulation des visées des instruments juridiques internationaux avec les intérêts des populations locales congolaises

---

[10] Jacques THEYS, « La gouvernance, entre innovation et impuissance : Le cas de l'environnement », (2003) 2 *Développement durable et territoire* 6, 8.

rendraient davantage efficient la mise en œuvre de ces outils, dans l'intérêt de protection de l'environnement et du progrès endogène des populations de ce pays. Cette double articulation présenterait pour avantage de canaliser aussi bien la volonté politique que les actions de différents acteurs concernés (gouvernement, populations locales et autochtones, exploitants privés, etc.), dans la mise en œuvre des instruments juridiques internationaux pertinents en RDC.

Comme problématique, dans le contexte des pays en développement (PED), la mise en œuvre des instruments juridiques internationaux de protection de l'environnement soulève quelques questions, notamment celles de savoir si elle constitue un modèle pour adopter un mécanisme juridique cohérent ; si elle offrira, dans une perspective de développement durable, des opportunités intéressantes de résoudre des problèmes de réchauffement climatique et d'augmentation des émissions de GES dans l'atmosphère. Cette problématique agitera donc ces questions essentielles : quel mécanisme juridique adéquat et adapté faut-il mettre en route, conformément aux instruments du droit international public de l'environnement, permettant à ces derniers d'assurer, à la fois la protection des ressources naturelles et forestières et l'épanouissement endogène des communautés locales, dans une optique de développement durable ? Dans la pratique, par quel mécanisme harmoniser, c'est-à-dire faire converger les objectifs des instruments juridiques internationaux et les intérêts des communautés locales et autochtones ? Questions d'autant plus importantes que, dans la réalité des pays du Sud, les avantages des instruments juridiques internationaux peuvent être réduits, voire annihilés, si l'application de ces outils ne tient pas compte du paysage social et culturel.

Certaines hypothèses ont guidé ma réflexion. La première, le phénomène de réchauffement climatique s'explique notamment, par l'absence de gestion durable des ressources naturelles et forestières et de participation des populations locales au processus décisionnel[11]. Autrement dit, les activités humaines constitueraient le centre des problèmes environnementaux que connaît l'humanité.

Autre hypothèse de cette analyse, l'efficacité et l'effectivité des instruments juridiques internationaux reposent sur la volonté politique des Etats Parties (pays en développement) dans l'adoption et l'application des programmes de gestion durable des ressources, impliquant les communautés locales concernées. Ces outils juridiques se révèlent donc nécessaires, s'ils réussissent à articuler les enjeux internationaux de protection de l'environnement et les enjeux locaux du progrès endogène des communautés locales (pris en compte des besoins locaux), en impliquant ces dernières au processus décisionnel. Comme hypothèses notamment, des projets mis en œuvre dans les pays du

---

[11] *Id.*

Sud rendent compte la façon dont les exigences des outils juridiques internationaux ont été appliquées dans les pays en développement (PED).

S'impose donc naturellement la nécessité d'une analyse approfondie, fouillée des programmes[12] de participation des communautés locales dans les instruments juridiques internationaux pertinents en matière environnementale. Ainsi, le programme d'intervention *Biodiversité* du Fonds pour l'environnement mondial (FEM)[13] à la *Convention sur la diversité biologique* (1992) et le programme REDD+[14] de la *Convention-Cadre des Nations Unies sur les changements climatiques* (ci-après « *CCNUCC* ») exigent un financement adéquat et le succès assuré quant aux opérations d'approche écosystémique[15]. Ces opérations accordent une place prépondérante à la participation des communautés locales aux processus de prise de décision et de gestion[16].

Autre hypothèse, le phénomène de réchauffement climatique s'explique notamment, par l'absence de gestion durable des ressources naturelles et

---

[12] Notamment, le programme d'intervention *Biodiversité* du Fonds pour l'environnement mondial (FEM) de la *CDB* (1992) et le programme REDD+ de l'*Accord de Paris* de 2015.

[13] Le FEM, créé au sein de la Banque mondiale en 1991, a été choisi par la Conférence des Parties à la *CDB* pour gérer le mécanisme financier de la CDB en vertu des dispositions de l'article 39. Dans sa décision I/2, la Conférence des Parties (COP) a décidé que le « *FEM étant restructuré, il œuvrerait comme structure institutionnelle pour gérer provisoirement ce mécanisme financier* ». Les liens entre le FEM et la *CDB* sont régis par un Mémorandum d'accord entre la COP et le Conseil du FEM, qui a été adopté par la COP dans sa décision III/8. Le FEM apporte ses financements en vue de l'exécution de programmes dans les domaines du changement climatique, des eaux internationales, de la dégradation des sols, de la couche d'ozone et des polluants organiques persistants et de la biodiversité. C'est le programme *Biodiversité* (lancé en avril 1996 par le Conseil du FEM) qui fera l'objet d'analyse dans le cadre de ce projet de recherche car son contenu est pertinent pour la mise en œuvre d'instruments juridiques internationaux de protection de l'environnement en RDC. C'est le Programme des Nations Unies pour l'environnement (PNUE), le Programme des Nations Unies pour le développement (PNUD) et la Banque mondiale (BM) qui agissent comme maîtres d'œuvre des divers projets ainsi que 7 organismes d'exécution (la FAO, l'Organisation des Nations Unies pour le développement industriel, la Banque africaine de développement, la Banque asiatique de développement, la Banque européenne pour la reconstruction et le développement, la Banque interaméricaine de développement et le Fonds international de développement agricole). La structure du FEM : le Conseil, le Secrétariat, les maîtres d'œuvre, les Agences d'exécution et les pays en développement bénéficiaires.

[14] *Convention-Cadre des Nations Unies sur les changements climatiques*, 9 mai 1992, [1994] R.T. Can. n° 96 (entrée en vigueur le 21 mars 1994). Réduction des émissions dues à la déforestation et à la dégradation des forêts, et incluant la conservation, la gestion, l'aménagement forestier durable et l'augmentation des stocks de carbone.

[15] UNEP/COP/V/6, préc., note 1.

[16] Décision vi/10, 29 et 30 de la sixième réunion de la Conférence des Parties (COP) à la *Convention sur la diversité biologique* (*CDB*).

forestières et de participation des populations locales au processus décisionnel[17]. Autrement dit, les activités humaines constitueraient le centre des problèmes environnementaux que connaît l'humanité.

Mon avant dernière hypothèse est que de cette analyse, l'efficacité et l'effectivité des instruments juridiques internationaux reposent sur la volonté politique des Etats Parties (pays en développement) dans l'adoption et l'application des programmes de gestion durable des ressources, impliquant les communautés locales concernées. Ces outils juridiques se révèlent donc nécessaires, s'ils réussissent à articuler les enjeux internationaux de protection de l'environnement et les enjeux locaux du progrès endogène des communautés locales (prise en compte des besoins locaux), en impliquant ces dernières au processus décisionnel. Et, ce progrès économique doit prendre en considération la symbiose entre l'homme l'environnement de telle sorte que le développement n'inclue pas la destruction de l'environnement.

Enfin, ma dernière hypothèse, on ne peut détruire l'environnement sans détruire l'écosystème, berceau de l'épanouissement et de la prospérité de l'homme. On comprend pourquoi les philosophes tentent de redéfinir les relations entre l'homme et l'environnement en proposant une éthique écologique nouvelle, une éthique environnementale susceptible d'arrêter ce cycle infernal de dégradation de la qualité de l'environnement et de fournir un ensemble de valeurs capables de solutionner des conflits résultant de la gestion irrationnelle de l'environnement. On comprend pourquoi le philosophe allemand Hans Jonas[18], dans sa critique contre la postmodernité, nous prévient des illusions de l'éthique anthropocentrique pour valoriser celle biocentrique : le principe que l'existence même de la vie comporte l'obligation de la respecter et que chaque génération a une responsabilité envers les suivantes. Concrètement, des philosophes comme Hans Jonas ont suggéré une éthique environnementale, qui consiste à établir des normes morales de comportement envers l'environnement et à poser des jugements de valeur sur les activités humaines en termes de droits et de responsabilités, d'utilité et de bien-être (mieux-être) global dans l'établissement d'objectifs économiques et sociaux[19]. On comprend pourquoi les juristes et la communauté internationale parlent de droit international public de l'environnement pour lequel la République Démocratique du Congo s'engage non seulement à mettre en œuvre, mais aussi à vulgariser grâce aux nouvelles Technologies de l'Information et de la Communication (NTIC).

Cet ouvrage ne peut être réalisé sans reconnaître certaines limites. En effet, la participation locale ne se limite pas aux seules communautés locales et autochtones mais s'étend également à tous les acteurs habitant sur le territoire

---

[17] *Id.*

[18] Hans JONAS, *Le principe de responsabilité*, Paris, Editions du Cerf, 1990, p. 16.

[19] *Id.*

national dans les PED (les entreprises, les consommateurs, les exploitants informels, les ONG à vocation écologique, etc.).

Autre limite, la question de la mise en œuvre du Droit international public de l'environnement se pose ailleurs aussi dans plusieurs pays. Je me limite à la République Démocratique du Congo. Etant mon pays, l'investigation m'a été facile. Je suis conscient que mes intuitions soutenues dans ce livre peuvent se vérifier aussi dans d'autres pays en développement (PED), ayant les mêmes défis que la RDC. Aussi, je n'ai pas la prétention d'avoir épuisé le débat sur les conditions d'application du droit international public de l'environnement en RDC. Je souhaite vivement les apports des autres chercheurs pour enrichir le débat.

Ma démarche est pluridisciplinaire. La méthode historique et juridique m'ont permis de revenir sur les principaux moments de l'évolution du droit international public de l'environnement, notamment en République Démocratique du Congo. L'expérience et l'observation des faits ont enrichie mes convictions. Les méthodes réflexive et critique m'ont permis de me faire un jugement pour la mise en oeuvre du droit international public de l'environnement en RDC.

L'ossature de recherche comprend trois volumes. Le premier aborde la question de l'environnement et du droit international public. Le second volume tourne autour de l'environnement, droits de l'homme et responsabilité internationale. Le dernier volume a pour matrice La République Démocratique du Congo et le droit international public de l'environnement.

Ce premier volume comporte quatre chapitres. Le premier chapitre a pour pierre de touche les préliminaires sur l'environnement. Le second se corse sur l'histoire du droit de l'environnement. Le troisième chapitre analyse les concepts et principes généraux en droit international public de l'environnement. Le dernier élucide le principe de participation locale en droit international public de l'environnement.

Chapitre 1
L'environnement : les préliminaires

Ce premier chapitre a pour matrice les préliminaires indispensables à rappeler sur l'environnement. Après avoir défini le concept même de l'environnement et les problèmes environnementaux actuels auxquels la planète est confrontée (1), nous examinerons plus attentivement les effets globaux des activités humaines sur notre environnement (2).

Section 1. De l'environnement

Cette section est organisée en cinq points. Après la définition du concept environnement, j'évoque les problèmes environnementaux, la conservation et l'utilisation de l'environnement, les sciences de l'environnement et enfin les éthiques environnementales.

1.1. La définition

Si tout le monde sait ce qu'est l'*environnement*, on doit cependant convenir qu'il n'existe pas de définition juridique établie de ce concept. Les conventions, les recommandations et les résolutions internationales portant sur l'environnement définissent rarement le concept ; c'est que ce dernier ne se laisse pas aisément délimiter20 et qu'il n'est guère nécessaire de le définir pour adopter des conventions visant la réduction de la pollution des mers ou l'élimination des substances qui appauvrissent la couche d'ozone. Les conventions portent en effet sur des éléments précis de l'environnement (protection des espèces en danger, conservation de la flore, de la faune sauvages et des habitats naturels, réduction de gaz à effet de serre, pollution des cours d'eaux et des mers régionales, gestion des déchets dangereux, protection des forêts et de la biodiversité, etc.) afin d'apporter des solutions pratiques à des problèmes environnementaux urgents. Il n'existe aucun besoin impérieux de déterminer le sens du mot « *environnement* » pour réaliser leurs objectifs.

En même temps, les juristes se réfèrent abondamment aux nouveaux principes généraux du droit de l'environnement, invoquent souvent les études d'impact sur l'environnement, discutent de la portée du droit à un environnement sain et l'on se demande alors quel est l'objet précis de ce droit ? Droit de l'environnement ? Mais de quoi s'agit-il, au juste ? L'environnement est

20 Voir notamment : P. BIRNIE, A. BOYLE et C. REDGWELL, *International Law and the Environment*, 3è éd., Oxford, Oxford University Press, 2009, p. 4 et s. Michel PRIEUR, *Droit de l'environnement*, Paris, Dalloz, 2011, p. 1-6 ; Agathe VAN LANG, Pierre-Marie DUPUY et Jorge VINUALES, *Introduction au droit international de l'environnement*, Bruxelles, Editions Bruylant, 2015, p. 44-49.

évidemment tout ce qui nous entoure, que ce soit au niveau local, régional ou mondial. La Cour internationale de justice (CIJ) nous informe21 que « *l'environnement n'est pas une abstraction mais bien l'espace où vivent les êtres humains et dont dépendent la qualité de leur vie et leur santé, y compris pour les générations futures* », on n'est pas loin de penser que l'environnement n'est pas autre chose que la planète Terre, là où nous vivons tous, et d'un point de vue légal, nous ne sommes guère plus avancés.

L'un des rares traités à présenter une définition du concept est la *Convention du conseil de l'Europe sur la responsabilité des dommages résultant d'activités dangereuses sur l'environnement*22. Elle déclare que l'environnement comprend : « *les ressources naturelles abiotiques et biotiques, telles que l'eau, l'air, le sol, la faune et la flore, et l'interaction entre les mêmes facteurs ; les biens qui composent l'héritage culturel ; et les aspects caractéristiques du paysage* »23. Il s'agit donc, en premier lieu, des éléments fondamentaux qui constituent la biosphère, c'est-à-dire de cette enveloppe qui entoure la planète et qui comprend la *lithosphère* (la croûte externe de la masse terrestre proprement dite avec ses sols, ses montagnes, ses forêts, ses plaines), l'*hydrosphère* (océans, vapeurs d'eau, lacs et rivières, glaciers et eaux souterraines) et l'*atmosphère*, qui est la source des eaux douces terrestres et qui fournit les gaz nécessaires à la vie (oxygène, hydrogène, azote, gaz carbonique)24.

Donc, l'environnement se définit comme l'eau, l'atmosphère et le sol ou toute combinaison de l'un ou l'autre ou, d'une manière générale, le milieu ambiant avec lequel les êtres vivants (l'homme, les animaux, les végétaux) entretiennent des relations dynamiques. Au sens de cette définition, l'environnement est un terme générique. Cette définition se présente en deux parties. La première partie énumère les composantes physiques qui constituent l'environnement à savoir *l'eau, l'atmosphère* et le *sol*. La seconde est un énoncé général du concept d'environnement qui met l'accent sur les

---

21 *Licéité de la menace ou de l'emploi d'armes nucléaires*, avis consultatif, 8 juillet 1996, [1996] C.I.J. Rec. 226, par. 29 (Cour internationale de justice).

22 *Convention de Lugano*, 21 juin 1993, Série des Traités européens n° 150. Cette Convention pose le principe de la responsabilité objective de l'exploitant d'une activité dangereuse et lui enjoint de réparer tout dommage causé par cette activité, étant entendu que le concept « *dommage* » comprend toute perte résultant de la dégradation de la qualité de l'environnement, y compris le manque à gagner dû à cette dégradation, le coût des mesures de remise en état qui ont été effectivement prises ou qui le seront et le coût des mesures de sauvegarde qui ont été jugées indispensables pour prévenir ou atténuer le dommage en question.

23 *Id.*

24 GIEC, préc., note 3. Le GIEC conclut dans le présent rapport, il est « *extrêmement probable- plus de 95% de probabilités* » que les activités humaines constituent notamment une menace pour l'humanité avec l'augmentation des émissions des GES.

interrelations existant entre les composantes physiques du milieu et les organismes vivants.

- Les composantes physiques de l'environnement :

a) Eau : l'eau de surface et l'eau souterraine où qu'elles se trouvent ;

b) Eau de surface : l'ensemble des eaux stagnantes ainsi que les eaux courantes se trouvant à la surface du sol, telles que les étangs, les ruisseaux, les rivières, les lacs et les fleuves ;

c) Atmosphère : l'air ambiant qui entoure la terre à l'exclusion de l'air qui se trouve à l'intérieur d'une construction ou d'un espace souterrain ;

d) Sol : tout terrain ou espace souterrain, arène submergé d'eau ou couvert par une construction.

- L'interrelation entre les organismes vivants et les composantes physiques de l'environnement

La deuxième partie de la définition précise que l'environnement est « *le milieu ambiant avec lequel les espèces vivantes entretiennent des relations dynamiques* ». Notons que la référence aux espèces vivantes est générale et vise indistinctement tous les végétaux, les animaux et les êtres humains. L'expression *relations dynamiques* précise quant à elle, qu'il doit y avoir des liens de dépendance actifs et durables entre l'eau, l'atmosphère et le sol et des espèces vivantes. Le concept d'environnement vise donc les milieux ambiants dont dépend la survie des espèces vivantes, ainsi que les milieux utiles à celle-ci, peu importe que l'usage d'un milieu ambiant soit permanent, temporaire ou saisonnier. En somme, le droit de l'environnement s'occupe de la protection de l'eau, de l'atmosphère, du sol et des espèces vivantes (êtres humains, animaux, végétaux). Il existe des liens fondamentaux entre les espèces de la nature et l'être humain et ce lien s'appelle l'*écosystème*25.

La notion d'écosystème est au centre de la définition ; elle réfère à la communauté écologique des êtres vivants qui vivent en corrélation étroite avec ce milieu physique, au milieu ambiant avec lequel les espèces vivantes entretiennent des relations dynamiques[26]. La *Convention sur la diversité biologique* (*CDB*, 1992) définit un écosystème comme « *un complexe dynamique formé de communautés de plantes, d'animaux et de micro-organismes et de leur environnement non vivant qui, par leur interaction,*

25 Jean-Maurice ARBOUR, Sophie LAVALLEE, Jochen SOHNLE et Hélène TRUDEAU, *Droit international de l'environnement*, 3è éd., Cowansville, Editions Yvon Blais, 2016, p. 3.

[26] *Id.*

forment une unité fonctionnelle »27. Suivant cette définition[28], l'écosystème comprend toutes les populations d'animaux ou de végétaux qui existent à l'intérieur d'une région donnée ainsi que l'environnement non vivant qui lui sert de cadre de vie. L'Homme ne fait pas seulement partie d'un système social ; il fait aussi partie d'un écosystème naturel à qui il doit ses possibilités de vie par la pratique de l'agriculture, de l'élevage, de la chasse, de la pêche et de l'extraction des minerais. Il crée par ses activités des problèmes environnementaux et toute la question est de savoir comment prévenir la destruction des milieux naturels ou la commission de dommages graves et parfois irréversibles aux éléments de ceux-ci (milieux naturels). Depuis plusieurs décennies déjà, on observe que les activités humaines menacent les conditions mêmes de la vie sur Terre en réduisant notamment la superficie des écosystèmes naturels (destruction des forêts), en faisant disparaître animaux et végétaux en polluant massivement le milieu naturel (pollution de l'air, des fleuves et des mers).

Les gouvernements sont maintenant conscients que l'utilisation massive et toujours croissante des ressources naturelles de la Terre, qui ne sont pas illimitées, appauvrit celle-ci et risque, à terme, de saper non seulement les fondements mêmes de l'économie mondiale mais aussi les opportunités de vie. Le défi nouveau consiste à réaliser une transition ordonnée vers un développement économique plus durable qui peut satisfaire les besoins des générations présentes sans compromettre pour autant ceux des générations à venir29 ; il faut donc mettre un frein à un type de développement qui dégrade l'environnement d'une manière irréversible, parfois. Le concept d'environnement ne se réduit pas à la protection de la nature. Outre les milieux naturels, le concept d'environnement peut aussi s'étendre du milieu bâti par l'homme, sites ou monuments[30].

La *Convention de Lugano* du 21 juin 1993, comme évoqué plus haut, inclut dans sa définition de l'environnement les biens qui composent l'héritage culturel. S'il est généralement admis que la *Convention du patrimoine mondial de l'UNESCO de 1972* s'intéresse au patrimoine naturel (paysages et parcs), elle vise aussi le patrimoine culturel31 comme des monuments

---

27 *Convention sur la diversité biologique*, 5 juin 1992, 1993 R.T. Can. N° 24 (entrée en vigueur le 29 décembre 1993) [CDB].

[28] J.-M. ARBOUR, S. LAVALLEE, J. SOHNLE et H. TRUDEAU, préc., note 25, p. 3.

29 Voir la *Charte de l'environnement* adoptée par la République française (*Loi constitutionnelle* n° 2005-205 du 1er mars 2005 (JO du 2 mars 2005).

[30] J.-M. ARBOUR, S. LAVALLEE, J. SOHNLE et H. TRUDEAU, préc., note 25, p. 5.

31 *Convention du patrimoine mondial de l'Unesco*, 1972. L'article 1er de la *Convention* définit le patrimoine culturel de la manière suivante : - les monuments : œuvres architecturales, de sculptures ou de peinture monumentales, éléments ou structures de

d'architecture, d'art ou d'histoire, des sites archéologiques, et des groupes de construction qui ont une valeur universelle exceptionnelle. On peut citer comme exemple les Pyramides d'Egypte, des centres historiques urbains comme Cordoue, Avila, Saint-Jacques-de-Compostelle en Espagne et l'arrondissement historique de Québec, etc. Une Convention spéciale de l'UNESCO, soit la *Convention pour la protection des biens culturels en cas de conflits armés* (La Haye, 1954), entend protéger ce patrimoine en temps de guerre, en interdisant notamment leur destruction.

On pourrait donc définir l'environnement comme l'ensemble des conditions et des éléments naturels de la Terre, notamment : l'eau, l'air et le sol ; toutes les couches de l'atmosphère ; toutes les matières organiques et inorganiques ainsi que les êtres vivants ; les biens qui composent l'héritage culturel ainsi que les aspects caractéristiques du paysage, que celui-ci ait été façonné par la nature ou par l'homme[32]. Il y a des problèmes environnementaux qu'il convient de signaler dans les lignes qui suivent.

1.2. Les problèmes environnementaux

Les besoins fondamentaux de tout être humain sont relativement simples : de l'eau potable, de l'air pur et respirable, des sols fertiles capables de fournir une bonne alimentation à chacun, des mers poissonneuses, une bonne santé, une bonne éducation. Or, partout où l'homme a passé, il a pollué les cours d'eau et l'atmosphère, pollué les mers, en plus de porter atteinte à la capacité de celles-ci de fournir les ressources halieutiques si importantes pour l'alimentation humaine, détruit les forêts entières et contribué à l'érosion des sols et à leur désertification en raison d'une exploitation abusive33. L'épuisement des ressources, comme la disparition d'espèces animales et végétales et l'exploitation abusive des ressources non renouvelables, la dégradation de la qualité de l'environnement, comme la destruction de la couche d'ozone et l'utilisation des espaces naturels à des fins de décharges gratuites, sont les deux marques de commerce de notre civilisation industrielle[34].

---

caractère archéologique, inscription, grottes et groupes d'éléments, qui ont une valeur universelle exceptionnelle du point de vue de l'histoire, de l'art ou de la science, - les ensembles : groupes de constructions isolées ou réunies, qui, en raison de leur architecture, de leur unité, ou de leur intégration dans le paysage, ont une valeur universelle exceptionnelle du point de vue de l'histoire, de l'art ou de la science, - les sites : œuvres de l'homme ou œuvres conjuguées de l'homme de l'homme et de la nature, ainsi que les zones y compris les sites archéologiques qui ont une valeur universelle exceptionnelle sur le plan historique, esthétique, ethnologique.

[32] *Id.*

33 Philippe SANDS, *Principles of international environmental law*, second edition, Cambridge, Cambridge University Press, 2003, p. 48.

[34] *Id.*

Dans le cadre de la préparation de la *Conférence de Rio sur l'environnement et le développement*, tenue au Brésil en 1992 afin de souligner le vingtième anniversaire du premier Sommet sur l'environnement qui avait eu lieu à Stockholm en 1972. Les Etats ont préparé un vaste *Programme d'Action* pour le XXIe siècle, intitulé *Action 21*35. Ce programme reconnaît les problèmes suivants comme ceux dont il convient de s'occuper en toute priorité : l'appauvrissement de la couche d'ozone, la pollution atmosphérique, les changements climatiques (réchauffement de la planète), le déboisement (déforestation), la désertification, la diminution de la diversité biologique, la dégradation du milieu marin, la détérioration de la qualité des eaux douces, le traitement des déchets toxiques et dangereux, la gestion des déchets radioactifs, la surexploitation des ressources halieutiques de la mer[36].

Comme on peut l'observer, la variété et l'ampleur de ces problèmes sont telles qu'il devient téméraire de penser que c'est la technique et la technique seule qui va leur apporter les solutions adéquates. Au contraire, tant le principe de prévention que celui de précaution nous invitent à réfléchir que c'est la nature même du développement économique qu'il faut repenser afin d'éviter aux générations futures la naissance de problèmes encore plus graves37.

1.3. La conservation et l'utilisation de l'environnement

Dans la recherche pratique des solutions immédiates aux problèmes environnementaux, il ne s'agit jamais de trouver la solution idéale en termes absolus et de tenter de revenir à la situation qui existerait si l'homme n'habitait pas la planète. L'eau propre à 100% existe de moins en moins dans la nature, et l'air pur peut se trouver plus facilement en régions montagneuses que dans les centres urbains. Ce qu'on doit entendre par eau propre et air pur est chose relative38. Les êtres humains veulent généralement une eau et de l'air qui ne comportent pas de risques pour la santé. Autrement dit, il y a des degrés dans la pollution qui conduisent à séparer la pollution acceptable de celle qui ne l'est pas et, s'il en est ainsi, c'est qu'il existe des coûts liés à la prévention et à la réduction de la pollution. L'objectif poursuivi est d'éviter tout danger pour l'homme et l'environnement39.

La conservation de l'environnement peut donc être définie comme « *la gestion des usages de la biosphère par les humains de façon à ce qu'elle puisse bénéficier d'une manière soutenue aux générations actuelles tout en maintenant sa capacité de répondre aux besoins et aux aspirations des générations*

---

35 *Action 21/Agenda 21*, Doc. N.U. A/CONF. 151/26/Rev.1 (16 JUIN 1992), chap. 11.
[36] *Id.*
37 Hélène TRUDEAU, « Du droit international au droit interne : l'émergence du principe de précaution en droit de l'environnement », (2003) *Queen's L.J.* 455-527.
38 J.-M. ARBOUR, S. LAVALLEE, J. SOHNLE et H. TRUDEAU, préc., note 25, p. 7.
39 *Id.*, p. 8.

futures »40. L'homme ne peut vivre sans travailler la nature parce qu'il dépend des ressources vivantes de la planète. Le problème fondamental consiste donc à réconcilier la nécessité de la conservation des ressources avec la nécessité de leur mise en valeur, un droit commence à peine à s'élaborer à ce sujet41.

Dans les pages suivantes, il convient d'évoquer les différentes sciences de l'environnement.

1.4. Les sciences de l'environnement

La protection de l'environnement met à contribution un grand nombre de sciences. Si la géographie physique analyse les éléments qui composent la biosphère, elle recoupe nécessairement la météorologie et la climatologie pour l'étude de l'air et de l'atmosphère ; la foresterie, la glaciologie et l'agronomie pour l'étude de sols42. L'analyse des effets environnementaux de la pollution peut relever des sciences de la santé, de la chimie et de la biologie. Il y a aussi une analyse économique des problèmes environnementaux et c'est sur cette discipline que reposent encore la plupart des décisions publiques en matière environnementale43.

Pour beaucoup de problèmes environnementaux, les scientifiques cherchent les relations de cause à effet et de grandes incertitudes accompagnent souvent leurs analyses. On mentionnera ici à titre d'illustration la question de l'« *effet de serre* » et du rôle de l'être humain dans le réchauffement climatique, question qui fut longuement débattue tout au long des années 1990. On peut en dire autant du débat sur l'« *ozone stratosphérique* » dans les années 1970. Les incertitudes scientifiques44 dans la définition des problèmes laissent fatalement leurs empreintes dans la construction des normes juridiques, parce que celles-ci doivent tenir compte de l'état des connaissances au moment où elles sont adoptées. Ce ne sont plus les juristes qui définissent les problèmes, mais bien la communauté scientifique, et les juristes se trouvent pour ainsi dire à la remorque de celle-ci.

---

40 UNION INTERNATIONALE POUR LA CONSERVATION DE LA NATURE, *Stratégie mondiale de la conservation : la conservation des ressources vivantes au service du développement durable*, 1980.

41 En avançant un peu plus loin dans ce raisonnement, on peut cette fois opposer les conversationnistes, ceux qui préconisent le bon usage de la nature, aux préservationnistes, ceux qui, au contraire, veulent préserver dans leur intégrité des espaces naturels. Le débat a été intense aux Etats-Unis, au début du XXè siècle, opposant Gifford PINCHOT (1865-1946), du Service des forêts, qui prône la gestion scientifique des forêts, et John MUIR (1838-1914), fondateur du Sierra Club, « ***père*** » des Parcs nationaux et de l'idée de leur inviolabilité.

42 Bénoît JADOT, *Acteurs et outils du droit de l'environnement : développements récents, développements peut-être à venir*, Louvain-la-Neuve, Editions Anthémis, 2010, p. 351.

43 *Id.*, p. 354.

44 J.-M. ARBOUR, S. LAVALLEE, J. SOHNLE et H. TRUDEAU, préc., note 25, p. 9.

La question de l'environnement n'est pas l'apanage des juristes ni des environnementalistes. Il y a des éthiques environnementales qui englobent toute une philosophie qu'il convient d'élucider au point suivant.

1.5. Les éthiques environnementales

Les pluies acides tuent les sols, le soleil provoque des cancers de la peau, l'eau que nous buvons est souvent impropre à la consommation humaine45, l'air que nous respirons est souvent pollué, des milieux naturels comme les forêts ou les terres humides sont détruits et avec eux des espèces animales ou végétales. Les activités humaines posent problème et font courir des risques réels pour la survie de l'espèce humaine sur terre. Ne doit-on pas remettre en question la rationalité même de l'approche scientifique occidentale, comme l'ont fait le philosophe Arne Naess46 en Norvège et Warwick Fox47 en Australie ? Depuis quelques décennies, des philosophes tentent de redéfinir les relations entre l'homme et l'environnement en proposant une éthique écologique nouvelle, une éthique environnementale susceptible d'arrêter ce cycle infernal de dégradation de l'environnement et de fournir un ensemble de valeurs capables de solutionner des conflits résultant des mauvaises utilisations de l'environnement.

Le philosophe allemand Hans Jonas48 part du principe que l'existence même de la vie comporte l'obligation de la respecter et que chaque génération a une responsabilité envers les suivantes. Jonas constate que la relation de l'homme avec son environnement est fondée sur une éthique anthropocentrique et il propose une critique du comportement scientifique postmoderne. Concrètement, des philosophes ont suggéré une éthique environnementale, qui consiste à établir des règles morales de comportement envers l'environnement et à poser des jugements de valeur sur les activités humaines en termes de droits et de responsabilités, d'utilité et de bien-être global dans l'établissement d'objectifs économiques et sociaux. Sur le plan économique, par exemple49, l'exploitation d'une forêt ou la construction d'un port pétrolier peut apparaître comme une excellente décision ; mais si cette exploitation signifie à toutes fins utiles la disparition d'une espèce d'oiseau en voie

45 Voir la catastrophe écologique survenue à l'été 2000 dans la petite localité de Walkerton, en Ontario, où la bactérie E Coli contamina l'aqueduc municipal et causa la mort de six personnes, en plus d'avoir rendu malades un grand nombre des habitants de cette localité. Voir aussi l'eau potable souillée par le plomb, Flint, Michigan, janvier 2016.

46 Fondateur du mouvement *Deep Ecology*. Voir notamment : *Ecology, Community and Lifestyle : Outline of an Ecosophy* (1989). Voir aussi : Georges Sessions (dir.), *Deep Ecology for the 21st Century*, Shambala Publications Inc., 1995.

47 Toward a transpersonal ecology : developing new foundations for environmentalism, State University of New York Press, 1995.

48 H. JONAS, préc., note 18.

49 Nicolas DE SADELEER, *Les principes du pollueur-payeur, de prévention et de précaution,* Bruxelles, Editions Bruylant, 1991, p. 375.

d'extinction, ou une menace très grave pour la reproduction des bélugas, est-ce toujours une excellente décision ? Par quelle méthode peut-on peser les valeurs contradictoires qui sont jeu dans cette controverse ? La forêt, par exemple, n'est pas seulement un milieu qui renferme des arbres à abattre pour créer des emplois et fabriquer du papier ou des maisons ; elle est aussi l'environnement où vivent des milliers d'espèces.

Nicolas De Sadeleer rapporte une affaire (*Ligue royale belge pour la protection des oiseaux, Conseil d'Etat belge n°55.378 du 25 septembre 1995*) qui a été soumise pour décision au Conseil d'Etat de la Belgique50 : une municipalité ordonne le dynamitage d'un éperon rocheux qui menace de s'effondrer ; or des associations de protection de la nature s'opposent à ce dynamitage parce que le rocher en question est l'habitat d'une fleur endémique, la Joubarbe d'Aywaille, et que la décision de la municipalité se fait en violation de certaines lois relatives à la protection de la nature et des monuments et sites. Dans cette affaire, le Tribunal autorisa le dynamitage au nom de la sécurité des personnes, même si cette décision risquait d'entraîner un dommage grave pour la flore, notamment le risque de disparition d'une espèce protégée. N'y avait-il pas d'autres solutions qui auraient pu être envisageables ? Et si oui, à quel prix ? Comme la *Convention relative à la conservation de la vie sauvage et du milieu naturel de l'Europe*, conclue à Berne le 19 septembre 1979, nous le rappelle si bien, « la flore et la faune sauvages constituent un patrimoine naturel d'une valeur esthétique, scientifique, culturelle, récréative, économique et intrinsèque, qu'il importe de préserver et de transmettre aux générations futures ». Selon nous, il s'agira de conclure un contrat moral avec la nature avec l'adoption de nouvelles mentalités, notamment par la mise en place des mécanismes efficaces visant à l'apprentissage de bonnes pratiques en la matière. Ces mécanismes exigent l'implication des pouvoirs publics à travers la sensibilisation de la population sur les méfaits de la destruction de la qualité de l'environnement (sur les espèces vivantes ainsi que sur les composantes physiques de l'environnement). Ces populations ont également un rôle nécessaire à jouer dans l'application effective de ces nouveaux mécanismes. Il est important d'envisager dans la seconde section le rapport de l'homme à l'environnement.

Section 2. De l'homme et de son environnement

Dans cette section, nous analyserons, d'une manière générale, les impacts des activités humaines sur l'environnement. Nous allons également nous demander pour quel motif, il apparaît si indispensable de se préoccuper de la qualité de notre environnement.

---

50 LIGUE ROYALE BELGE POUR LA PROTECTION DES OISEAUX, Conseil d'Etat belge n° 55.378 du 25 septembre 1995.

2.1. L'impact des activités humaines sur l'environnement : la formule Ehrlich

Paul Ehrlich et Anne Ehrlich, auteurs d'ouvrages sur la surpopulation51, soutiennent l'idée selon laquelle que la croissance démographique est au centre des problèmes environnementaux. Ils ne sont les seuls dans cette catégorie ; ils se situent en effet dans un mouvement doctrinal qui n'a jamais cessé, depuis Thomas Robert Malthus (1798), d'alerter les opinions publiques sur les risques d'une forte croissance démographique ; on peut penser ici au Français Jacques-Yves Cousteau, qui y voyait le risque numéro un, ainsi qu'à l'agronome français René Dumont52. S'il ne fait guère de doute que la croissance démographique, combinée à une consommation toujours élevée des ressources, augmente les pressions sur l'environnement mondial et peut avoir une incidence néfaste sur les opportunités de développement économique d'un pays, il reste à savoir si nous sommes là en face d'un véritable problème ou d'un faux problème[53]. Selon Ehrlich54, l'impact sur l'environnement des activités humaines (I) est le résultat de trois facteurs qui sont la Population (P), la Consommation (C) et la Technologie (T), d'où la formule : $I = P \times C \times T$. Selon Ehrlich, l'impact de chaque pays sur l'environnement peut être analysé comme étant le produit de la taille de sa population multipliée par la richesse per capita telle que mesurée par la consommation, multiplié ensuite par le dommage causé par les technologies qui ont produit chaque élément de cette richesse55.

Pour arrêter l'aggravation des problèmes environnementaux, ces auteurs préconisent[56] : (1) l'arrêt de la croissance démographique et la stabilisation de la population mondiale à un niveau compatible avec la capacité de charge de la Terre ; (2) le remplacement des technologies polluantes (pétrole, charbon, nucléaire) par des technologies qui respectent l'environnement (éolien, solaire, biomasse, biocarburant, hydroélectricité, biogaz, etc.) et ; (3) le remplacement de l'idée moteur de la croissance économique par la notion d'équilibre économique. Quand Malthus écrivait ses mélanges sur la

---

51 Paul EHRLICH, *The Population Bomb*, New York, Ballantines Books, 1968 ; Paul EHRLICH et Anne EHRLICH, *The Population Explosion*, New York, Touchstone, 1991 ; Paul et Anne EHRLICH, *One with Nineveh, Politics, Consumption and the Human Nature*, New York, Island Press, 2004.

52 Un monde intolérable, Paris, Editions du Seuil, 1988. *Famine*, Paris, Editions du Seuil, 1980. Gaston BOUTHOUL, *La surpopulation du monde*, Paris, Payot, 1958.

53 *Id.*

54 P. R. EHRLICH et A. H. EHRLICH, *Healing the planet*, Reading MA : Add.-Wesley, 1991, p. 7.

55 On parle de surpopulation, étant entendu que ce terme est mis en lien avec la capacité de charge de la Terre, c'est-à-dire de la capacité de celle-ci à assurer les besoins de l'humanité en matières premières dont l'énergie fossile et la production alimentaire.

56 P. EHRLICH et A. EHRLICH, préc., note 51.

population mondiale, cette dernière n'atteignait même pas un milliard ; quand Ehrlich écrivait en 1968, il estimait que la population d'alors, 3 milliards 700 millions, était la limite ultime avant de sombrer dans des dégâts terribles. Or, la population mondiale a atteint 6 milliards en 1999 et 7 milliards en 2011 ; elle a atteint déjà 8 milliards en 2023. Elle devrait croître de quasiment 2 milliards d'ici à 2050 pour atteindre 10 milliards d'habitants, avant d'avoisiner les 11 milliards à la fin du siècle[57]. Les dégâts annoncés ne se sont pas réalisés, mais on sait que la pauvreté, la faim et la famine constituent encore des réalités de notre temps. Particulièrement dans les pays du Sud[58], près d'un milliard d'êtres humains n'ont pas accès à des produits alimentaires suffisants et de bonne qualité[59]. Ainsi que l'indique justement l'objectif 6 b) de la résolution 70/1 de l'Assemblée générale des Nations Unies du 27 septembre 2015[60], le financement sur le plan international des projets de protection de l'environnement tout en favorisant le développement endogène des populations locales se réalise notamment, au moyen de la participation de ces dernières au processus décisionnel.

Pour mieux comprendre, nous acceptons les avancées de cette Résolution 70/1. Cette dernière prône la mobilisation des ressources importantes provenant de sources diverses. Elle ouvre des moyens prévisibles en mettant en route des projets et politiques capables d'éliminer la pauvreté sous toutes ses formes[61]. La formule Ehrlich nous fait voir en revanche qu'il existe des relations très étroites entre la population, la consommation et la technologie, parce que chacun de ces trois facteurs impose un stress sur l'environnement. Quand on examine la facture Nord/Sud à travers l'ombre de cette formule, elle nous permet surtout de voir quels sont les grands enjeux du droit international de l'environnement[62].

---

57 FONDS DES NATIONS UNIES POUR LA POPULATION (FNUP), *Rapport sur l'état de la population mondiale 2023*, New York, p. 6.

58 A ce niveau, il convient de préciser certains termes, notamment, ceux du « *Nord* » et de « *Sud* » qui sont fréquemment utilisés dans cet ouvrage. Le « *Nord* » s'entend comme l'ensemble de pays industrialisés ou développés (PD) alors que le « *Sud* » englobe largement les pays en développement (PED).

59 ORGANISATION DES NATIONS UNIES POUR L'ALIMENTATION ET L'AGRICULTURE (FAO), *Sécurité alimentaire et développement agricole en Afrique subsaharienne (Rapport principal)*, Rome, 2023, p. 17.

60 Transformer le monde : le Programme de développement durable à l'horizon 2030, préc., note 6, Objectif 6 b) : « *Appuyer et renforcer la participation de la population locale à l'amélioration de la gestion* ».

61 *Id.*, Eliminer la pauvreté sous toutes ses formes et partout dans le monde.

62 Raphaël ROMI, *Droit international et européen de l'e nvironnement*, Paris, Librairie générale de Droit et de la Jurisprudence, 2005, p. 173 ; P.-M. DUPY et J.-E. VINUALES, préc., note 20, p. 111.

Parler de l'impact des activités humaines sur l'environnement selon la formule d'Ehrlich, c'est prendre en compte les questions de la population, de la richesse et de la technologie.

2.1.1. La population

L'impact de la population est très important ou moins important selon l'importance de la richesse qu'on y trouve, une population plus riche ayant nécessairement un impact négatif plus grand qu'une population plus pauvre. L'accumulation de richesse dépend en effet de la transformation de matières premières et est conséquemment dépendante des technologies et de ressources énergétiques importantes et polluantes. Si nous considérons l'état de la démographie mondiale, nous observons vite que la croissance démographique est le fait des pays en développement (PED), le taux d fertilité dans les pays du Nord (Europe, Amérique du Nord et Japon notamment permettant tout juste le remplacement des générations, sans plus, quand ces taux ne sont pas tombés au-dessous des seuils de remplacement[63]. Les projections64 de l'Organisation des Nations Unies pour 2050 laissent voir que l'accroissement des populations se fera essentiellement dans les pays du Sud. Plus de la moitié de la population mondiale d'ici à 2050 se produira en Afrique, l'Asie étant la deuxième région où la croissance des populations sera la plus importante. Selon l'Organisation des Nations Unies (ONU), l'accroissement des populations dans les pays les plus pauvres rendra plus difficile encore pour les gouvernements de ces pays l'opportunité d'appliquer des projets de développement durable, de combattre la pauvreté, d'améliorer les services de base, de développer les systèmes de santé et d'assurer une éducation minimale65.

A ce propos, nous ne partageons pas la conception Onusienne sur la conséquence de l'augmentation de la population dans les pays pauvres. Selon nous, l'adoption du concept de développement durable ne constitue pas seulement l'apanage des pays développés (PD). Il est un véritable levier pour les pays du Sud, mais compte tenu du niveau moyen de développement de ces derniers, il leur faudrait d'abord, du temps pour assimiler et mettre en œuvre effectivement ces trois piliers qui sont : l'économie, l'écologie et le social. Ensuite, la volonté politique est capitale dans la mise en œuvre des projets de développement durable dans les PED : les pouvoirs publics ont la responsabilité d'encadrement nécessaire dans cette nouvelle vision. Si la population mondiale passe à 11 milliards[66] de personnes à la fin de ce siècle, cela nécessite plus de logements, plus d'emplois, plus de nourriture et par

---

[63] UNITED NATIONS DEPARTMENT OF ECONOMIC AND SOCIAL AFFAIRS/POPULATION DIVISION, *World Population Prospects : The 2015 Revision*, Key Findings and Advance Tables.

64 *Id.*

65 *Id.*, p. 4.

[66] *Id.*

conséquent plus de développement, plus de production au niveau des terres agricoles, des pêcheries, des forêts et des pâturages, une plus grande demande d'énergie, plus de risques de pollution et plus de déchets. Selon l'Organisation de Coopération et de Développement Economique (OCDE), l'économie mondiale devrait presque quadrupler dans les 30 prochaines années, ce qui provoquera une demande accrue de sources d'énergie et de ressources naturelles et forestières67. La croissance démographique va inciter par exemple les communautés à demander plus de terres agricoles, celles-ci seront souvent prises sur les forêts et l'on sait que la destruction des forêts est une cause directe de la perte de la diversité biologique, des inondations et de l'érosion des sols68.

Les pays du Sud ont leurs problèmes environnementaux spécifiques69 : désertification des sols causée par une surexploitation des ressources, disparition des forêts, pollution des eaux, dessèchement des cours d'eaux, lacs. *La pauvreté*70*, en soi, constitue aussi une pollution qui, à sa façon, agresse l'environnement.* Les populations pauvres qui ont faim sont facilement amenées à dégrader leur environnement immédiat pour survivre : elles abattent les forêts (en mettant le feu et en déboisant) ; leur bétail épuise les prairies ; elles font usage abusif des terres marginales ; elles envahissent des villes déjà congestionnées71. Et la rapidité de la croissance démographique peut compromettre toute opportunité d'améliorer la qualité de vie. Le *Rapport Brundtland* de 1987 s'est prononcé par un jugement sévère.

---

67 ORGANISATION DE COOPERATION ET DE DEVELOPPEMENT ECONOMIQUE (OCDE), *Perspectives de l'environnement de l'OCDE à l'horizon 2050* (OCDE, 2012).

68 *Le Club de Rome est une organisation privée regroupant des économistes, des industriels, des politiciens et des technocrates en provenance d'une vingtaine de pays.* Le Rapport a été publié en français : Halte à la Croissance, Fayard, 1992.

69 Jutta BRUNNEE, « The Stockholm Declaration and the Structure and Processes of International Environmental Law », (2008) 2 *A.C.T.D.* 61, 66.

70 Une partie de la doctrine considère que la cause première de la diminution des forêts est la « *pauvreté* », car elle pousse les petits agriculteurs migrants à s'installer aux alentours des routes qui traversent les forêts et à y défricher une parcelle pour des cultures de subsistance. Dans les forêts tropicales, les paysans n'ont pas d'alternative et se livrent à ce genre d'activités qui entraînent la dégradation rapide d'un sol, souvent trop pauvre pour l'agriculture (Notamment, Monique PASTOR-BARRUE, *Forêt et développement durable au Chili : indianité mapuche et mondialisation*, Toulouse, Les Presses Universitaires du Mirail, 2004, p. 76 et 77 ; David HUMPHREYS, *Logjan : deforestation and the crisis of global governance*, London, Sterling VA, 2006, p. 215 ; Alain KARSENTY, « Payer pour les forêts tropicales ? Vers un régime international des forêts fondé sur leur conservation rémunérée », (2010) 361 *R.A.P.* 15, 19.

71 COMMISSION MONDIALE SUR L'ENVIRONNEMENT ET LE DEVELOPPEMENT (CMED), *Rapport Notre avenir à tous dit Rapport Brundtland* 1987, Montréal, Les Editions du Fleuve, 1988, p. 33.

La progression démographique ne peut pas continuer au rythme actuel. Elle compromet déjà pour de nombreux gouvernements la possibilité d'assurer à la population une éducation, des soins de santé et la sécurité alimentaire et, en particulier, l'amélioration des niveaux de vie. Cet abîme entre le nombre de personnes et les ressources oblige d'autant plus à agir que l'accroissement démographique est le plus fort dans les pays à faible revenu, dans les régions écologiquement défavorisées et dans les ménages pauvres72. La *Déclaration de Rio sur l'environnement et le développement* (1992)73 souligne tout simplement que les Etats devraient « promouvoir des politiques démographiques appropriés », ce qui laisse sous-entendre que les Etats ne sont pas prêts à se faire dicter des politiques sociales sur cette question fort controversée.

Les pages suivantes évoquent les questions de la richesse.

2.1.2. La richesse (C)

La population ne constitue pas le seul facteur de l'équation d'Ehrlich : il y a aussi la consommation qui peut être très négative pour l'environnement. Et l'on pourrait affirmer avec Ehrlich que la nation la plus riche sur terre, les Etats-Unis d'Amérique, est certainement une nation surpeuplée si l'on tient compte des pressions terribles qu'elle exerce sur les ressources de la Terre et des dommages qu'elle cause à l'environnement. Quand on sait74 qu'un Américain émet environ 20 tonnes d'équivalent CO_2 par an, un Européen 9 tonnes, un Africain et un habitant du Sud-est asiatique 2,4 tonnes seulement, est-il juste de réclamer des efforts égaux de réduction des émissions de dioxyde de carbone (CO_2) ?

A la question : d'où vient la richesse, l'économiste français Jean-Baptiste Say[75] répondait en 1817, dans son Catéchisme d'économie politique, qu'on pouvait créer de la richesse en créant de la valeur et qu'on pouvait créer de la valeur en donnant de l'utilité à un objet ou en augmentant la valeur d'un objet qui existe déjà. Produire, c'est donc donner de la valeur aux choses en leur accordant de l'utilité. L'activité économique consiste principalement à transformer la nature qui donne ses ressources d'une part et qui constitue d'autre part, un dépotoir gratuit pour l'entreposage de déchets. La richesse s'entend comme la quantité de biens possédés par une population donnée. Elle

---

72 *Id.*, p. 113.

73 *Déclaration de Rio sur l'environnement et le développement*, Rés. 151 (1), Doc. Off. A.G. N.U., 17è sess., suppl. n° 26, Doc. N.U. A/151 (1993).

74 Lucas CHANCEL, IDDRI & PARIS SCHOOL OF ECONOMICS, « Carbon and inequality : from Kyoto to Paris Trends in the global inequality of carbone missions (1998-2013) & prospects for an equitable adaptation fund », 2015, p. 18.

[75] Jean-Baptiste SAY, *Traité d'économie politique*, tome 1, Paris, Editions Economica, 1817, p. 67.

est plus ou moins consommatrice de matières premières et d'énergie76. Les impacts sur l'environnement de la production de biens de consommation, qu'on définit comme production de richesse, semblent indiscutables77. Le Nord, riche et bien développé, est le premier responsable de l'état lamentable de la planète, mais il n'est plus le seul à polluer massivement l'environnement, en raison non seulement de l'émergence de nouveaux pays industrialisés dans le Sud, mais aussi en raison du fait que des entreprises du Nord transfèrent leur production dans des pays en développement (PED), là où les coûts de production sont moins chers78.

Relations entre population et richesse- C'est au Sud qu'on trouve 80% de la population mondiale, mais la richesse, définie en termes d'accumulation de biens, se trouve plutôt au Nord. La croissance économique des pays du Sud est posée à l'heure actuelle comme une priorité absolue, afin de réduire la pauvreté79. Si la planète se trouve dans un état aussi lamentable, la responsabilité incombe sans doute aux pays développés, qui doivent accepter de prendre le leadership dans la lutte pour la protection de l'environnement80.

---

76 Exemple : voiture individuelle et transports collectifs.

77 Aurélie VIEILLEFOSSE, *Le changement climatique : quelles solutions ?*, Paris, La Documentation française, 2009, p. 28.

78 Amy DAHAN DALMEDICO, « Ce qui reste à faire après l'Accord de Paris sur le climat », (2016) 1 *Idées pour le développement* 1, 2.

79 *Déclaration finale de la Conférence des Nations Unies sur l'environnement*, Rés. 1972/2849, Doc. Off. A.G. N.U., 26è sess., suppl. n° 29, Doc. N.U. A/8429 (1972). A l'issue de cette Conférence que les Etats ont adopté le préambule, par. 4 « *Les pays du Sud, lors de l'élaboration et de la mise en œuvre de leur politique de développement, qu'ils traitent des questions essentielles, notamment, la préservation et l'amélioration de la qualité de l'environnement* ». A travers cette disposition, la *Déclaration de Stockholm* sur *l'environnement* de 1972, on a observé cette préoccupation de concilier la protection de l'environnement et l'amélioration des conditions d'existence des populations locales. A partir de cette *Déclaration de Stockholm* (1972), le droit international de l'environnement a sensiblement évolué, d'une conception bilatérale et transfrontière à une conception planétaire, prenant en compte le principe d'équité entre les générations présentes, notamment Nord-Sud, et les générations futures.

80 Cette controverse a été soulevée encore au principe de participation locale et la gestion durable des forêts qui reposent à la fois sur des enjeux internationaux de protection de l'environnement et des enjeux locaux d'amélioration des conditions de vie des populations locales. Ces dernières revendiquent un droit de propriété collectif sur des terres traditionnelles avec tous les attributs, à savoir l'utilisation et la préservation des ressources, la gestion et le contrôle de l'accès de celles-ci ainsi que le pouvoir d'en disposer librement. Autrement dit, les populations locales dépendent de ces ressources pour leurs moyens de subsistance (RAPPORTEURE SPECIALE, *Rapport D'Erica-Irène Daes à la Sous-Commission de la promotion et de la protection des droits de l'homme : Souveraineté des peuples autochtones sur leurs ressources naturelles*, Doc. N.U. E/CN.4/Sub. 2/2004/30 (13 juillet 2004), par. 41.

Peut-on dénier à la majorité de la planète le droit de vouloir créer de la richesse ? S'il faut répondre par la négative en toute logique, comme il se doit d'ailleurs, comment éviter les dégâts environnementaux quand on sait qu'il y a une forte croissance démographique au Sud ? N'y a-t-il pas déjà un problème de sécurité écologique qui se profile à l'horizon81, si nous prenons acte dès maintenant du fait que les règles internationales en matière d'environnement ne sont pas automatiquement applicables aux PED82 si elles apparaissent leur imposer un coût économique et social injustifié ? La croissance économique, c'est une production massive de biens de consommation et de biens d'équipements nécessaires à l'infrastructure industrielle (transport, matériaux de construction, produits chimiques). Si la population mondiale doit se stabiliser autour de 11 milliards d'ici à 2100 et que l'essentiel de cet accroissement se réalise dans les PED83, c'est dire que la production industrielle actuelle devra être multipliée plusieurs fois pour assurer des niveaux de vie adéquats. Ehrlich note que, si la population et la richesse continuent de croître dans les pays industrialisés, il y a peu d'espoir de réduire l'impact néfaste sur l'environnement. A son avis, en plus du facteur population (P), il faut comprendre aussi que l'accumulation de richesse peut être désastreuse pour l'environnement.

Il convient de parler de la technologie au point suivant.

2.1.3. La technologie (T)

Depuis l'invention des machines à vapeur et celles à filer, qui ont amené le départ de la Révolution industrielle au début du XVIIIe siècle, le progrès technique a toujours été considéré comme un facteur premier de la croissance économique. Elle apparaît, selon Jacques Ellul, comme le moteur et le socle de l'économie84. Pour s'en convaincre, on n'a qu'à penser au progrès technique dans l'industrie agricole ou dans les industries du transport et des communications. Le mérite revient aux technologies modernes pour l'amélioration du confort, l'accroissement de l'espérance de vie, un accès plus facile à la connaissance, des moyens de transport rapides et populaires85.

---

81 *Id.*

82 Sophie LAVALLEE, « Responsabilités communes mais différenciées et protection internationale de l'environnement : une assistance financière en quête de solidarité ? », (2014) 55 :1 *Cahiers de droit* 139.

83 OCDE, préc., note 67, p. 36.

84 Jacques ELLUL, *La technique ou l'enjeu du siècle*, Paris, Editions Economia, 1990, p. 76.

85 Notamment, Antoine BAILLEUX, « A la recherche des formes du droit : de la pyramide au réseau », (2005) 55 *R.I.E.J.* 55, 103 ; François OST, « Le temps virtuel des lois postmodernes ou comment le droit se traite dans la société de l'information », dans Jean CLAM et Gilles MARTIN (dir.), *Les transformations de la régulation juridique*, travaux 5, Paris, LGDJ (Droit et Société), 1998, p. 423-449 à la page 429.

La technique transforme l'économie86, et celle-ci transforme l'humanité et ses civilisations, ses schémas de pensée, ses valeurs. La mise au point et la commercialisation de nouvelles technologies deviennent maintenant une priorité dans l'agenda politique des pays industrialisés, car la technologie est « *la recherche du meilleur moyen* » dans tous les secteurs et est devenue synonyme de compétitivité et de prospérité à long terme.

Or il y a un prix à payer pour ce développement formidable des technologies modernes et c'est généralement un coût écologique associé à la dégradation de la qualité de l'environnement. On ne pourra prévoir tous les impacts à long terme de l'emploi de certaines techniques ; une illustration parmi d'autres : les chlorofluorocarbures (CFC)87 sont devenus numéro 1 de l'être humain et interdit de la planète Terre. Au-delà de la production comme telle, il existe un risque technologique. Les accidents de Bhopal88 en 1984, de Tchernobyl89 en 1986, de Fukushima en 2011 et l'explosion d'une bombe atomique sur Hiroshima et Nagasaki, au Japon en 195490 laissent voir que les dégâts liés à l'utilisation des technologies modernes peuvent avoir des impacts significatifs au niveau international, comme la pollution radioactive et la diminution de la couche d'ozone. La création de la richesse exige donc de la technologie, et celle-ci dépend de la quantité d'énergie utilisée pour traiter les matières premières. Or, l'énergie est un élément caractéristique du développement économique humain et l'on vient même à mesurer la richesse des pays par la production d'énergie par habitant.

---

86 J. ELLUL, préc., note 84, p. 77.

87 Les chlorofluorocarbures ou CFC ont été découverts en 1928 par l'industrie chimique, à la suite des travaux menés par General Motors. Du Pont et Frigidaire. Le Freon-11 (CFC-11) devint le gaz réfrigérant le plus populaire dans l'industrie du froid et remplaça définitivement le gaz ammoniac qui était dangereux en raison de sa toxicité. La grande famille des CFC a été, depuis cette date, utilisée dans de multiples procédés industriels.

88 Dans la nuit du 2 au 3 décembre 1984, des gaz mortels s'échappent de l'usine de pesticides de la Compagnie Union Carbide de Bhopal, en Inde. Cet accident occasionne la mort de plusieurs milliers de personnes et inflige des blessures graves à des dizaines de milliers d'autres.

89 Le 26 avril 1986, un réacteur de la centrale nucléaire de Tchernobyl (près de Kiev, en Ukraine) explose et laisse échapper dans l'environnement environ 3% des matériaux radioactifs du cœur du réacteur. L'explosion provoque la formation d'un nuage radioactif qui se déplace au-dessus de l'Europe. Outre la contamination d'immenses étendues de territoires en Ukraine et dans le Belarus (ex-Biélorussie), l'accident a affecté des millions de personnes en causant des maladies graves et mortelles.

90 Les 6 et 9 août 1945, le bombardier B-29 Enola Gay largue une bombe atomique au-dessus des villes d'Hiroshima (340 000 habitants) et de Nagasaki (195 000 habitants) au Japon. L'explosion nucléaire tue plus de 103 000 à 220 000 personnes. Environ 30 000 mourront des suites des radiations. Sans compter les cas ultérieurs de cancers (plusieurs centaines) ou autres effets secondaires.

Liens entre la richesse et la technologie- R x T= développement économique. Le quart de la population mondiale consomme 75% de l'énergie de l'humanité. C'est ainsi que l'on mesure la consommation individuelle d'énergie, on dira qu'un Américain ou un Canadien cause 70 fois plus de dommages à l'environnement qu'un Congolais, 20 fois plus qu'un Indien et 10 fois plus qu'un Chinois. On dira également que la consommation par habitant d'énergie et de matières premières devra obligatoirement accroître dans les pays en développement si les besoins spécifiques doivent être satisfaits[91].

Le pétrole, le charbon, le gaz naturel, l'uranium, l'hydroélectricité, le bois de chauffage constituent l'essentiel des sources d'énergie ; toutes les énergies n'ont pas le même impact négatif sur l'environnement et on doit reconnaître qu'il existe des limites à la capacité de la planète à absorber des polluants émis au cours des activités industrielles. Des énergies renouvelables ou propres comme l'énergie solaire, l'énergie éolienne, l'énergie géothermique, la biomasse, le biocarburant sont malheureusement relégués à l'arrière-plan[92]. A cela s'ajoute le contexte international de crises aux impacts mondiaux multiples notamment la crise énergétique fait craindre un revirement à la hausse des émissions de dioxyde de carbone de plusieurs pays industrialisés au regard de choix de sécurité énergétique de courts termes. Mais, cette option aura des effets financiers, humains et écologiques catastrophiques[93].

Liens entre population et technologie- La majorité de la population mondiale a besoin de technologie pour garantir son développement économique, mais elle a rarement le capital pour se procurer de cette technologie. L'assistance financière et technologique pour le renforcement des capacités des pays en développement (PED) est un sujet à discussion dans les instances internationales sur le climat[94]. Cette question constitue même la pierre angulaire des discussions climatiques. De nombreux obstacles ou pesanteurs se trouvent sur la route des transferts technologiques, dont les *droits de propriété intellectuelle* qui appartiennent généralement aux compagnies privées et le *financement public* nécessaire à l'acquisition des nouvelles technologies. Une question s'impose : Si les PED ne peuvent échapper à l'industrialisation, la transition écologique (notamment énergétique) devra se faire par des technologies compatibles avec la préservation de l'environnement. Où, quand et comment obtiendront-ils cette technologie ?

---

91 CMED (*Rapport Brundtland*), préc., note 71, p. 38.

92 Géraud DE LASSUS SAINT-GENIES, *La prise en compte des aspects économiques du défi climatique dans le régime juridique international du climat*, Thèse de doctorat, Québec, Faculté des études supérieures, Université Laval, 2014, p. 241.

93 *Id.*

94 Sean WALSH (dir.), « China and India's Participation in Global Climate Negociations », (2011) 11-3 *International Environmental Agreements : Politics, Law & Economics* 261, 269.

La question principale est celle de savoir pour quelle raison protéger la qualité de l'environnement ? C'est l'objet des lignes ci-dessous.

2.2. Les raisons de la protection de la qualité de l'environnement

Il existe plusieurs réponses à cette question et elles se situent à des degrés d'analyse différents. On peut souligner qu'on doit impérativement protéger la qualité de l'environnement pour éviter les dégâts, pour léguer aux générations futures (à venir) une planète encore capable de supporter la vie, pour réaliser le droit à un environnement sain et pour maintenir la paix mondiale.

2.2.1. Pour éviter les dégâts

Des chercheurs du Massachusetts Institute of Technology ont annoncé en 1972, dans un Rapport fait au Club de Rome95, que, si les tendances se prolongeaient, un dégât mondial se préparait, soit par épuisement des ressources naturelles, soit par surpollution entraînant un dégât écologique au cours de XXIè siècle. Leur piste de solution pour éviter le dégât consiste à proposer une croissance zéro : stabiliser la population mondiale ; réduire de 75% la consommation de ressources naturelles par unité de production, réduire de 75% les émissions des GES par unité de production également et accroître les capitaux vers la production alimentaire. Le point fort de ce Rapport est d'avoir alerté les opinions publiques sur les dangers réels d'une croissance effrénée qui gaspille les matières premières et qui pollue sans limite.

Quinze ans plus tard, le *Rapport Brundtland* souligne les risques qui menacent la planète et les espèces qui l'habitent, dont l'espèce humaine ; il rappelle que « *les nantis doivent adopter un mode de vie qui respecte les limites écologiques de la planète* » (p. 10), que la croissance économique doit s'accompagner d'une forte réduction de la consommation d'énergie fossile, que la population du globe doit se stabiliser et qu'i faut désormais parler de la qualité de la croissance économique par rapport à l'environnement.

La *Déclaration de Rio sur l'environnement et le développement* (1992) prend acte de cette situation en recommandant aux Etats de « *réduire et d'éliminer les modes de production et de consommation non viables* », afin de parvenir à un développement durable et à une meilleure qualité de vie pour tous les peuples (Principe 8). Autrement dit, la *Déclaration de Rio sur l'environnement et le développement* (1992) demande une métamorphose profonde de l'économie mondiale qui soit fondée sur des énergies autres que le charbon et le pétrole. Comme l'indique justement le GIEC96, il faut décarboniser totalement l'économie mondiale avant qu'il ne soit trop tard,

95 MEADOWS et al., *Halte à la croissance*, Paris, Editions Fayard, 1972.
96 GIEC, préc., note 3, p. 77.

c'est-à-dire avant 2 100. L'*Accord de Paris*[97] de 2015 sur le climat confirme officiellement cette conclusion, lorsqu'il établit l'objectif d'un monde sans carbone entre 2050 et 2100. Cette prise de conscience planétaire peut limiter le réchauffement climatique, en favorisant la croissance économique de manière responsable utilisant des sources d'énergies moins polluantes[98].

Les questions relatives à la protection de l'environnement nous imposent l'obligation morale d'établir un pont intergénérationnel en vue de léguer aux générations futures un environnement habitable.

2.2.2. Pour les générations futures

L'exploitation actuelle des ressources naturelles périssables comme le pétrole et le charbon aura nécessairement une fin et chaque litre d'essence qui est consommé aujourd'hui est celui qui ne sera pas à la disposition des générations futures. Le dioxyde de carbone ($C0_2$) qui est rejeté dans l'atmosphère à la suite de la combustion des énergies fossiles contribue à l'effet de serre. Il est maintenant extrêmement probable que les générations futures vivront dans un climat plus chaud que celui que nous connaissons actuellement et qui se situe à la moyenne de 15 degrés Celsius[99]. Avons-nous des responsabilités envers ceux et celles qui seront là dans quelques décennies et, si oui, quels sont donc nos devoirs envers eux ? La *Déclaration de Stockholm sur l'environnement* (1972) dispose dans son préambule que la défense et l'amélioration de l'environnement pour les générations présentes et à venir sont devenues un objectif primordial pour l'humanité. Son article premier proclame que l'homme a « *le devoir solennel de protéger et d'améliorer l'environnement pour les générations présentes et futures* ». De même, la *Déclaration de Rio sur l'environnement et le développement* (1992) proclame que « *le droit au développement doit être réalisé de façon à satisfaire équitablement les besoins relatifs au développement et à l'environnement des générations présentes et futures* ». Il existe actuellement un embryon de pensée de l'équité intergénérationnelle[100] qui est fondée sur l'idée que chaque génération agit comme un fiduciaire dans la gestion de la planète et qu'elle doit préserver les ressources de celles-ci afin de les transmettre aux générations futures. Selon ce courant d'idée, chaque génération est à la fois gardienne et usagère des ressources de la Terre et doit transmettre la Terre dans « *un état qui n'est pas inférieur à celui dans lequel*

---

97 *Accord de Paris*, préc., note 2.

98 *Id.*, Projet de décision-/CP. 21, préambule, par. 14.

99 GIEC, préc., note 3, p. 87.

100 J.-M. ARBOUR, S. LAVALLEE, J. SOHNLE et H. TRUDEAU, préc., note 25, p. 31. L'équité intergénérationnelle (les besoins des générations présentes et futures doivent être pris en compte) est conçue pour orienter les Etats dans les décisions qu'ils adoptent en matière de protection de l'environnement et dans le développement de leurs processus décisionnels.

elle l'a reçue ». Edith Brown-Weiss101, les effets de la théorie sont inéluctables ; chaque génération doit conserver la base des ressources afin de léguer une diversité de ressources comparable et chaque génération doit transmettre un environnement de qualité au moins égale. Il est important de veiller à réaliser le droit à un environnement sain comme je l'évoque au point suivant.

2.2.3. Pour réaliser le droit à un environnement sain

La reconnaissance du droit à un environnement sain est prévue dans un certain nombre d'outils juridiques internationaux. L'article 1er de la *Déclaration de la Conférence des Nations Unies sur l'environnement* (Stockholm, 1972) déclare que « *l'homme a un droit fondamental à la liberté, à l'égalité et à des conditions de vie satisfaisantes, dans un environnement dont la qualité lui permette de vivre dans la dignité et le bien-être* ». Le principe 1 de la *Déclaration de Rio sur l'environnement et le développement* (1992) abonde dans le même sens : « *les êtres humains sont au centre des préoccupations relatives au développement durable. Ils ont droit à une vie saine et productive en harmonie avec la nature* ». Cette finalité – un développement sain et productif en harmonie avec la nature requiert, dans les relations internationales, un changement profond conduisant à un partenariat mondial. Ce partenariat implique, à son tour, les Etats et les autres acteurs de la société, populations locales, notamment, en vue de l'éradication de la pauvreté, accompagnée d'une espèce de révolution écologique dans les modes de consommation et de production, afin d'assurer une protection efficace de la planète102. Les dispositions de l'article 1er de la *Charte européenne de l'environnement et de la santé* (1989) prévoient que « *chaque citoyen est en droit de bénéficier d'un environnement permettant la réalisation du niveau le plus élevé possible de santé et de bien-être* » ; *d'être informé et consulté sur les plan, décisions et activités susceptibles d'affecter à la fois l'environnement et la santé ; de participer au processus de prise de décision* ». Le *Protocole de San Salvador* de 1989, additionnel à la *Convention américaine sur les droits de l'homme*103, déclare, lui aussi, que chacun a le droit de vivre dans un environnement sain et d'avoir accès à des services publics de base. La *Charte africaine des droits de l'homme et des peuples* (1981) énonce pour sa part que « *tous les peuples ont droit à un environnement satisfaisant et global, propice à leur développement* ».

---

101 Edith BROWN-WEISS, *Justice pour les générations futures*, Paris, UNU Press, Sang de la Terre, 1993.

102 Olivier MAZAUDOUX, *Droit international public et droit international de l'environnement*, Limoges, Les Presses Universitaires de Limoges, 2008, p. 103.

103 Chacun a le droit de vivre dans un environnement sain et d'avoir accès à des services publics de base. Les Etats Parties doivent promouvoir la protection, la préservation et l'amélioration de l'environnement, O.A.T.S., n° 69 ; 28 International Legal Materials, 156, art. 11.

Mentionnons que, la dégradation de l'environnement risque d'avoir des impacts néfastes sur les droits fondamentaux de l'homme comme le droit à la vie, à la santé et à un niveau de vie suffisant. Le droit à la vie est intimement lié à la protection adéquate de l'environnement humain. Le droit à la santé est tributaire également d'un environnement sain. Le droit à un environnement de qualité repose ultimement sur le droit de la planète à être protégée contre les risques qui menacent l'environnement ambiant, ainsi que le droit de chaque génération de recevoir la planète dans un état au moins égal à celui dont a bénéficié la génération précédente[104].

Plusieurs constitutions nationales reconnaissent désormais à toute personne le droit de vivre dans un environnement sain, mais la portée pratique de ce droit reste encore sujette à discussion, quant à son effectivité. On peut évoquer les dispositions de l'article 53 de la *Constitution* du 18 février 2006 de la RDC qui, disposent que « *toute personne a le droit à un environnement sain et propice à son épanouissement intégral. Elle a le devoir de le défendre. L'Etat veille à la protection de l'environnement et à la santé des populations* »105. A notre avis, cette disposition constitutionnelle exhorte l'Etat de promouvoir le développement durable et d'articuler ainsi la protection de l'environnement, le développement économique et l'amélioration des conditions d'existence des populations. Elle lui ordonne également de mettre en place des mécanismes qui permettent à toute la population d'accéder aux informations pertinentes détenues par les responsables publics et de pouvoir prendre part aux processus de prise de décision ayant un impact sur l'environnement. En RDC, il existe un arsenal juridique qui consacre l'opérationnalisation du droit à un environnement sain. Nous y reviendrons en détails au chapitre relatif à l'effectivité des engagements internationaux de la RDC en matière de protection de l'environnement. La paix mondiale nous donne l'obligation de protéger l'environnement face à la prédation des uns et des autres.

2.2.4. Pour le maintien de la paix mondiale

Une détérioration sensible de l'environnement peut engendrer un conflit dont le motif est l'accès aux ressources vitales. Le *Rapport Brundtland* de 1987 note que la raréfaction des ressources naturelles de la planète conduira vraisemblablement à une compétition plus vive pour « *acquérir ou résister à un contrôle sur des matières premières, des sources d'énergie, des territoires, des bassins fluviaux, des détroits maritimes* »106.

La littérature savante est déjà abondante sur la question de la perturbation de l'environnement comme source de conflit. On connaît le phénomène des personnes qui sont contraintes de quitter leur localité suite à la dégradation de

---

104 CMED, préc., note 71.

105 *Constitution de la République Démocratique du Congo*, 18 février 2006, J.O. RDC, art. 53.

106 CMED, préc., note 71, p. 347.

leur environnement naturel. C'est un fait déjà vérifiable que la détérioration de l'environnement, causée par des facteurs comme la sécheresse, le déboisement, la désertification, la montée des niveaux des cours d'eau force à l'exode des millions d'êtres humains. Une autre forme de conflit peut résulter de la pollution de l'environnement dans un Etat qui cause des dommages transfrontières[107]. C'est le cas du conflit entre la République Démocratique du Congo (RDC) et la République d'Angola, concernant la pollution des Rivières Tshikapa et Kasaï, dont nous analyserons au chapitre ayant trait à la responsabilité internationale pour dommages transfrontières.

Conclusion

Les idées présentées dans le présent chapitre montrent que la montée de la température moyenne de la planète appelée communément « *réchauffement climatique* » serait l'émanation des activités humaines à travers les pays développés (PD) suite à l'utilisation des sources d'énergie fossiles (charbon, pétrole, nucléaire) occasionnant les problèmes environnementaux dans la planète. Ces derniers sont notamment, l'appauvrissement de la couche d'ozone, la pollution atmosphérique, les changements climatiques, le déboisement, la désertification, la diminution de la diversité biologique, la dégradation du milieu marin, la détérioration de la qualité des eaux douces, le traitement des déchets toxiques, la montée des niveaux des eaux, la disparition des espèces animales et végétales, etc. Ces problèmes environnementaux mettent en cause le cadre de la vie quotidienne ainsi que le cycle de développement économique de l'humanité. A ce propos, il est recommandé aux Etats, une exploitation rationnelle et raisonnable des ressources pour permettre aux générations présentes de satisfaire à leurs besoins sans compromettre ceux des générations futures. Pour ce motif, il serait pertinent de redéfinir les rapports entre l'être humain et l'environnement en suggérant une éthique écologique nouvelle, axée sur les pistes de solution à apporter aux contentieux découlant de l'exploitation abusive des ressources naturelles et forestières. C'est dans cette perspective que, quatre motifs sous-tendent impérativement la protection de la qualité de l'environnement : pour éviter les dégâts ; pour les générations futures ; pour réaliser le droit à un environnement sain et pour maintenir la paix internationale.

Il convient de rappeler l'histoire du droit de l'environnement dans le chapitre qui suit.

---

[107] J.-M. ARBOUR, S. LAVALLEE, J. SOHNLE et H. TRUDEAU, préc., note 25, p. 35.

Chapitre 2
Histoire du droit de l'environnement

Ce chapitre abordera brièvement l'histoire de la formation du droit de l'environnement. Sur cette question, il soulignera le rôle modeste mais pertinent du droit international dans l'évolution de ce droit. Ainsi, avant 1972, la protection de l'environnement s'exerce d'une façon partielle[108] ; la conscience environnementale est née spécifiquement des problèmes engendrés par le développement économique rapide des pays développés (PD) par l'utilisation des sources d'énergie sales ou énergies fossiles (charbon, pétrole, nucléaire)[109]. Le droit international de l'environnement prend véritablement son envol à l'occasion du premier *Somment mondial sur l'environnement* en 1972 et commence à mettre en route les principes théoriques essentiels 20 ans plus tard, lors de la *Conférence de Rio sur l'environnement et le développement*, en 1992[110]. Il y a eu aussi la Conférence *des Nations Unies sur le développement durable* (*CNDD*) *de Johannesburg* en 2002, celle sur le *développement durable* de Rio+20 en 2012 et les *Accords de Paris* en 2015.

Section 1. Avant 1972

Rappelons qu'il existe certaines conventions internationales qui remontent assez loin dans le temps et qui visent à protéger certains aspects de l'environnement. Au début du XXe siècle, l'Angleterre et les Etats-Unis d'Amérique ont conclu un *traité*111 *relatif aux eaux limitrophes* le long de la frontière canado-américaine. Le traité interdit à l'une et l'autre Partie de contaminer les eaux qui se trouvent sur son propre sol au préjudice des biens et de la santé des habitants de l'autre. Une Commission mixte internationale de six commissaires ont reçu la prérogative d'entendre et juger tous les différends concernant l'usage ou le détournement des eaux limitrophes. Des conventions pour la préservation de la faune et la flore ont été également adoptées dans la première moitié du siècle112. En 1954, une première

---

[108] J.-M. ARBOUR, S. LAVALLEE, J. SOHNLE et H. TRUDEAU, préc., note 25, p. 36.

[109] Alexandre KISS, *Droit international de l'environnement*, Paris, Editions Pedone, 1989, p. 27-49 ; Ved P. NANDA, *International Environmental law and policy*, New York, Transnational Publishers, 1995, p. 102.

[110] *Id.*

111 *Traité relatif aux eaux limitrophes et aux questions originant le long de la frontière entre le Canada et les Etats-Unis d'Amérique*, Bevans, *TIAS*, vol. 12, p. 319.

112 *Traité de 1911 pour la protection et la préservation des phoques à fourrure*, Bevans, TIAS, vol. 1, p. 80 ; *Convention pour la réglementation de la chasse à la baleine*, 1931, SOCIETE DES NATIONS, *Recueil des traités*, vol. 155, p. 349 ; *Convention de Londres*

Convention multilatérale est signée pour protéger les mers contre la pollution causée par les navires ; il s'agit de la *Convention de Londres pour la prévention de la pollution de la mer par les hydrocarbures*113. Cette dernière interdit aux navires de procéder aux rejets d'hydrocarbures à moins de 50 milles des côtes. En 1958, la première Conférence des Nations Unies sur le droit de la mer adopte une *Convention sur la pêche et la conservation des ressources biologiques de la haute mer*114. Elle est suivie en 1959 par le Traité sur l'Antarctique, qui contient des prescrits importants pour la préservation de la qualité de l'environnement de tout ce continent. Le naufrage du Torrey Canyon115 en 1967, et la pollution des côtes qui en découlèrent, provoquèrent un courant de pensée conduisant tout droit à la première *Conférence des Nations Unies sur l'environnement*, à Stockholm (1972).

Section 2. La Conférence des Nations Unies sur l'environnement humain (CNUEH) de Stockholm, 1972

La Conférence des Nations Unies sur l'environnement, qui se tient à Stockholm en 1972, adopte une *Déclaration* ainsi qu'un *Programme d'action.* Ainsi, la *Déclaration de Stockholm sur l'environnement* est considérée comme l'acte de naissance du droit international de l'environnement116.

La *Déclaration de Stockholm sur l'environnement*117contient 26 principes. Après avoir constaté des niveaux dangereux de pollution de l'eau, de l'air, de la terre et des espèces vivantes, des perturbations profondes de l'équilibre écologique de la biosphère et la dégradation de ressources irremplaçables, du trou de la couche d'ozone stratosphérique, elle stipule que la protection et l'amélioration de l'environnement est une préoccupation majeure dans l'agenda politique de tous les gouvernements118. Les ressources naturelles et

---

de 1933 relative à la conservation de la faune et de la flore dans leur état naturel, en Afrique, en 1933, Société des Nations, Recueil des traités, vol. 172, p. 241 ; *Convention de Washington de 1940 pour la protection de la flore, de la faune et des beautés panoramiques naturelles des pays de l'Amérique*, Nations Unies, *Recueil des traités*, vol. 161, p. 193 ; *Convention internationale pour les pêcheries de l'Atlantique du Nord-Ouest*, Nations Unies, *Recueil des traités*, vol. 157, p. 157.

113 Remplacée en 1973 par la Convention MARPOL.

114 Organisation des Nations Unies, *Recueil des traités*, vol. 559, p. 285.

115 J.-P. QUENEUDEC, « Les incidences de l'affaire du Torrey Canyon sur le droit de la mer », (1968) *A.F.D.I.* 701.

116 Edith Brown WEISS, « Global Environmental Change and International Law : the Introductory Framework », dans E. Brown Weiss, *Environmental Change and International Law*, Tokyo, United Nations University Press, 1992, p. 7.

117 Déclaration finale de la Conférence des Nations Unies sur l'environnement, préc., note 79.

118 J.-M ARBOUR, S. LAVALLEE, J. SOHNLE et H. TRUDEAU, préc., note 25, p. 37.

forestières doivent être préservées dans l'intérêt des générations présentes et futures. L'Homme doit protéger la capacité de la planète de produire des ressources renouvelables essentielles et éviter l'épuisement des ressources non renouvelables[119]. Le développement économique de tous les pays et singulièrement des pays du Sud est indispensable, mais il est pertinent de concilier avec la protection de l'environnement par une planification rationnelle et par le transfert d'une aide financière et technologique au profit des pays du Sud. La protection de l'environnement ne doit pas entraver le développement économique des pays du Sud et leur imposer des coûts sociaux injustifiés. La *Déclaration* reconnaît finalement que les Etats ont le droit souverain d'exploiter leurs propres ressources selon leur politique d'environnement, mais qu'ils ont le devoir de faire en sorte que leurs activités ne causent pas de dommage à l'environnement dans d'autres Etats ou ailleurs[120]. A ce propos, les efforts consentis par la République Démocratique du Congo (RDC) pour la conservation de la biodiversité, la préservation des forêts tropicales et la lutte contre le réchauffement climatique au profit de la planète semblent ne pas être reconnus à leur juste valeur. Il y a donc lieu de concilier les enjeux internationaux de protection de l'environnement avec les besoins de développement et de lutte contre la pauvreté. Tout en étant moins responsable de la crise climatique actuelle, la République Démocratique du Congo est l'un des pays les plus vulnérables aux effets néfastes des changements climatiques. Cette situation va exacerber les tensions socio-économiques des populations déjà exposées à des multiples crises. Ainsi, la piste de solution au combat contre le réchauffement climatique passe également par l'amélioration des conditions de vie des populations afin de leur permettre de contribuer significativement à la réduction des pressions sur les ressources naturelles et forestières et lui faciliter de jouer pleinement son rôle dans le respect des engagements pris au niveau international, en matière de réduction des émissions polluantes.

Le Programme des Nations Unies pour l'Environnement (PNUE), créé le 15 décembre 1972 par l'Assemblée Générale des Nations Unies[121], est issu du plan d'action élaboré à Stockholm. C'est un organe d'impulsion et de coordination des nombreuses structures des Nations Unies impliquées dans la protection de l'environnement, telles l'Organisation météorologique mondiale, l'Organisation maritime mondiale, l'Organisation mondiale de la santé, l'Organisation pour l'alimentation et l'agriculture, l'Organisation pour l'éduction, la science et la culture et la Banque mondiale.

Depuis Stockholm, on assiste à un développement remarquable du droit conventionnel, qu'il s'agisse de la protection des mers et des océans, de la

---

119 *Id.*, p. 38.
120 *Id.*
121 Résolution 2997.

protection de l'atmosphère, de la faune et de la flore, de la gestion des déchets, de la protection de l'Antarctique et de la conservation des ressources halieutiques. Cette évolution dans le domaine du droit n'a pas fait disparaître pour autant tous les problèmes environnementaux à résoudre[122]. Le Rapport de la Commission mondiale sur l'environnement et le développement (CMED)123, le *Rapport Brudtland*124, publié en 1987, analyse d'une façon particulièrement lucide la gravité des problèmes environnementaux qui dérangent la planète ; ses auteurs, des représentants de 21 pays, ont lancé un cri d'alarme devant la dégradation continue de la qualité de l'environnement mondial et demandent à l'Assemblée Générale des Nations Unies de transformer leur Rapport en véritable programme d'action. Pour ces motifs, une deuxième Conférence des Nations Unies a lieu à Rio de Janeiro en juin 1992 afin d'élaborer des stratégies pour tenter de trouver des suites favorables aux problèmes environnementaux de la fin du XXè siècle.

Section 3. La Conférence des Nations Unies sur l'environnement et le développement (CNUED) de Rio, 1992

Cette Conférence des Nations Unies sur l'environnement et le développement réunit 175 Etats, adopte un *Plan d'action* de 40 chapitres, *Action 21*125, une *Déclaration de principes sur les forêts* et une *Déclaration sur l'environnement et le développement*126. *Action 21* constitue un inventaire complet des problèmes environnementaux et des mécanismes susceptibles de les solutionner. On y propose notamment la création par l'Assemblée Générale des Nations Unies d'une Commission du développement durable afin de garantir le suivi de la Conférence et d'examiner les progrès accomplis. La Commission est effectivement créée127 en décembre 1992 à titre d'organe subsidiaire du Conseil économique et social. Sa mission est de contrôler les progrès réalisés pour la mise en œuvre de l'*Action 21* en examinant spécifiquement les rapports des organisations internationales et des gouvernements, d'intégrer le paradigme de développement durable dans l'ensemble du réseau des Nations Unies et de favoriser l'incorporation des

---

[122] *Id.*

123 Créée par l'Assemblée Générale des Nations Unies en 1983 dans le but de proposer des stratégies environnementales à long terme pour obtenir un développement durable et de recommander des moyens pour sauvegarder l'environnement.

124 *Publié originellement en langue anglaise sous le titre Our Common Future*, Oxford, Oxford University Press, 1987.

125 Action 21/Agenda 21, préc., note 35. Ce plan d'action identifie tous les grands problèmes environnementaux de l'heure et établit les stratégies susceptibles de les résoudre.

126 Déclaration de Rio sur l'environnement et le développement, préc., note 73.

127 Rés. 47/191 du 22 décembre 1992. La Commission sur le développement durable a été remplacée en 2013 par le Forum de haut niveau sur le développement durable.

principes contenus dans la *Déclaration de Rio sur l'environnement et le développement* dans l'application de l'*Action 21*.

Le *Rapport Brundtand* de 1987 met en relief ce principe et cherche à concilier le développement et l'économie (la croissance), d'où le concept de développement durable128. Toutefois, c'est la *Déclaration de Rio sur l'environnement et le développement* de 1992129 qui est le premier instrument juridique non contraignant à intégrer le paradigme de développement durable. Celui-ci signifie130 que les effets de la croissance économique doivent bénéficier au plus grand nombre, et que cette croissance doit inclure la préservation de l'environnement par l'utilisation raisonnable et rationnelle des ressources naturelles et forestières. Le concept « *développement* » intègre donc les dimensions économiques, sociales et environnementales, en cherchant leur équilibre pour que les besoins des générations présentes soient satisfaits sans compromettre ceux des générations futures. Cette finalité- un développement sain et productif en harmonie avec la nature131 requiert, dans les relations internationales, un changement profond conduisant à un partenariat mondial. Ce partenariat implique132, à son tour, les Etats et les autres acteurs de la société, populations locales et autochtones, notamment, en vue de l'éradication de la pauvreté, accompagnée d'une espèce de révolution écologique dans les modes de consommation et de production, afin de garantir une protection efficace de la planète. Nous y reviendrons avec insistance sur le chapitre en lien avec le paradigme du développement durable.

Concrètement, la *Déclaration de Rio* (1992) considère le paradigme de développement durable, la pierre angulaire de tout le droit de l'environnement et compte donner une suite favorable à la controverse posée à Stockholm entre les enjeux internationaux de protection de l'environnement et les enjeux locaux d'amélioration des conditions d'existence des populations133 (développement économique). La *Déclaration de Rio* reconnaît le droit souverain des Etats d'exploiter leurs propres ressources selon leur politique d'environnement et de développement, mais elle limite en même temps l'exercice de ce droit par le devoir de ne pas causer de dommage transfrontalier. Sue cette question, elle pose comme principe que l'absence de certitude scientifique absolue sur les possibilités de dommages graves ou

128 CMED, préc., note 71, p. 17.

129 Déclaration de Rio sur l'environnement et le développement, préc., note 73.

130 Klaus BOSSELMAN, *The Principle of sustainability : Transforming law and governance*, Burlington, Ashgate Publishing Company, 2008, p. 22.

131 Déclaration de Rio sur l'environnement et le développement, préc., note 73, principe 1.

132 O. MAZAUDOUX, préc., note 102, p. 103.

133 CMED, préc., note 71, p. 43 « *Le développement économique ne peut se maintenir si la base de ressources ne fait que se détériorer ; l'environnement ne peut être protégé si la croissance ne tient pas compte du coût de la destruction de l'environnement* ».

irréversibles ne doit pas servir de prétexte pour ne rien faire en termes préventifs. Elle favorise également le recours aux études d'impact134 comme de gestion environnementale en cas d'activités qui risquent d'avoir des effets néfastes importants sur l'environnement. Elle consacre enfin la règle selon laquelle c'est le pollueur qui devrait assumer le coût de la pollution135.

2002, il y a eu la conférence des Nations Unies sur le développement durable (CNUDD) à Johannesbourg.

Section 4. La Conférence des Nations Unies sur le développement durable (CNUDD) de Johannesburg, 2002

Le paradigme de développement durable et les engagements des Etats en sa faveur n'ont pas évolué à la *Conférence des Nations Unies sur le développement durable*, tenue à Johannesburg, du 26 août au 4 septembre 2002. Cette conférence diplomatique avait pour mission de faire le bilan des dix années depuis la Conférence de Rio, et à permettre de réaffirmer l'engagement des Nations Unies envers le développement durable. Elle n'a pas donné lieu à l'adoption de textes qui ont permis des avancées significatives en termes d'engagements à renforcer le concept de développement durable. Seuls deux documents en sont issus, soit la *Déclaration de Johannesburg sur le développement durable*136 et le *Plan d'action de Johannesburg*137.

Le Plan d'action de cette Conférence met en relief le *pilier social* du développement durable en vue de résoudre la pauvreté des populations locales, dans une approche de participation de ces dernières au processus de prise de décision[138]. A ce propos, nous définirons d'abord le pilier social et ensuite nous exposerons ses critères clés d'évaluation.

4.1. Définition du pilier social du développement durable

Il n'est pas aisé de définir le pilier « *social* » du développement durable. En effet, l'expression « *social* » que l'on emploie dans le langage est chargée de confusion. Le « *social* » est un processus de transformation qualitative de la société en vue d'améliorer les conditions d'existence de la population. Il privilégie la diminution de la pauvreté ou la fin de l'exclusion sociale et aussi

---

134 Nous aborderons cette question en détails dans un chapitre relatif au principe de développement durable.

135 Recommandation c (72) de l'ocde du 26 mai 1972, *The polluter-pay principle*, 1975.

136 *Déclaration sur le développement durable de Johannesburg* : « Déclaration de Johannesburg sur le développement durable », dans *Rapport du Sommet mondial pour le développement durable*, Doc. Off AG NU, 2002, Doc NU A/CONF. 199/20.

137 « Plan d'action de Johannesburg », dans *Rapport du Sommet mondial pour le développement durable*, Doc. Off AG NU, 2002, Doc. NU A/CONF. 199/20.

[138] *Id.*

le sous-développement139. Le volet social fait référence à la bonne gouvernance140. L'éradication de la pauvreté constitue le principal défi auquel la dimension sociale s'attaque à l'heure actuelle. De plus, le développement accompagne et renforce le progrès social pour une meilleure satisfaction des besoins spécifiques des populations locales141. Le pilier social ainsi définit, qu'en est-il des critères clés d'évaluation qui le constituent pour mieux cerner ce concept développé lors du Sommet mondial sur le développement durable à Johannesburg en 2002.

4.2. Critères clés d'évaluation du pilier social du développement durable

Le terme « social » inclut sous une unique expression la double signification de « *social* » et de « *sociétal* ». La première, constitue le bien-être des populations et la seconde signification de « sociétal », elle porte sur le niveau de qualité interne de la société. Ainsi, deux critères clés d'évaluation du pilier social : (i) le bien-être des populations et ; (ii) le niveau de qualité interne de la société. Pour atteindre ces critères d'évaluation, il serait pertinent d'impliquer les populations locales concernées au processus de prise de décision relatif à la construction et au déploiement d ces programmes sociaux.

4.2.1. Le bien-être des populations

Le bien-être est la possibilité pour tout un chacun d'accéder, quel que soit son niveau de vie, aux besoins essentiels : accès égal à l'emploi (avec variantes comme l'électricité des ménages, la santé, l'eau potable, l'éducation, le logement) ainsi qu'à la sécurité alimentaire durable142. Ce sont les aspects essentiels dont les privations soulèvent les questions de pauvreté, d'inégalités, de chômage, d'insécurité alimentaire et d'exclusion dont l'élaboration de ces politiques nécessite la mise à contribution des populations locales concernées à un épanouissement endogène. Le bien-être des populations se résume en trois axes fondamentaux143 : la lutte contre la pauvreté et les discriminations, la promotion de la solidarité et la valorisation de l'échelle locale (territoires ruraux). Finalement, ces conditions demandent la participation es populations locales concernées l'élaboration et la mise en œuvre de ces politiques.

Il nous semble que l'enjeu majeur de la participation locale s'avère une garantie de l'économie du bien-être des communautés locales. Cette garantie pourvoit aux besoins spécifiques de ces communautés. Autrement dit, au regard des développements ci-haut, la réalisation effective du piler social du

---

139 Maria TIGNIMO, « Les contours du principe de participation publique et la protection des ressources en eau transfrontières », (2010) 7 *R.S.E.* 1, 5.

140 *Id.*, p. 7.

141 Jérôme BALLET, Jean-Luc DUBOIS et François-Régis MAHIEU, « La soutenabilité sociale du développement durable : de l'omission à l'émergence », (2011) 156-4 *Mondes en développement* 1, 5.

142 *Id.*

143 *Id.*, p. 7.

développement durable se concrétise dans l'épanouissement endogène des communautés locales. Tout cela au moyen de la participation de ces dernières dans l'élaboration, l'interprétation et la mise en œuvre des programmes sociaux. Ainsi l'indique justement l'objectif 6 b) de la résolution 70/1 de l'Assemblée générale des Nations Unies du 27 septembre 2015[144], le financement international des projets de protection de l'environnement tout en favorisant le développement endogène des populations locale se réalise notamment, au moyen de la participation de ces dernières au processus décisionnel.

Pour mieux comprendre, nous acceptons les avancées de cette résolution 70/1. Cette dernière prône la mobilisation des ressources importantes provenant de sources diverses. Elle ouvre des moyens prévisibles en mettant en route des projets et politiques capables d'éliminer la pauvreté sous toutes ses formes, comme recommandée par la Conférence des Nations Unies sur le développement durable de Johannesburg de 2002. La résolution 70/1 ne s'arrête pas à ce stade ; elle prévoit la mise en place de stratégies de développement favorables à la classe pauvre[145]. Tous ces avantages indéniables se voient accueillis favorablement aux niveaux national, régional et local. De ces considérations solidement ancrées dans des actions viables ne font qu'accélérer l'investissement dans les politiques d'élimination de la pauvreté.

Cependant, nous observons en route, que la résolution 70/1 revêt une certaine vulnérabilité ; telle une faiblesse d'ordre économique, social, écologique. Les mesures de ces faiblesses se perçoivent dans l'absence des modalités concrètes de sources de financement des projets de protection de l'environnement réduisant la pauvreté dans les milieux ruraux des pays en développement (PED).

Comme autre critère, il y a aussi le niveau de la qualité interne de la société que je rappelle au point suivant.

4.2.2. Le niveau de qualité interne de la société

Le niveau de qualité interne d'une société constitue le second critère d'évaluation du pilier *social* du développement durable. Il consiste à intensifier des interactions sociales. Celles-ci existent avec les acteurs d'une société. Ce niveau concerne l'ensemble des liens sociaux de toutes sortes, tissés par les individus entre eux. Le niveau de qualité interne permet la réciprocité, le partenariat, la solidarité, la cohésion sociale et la confiance[146]. Ces liens deviennent de précieux enjeux. La participation active joue un rôle

---

144 Transformer notre monde : le Programme de développement durable à l'horizon 2030, préc., note 6, Objectif 6 b) : « *Appuyer et renforcer la participation de la population locale à l'amélioration de la gestion* (…) ».

145 *Id.*, Eliminer la pauvreté sous toutes ses formes et partout dans le monde.

146 J. BALLET, J.-L. DUBOIS et F.-R. MAHIEU, préc., note 141, p. 10.

important chez les populations locales à l'implantation d'un projet de développement.

Selon Jérôme Ballet147, la gestion participative, impliquant les populations locales concernées se fonde sur l'existence d'un capital social fort au sein des communautés. Or, le capital social est une ressource issue des relations sociales, permettant de tirer profit de l'intégration aux réseaux sociaux. Ressource pour l'action, il est lié à la structure des relations entre et au sein des groupes de personnes. Grâce à ses fonctions de liaison et de cohésion sociale, le capital social permet aux populations, vivant ensemble, de mener des actions collectives. La confiance, les normes de comportement partagé, la réciprocité et la mutualité, les réseaux, par exemple, sont des éléments qui constituent le capital social.

On le constate, le *pilier social* du développement durable ainsi définit, ses critères clés d'évaluation dégagés, il importe de vérifier ce concept à travers les projets de développement menés dans les pays en développement (PED), spécialement en Asie et en Afrique. Ainsi, dans les années 1950, en Asie, puis en Afrique dans les années 1960, les pays nouvellement indépendants ont mis en place des politiques de développement fondées sur une planification nationale et une gestion du territoire. En conséquence, on a augmenté le produit intérieur brut (PIB)148. Ces politiques publiques étaient le plus souvent engagées, sans une réelle implication des populations concernées. Deux décennies de croissance, marquées par des taux d'investissements élevés et de diverses réalisations en termes d'infrastructures et d'équipements publics, notamment sanitaires et éducatifs149. De plus, cette croissance a été accompagnée d'une forte recrudescence des inégalités, tant monétaires que d'accès aux services publics. Les conséquences ont été néfastes : apparition de nouvelles formes de pauvreté en milieu rural et déstabilisation de certaines pratiques visant les populations locales. Comme indiqué plus haut, ces effets ont poussé la Banque mondiale à remettre l'accent sur la lutte contre la pauvreté. Des politiques ont été élaborées en fonction des besoins considérés « *essentiels* ». Ces politiques visaient à garantir une meilleure répartition sociale et régionale des fruits de la croissance150. Ainsi, cette nouvelle

147 Jérôme BALLET, « La gestion en commun des ressources naturelles : une perspective critique », (2007) 1 *Développement Durable et Territoire* 1, 8.

148 Discours prononcé au Conseil des gouverneurs, par Robert S. Mac NAMARA, Président, Banque mondiale, Nairobi, 1973.

149 *Id.*

150 BANQUE MONDIALE [BM], *Développement rural, Politique sectorielle*, Washington, Banque mondiale, 1975, p. 17. Les premiers signes d'un réel changement d'orientation commencent à se dessiner dans le cadre de la réflexion de la Banque mondiale aux débuts des années 1970 : dans deux brochures publiées par cette institution financière internationale – « *Urbanisation*, 1972 » et « *Habitat, Politique sectorielle*, 1975 »- on retrouve en fait un intérêt nouveau pour la ville, qui est présentée pour la

sensibilité à la situation des populations151 pense à mieux bénéficier des retombées de la croissance économique. Ces programmes ont amené les organismes de planification à impliquer les populations locales concernées dans le processus de décision. Ces organismes se sont penchés sur les conditions de vie des ménages, dans une optique plus qualitative en rapport au développement.

De ces considérations, la mise en place des projets de développement concerne la gestion durable des ressources naturelles et forestières. Ces projets se conçoivent maintenant avec une participation active de la population, notamment des peuples autochtones et des populations locales, dans une perspective de réduction de la pauvreté. A ce pilier *social*, la réduction de la pauvreté se confirme dans des objectifs précis, attribués aux approches participatives en analysant le *Projet de Développement Local de Torodi*152 (PDLT) au Niger (PED).

Financé par l'Agence Française de Développement (AFD), ce projet débute ses activités en 1994 dans le canton de *Torodi* qui englobe 95 villages. La première phase du projet se termine en 2000. Il est orienté sur la gestion du territoire de manière à restaurer les ressources naturelles, particulièrement précaires dans cette région. Après deux ans d'arrêt, le projet reprend ses activités en 2002, dans une deuxième phase. Elle canalise davantage ses actions dans une optique de lutte contre la pauvreté. Le bailleur de fonds décide d'élargir la zone d'intervention à six autres cantons du département de . On trouve présentement 359 villages concernées par le PDLT. La finalité de la première phase de ce projet consiste à *« restaurer les capacités des communautés rurales à mettre durablement en valeur les ressources naturelles du canton de Torodi en vue de limiter la dégradation de*

---

première fois comme un axe potentiel de développement. Dans la même période, on assiste à la création à la Banque mondiale d'une « *Urban Poverty Task Force* », d'un « *Urban Projects Department* » et d'une « *Urban Research-Division* » et à l'augmentation des fonds consacrés au secteur urbain, qui passent à 3% en 1980. Bien administrée, l'urbanisation facilite une croissance soutenue et encourage ainsi de larges progrès sociaux. De plus, le regroupement des activités économiques qu'entraîne le processus d'urbanisation contribue à la croissance, par le secteur réel (en augmentant le rendement de la production et de l'emploi), par le secteur financier (en mobilisant et redistribuant l'épargne tout en permettant l'accumulation d'une richesse réelle sous forme de biens immobiliers) et par les flux budgétaires (les villes fournissent le plus gros des recettes fiscales).

151 *Id.*

152 Jean-Claude GALANDRIN, *Evaluation rétrospective Projet de Développement Local de Torodi Phase 1*, Niamey, Groupe Agence Française de Développement, 2004, p. 2.

l'environnement »153. Selon le document descriptif du projet, l'objectif global de ce dernier apporte une légère transformation : « *contribuer à la lutte contre la pauvreté par la promotion du développement socioéconomique durable dans les communes* »154. L'analyse de ce projet nous permet de constater que la participation se perçoit comme un moyen d'assurer l'émergence d'une dynamique locale d'auto développement, en réduisant la pauvreté au sein des populations locales.

Déterminons maintenant les modalités concrètes d'implication des communautés de *Torodi* et les résultats obtenus sur le terrain. Concernant les modalités d'implication des communautés à ce projet, les cinq zones du Canton de Torodi ont formé un Comité d'Octroi Zonal, qui tout au long du projet avait pour mission, d'étudier les besoins des populations de la région. Par la suite, on a accordé les subventions dans le but d'assurer l'entretien et la pérennité des ressources155. Le Comité d'Octroi Zonal de concert avec le promoteur du projet ont mis en place un plan stratégique des réunions publiques (13 au total), sous formes d'ateliers en différentes langues maternelles, pour mieux informer et sensibiliser les populations locales sur les enjeux du projet156. Les commentaires des populations locales ont permis de bonifier le projet en favorisant la participation plus active des communautés dans toutes ses phases (conception, déploiement, évaluation-suivi des résultats du projet). Les résultats de ce processus : « *400 personnes de la région ont été embauchées au cours de la phase de conception et 195 emplois permanents ont été créés dans la phase d'exécution* »157 ; bref, conditions sociales de ces personnes sensiblement améliorées. Voilà des enjeux bénéfiques.

Nous réalisons à la lumière de l'exemple du projet de réduction de la pauvreté au Niger, que dans la région de *Torodi*, la gestion participative inclut les populations locales concernées dans le processus décisionnel. Cette gestion apporte une réponse appropriée dans l'élaboration et la mise en œuvre du projet de développement. Ce dernier assure le bien-être des populations locales en créant des emplois. En réalité, l'amélioration des conditions de vie des populations locales renforce en même temps, la préservation de leur mode de vie, traditions et coutumes, cultures, imaginaire social, croyances, organisation sociale. Pour toutes ces raisons, dans la section suivante, on demande de justifier la tenue de la *Conférence des Nations Unies sur le développement durable* de Rio+20 en 2012.

---

153 SOCIETE FRANÇAISE DE REALISATION D'ETUDES ET DE CONSEIL, *Evaluation finale du Projet de développement local du canton de Torodi et étude de faisabilité d'un projet de développement local dans le Département de Tillaberi*, Niamey, Groupe Agence française de Développement, 2000, p. 2.

154 *Id.*

155 *Id.*, p. 5.

156 *Id.*

157 *Id.*

Section 5. La Conférence des Nations Unies sur le développement durable (CNUDD) de Rio+20, 2012

Cette Conférence avait comme objectif de tracer le chemin accompli en matière de développement durable depuis le Sommet de Rio (1992), rien dans les réunions préparatoires ne permettait d'envisager l'adoption d'une nouvelle Convention ou la création d'une Organisation internationale de l'environnement. L'idée de créer une organisation mondiale de l'environnement n'était pas nouvelle. Cette idée, débattue depuis le Sommet de Johannesburg sur le développement durable de 2002, visait à élever l'environnement au rang de question prioritaire dans l'agenda politique international, ce que les dispositifs existants de gouvernance de protection de l'environnement n'avaient pas réussi à faire[158]. En effet, lorsqu'on observe les données rapportées dans l'Evaluation des écosystèmes pour le Millénaire[159] commandée par les Nations Unies, ou les conclusions du GIEC sur l'évolution du climat, on ne peut pas certifier que la coopération des Etats en matière d'environnement est optimale. Pour ces motifs, plusieurs Etats ont soutenu qu'il était indispensable de repenser la nomenclature de la gouvernance environnementale actuelle en créant une Organisation internationale de l'environnement. D'où, à Rio+20, aucune nouvelle convention n'a été adoptée. Les Etats ont tenté de dresser un bilan des Conventions sœurs de Rio (Climat, biodiversité, désertification), d'en identifier les pesanteurs et de définir de nouveaux défis160. Parmi les changements observés depuis 1992, on a notamment mis en exergue que la population mondiale a augmenté de 26%, pour atteindre sept milliards d'individus, les changements climatiques et ses effets se sont accentués alors que les énergies fossiles représentent 84% de la consommation totale d'énergie à l'échelle mondiale, les pays du Nord consomment près de 12 fois plus d'énergie que les pays du Sud161. Avec 7 milliards d'êtres humains sur terre, bientôt 9 milliards vers l'an 2050, est-il toujours correct d'ignorer nos devoirs face à la destruction de la planète, en reléguant les problèmes environnementaux aux générations futures ? Quant à l'Indice de développement humain (IDH), qui sert de cadre de référence pour le progrès économique et social, en combinant trois aspects pour évaluer le

---

[158] Plan d'action de Johannesburg, préc., note 137.

[159] Millennium Ecosystem Assessment, *Rapport de synthèse de l'Evaluation des Ecosystèmes pour le Millénaire*, en ligne : http://www.milleniumassessment.org/documents.447.aspx.pdf *milleniumassessment.org* (site consulté le 31 juillet 2024).

160 Pour plus de détails concernant ces défis, consulter *Keeping Track of Our Changing Environment : From Rio to Rio+20 (1992-2012)*, UNITED NATIONS ENVIRONMENT PROGRAMME, Nairobi, Publié en octobre 2011, en ligne: http://www.unep.org/geo/pdfs/keeping_track.pdf. (consulté le 13 mars 2024).

161 *Id.*, p. 1 ; 28-32, 74-82.

développement, soit une « *vie longue et saine* » (l'espérance de vie), « *l'accès à la naissance* » (inscription à l'école) et « *niveau de vie* » (revenu national brut), il a augmenté globalement de 2,5% par an, au cours des 20 dernières années mais avec de grandes différences régionales qui persistent et qui laissent l'Afrique loin derrière les autres continents162. Un habitant de la planète sur cinq, soit plus d'un milliard d'individus, vit toujours dans l'extrême pauvreté et un sur sept- soit 14% de la population mondiale- est mal nourri163. Cette Conférence de Rio+20 a adopté une *Déclaration*, intitulée « *l'Avenir que nous voulons* »164. La *Déclaration finale de Rio+20* a été complétée dès le 19 juin par les négociateurs, avant même l'ouverture du Sommet. Ce texte s'était buté au refus de l'Union européenne qui, suivi par l'Afrique, espérait que le statut du Programme des Nations Unies sur l'environnement serait modifié et qu'un processus visant la création d'une véritable organisation internationale de l'environnement serait lancé à Rio[165]. Le texte final de la *Déclaration* se contente d'inviter l'Assemblée générale des Nations Unies à renforcer et moderniser les pouvoirs et moyens dont dispose le programme des Nations Unies pour l'environnement (PNUE), et ce, de la manière suivante : adhésion universelle au Conseil d'Administration ; dotation du PNUE en « *ressources financières sûres, stables, adéquates et accrues* » provenant du budget ordinaire des Nations Unies et des contributions volontaires ; renforcer sa présence dans les principaux organes de coordination de l'ONU et lui donner les moyens de piloter l'élaboration des stratégies relatives à l'environnement au niveau du système ; rationaliser progressivement les fonctions du siège à Nairobi et renforcer sa présence régionale166. Par ailleurs, à l'issue de cette Conférence des Nations Unies sur le développement durable de Rio+20, un bilan de la mise en œuvre de la *Déclaration de Rio sur l'environnement et le développement* de 1992 a été fait et une attention particulière a été portée au Principe 10167. Deux thèmes ont

162 *Id.*, p. 10.
163 « L'Avenir que nous voulons », dans *Projet de résolution déposé par le Président de l'Assemblée générale* », Doc. Off AG NU, Doc. NU A/66/L.56 (24 juillet 2012), annexe. (Déclaration de Rio+20), par. 21.
164 Déclaration finale de Rio+20, préc., note 5.
165 *Id.*
166 *Id.*, par. 88.
167 Déclaration de Rio sur l'environnement et le développement, préc., note 73, principe 10 : « *La meilleure façon de traiter les questions d'environnement est d'assurer la participation de tous les citoyens concernés, au niveau qui convient. Au niveau national, chaque individu doit avoir dûment accès aux informations relatives à l'environnement que détiennent les autorités publiques, y compris aux informations relatives aux substances et activités dangereuses dans leurs collectivités, et avoir la possibilité de participer aux processus de prise de décision. Les Etats doivent faciliter et encourager la sensibilisation et la participation du public en mettant les informations à la disposition de celui-ci. Un*

guidé les discussions : « *l'économie verte dans le contexte du développement durable et de l'éradication de la pauvreté* » et « *le cadre institutionnel du développement durable* ». Ce fut également l'occasion de revenir sur la mise en route des textes adoptés en 1992, notamment la *Déclaration de Rio sur l'environnement et le développement* adoptée par 178 Etats[168]. Le Principe 10 de cette *Déclaration* souvent désigné comme le « *principe de la démocratie environnementale* » a fait l'objet d'une attention particulière. Une journée entière lui a été consacrée dans le cadre d'un Colloque intitulé « *Choisir notre avenir : une gouvernance du développement durable ouverte et participative* »169. Dans cette perspective, le Colloque a dressé un bilan sur les progrès observés dans la mise en route du Principe 10 (5.1). Il a également posé la question de son avenir et des opportunités pour la réalisation des objectifs qu'il consacre (5.2).

5.1. Les progrès réalisés dans la mise en route du Principe 10 de la *Déclaration de Rio sur l'environnement et le développement*, 1992

Le Principe 10 est la résultante d'un consensus international qui affecte directement l'ordre interne des Etats. En effet, le Principe 10 définit un cadre qui régit la diffusion de l'information, la participation aux processus de décision et l'accès à la justice en matière d'environnement[170]. Pour constater les progrès dans l'application du Principe 10 depuis son adoption, il sied d'examiner les avancées au niveau international (A), avant d'épingler certaines initiatives nationales marquantes qui ont fait l'objet d'une promotion particulière dans les discussions de « Rio+20 » (B).

5.1.1. Les progrès constatés dans l'affirmation du Principe 10 au niveau international

Au niveau international, les progrès significatifs du Principe 10 ont trait à son inclusion dans des Conventions fixant des obligations contraignantes pour les Etats qui y sont Parties (A) et à sa consolidation dans la jurisprudence de certaines structures internationales de protection des droits de l'Homme (B).

A. Les Conventions transposant le Principe 10

L'adoption en 1998 de la *Convention d'Aarhus sur l'accès à l'information, la participation du public au processus décisionnel et l'accès à la justice en*

---

accès effectif à des actions judiciaires et administratives, notamment des réparations et des recours, doit être assuré ».

[168] *Id.*

169 PROGRAMME DES NATIONS UNIES POUR L'ENVIRONNEMENT [PNUE], *World Resources Institute, la Fondation Getulio Vargas et le réseau The Access Initiative*, en ligne :
http://direitorio.fgv.br/sites/direitorio.fgv.br/files/WR112_Rio_IGP_Programm_final.pdf (consulté le 21 avril 2024).

170 Magali DREYFUS, « Retour sur l'application du Principe 10 de la Déclaration de Rio, 20 ans après le Sommet de la Terre de 1992 », (2012) *Droits fondamentaux* 9, 11.

*matière d'environnement*171 marque la première étape importante dans la transposition des objectifs du Principe 10 en obligations contraignantes. La *Convention d'Aarhus* est l'instrument le mieux éclairé et son dispositif participatif connaît actuellement un rayonnement sans précédent. Par exemple172, les lignes directrices du Programme des Nations Unies pour l'environnement (PNUE), destinées à renforcer l'application internationale du modèle participatif173, ont été inspirées par la *Convention d'Aarhus* de 1998.

Ainsi, ses articles 4 et 5 prévoient que les Etats doivent mettre à la disposition du public les informations en matière d'environnement sans que les requérants n'aient à justifier d'un intérêt particulier. La *Convention d'Aarhus* dispose également que les gouvernements doivent mettre en place un droit de recours devant les Tribunaux en cas de refus des autorités publiques de communication d'informations ou pour violation du droit de l'environnement. La *Convention d'Aarhus* établit donc un seuil minimum de droits pour les Etats Parties et permet une certaine harmonisation dans la sphère où elle s'applique.

Une autre Convention régionale, *l'Accord nord-américain de coopération dans le domaine de l'environnement* adoptée en 1993 et entrée en vigueur en 1994, contribue à la mise en œuvre du Principe 10. Elle lie le Canada, les Etats-Unis d'Amérique et le Mexique et contient notamment une obligation stricte pour les Etats de garantir un droit de recours aux personnes privées en cas de violation du droit de l'environnement.

Il convient dans les lignes qui suivent d'évoquer la consolidation du Principe 10 par la jurisprudence des structures régionales de protection des droits de l'Homme.

---

171 *Convention d'Aarhus sur l'accès à l'information, la participation du public au processus décisionnel et l'accès à la justice en matière d'environnement*, 25 juin 1998, (2001) R.T. Can. n° 53 (entrée en vigueur le 30 octobre 2001).

172 Christine LARSSEN, « La Convention d'Aarhus : avancée majeure du droit international ? », dans J. CRAWFORD et S. NOUWEN (éd.), *Select Proceedings of the European Society of international Law*, vol. 3, Bruxelles, 2010, p. 340-350 à la page 343.

173 *Lignes directrices pour l'élaboration d'une législation nationale sur l'accès à l'information, la participation du public au processus décisionnel et l'accès à la justice dans le domaine de l'environnement*, Conseil d'administration du Programme des Nations Unies pour l'environnement, Compte rendu du Conseil d'administration/Forum ministériel mondial sur l'environnement sur les travaux de sa onzième session extraordinaire, UNEP/GCSS. XI.11, Annexe 1, Décisions adoptées par le Conseil d'administration/Forum ministériel mondial sur l'environnement à sa onzième session extraordinaire, SS. XI/5 : Droit de l'environnement, A (24-26 fév. 2010), Bali (Indonésie).

B. La consolidation du Principe 10 par la jurisprudence des structures régionales de protection des droits de l'Homme

La Cour européenne des droits de l'homme a établi au fil de sa jurisprudence un lien direct entre les droits de l'homme et l'environnement174, et a permis ainsi d'appliquer certains éléments du Principe 10. Ainsi, pour la Cour de Strasbourg, le refus de communiquer des informations essentielles en matière de risques environnementaux et sanitaires constitue parfois une violation du droit à la vie175, parfois une violation du droit à la vie privée et familiale176. Dans l'Affaire *Centre for Minority Rights Development (Kenya) and Minority Rights Group International on behalf of Endorois Welfare Council* c. *Kenya*177, la Commission africaine des droits de l'homme a permis de mettre en lumière le droit à la consultation et à la préservation des traditions et cultures des populations autochtones178 *Saramaka* concernant les projets d'exploitation, d'extraction de leurs terres ancestrales pour créer une réserve touristique par le gouvernement du Kenya. Dans l'Affaire *Communauté autochtone Ogoni (Nigéria) c. Social and Economic Rights Action Center (SERAC) and Center for Economic and Social Rights*179, la Commission africaine des droits de l'homme a réussi à mettre en exergue le droit à l'information, à la consultation ainsi que le droit de disposer des ressources naturelles des populations *Ogoni*. La Commission évoque également le droit de ces autochtones *Ogoni* à la protection de leur milieu et de leur santé dans l'implantation du projet pétrolier dans leurs territoires par le gouvernement nigérian. Dans l'Affaire *Case of Kichwa Indigenous People of Sarayaku c. Ecuador*180, la Cour interaméricaine des droits de l'homme a permis de mettre en lumière le droit à la consultation et celui de la propriété traditionnelle du peuple *Kichwa* lors de l'exploitation minière dans leurs terres ancestrales par les autorités de l'Equateur. Dans l'Affaire *Mayagna (Sumo)*

---

174 Sur cette question, consulter le *Manuel sur les droits de l'homme et l'environnement*, Strasbourg, Conseil de l'Europe, 2è éd., 2012, p. 206, en ligne : http://www.coe.int/dghl/standardsetting/hrpolicy/Publications/Manual_Env_2012_nocover_Fr.pdf (consulté le 21 avril 2024).

175 *Convention européenne des droits de l'homme*, art. 2.

176 *Id.*, art. 8.

177 *Centre for Minority Rights Development (Kenya) and Minority Rights Group International on behalf of Endorois Welfare Council* c. *Keny*, [2003] 276 R.C.A. D.H.P., par. 65.

178 *Charte africaine des droits de l'homme et des peuples*, 27 juin 1981, (1986) R.T. Can. n° 34 (entrée en vigueur le 21 octobre 1986), art. 17.

179 *Social and Economic Rights Action Center (SERAC) and Center for Economic and Social Rights* c. *Nigéria*, [1996] 155 R.C.A. D.H.P. 155/96, par. 98.

180 *Case of Kichwa Indigenous People of Sarayaku c. Ecuador*, [2012] R.C.I.D.H. 245, Series C, par. 84.

Awas Tingni Community Case c. *Nicaragua*181, la Cour interaméricaine des droits de l'homme a souligné le droit à la consultation des communautés autochtones *Awas Tingni*, insistant sur leur libre consentement éclairé. Dans l'Affaire *Guerra et autres* c. *Italie*182, la Commission européenne des droits de l'homme a mis en évidence, pour un Etat, l'obligation de *collecte* et de *diffusion d'informations* auprès des communautés locales (obligation active). Ainsi, les requérantes ont fait valoir la non-adoption par les autorités compétentes italiennes, de dispositions d'information sur les risques encourus constituant une atteinte au droit à la liberté d'information environnementale. Enfin, dans l'Affaire *Nicaragua* c. *Costa Rica*183, la Cour internationale de justice (CIJ) a permis de mettre en évidence le droit à la participation des communautés locales du Costa Rica dans la construction de la route le long du fleuve *San Juan*.

En établissant un lien entre les droits de l'homme et la protection de l'environnement, ces structures régionales de protection des droits de l'homme ont ainsi rendu juridiquement opératoire le Principe 10 dans leur système respectif en se fondant chacune directement sur la convention dont elle assure le contrôle.

Quels sont les progrès constatés dans la mise en route des trois branches du Principe 10 ?

5.1.2. Les progrès constatés dans la mise en route des trois branches du Principe 10

Les progrès dans la mise en route de l'accès à l'information, la participation à la prise de décision et l'accès à la justice en matière d'environnement constituent le fait essentiellement de deux types d'acteurs : les Etats, d'une part, et la société civile organisée en réseaux, d'autre part. Le Programme des Nations Unies pour l'environnement (PNUE) joue également un rôle dans le développement de la coopération internationale dans ce domaine. Il a ainsi publié à l'attention des Etats en 2001 les recommandations de Bali afin de les assister dans la mise en route du Principe 10 de la *Déclaration de Rio sur l'environnement et le développement*184 de 1992. Premièrement, l'accès à

---

181 *Awas Tingni Community Case* c. *Nicaragua*, [2001] 11/555 R.C.A.D.H. 1067, par. 108.

182 *Guerra et autres* c. *Italie*, [1998] AJDA 12/1998 R.C.E.D.H. 116/1996/735/932, par. 995. Les requérantes se plaignent de la non-adoption, par les responsables publics, d'actions propres à diminuer la pollution de l'usine chimique et à éviter les risques d'accidents majeurs. Elles se plaignent également d'une atteinte à leur liberté d'expression, du fait que le gouvernement n'adopte aucune disposition pour informer la population de la situation (activités de l'usine susceptibles de nuire à l'environnement) et pour mettre en œuvre un plan d'urgence.

183 *Nicaragua* c. *Costa Rica*, [2015] 150 et 152 Rec. C.I.J., par. 161.

184 UNEP, *Guidelines for the Development of National Legislation on Access to Information, Public Participation and Access to Justice in Environmental Matters*.

l'information environnementale signifie la possibilité pour les populations d'accéder aux informations et décisions publiques relatives aux activités ayant une incidence sur l'environnement[185]. La faiblesse de cette disposition conventionnelle est l'absence de dispositif concret permettant d'assurer la réalisation de ce droit d'accès à l'information. Mais, cette exigence se traite en premier[186], car elle constitue un prérequis à l'exercice des autres exigences procédurales[187] prévues dans la *Convention d'Aarhus* de 1998. Considérant les dispositions de la *Convention*, il y a maintenant une reconnaissance généralisée du fait que le droit d'accès à l'information est une condition nécessaire à la participation des populations locales à la mise en route des politiques environnementales[188]. Ainsi, nous partageons la pensée de Michel Prieur lorsqu'il indique qu' « *il y a eu une véritable lame de fond internationale généralisant l'idée que la décision environnementale doit être prie de façon transparente et démocratique* »[189].

Deuxièmement, la participation du public au processus décisionnel est perçue comme un processus permettant d'améliorer la qualité des décisions prises par les responsables publics. Ce faisant, la *Convention d'Aarhus* renforce la démocratie participative. L'annexe I de la *Convention d'Aarhus* énumère une liste d'activités pour lesquelles la participation du public doit être assurée en vertu des dispositions de l'article 6. Troisièmement, l'accès à la justice en matière d'environnement consiste non seulement en cas de violation présumée, aux deux exigences précédentes consacrées par la *Convention d'Aarhus*, mais aussi pour contester les actes ou omissions de particuliers ou d'autorités publiques, allant à l'encontre des dispositions de la législation nationale de l'environnement[190].

Il est opportun d'envisager les perspectives dans la mise en route du principe 10 de la déclaration de Rio sur l'environnement et le développement de 1992.

5.2. Les perspectives dans la mise en route du Principe 10 de la Déclaration de Rio sur l'environnement et le développement, 1992

---

185 Convention d'Aarhus, préc., note 171, préambule, par. 12 : Les Parties reconnaissent que « (…) *le public doit avoir connaissance des procédures de participation au processus décisionnel en matière d'environnement, y avoir librement accès et savoir comment les utiliser* ».

186 Jean BARIL, *Droit d'accès à l'information environnementale : pierre d'assise du développement durable*, Cowansville, Editions Yvon Blais, 2013, p. 92.

187 Convention d'Aarhus, préc., note 171. Il s'agit de : *la participation du public au processus décisionnel et l'accès à la justice en matière d'environnement.*

188 Patrice TALLA TAKOUKAM, « Les individus et le droit de l'environnement », dans Michel PRIEUR, *Pour un droit commun de l'environnement*, Paris, Editions Dalloz, 2007, p. 683.

189 Michel PRIEUR, « La Convention d'Aarhus, instrument universel de la démocratie environnementale », (1999) spécial *R.J.E.* 9, 10.

190 Convention d'Aarhus, préc., note 171, art. 9, par. 3.

Le Sommet de Rio+20 n'a pas été un tournant pour la mise en route du Principe 10 de la *Déclaration de Rio*. Ainsi, le principe a simplement été réaffirmé dans des Déclarations et les opportunités de s'en inspirer, pour l'insérer dans un traité à caractère universel.

5.2.1. La confirmation de la valeur politique du Principe 10

La Conférence de Rio+20 a abouti à une *Déclaration* d'une cinquantaine de pages nommée « *L'avenir que nous voulons* ». Cette Déclaration n'a pas reçu un très bon accueil parmi les membres de la société civile car elle n'apporte pas des nouvelles solutions ou des engagements plus ambitieux de la part des gouvernements. Le Directeur général du PNUE lui-même, Achim Steiner, a reconnu que « *Rio+20* » n'avait pas exploité toutes les opportunités que la Conférence offrait et qu'elle laissait un sentiment de frustration191.

Toutefois, la *Déclaration* réaffirme le Principe 10, en son paragraphe 43 ainsi rédigé : « *Nous insistons sur le fait qu'une large participation du public et l'accès à l'information comme aux instances judiciaires et administratives sont indispensables à la promotion du développement durable* »192. Le paragraphe 43 de la *Déclaration finale* de Rio+20 explicite le Principe 10. Tous les acteurs de la vie publique y sont soulignées et notamment les catégories vulnérables de la population. Le paragraphe 44 insiste par ailleurs sur le rôle joué par la société civile et sur l'importance d'améliorer l'accès aux technologies de l'information, notamment *Internet*. La *Déclaration* souligne également le rôle des acteurs publics, dans la promotion du principe, à tous les niveaux de gouvernement (paragraphe 99). Cependant ces paragraphes de la nouvelle *Déclaration* ne sont pas le seul apport récent à la réaffirmation du Principe 10. Le consensus international autour du Principe 10 a donc été réaffirmé, ce que pouvaient laisser présager les différentes initiatives régionales et nationales. Mais, les décisions n'apportent pas de précision quant à des actions concrètes ni de nouveaux engagements pour les Etats[193]. Que dire sur la lente affirmation de la valeur obligatoire du principe 10 ?

5.2.2 La lente affirmation de la valeur obligatoire du Principe 10

Mentionnons que les droits consacrés par le Principe 10 ont été affirmés dans bien de traités à caractère régional. Plusieurs accords de nature sectorielle liés à l'environnement en ont repris certains éléments. Ainsi, la *Convention-Cadre des Nations Unies sur les changements climatiques* de 1992 déclare que les Etats facilitent à tous les niveaux de gouvernement « [...] *l'accès du public aux informations concernant les changements climatiques et leurs effets ; la participation publique à l'examen des changements climatiques et de leurs effets et à la mise au point de mesures appropriées pour y faire face* ». Mais, la nature des engagements des Etats ainsi que la portée juridique de ces

191 M. DREYFUS, préc., note 170, p. 11.

192 Déclaration finale de Rio+20, préc., note 5, par. 43.

[193] M. DREYFUS, préc., note 170, p. 15.

instruments ne sont pas clairement déterminées[194]. Toutefois, la Commission du droit international des Nations Unies (ci-après « CDI ») a pu, dans le cadre de sa mission de développement progressif du droit international, se pencher sur le sens à donner au principe d'information et de participation du public au processus décisionnel en matière d'environnement195. La Commission note explicitement que « *les Etats doivent non seulement informer le public de tout projet d'activité comportant un risque et du dommage qui pourrait en résulter, mais aussi s'informer eux-mêmes de l'opinion du public. La Commission précise que sans ce deuxième aspect de l'échange, l'information du public n'aurait guère de sens* »196. La Commission du droit international enrichit le principe de participation locale en évoquant la consultation au préalable du public concerné par l'instauration du projet de développement. Selon la Commission, l'information conditionne la participation du public, par le moyen d'accès à l'information, qui se construit en particulier par la consultation.

Une autre piste de solution, plus rapide, pour consolider la valeur obligatoire du Principe 10, serait d'inviter les Etats à signer et à ratifier la *Convention d'Aarhus* de 1998, laquelle n'est pas limitée aux pays membres de la Communauté économique européenne (CEE) des Nations Unies[197]. Mais, selon Ebbesson198, cette démarche est très improbable : si la *Convention d'Aarhus* est assez avancée dans les droits qu'elle crée, c'est précisément parce qu'elle est adaptée au contexte juridique européen. Il s'agit d'une forme informelle de coopération avancée.

La dernière section porte sur l'*Accord de Paris* de 2015.

---

[194] *Id.*

195 COMMISSION DU DROIT INTERNATIONAL DES NATIONS UNIES (CDI), *Rapport de la Commission à l'Assemblée générale sur les travaux de sa Cinquante-troisième session, Projet d'articles sur la prévention des dommages transfrontières résultant d'activités dangereuses et commentaires y relatifs*, Doc. N.U. A/56/10 dans Annuaire de la Commission du droit international 2001, Vol. 2, partie 2, New York, N.U., 2001.

196 *Id.*, art. 13 « *La nature des informations à diffuser consiste en toutes informations sur les activités envisagées, sur l'ampleur du risque et du dommage potentiel* ». Dans son commentaire, la Commission renvoi ensuite au principe 10 de la *Déclaration de Rio* et liste les outils de droit international existants qui contiennent une obligation d'information du public. Par ailleurs, cette interprétation du projet d'article 13 retient la saisine des tribunaux ou autres juridictions comme un moyen de participation à la prise de décision.

[197] M. DREYFUS, préc., note 170, p. 20

198 Jan EBBESSON, « Public Participation », (2007) *The Oxford handbook of International Environmental Law* 681, 703.

Section 6. Accord de Paris de 2015

Mentionnons que le 6è Rapport du Groupe d'Experts Intergouvernemental sur l'Evolution du Climat (GIEC)199 vient encore, tout récemment souligner la gravité des changements climatiques, en criant à l'urgence de mener des actions ambitieuses d'atténuation des émissions polluantes. Dans ce Rapport, le GIEC rappelle que les émissions de gaz à effet de serre (GES) dues aux activités humaines ont réchauffé le climat à un rythme sans précédent : la température de la surface du globe s'est élevée d'1,1°C par rapport à la période préindustrielle200. Les instruments économiques jouent un rôle majeur dans le régime international du climat, plus précisément, le marché de droits négociables figure au centre du *Protocole de Kyoto* (1997)201, comme le moyen fondamental de parvenir aux objectifs de réduction des émissions des GES202. Certes, le paragraphe 1 a) de l'article 2 du *Protocole de Kyoto* stipule que chacune des Parties visées à l'Annexe I s'acquitte de ses obligations chiffrées en appliquant ou en élaborant « *plus avant* » des politiques et mesures nationales. Mais, le *Protocole de Kyoto* accorde également la possibilité aux pays développés (PD) de recourir, à la place des politiques ou des mesures nationales, aux nouveaux outils, en vue d'honorer leurs engagements de réduction des émissions de GES. En contrepartie, de ces engagements, poussés par les pays de l'ombrelle203, trois mécanismes du marché, dits « *mécanismes de flexibilité* »204 ont été mis en place pour réduire le coût lié à leur mise en route. Un des outils constitue le *Mécanisme pour un Développement Propre* (MPD). Le MDP est un outil où les PD, pays dits de

199 GIEC, préc., note 3. Le GIEC conclut que quels que soient les scénarios d'émission, le réchauffement de la planète 1,5°C dès le début des années 2030.

200 *Id.* Le 6è Rapport d'évaluation du GIEC atteste d'un accroissement des risques (vagues de chaleur, précipitations extrêmes, sécheresses, changement du comportement de nombreuses espèces, …) pour un même niveau de réchauffement par rapport au 5è Rapport d'évaluation de 2014.

201 *Protocole de Kyoto à la Convention-Cadre des Nations Unies sur les changements climatiques*, 11 décembre 1997, (2005) 2303 R.T.N.U. 148, en ligne : http://unfccc.int/resource/docs/convkp/kpfrench.pdf (consulté le 23 avril 2024) [PKCCNUCC].

202 Sandrine MALJEAN-DUBOIS, « Marché (s) et lutte contre les changements climatiques à l'échelle internationale », dans Jochen SOHNLE et Marie-Pierre CAMPROUX DUFFRENE (dir.), *Marché et environnement. Le marché : menace ou remède pour la protection internationale de l'environnement*, Bruxelles, Editions Bruylant, 2014, p. 241-255 aux pages 244-245.

203 Le Groupe de l'ombrelle (Umbrella Group) est composé des Etats-Unis d'Amérique, du Japon, de l'Australie, de la Nouvelle Zélande (qui l'a quitté depuis), de la Norvège, de la Fédération de Russie, de l'Ukraine et de l'Islande.

204 PKCCNUCC, préc., note 201. Les mécanismes de flexibilité : l'*Application conjointe* (art. 6), le *Mécanisme pour un Développement Propre* (MDP, art. 12) et le *Marché international de Droits d'Emission* (art. 17).

l'Annexe I du *Protocole de Kyoto* (1997) acceptent de limiter leurs émissions polluantes. Ces pays se sont engagés à réduire globalement leurs émissions de 5,2% pour la première période d'engagement 2008-2012, par rapport à leurs niveaux de 1990205. Rappelons que 5,2% représente une moyenne et constitue un engagement modulé206 car certains PD s'engagent à plus et d'autres à moins par rapport à cette cible de réduction. Parmi les projets enregistrés, le MDP porte notamment sur la valorisation des écosystèmes forestiers ou des projets *puits de carbone* (des plantations qui vont absorber le dioxyde de carbone provenant des sols forestiers).

La Conférence des Parties (COP) à Bonn en 2001 avait décidé que, « *pour la première période d'engagement (2008-2012), les projets de boisement et de reboisement seront les seuls projets liés à l'utilisation des terres, au changement d'affectation des terres et à la foresterie qui pourront être admis au bénéfice du MDP* »207. Dans cette COP-7, il a été convenu que les projets forestiers ne pouvaient représenter plus de 1% de la quantité des émissions attribuées d'un pays quelconque, pour chacune des cinq années de la première période d'engagement (2008-2012), jusqu'à un total de 137 millions de tonnes d'équivalent dioxyde de carbone (teqCO_2) par an. Pour mettre en perspective l'ampleur des crédits MDP autorisables, 137 millions de teqCO_2 par hectare et par an208. Pour renforcer ce dispositif, la COP-9 a adopté des modalités et des procédures pour la prise en compte des activités de *boisement* et de *reboisement* au titre du MDP209. Compte tenu de la fin de la première période d'engagement (2008-2012), ces décisions des Conférences des Parties (COP) susmentionnées ne s'appliquent pas. Une question se pose : Quelles suites donner à la coopération climatique de l'Organisation des Nations Unies (ONU) au-delà de 2012 ? Depuis plusieurs années, la question constitue la principale préoccupation des débats qui se déroulent au sein du régime du climat. Source de négociations complexes210, et encore non complétées, cette problématique trouve son origine dans le fait que, lors de son adoption, le *Protocole de Kyoto* (1997) ne prévoyait qu'une seule période d'engagement (2008-2012), et que la *Convention-Cadre des Nations Unies sur les changements climatiques* (*CCNUCC*) a toujours été jugée comme un

---

205 *Id.*, art. 3, par. 1. « *Les Parties visées à l'Annexe I font en sorte* (…), *en vue de réduire le total de leurs émissions de ces gaz d'au moins 5% par rapport au niveau de 1990 au cours de la période d'engagement allant de 2008 à 2012* ».

206 *Id.*, Annexe B.

207 Décision 11/CP. 7 *Utilisation des terres, changement d'affectation des terres et foresterie.*

208 *Id.*

209 Décision 19/CP.9 (FCCC/CP/2003/6/Add.2).

210 G. De LASSUS SAINT-GENIES, préc., note 92, p. 241.

instrument trop peu contraignant, pour pouvoir incarner à elle seule une réponse crédible face au défi du changement climatique211.

Les discussions relatives à la conception du post-2012 ont débuté en 2007 et elles ont trouvé une première issue en 2012 avec la mise sur pied d'un nouveau cadre juridique, dont certains développements restent encore à clarifier. Mais n'étant applicable que jusqu'en 2020, ce cadre juridique a uniquement constitué une réaction provisoire au problème de l'avenir de la coopération internationale en matière climatique. Aussi, et parallèlement à ces débats portant sur le pré-2020, les acteurs du régime du climat ont lancé en 2011 un nouveau cycle de négociations afin de construire, pour 2015, « *un protocole, un instrument juridique ou un texte convenu d'un commun accord ayant valeur juridique, applicable à toutes les Parties* »212, qui devrait entrer en vigueur en 2020. Dans l'histoire du régime climatique, l'ouverture des négociations du post-2012 a représenté une étape importante. Après l'ère de la *CCNUCC* (de 1991-1994) et celle du *Protocole de Kyoto* (de 1995 à 2005), leur lancement inaugurait le début d'une troisième étape de développement du régime international de lutte contre les changements climatiques213. Mais si la question du post-2012 était déjà inscrite dans l'agenda des discussions depuis 2005, ce n'est que deux ans plus tard, lors de la réunion de la Conférence des Parties (COP-13) à Bali en 2007, que cette étape a véritablement démarré. L'élément déclencheur a été l'adoption d'une feuille de route pour les négociations à mener, qui spécifiait leur objectif, leur objet et leur échéancier, dénommée le *Plan d'action de Bali*214. Si ce dernier définissait un cadre pour baliser les discussions, de nombreux négociateurs

---

211 *Id.*

212 Décision 1/CP.17 (FCCC/CP/2011/9/Add.1) *Création d'un groupe de travail spécial de la plate-forme de Durban pour une action renforcée*, 15 mars 2012, p. 2.

213 Daniel BODANSKY, « The Copenhagen Climate Change Conference : A Postmortem », (2010) 104-2 *Americain Journal of International Law* 1, 231. Selon l'auteur, la première étape a tout d'abord consisté à établir « *the basic framework of governance, set forth in the Framework Convention* » et s'est conclue en 1994 avec l'entrée en vigueur de cet outil juridique. La deuxième étape de développement, marquée par l'élaboration du *Protocole de Kyoto* et la négociation des modalités relatives à sa mise en route, s'est ensuite déroulée de 1995 à 2005.

214 Décision 1/CP.13 *Plan d'action de Bali*, en ligne : http://unfccc.int/resource/docs/2007/cop13/fre/06a01f.pdf (consulté le 24 avril 2024), p. 3 et 5. La feuille de route adoptée à Bali identifiait divers thèmes sur lesquels devraient porter les discussions futures. Il s'agit notamment : une vision commune de l'action concertée à long terme, entre autres à un objectif global à long terme de réduction des émissions, pour atteindre l'objectif ultime de la Convention ; une action renforcée pour l'adaptation ; une action renforcée dans le domaine de la mise au point et du transfert de technologies pour appuyer les mesures d'atténuation et d'adaptation et une action renforcée dans l'apport de ressources financières et d'investissements pour appuyer les mesures d'atténuation et d'adaptation et la coopération technologique.

firent toutefois mentionner qu'il s'agissait là d'un cadre très flou et d'une feuille de route bien imprécise215. Sur cette question, Lavanya Rajamani a d'ailleurs mentionné que l'objectif de « *parvenir d'un commun accord à un résultat et d'adopter une décision à la quinzième session* (de la COP) » démontrait « *a lack of agreement on both the legal form that the likely outcome of this process could take, as well as level of ambition that it should reflect* »216. Le paragraphe 9 de l'article 3 du *Protocole de Kyoto* demande que la Conférence des Parties (COP) ouvre l'examen des engagements de réduction des pays de l'Annexe I, pour les périodes suivant la première période d'engagement du *Protocole de Kyoto*, sept ans au moins avant que cette dernière ne s'achève. En application de cette disposition, la Conférence des Parties (COP) décide au cours de sa première réunion « *d'engager un processus afin d'étudier les nouveaux engagements des Parties visées à l'Annexe I de la CCNUCC pour la période postérieure à 2012* »217.

L'*Accord de Copenhague*218 (2009) poursuit dans la même vision en définissant les contours d'un nouveau cadre juridique applicable après 2012, présenté comme étant « *immédiatement* » fonctionnel219. Sans préciser des modalités pratiques, on peut affirmer que cet *Accord* repose sur une vision commune de l'action concertée à long terme consistant à réduire les émissions polluantes « *pour que la hausse de la température de la planète reste inférieure à 2°C* »220, sur la base de l'équité et en vertu du principe des responsabilités communes mais différenciées et des capacités respectives des Etats Parties. La prolongation du *Protocole de Kyoto* pour une deuxième période d'engagement à partir de 2013 (Décision 1/CMP.7) est intervenue tard en fin 2011 lors de la *Conférence de Durban* (COP-17-CMP7). Dans cette COP-17, on n'établit pas d'engagements formels et clairs en ce sens. On observe qu'en 2014, seule l'Union européenne reste la seule entité des pays de l'Annexe I à s'engager formellement en tant qu'investisseur/acheteur, à réduire ses émissions de 2,7% entre 2013-2020. Force est de constater l'impasse dans l'avenir du *Protocole de Kyoto* de 1997 quant au renouvellement de la deuxième période d'engagement. En raison du déplacement du centre de gravité des négociations vers la *CCNUCC*, le

---

215 G. De LASSUS SAINT-GENIES, préc., note 92, p. 248.

216 Lavanya RAJAMANI, « Addressing the Post-Kyoto Stress Discover : Reflections on the Emerging Legal Architecture of the Climate Regime », (2009) 58-4 *International & Comparative Law Quarterly* 750, 806.

217 Décision 1/CMP.1 (FCCC/KP/CMP/2005/8/Add.1) *Etude au titre du paragraphe 9 de l'article 3 du Protocole de Kyoto des engagements des Parties visées à l'Annexe I de la CCNUCC pour les périodes suivantes*, 30 mars 2006, p. 3.

218 *Accord de Copenhague*, 18 décembre 2009, (2009) Draft Décision-/CP. 15, en ligne : http://unfccc.int/resource/docs/2009/cop15/eng/107.pdf (consulté le 25 avril 2024) [AC].

219 Décision 2/CP.15 (FCCC/CP/2009/11/Add.1), 30 mars 2010, p. 5.

220 *Id.*

Protocole de Kyoto occupe désormais une fonction marginale au sein du régime international de lutte contre les changements climatiques221. Cette situation risque de compromettre les opérations du MDP.

Heureusement, l'*Accord de Paris*222 (2015) a confirmé la seconde période d'engagement du *Protocole de Kyoto*. L'*Accord de Paris* couvre la période 2013-2020 puis corrige la situation. Sans donner des cibles de réduction chiffrées, l'*Accord de Paris* prévoit la limitation du réchauffement climatique bien en dessous du seuil de 2°C. L'*Accord* va plus loin en encourageant la poursuite d'efforts limitant la hausse des températures à 1,5°C, en reconnaissant que cela réduit significativement les risques et impacts du changement climatique223. De plus, les dispositions du paragraphe 11 de l'article 4 de l'*Accord de Paris* (2015) permettent à un Etat Partie (parmi les 55 émetteurs de GES), y compris les pays en développement (PED) comme la Chine, l'Inde, le Brésil, l'Afrique du Sud) de prendre l'engagement de modifier à tout moment sa contribution au niveau national, afin d'en relever le niveau d'ambition224.

Partant de ces observations, l'*Accord de Paris* (2015) comporte plus d'avantages que de lacunes. Ces dernières sont, entre autres, le manque d'indicateurs de réduction des émissions polluantes près de 2020 et l'après 2020. Nous signalons également l'absence du mécanisme permettant d'améliorer les cibles actuelles de réduction d'émissions et du dispositif obligeant les pays de l'Annexe I à annoncer de nouveaux engagements plus ambitieux. Cette dernière lacune se confirme d'ailleurs, dans les dispositions du paragraphe 1 de l'article 6 de l'*Accord de Paris* de 2015. En revanche, il possède un double avantage qui mérite d'être évoqué dans cet ouvrage. D'une part, il marque une étape importante de poursuite d'objectifs de réduction des émissions des GES depuis les deux premières périodes d'engagements du *Protocole de Kyoto* (1997) car, adopté à l'unanimité par 195 pays. D'autre part, cet *Accord* interprète la fin de l'ère du combustible fossile (charbon, pétrole) lorsqu'il établit l'objectif d'un monde sans carbone entre 2050 et 2100. Cette prise de conscience planétaire peut limiter le réchauffement climatique, en favorisant la croissance économique de manière responsable utilisant des sources d'énergies moins polluantes[225] (*Accord de Paris*, Projet de décision-CP.21, préambule, par. 14).

---

221 G. DE LASSUS SAINT-DENIES, préc., note 92, p. 277.

222 Accord de Paris, préc., note 2.

223 *Id.*, Annexe, art. 2, par. 1 a).

224 *Id.*, Annexe, art. 4, par. 11. Cette disposition de l'*Accord de Paris* constitue une avancée significative dans la volonté des Etats de s'attaquer réellement aux changements climatiques. Pour y parvenir, cet *Accord* met en place une instance au dialogue, c'est-à-dire un grand ralliement planétaire aux chevets du climat.

[225] *Id.*, Projet de décision-CP.21, préambule, par. 14.

Conclusion

Ce chapitre explique que suite aux problèmes environnementaux engendrés par le développement économique rapide des pays développés (PD) depuis les 150 années d'industrialisation par le brûlage des énergies fossiles, les Etats ont adopté différents instruments juridiques contenant des obligations pertinentes pour ces pays que leur mise en œuvre effective est le correctif à leur modèle de développement. Aussi, les pays en développement (PED) se sont engagés dans l'objectif de réduction de leurs émissions globales en ratifiant ces différents outils juridiques internationaux de protection de l'environnement. Ainsi, la *Déclaration de Stockholm* de 1972 porte son intérêt sur l'environnement pour lui-même et le bon usage qu'il apporte à la planète. On ne se préoccupe pas de l'être humain qui y habite, qui serait responsable des problèmes que connaît la planète. C'est la *Déclaration de Rio sur l'environnement et le développement* de 1992 qui met en place un nouveau paradigme en intégrant l'être humain dans le processus décisionnel en matière d'environnement à travers son principe 10. Cette révolution peut être interprétée comme suit : la mise en œuvre effective d'instruments juridiques internationaux par les PED en général, et par la RDC en particulier, est tributaire notamment, de l'implication des populations locales concernées, dans l'adoption des mécanismes internes de mise en route de ces outils juridiques internationaux. C'est la mise en œuvre d'une approche ascendante du développement durable, axée sur les communautés locales, fondée sur le principe de subsidiarité. La *Déclaration de Johannesburg sur le développement durable* (2002), quant à elle, abonde dans le même sens en mettant en évidence le pilier social du développement durable (réduction de la pauvreté par l'amélioration des conditions d'existence des populations locales).

La *Déclaration finale* de Rio+20 (2012) confirme les résolutions de Johannesburg en abordant les aspects sociaux dans le but d'améliorer les conditions de vie des communautés locales. En sus, elle rappelle les critères participatifs de la *Déclaration de Rio* de 1992 : le droit d'accès à l'information ; la participation du public concerné au processus de prise de décision et l'accès à la justice en matière d'environnement, dans la mise en œuvre d'outils juridiques internationaux de protection de l'environnement. Enfin, l'*Accord de Paris* sur le climat de 2015 également souligne cette nécessité d'impliquer les populations locales par la formation et la sensibilisation de ces dernières, dans une perspective de réussite de mise en route d'instruments juridiques internationaux pertinents de protection de l'environnement. Il est important de revisiter les concepts et les principes généraux en droit international public de l'environnement dans le chapitre qui suit.

Chapitre 3
Concepts et principes généraux en droit international public de l'environnement

Ce chapitre a pour pierre de touche les concepts et les principes généraux en droit international public de l'environnement. En effet, on peut extraire de la *Déclaration de Stockholm sur l'environnement*226, de la *Déclaration de Rio sur l'environnement et le développement*227, de même que de l'ensemble du droit conventionnel élaboré depuis quarante ans, un certain nombre de principes fondamentaux qui sont propres au droit international de l'environnement dont plusieurs remettent graduellement en question le fonctionnement imparfait des économies modernes fondées sur la loi du marché, la recherche du lucre, la surconsommation et le gaspillage des ressources naturelles et forestières. Certains de ces principes relèvent nettement du droit général coutumier228. Il en est ainsi du principe de souveraineté permanente sur les ressources naturelles, limité par celui de l'utilisation non dommageable du territoire et des principes de prévention et de coopération.

D'autres principes, plus nouveaux, apparaissent plutôt comme des principes en voie de consolidation : précaution, pollueur-payeur, responsabilités communes mais différenciées entre les pays du Nord et ceux du Sud. Ces nouveaux principes et le paradigme de développement durable, qui découlent de la *Conférence de Rio* (1992), ont déjà été formellement consacrés dans les Traités multilatéraux ou reconnus dans des décisions judiciaires et l'on peut très certainement y voir là le signe de l'existence d'une *opinio juris*. C'est notamment dans le cadre du droit européen que plusieurs de ces nouveaux principes sont définitivement passés dans l'ordonnancement juridique[229]. Au sens des dispositions de l'article 191, paragraphe 2 du *Traité sur le fonctionnement de l'Union européenne*230, la

---

226 Déclaration finale de la Conférence des Nations Unies sur l'environnement, préc., note 79.

227 Déclaration de Rio sur l'environnement et le développement, préc., note 73.

228 J.-M. ARBOUR, S. LAVALLEE, J. SOHNLE et H. TRUDEAU, préc., note 25, p. 105.

229 *Id.*, p. 105.

230 *Traité sur le fonctionnement de l'Union européenne*, *Journal officiel de l'Union européenne*, 26 octobre 2012, 2012/C 326/01.

politique de la Communauté dans le secteur de l'environnement est « *fondée sur les principes de précaution et d'action préventive, sur le principe de la correction, par priorité à la source, des atteintes à l'environnement et sur le principe du payeur-payeur* ».

Ce chapitre est organisé en six sections. La première a pour objet le concept de développement durable. La seconde a pour objet le principe de souveraineté permanente sur les ressources naturelles. La troisième section porte sur le principe de prévention et la quatrième sur celui de précaution, la cinquième sur celui de pollueur-payeur. La dernière section parle du principe des responsabilités communes mais différenciées (PRCMD)

Section 1. Le concept de développement durable

Si le concept du développement durable a fait l'objet d'une analyse détaillée par la Commission mondiale sur l'environnement et le développement (CMED), une Commission créée par l'Assemblée générale des Nations Unies, en 1983, afin d'étudier les stratégies environnementales à long terme pour un développement durable, ses applications remontent assez loin dans le temps231. Le rapport de cette Commission est connu sous le nom de *Rapport Brundtland*232, du nom de sa présidence, Gro Harlem Brundtland. La *Déclaration de Rio sur l'environnement et le développement* (1992) fera de ce concept le socle de tout le droit international public de l'environnement. Pour parvenir à un développement durable, « *la protection de l'environnement doit faire partie intégrante du processus de développement et ne peut être considéré isolément* »233. Son principe 8 reconnaît qu' « *(a)fin de parvenir à un développement durable et à une meilleure qualité de vie pour tous les peuples, les Etats devraient réduire et éliminer les modes de production et de consommation non viables et promouvoir des politiques démographiques appropriées* ». Elle stipule surtout que « *le droit au développement durable doit être réalisé de façon à satisfaire équitablement les besoins relatifs au développement et à l'environnement des générations présentes et à venir* ».

Notons que les 27 principes de la *Déclaration de Rio* constituent les 27 volets du concept du développement durable. Ce concept sera ensuite repris dans le texte même des conventions ou traités internationaux. Il fait désormais partie du

---

231 Ulrich GROBER, « Hans Carl von Carlowitz, Der Erfinder der Nachhaltigkeit, Die Zeit », n° 48 du 25 novembre 1999 ; Ulrich GROBER, Die ENTDECKUNG DER NACHHALTIGKEIT et Kulturgeschichte EINES BEGRIFFS, *La découverte du développement durable. Histoire culturelle d'une notion*, Verlag Antje, Kunstmann, 2010, p. 360 ; Kristin BARTENSTEIN, « Les origines du concept de développement durable », (2005) 3 *R.J.E.* 289.

232 CMED, préc., note 71, p. 45.

233 Déclaration de Rio sur l'environnement et le développement, préc., note 73, principe 4.

discours diplomatique et juridique. Selon le *Rapport Brundtland*, le développement durable implique un certain nombre de corollaires. Il ne met pas de côté la nécessité de certains modes de développement, voire même d'une croissance économique, surtout dans les pays du Sud, mais il ne parle plus de simple croissance : le développement implique une transformation progressive de l'économie et de la société...Même au sens plus étroit du terme, le développement soutenable présuppose un souci d'équité sociale entre les générations, souci qui doit s'étendre en toute logique à l'intérieur d'une même génération234.

Soulignons que la montée du concept de développement durable a été renforcée par le principe de participation locale. Dans le contexte de développement durable, on considère que les parties prenantes (individu, groupes et organisations) muettes (générations futures, nature) au projet de développement doivent aussi être représentées. On se demande qui pourrait parler en leurs noms235. Aux générations présentes incombe la responsabilité de prendre des décisions judicieuses au profit de celles à venir.

Pour des raisons pédagogiques, nous présenterons chacun des aspects successifs : (1) la définition, les objectifs fondamentaux et les critères clés du concept de développement durable ; (2) les conditions fondamentales du développement durable ; (3) le statut juridique du développement durable et; (4) les origines historiques et institutionnelles du développement durable.

1.1. Concept de développement durable : définition, objectifs fondamentaux et critères clés

La référence au « *développement durable* » devient une réalité incontournable à tous les niveaux. L'adhésion des Etats au concept renforce la nécessité et la légitimité d'agir rigoureusement en matière d'environnement236. Pour mieux en saisir la quintessence, nous le définissons dans un premier temps, en abordant les objectifs fondamentaux et les critères clés qui le constituent. Je définis le concept du développement durable, ses objectifs fondamentaux et ses critères clés.

1.1.1. Définition du développement durable

Il existe plusieurs tentatives de définition du paradigme du « *développement durable* ». C'est le qualificatif « *durable* » qui colle au terme développement. Mais, on le bouscule souvent, par des adjectifs tels « *viable, soutenable, souhaitable, défendable, désirable* »237. Bruno Jean préfère parler de développement « *approprié* ». En utilisant cette expression, il s'inscrit dans

---

234 *Id.*

235 *Id.*

236 Michael POISSONNET et Guillaume LESCUYER, « Aménagement forestier et participation : quelles leçons tirées des forêts communales du Cameroun ? », (2005) 6-2 *R.S.E.* 1, 6.

237 Anne- Marie DUCROUX, « Rendre la vie possible », dans Anne-Marie DUCROUX (dir.), *Les nouveaux utopistes du développement durable*, Coll. Mutations, n° 216, Paris, 2002, p. 1-20 à la page 8.

l'hypothèse selon laquelle « ce sont les populations pour lesquelles le développement est mis en œuvre qui sont les meilleurs juges ou experts de la durabilité. Ce sont ces populations locales qui peuvent déterminer si ce développement est soutenable, viable, et finalement approprié à leurs modes de vie, leurs valeurs et leurs visions du monde »238. Faisant allusion aux collectivités locales, Christian Brodhag, met en évidence la « *vitalité sociale* », la « *viabilité économique* » et la « *validité politique* ». En somme, c'est une « *approche à multidividendes* » ; gagnante à la foi sur les dimensions économique, écologique et socioculturelle239. Selon nous, à ce niveau, les auteurs insistent sur l'épanouissement de l'humain qui vit dans les écosystèmes. Ces derniers fournissent des ressources et matériaux à la satisfaction des besoins spécifiques des populations locales. Le développement durable devient pertinent notamment, s'il satisfait les besoins présents, tout en préservant les ressources naturelles et forestières (écosystèmes).

Différents auteurs et institutions internationales donnent d'autres définitions à ce paradigme émergent. Nous retenons le cas de l'Organisation des Nations Unies pour l'alimentation et l'agriculture (FAO)240. Elle admet les systèmes d'une société évolutive, comme le fait la valeur relative assignée à une ressource biologique donnée. En effet, d'après le Conseil de la FAO, « *le développement durable consiste en la gestion et la conservation de la base des ressources naturelles et en l'orientation des transformations technologiques et institutionnelles de manière à assurer la réalisation et la satisfaction permanente des besoins des générations présentes et futures* »241.

Selon la *Déclaration finale* de Rio+20 : le développement durable répond aux besoins des générations présentes, sans compromettre la capacité des générations futures, tout en concrétisant l'avenir242. Son acception s'élargit. Elle intègre les notions d'équité et d'interdépendance, non seulement entre les générations, mais également entre les Etats et les populations mondiales243. Nous appuyons la

---

238 Bruno JEAN, « Réussir le développement approprié des régions rurales : dix gagnantes », (2003) 12-2 *Organisations et Territoires* 19, 23.

239 Christian BRODHAG, « Articuler le jeu des acteurs autrement », dans Anne-Marie DUCROUX (dir.), *Les nouveaux utopistes du développement durable*, Coll. Mutations, n° 216, Paris, 2002, p. 15-55 à la page 48.

240 ORGANISATION DES NATIONS UNIES POUR L'ALIMENTATION ET L'AGRICULTURE [FAO], *Définition de stratégies et de politiques pour le développement durable des ressources naturelles et forestières*, Rome, Département économique et social de la FAO, 2015, p. 15, en ligne : http://www.fao.org/3/a-w9300f/w9300f0c.htm (consulté le 29 avril 2024).

241 *Id.*

242 Déclaration finale de Rio+20, préc., note 5, Annexe, par. 13.

243 Jorge E. VINUALES et Stéphanie CHUFFART, « From the Other Shore-Economic, Social and Cultural Rights from an International Environmental Law Perspective », dans E. RIEDEL (dir.), *Contemporary Challenges in the Realization of Economic, Social and Cultural Rights*, 2è ed, 2014, p. 1-19 à la page 16.

définition de la Déclaration finale de Rio+20 de 2012 sur le paradigme du développement durable. A cet effet, nous insistons sur les mesures d'accompagnement des pays développés (PD) ou organes de financements dans l'allocation des fonds et l'implantation des projets de développement dans les PED. Cette situation constitue souvent une faiblesse de la part des organismes de financement.

Dans ce contexte, la notion de « *besoin* » spécifique des plus démunis devient importante au concept de développement durable244. C'est d'ailleurs la finalité même de la mise en place des projets de développement dans les pays du Sud. Ils doivent répondre positivement, et ce de façon durable à l'exigence sociale : améliorer les conditions d'existence des populations locales concernées en réduisant leur état de pauvreté et les inégalités dans la répartition des richesses nationales. Ainsi, le concept de développement durable sous-tend au départ l'intégration des questions environnementales aux impératifs du développement économique afin de répondre aux besoins spécifiques des populations locales, présentes et à venir. A long terme, pas de développement possible s'il n'est pas économiquement efficace et efficient, socialement équitable et écologiquement tolérable. Pour ce motif, la mise en route du développement durable ne peut que s'inscrire dans une optique à long terme. Il est donc essentiel de se doter, à tous les échelons de participation et de décision, de principes clairs, d'objectifs précis qui s'inscrivent dans une approche à long terme en vue d'obtenir des résultats durables, tenant compte de la capacité d'agir des institutions245. Il existe cependant, une controverse importante à souligner autour du paradigme du développement durable. D'une part, un courant de pensée246 considère que, les

---

244 Déclaration finale de Rio+20, préc., note 5.

245 Patrick SCHEMBRI, « Environnement et développement- quelques réflexions autour du concept de développement durable », (2002) 1 *I.R.D. Editions* 51, 65.

246 Notamment, Pascal REY, « La considération locale de la durabilité en Guinée maritime », (2009) 37-148 *Mondes en développement* 85, 95 : l'auteur renchérit en expliquant que les populations locales dans leurs conceptions et pratiques ne dissocient pas la question du renouvellement des ressources naturelles et forestières qui leur sont indispensables (durabilité écologique) de celle de l'amélioration de leurs conditions de vie (durabilité sociale) ; Pierre JACQUET et Jacques LOUP, « Le développement durable, une nécessité pour les pays du Sud », (2009) 1-2 *Regards sur la Terre* 183, 192 : les auteurs soutiennent que le développement durable peut lorsqu'il est mis en route de façon efficace, constituer une réponse pertinente au combat contre le changement climatique, à la préservation de la biodiversité, des milieux et des ressources (sans la biodiversité, les milieux et les ressources il n'y aurait pas de vie, pas d'activité), à la cohésion sociale et solidarité entre les territoires et les générations (recréer et renforcer le lien entre êtres humains, sociétés et terres est indispensable afin de s'assurer que le partage des richesses ne se fait pas au détriment des plus démunis), à la dynamique de développement suivant des systèmes de production et de consommation responsables (Revoir nos systèmes de production et de consommation non viables au profit de ceux moins polluants, moins prédateurs en termes de ressources et de milieux, de risques sur l'environnement, sur la

politiques – locales, nationales, internationales, sectorielles ou intégrées- les projets d'entreprises et les stratégies scientifiques, s'affublent désormais du terme « *durable* ». Ces politiques deviennent avec la participation des populations au débat public, les nouveaux avatars des politiques. En effet, le développement durable encourage l'intégration, favorise des évolutions concomitantes et équilibrées des trois piliers du développement. Il constitue une réelle opportunité. Il est respectueux des ressources naturelles et des écosystèmes. Il supporte la vie sur Terre. Il garantit l'efficacité économique, sans perdre de vue les finalités sociales du développement. Il ouvre le bon combat contre la pauvreté, les inégalités et l'exclusion. Le développement durable demeure indispensable dans la mesure où il introduit l'idée d'une équité intergénérationnelle.

D'autre part247, un autre courant de pensée estime que le concept de développement durable devient progressivement un commerce international pour les PD. En effet, un projet de développement dans les PED apparaît comme un pas de plus vers la mise en route des politiques sociales et environnementales, et la protection des ressources tropicales devient un moyen pour accomplir une activité marchande. En évoquant la justice environnementale et la responsabilité des PD, les PED donnent l'impression de s'engouffrer dans les projets de développement pour monnayer leur participation aux efforts de la communauté internationale dans le cadre de la lutte contre les changements climatiques. Par ailleurs, certains auteurs248 critiquent le paradigme du *développement durable* en remettant en question l'équivalence de ses trois dimensions (économique,

---

santé des humains et les conditions de vie sur la terre constitue un pré requis du développement durable, à l'épanouissement de tous les êtres humains (la finalité indissociable du développement durable : « (…) *Nous réaffirmons également que pour réaliser le développement durable il faut : encourager une croissance économique soutenue, partagée et équitable ; créer davantage de possibilités pour tous ; réduire les inégalités ; améliorer les conditions de vie de base ; encourager un développement social équitable pour tous ; promouvoir une gestion intégrée et durable des ressources naturelles et des écosystèmes qui contribue, entre autres, au développement économique, social et humain sans méconnaître la protection, la régénération, la reconstitution et la résilience des écosystèmes face aux défis existants et nouveaux* » (Déclaration finale de Rio+20, préc., note 5, Annexe, par. 4).

247 Notamment, Théophile BOUKI, « Les oubliés du développement durable : au-delà de la décentralisation, l'inquiétude des « peuples autochtones » du Sud –Cameroun », (2003) 1-2 *F.P.P.* 1, 5 ; Daou-Véronique JOIRIS et Patrice BIGOMBE LOGO, *Gestion participative des forêts d'Afrique Centrale*, Versailles, Editions Quae, 2010, p. 45 ; Philippe LAVIGNE-DELVILLE, *Quelle gouvernance pour les ressources renouvelables ? La gestion des ressources renouvelables dans le contexte de la décentralisation en Afrique de l'Ouest*, Paris, Collection Etudes de l'AFD, 2001, p. 38.

248 Entre autres, K. BOSSELMANN, préc., note 130, p. 42 ; Muriel TAPIE-CRIME, Cécile BLATRIX et Patrick MOQUAY (dir.), *Développement durable et démocratie participative, la dynamique performative locale*, Lyon, Collection Recherches PUCA, 2007, p. 22.

écologique et sociale). Ils avancent que la dimension écologique domine, voire conditionne l'existence des deux autres. Ces auteurs mettent en lumière les *équilibres* qui existent dans la nature et les *milieux*. Cette conception comporte un niveau philosophique : l'homme n'est pas au centre de la nature mais est partie prenante d'un écosystème dont il est complètement dépendant. Pour ces auteurs, le développement durable consiste à préserver les espèces animales et végétales, les milieux naturels « *tels quels* », et à laisser la forêt évoluer « *sans l'intervention de l'homme* ». D'autres débats enfin, portent sur le sens, la substance et les différents degrés (*fort*, *faible*)249 de la *durabilité*. Nous y reviendrons en détails sur cet aspect précis dans une section entière.

De ces discussions, nous pensons que le développement durable peut offrir des opportunités indéniables pour les PED. Il peut protéger le couvert forestier de ces pays, stimuler la croissance économique et réduire la pauvreté (inégalités) des populations locales en améliorant leurs conditions de vie. C'est un concept flexible ; il constitue un vrai défi du 21è siècle. Les attentes sont élevées. Tout est fonction de la manière dont ce concept se met en œuvre notamment, par une approche de partenariat et de coopération entre les acteurs concernés, entre autres, entre les populations locales de disciplines diverses. Partant de ces considérations, ressortent les objectifs fondamentaux du développement durable.

Quels sont les objectifs fondamentaux du développement durable ?

1.1.2. Objectifs fondamentaux du développement durable

Dans ses objectifs fondamentaux250, le développement durable vise, d'abord, à protéger et gérer les ressources naturelles sur lesquelles repose le développement économique et social. Il s'agit de maintenir l'intégrité de l'environnement pour en assurer la santé, la sécurité des populations locales et préserver les écosystèmes. Ceux-ci entretiennent la vie. Ensuite, il cherche à éliminer la pauvreté dans le but d'assurer l'équité sociale permettant l'épanouissement endogène des populations et le respect de la diversité biologique. Enfin, le développement durable favorise l'abandon des modes de consommation et de production non viables. Ces modèles portent atteinte à l'efficacité économique (créer une économie innovante et

---

249 Jacques VALEIX, « Enjeux de développement durable et aménagement des Forêts du Bassin du Congo : questions nouvelles et agenda de recherche », (2009) 1-2 *F.P.P.* 1, 3. Les partisans d'une *durabilité forte* estiment qu'il faut totalement préserver les ressources naturelles et forestières en limitant la consommation, voire en déplaçant des populations loin des zones à protéger. Pour les adeptes d'une durabilité faible, par contre, l'on peut surexploiter une ressource naturelle et forestière si on est apte, par la technologie de trouver des moyens de substitution.

250 Déclaration finale de Rio+20, préc., note 5, Annexe, par. 4 : « *Nous considérons que l'élimination de la pauvreté, l'abandon des modes de consommation et de production non viables en faveur de modes durables, ainsi que la protection et la gestion des ressources naturelles sur lesquelles repose le développement économique et social sont à la fois les objectifs premiers et les préalables indispensables du développement durable* (…) ».

prospère, écologiquement et socialement responsable)251. Les Etats pour atteindre ces objectifs fondamentaux du développement durable, réunissent certains critères et, tiennent compte des contributions des populations locales au processus décisionnel.

1.1.3. Critères clés du développement durable

Le concept de développement durable offre une opportunité exceptionnelle pour les PED, sur les plans économique, écologique et socioculturel. Dans cet ouvrage, nous donnons au concept un contour opérationnel en le caractérisant uniquement par les critères clés. Ces derniers sont : (i) l'exigence d'une intégration des piliers économiques, environnementaux et sociaux ; (ii) la prise en compte à long terme et ; (iii) la participation de tous les acteurs concernés au processus décisionnel.

i) Exigence d'une intégration des piliers économiques, environnementaux et sociaux

Le concept de développement durable parvient difficilement à dépasser les tensions entre les piliers économique, écologique et social. Comme l'indique la *Déclaration finale* de Rio+20, que « *l'intégration de ces trois dimensions progresse de manière inégale et a subi des revers* »252. Le développement durable cherche à concilier trois impératifs : la croissance économique, le développement de l'humain et le maintien d'écosystèmes sains et productifs253. Pendant des siècles, la seule dimension économique, dont semble dépendre la satisfaction des piliers sociaux et écologique du développement durable, est favorisée. On constate que « *le monde des affaires rend le développement durable synonyme de croissance durable* »254, faisant ainsi passer la croissance du statut de « *condition nécessaire* » à celui de « *condition suffisante* »255. Sur cette question, deux courants de pensée s'affrontent autour du concept de développement durable : (1) le courant « *néoclassique* » et (2) le courant « *écocentré* ».

Pour le premier, la croissance économique comporte une incidence redistributive automatique : lorsque le niveau de production augmente, le niveau de vie moyen s'améliore et des moyens supplémentaires sont disponibles pour protéger l'environnement. Cette conception du développement durable tend ainsi à redonner une légitimité au progrès mis à mal par l'explosion des inégalités depuis trente ans et les dégâts environnementaux. Ce n'est donc pas l'environnement

---

251 P. JAQUET et J. LOUP, préc., note 246, p. 196.

252 Déclaration finale de Rio+20, préc., note 5, Annexe, par. 20.

253 RAPPORT DU SECRETAIRE GENERAL DES NATIONS UNIES, *Changement mondiaux et développement durable : les grandes tendances*, E/CN. 17/1997/3 et Corr. 1., par. 15.

254 Sadruddin AGA KHAN, « Le développement durable, une notion pervertie », (2002) 1 *Le Monde diplomatique* 16, 17.

255 Jean-Marie HARRIBEY, « Une contradiction insurmontable », (2002) 1 *Le Monde diplomatique* 18, 19.

qu'il s'agit de préserver, mais avant tout le développement256. A l'opposé, le courant « *écocentré* » du développement durable met l'accent sur la protection de l'environnement, à l'image de celle soutenue par la Déclaration finale de Rio+20 en ces termes : « *parvenir à un juste équilibre entre les besoins économiques, sociaux et environnementaux des générations actuelles et futures* ». Pour y arriver « *il est nécessaire de promouvoir l'harmonie avec la nature* »257.

Nous sommes favorables aux conceptions « écocentrées » du développement durable, appuyées dans la *Déclaration finale* de Rio+20 de 2012, dans son concept. Le paradigme du développement durable apparaît alors comme un engagement de respecter des contraintes de ressources naturelles et forestières, dans une optique essentiellement temporelle (transmission aux générations futures, équité intergénérationnelle)258. Ainsi que le souligne justement Alexandre Kiss, le développement durable est « *un développement qui ne compromet pas ses propres chances pour l'avenir en épuisant ou en détériorant les ressources* »259. Il est généralement établi qu'une croissance soutenue peut détruire l'environnement, épuiser les ressources naturelles et forestières et aggraver les inégalités sociales et la pauvreté. De plus, il serait possible d'affirmer que *pauvreté* et *environnement* détérioré vont de pair260. Non seulement « la dégradation de l'environnement frappe presque toujours plus durement ceux qui vivent dans la pauvreté »261, mais encore aggrave-t-elle celle-ci, car les plus pauvres supportent l'essentiel des effets néfastes de processus dont ils ne sont pas

---

256 Notamment, Wilfred BECKERMAN, « Sustainable Development : is it a useful Concept ? », (1994) 3-3 *Environmental Values* 1991, 200 ; Serge LATOUCHE, « L'imposture du développement durable ou les habits neufs du développement », (2003) 121 *Mondes en développement* 23, 27.

257 Par exemple, Déclaration finale de Rio+20, préc., note 5, Annexe, par. 39 ; Marie-Hélène DURAND, Sophie MARTIN et Patrick SAINT-PIERRE, « Viabilité et développement durable », (2012) 20 *Nature Sciences Sociétés* 271, 280 ; P. JACQUET et J. LOUP, préc., note 246, p. 338.

258 Edith BROWN WEISS, « The planetary trust : conservation and intergenerational equity », (1984) *Ecology Law Quaterly* 495, 581.

259 Alexandre-Charles KISS, « Environnement et développement ou environnement et survie ? » (1991) 2 *Journal du droit international* 263, 274.

260 Elisa RUOZZI, « L'harmonisation internationale comme instrument finalisé à la réalisation de la dignité humaine, dans les dimensions de la protection de l'environnement », dans Jochen SOHNLE et Marie-Pierre CAMPROUX DUFFRENE, *Marché et environnement*, Bruxelles, Editions Bruylant, 2014, p. 111-129 à la page 114.

261 PROGRAMME DES NATIONS UNIES POUR LE DEVELOPPEMENT [PNUD], *Rapport mondial sur le développement humain*, New York, Organisation des Nations Unies, 2024, p. 74, en ligne :
https://www.undp.org/fr/morocco/communiques/les-pays-riches-atteignent-un-niveau-record-de-developpement-humain-alors-que-la-moitie-des-pays-les-plus-pauvres-ont-regresse (consulté le 30 avril 2024).

forcément responsables262. A ce propos, une piste de solution serait une participation des populations locales concernées dans le processus décisionnel pour réaliser la conciliation des trois impératifs (économie, écologie, social) du développement durable. Nous y reviendrons à la troisième sous-section relative à la participation des communautés locales au processus de prise de décision.

Ainsi, la démarche du développement durable met en évidence les liens indissociables entre les piliers économiques, environnementaux et sociaux des activités de développement, telles qu'illustrées dans la figure ci-après :

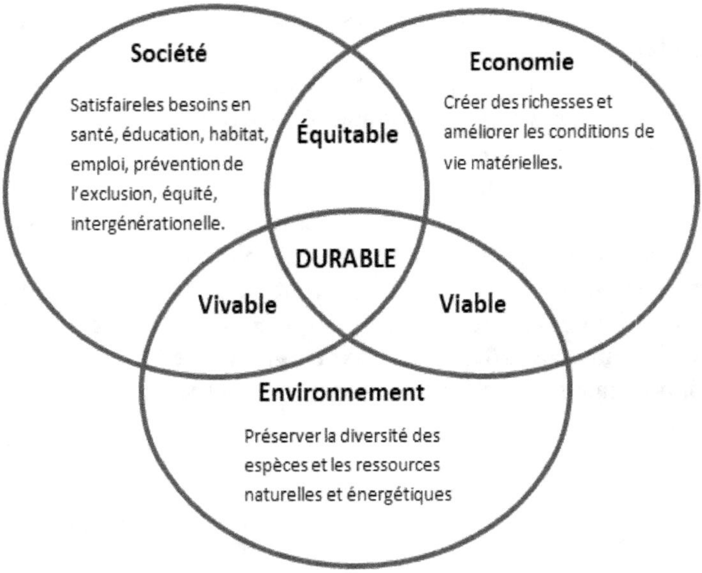

Source : Catherine Jacquet, 2014 (Economie, développement durable)

La représentation schématique ci-dessus montre d'une part, la croissance économique favorise la création des richesses matérielles. Cette croissance permet la satisfaction des besoins essentiels (en santé, éducation, habitat, emploi, prévention de l'exclusion, équité entre les générations) des populations et le financement des projets de protection de l'environnement (préservation de la biodiversité et des écosystèmes)263. Mais d'autre part,

262 Sandrine MALJEAN-DUBOIS et Rostane MEHDI, « Environnement et développement, les Nations Unies à la recherche d'un nouveau paradigme », dans Sandrine MALJEAN-DUBOIS et Rostane MEHDI (dir.), *Les Nations Unies et la protection de l'environnement : la promotion d'un développement durable*, Paris, Editions A. Pedone, 19991, p. 9-33 à la page 10.

263 Elsa FAUROUX, « De l'optimisme technologique à l'optimisme participatif. Les métamorphoses du discours des spécialistes de développement à travers des exemples

c'est le partage équitable et équilibré des fruits de la croissance économique, qui permet l'accès généralisé aux conditions de vie : éducation, santé, équité, toutes nécessaires au quotidien en respectant l'environnement264. Les trois piliers du développement durable mêlent des évolutions totalement imbriquées. Pour un bon équilibre, les trois piliers demandent protection dans le temps265. Il nous semble pertinent, que cette démarche d'intégration puisse convaincre les autorités publiques et les communautés locales à s'interroger sur son mode de vie et de répartition des richesses. Et, si une telle évolution devait voir le jour, elle éclaterait probablement au prix d'un changement profond, dans le mode d'organisation des pays en développement (PED). Concrètement, la capacité à corriger les modes des richesses suppose, au préalable, une transformation de penser dans les sociétés266.

C'est la raison pour laquelle, nous affirmons que l'adoption du concept du développement ne constitue pas seulement l'apanage des pays développés (PD). Il est un véritable levier également pour les PED, mais compte tenu du niveau moyen de développement de ces derniers, il leur faudrait du temps pour assimiler et mettre en route effectivement ces trois piliers qui sont : l'économie, l'écologie et le social. Ce dernier pilier est renforcé par la participation des populations locales. Vu sous cet angle, le développement durable devient un processus avec son corollaire : la participation des communautés concernées à l'implantation des projets de développement d'une part, les pouvoirs publics ont la responsabilité d'encadrement nécessaire dans cette nouvelle vision d'autre part. D'où, la nécessité d'adopter une approche globale et transversale, permettant de prendre en compte toutes les implications des interventions et évolutions des PED à long terme.

ii) Prise en compte à long terme

Mentionnons que le développement durable comme processus, se conjugue à travers des projets réfléchis. Ces projets s'enracinent dans des résultats concrets à court, moyen et long termes. Ce faisant, ces interventions misent sur des politiques de prévention et d'adaptation267. De plus, ces politiques s'avèrent nécessaires pour atteindre les objectifs sociaux, atténuer les effets

---

malgaches », dans Jean-François BARE (dir.), *Paroles d'experts. Etudes sur la pensée institutionnelle du développement*, Paris, Karthala, 2006, p. 317-364 aux pages 330-331.

264 *Id.*

265 Nico SCHRIJVER, « The Evolution of Sustainable Development in International Law », (2007) 329 *R.C.A.D.I.* 217, 326.

266 *Id.*, p. 327.

267 Angel SALDOMANDO, « L'impossible gouvernance pro-pauvres au Nicaragua », dans Bonnie CAMPBELL, *Qu'allons-nous faire des pauvres ? Réformes institutionnelles et espaces politiques ou, les pièges de la gouvernance pour les pauvres*, Paris, L'Harmattan, 2005, p. 75.

du changement de l'environnement et prévenir les pertes irréparables268. Cependant, de nombreuses « *forces motrices* »269 exercent une influence sur les tendances à venir du développement de notre modèle économique. Ces tendances continuent de créer de nouveaux enjeux en termes de mode et de capacité de développement, aux niveaux local, national et international.

Ces enjeux se traduisent de manière différente pour chaque acteur, provoquant de nouvelles stratégies, anticipations et attentes particulières. De cette observation270, il serait intéressant d'effectuer des analyses prospectives en impliquant les populations locales concernées. Ces analyses peuvent guider les pouvoirs publics, ainsi que l'ensemble des acteurs sociaux, sur les évolutions à long terme de ces enjeux et l'impact sur les potentialités de développement.

iii) Participation de tous les acteurs concernés au processus décisionnel

La gouvernance pour la durabilité implique les populations locales. Les ressources naturelles et forestières présentent pour les populations locales un intérêt certain quant à la satisfaction de leurs besoins fondamentaux et/ou en tant que sources d'activités complémentaires. Alors, il devient indispensable de sauvegarder ces ressources ; de les utiliser de façon raisonnable et rationnelle dans une optique de développement durable271. Or, certains facteurs272 provoquent des mutations socio-économiques et écologiques en traduisant une déstabilisation des systèmes traditionnels, accompagnés d'un changement des rapports de force, entre acteurs et d'une dynamique de dégradation souvent accrue des ressources. Dans le même temps, les solutions apportées des institutions étatiques à ces mutations se veulent particulièrement délicates à élaborer, à mesure que la société devient plus complexe. Elle exige

---

268 Agnès LAMBERT, « La participation dans l'élaboration des politiques de développement rural et de lutte contre la pauvreté et les inégalités », dans Journée d'Etude, *De la Participation à l'Empowerment*, Paris, Institut de Recherches et d'Applications de Méthodes de développement, 2003, p. 15-55 à la page 47.

269 Alain AYONG LE KAMA, « Horizon 2020 : l'Etat face aux enjeux du développement durable », (2005) 1 *F.P.P.* 11, 25. Notamment, démographie (vieillissement de la population), développement économique (ralentissement de la croissance), nouvelles technologies (permettant entre autres une plus grande circulation de l'information), gouvernance, culture, environnement.

270 *Id.*, p. 26.

271 José-Carlos BARRIO DE PEDRO, « La participation communautaire dans la conservation des ressources naturelles : intérêt et limites dans le cadre du développement local en Afrique Centrale (Tchad) », (2013) 22-4 *Cahier Agriculture* 319, 322.

272 *Id.*, notamment : croissance démographique, instabilité politique (inégalités, désorganisation, clientélisme et corruption, conflits armés, etc.), forte monétarisation des marchés, mouvements de population, globalisation économique et financière, changements climatiques, réduction de la biodiversité.

une plus grande expertise dans la gestion durable des ressources273. La réalisation du développement demande une responsabilité collective. Celle-ci se concrétise dans une intervention conjuguée à toutes les échelles de l'activité humaine et « *bénéficie à tous. Se centrer sur l'individu et assurer la participation de tous, y compris les jeunes et les enfants* »274. La limite de cette disposition de la *Déclaration finale* de Rio+20 consiste en l'absence de modalités concrètes de participation locale. Cette formulation imprécise « *assurer la participation de tous, y compris les jeunes et les enfants* », laisse un champ libre à diverses interprétations de la part des PED. Manque également un mécanisme de sensibilisation, de vulgarisation des communautés locales aux principaux aspects des projets forestiers, de même qu'un mécanisme de recours judiciaire en cas des violations des droits participatifs.

Pour arriver à une participation pleine et entière, il serait indispensable d'adopter une approche fondée sur les droits275. Cette approche comprend une gestion durable des ressources naturelles et forestières, y compris au moyen de la mise en route du paragraphe 43 de la *Déclaration finale* de Rio+20 de 2012 (accès à l'information, participation à la prise de décision et accès à la justice). Ainsi, on promeut des processus décisionnels ouverts, inclusifs et transparents à tous les niveaux. Cette disposition consacre la participation de tous les acteurs concernés. Cela comprend les populations locales aux ressources liées dans le cadre du développement de la gouvernance locale.

Dans la mise en route d'une approche fondée sur les droits, les gouvernements doivent adopter le principe de « *non-régression* »276 ; c'est-à-dire, toutes

---

273 *Id.*

274 Déclaration finale de Rio+20, préc., note 5, Annexe, par. 31.

275 *Id.*, Annexe, par. 16. Une approche fondée sur les droits implique de mettre l'accent sur l'exercice effectif, par les communautés locales, de ses droits d'accès aux informations pertinentes, de participation aux processus décisionnels et d'accès à la justice. Cette approche prend en compte les droits de la personne dont la santé et le bien-être peuvent pâtir du développement non durable, notamment en raison de déplacements et de réinstallation forcés, de l'exclusion, d'appauvrissement économiques et culturels, d'atteintes à leurs moyens de survie dues à la pollution, aux sécheresses liées aux changements climatiques, etc. L'approche fondée sur les droits tient également compte de la vulnérabilité particulière des femmes, des peuples autochtones et communautés locales et des groupes marginalisés. Cette approche fondée sur les droits peut aussi créer des capacités d'auto-organisation et permettre aux populations de mieux s'approprier les politiques, ce qui, améliorera la résilience des sociétés face aux changements climatiques, la dégradation des écosystèmes forestiers ou d'autres menaces.

276 Michel PRIEUR, « Le principe de non-régression face à la logique du marché », dans Jochen SOHNLE et Marie-Pierre CAMPROUX DUFFRENE (dir.), *Marché et environnement. Le marché : menace ou remède pour la protection internationale de l'environnement*, Bruxelles, Editions Bruylant, 2014, p. 478-490 à la page 480.

modifications des législations et des politiques existantes représentent une évolution positive allant vers les populations locales et l'environnement. Ce n'est nullement une régression diminuant le degré de protection. Le paragraphe 20 de la *Déclaration finale* de Rio+20 de 2012 reconnaît ce principe de *non-régression* en ces termes : « *il est essentiel de ne pas revenir sur les engagements souscrits lors de la Conférence de Rio de 1992* ». Rio+20 établit également le lien entre le commerce international et l'environnement en prônant la « *progression* » du développement durable, autrement dit, en récusant les reculs : « *Un système commercial multilatéral universel réglementé, non discriminatoire et équitable peut stimuler le développement de tous les pays alors qu'ils progressent vers le développement durable* »277. Depuis cette consécration officielle, il convient de souligner que le *Congrès mondial de la nature* de l'Union internationale pour la conservation de la nature (UICN), également entérine ce principe de *non-régression* en adoptant, à l'initiative du Centre international de droit comparé de l'environnement, une résolution sur « *intégrer le principe de non-régression dans le droit et la politique de l'environnement* »278. Selon nous, la participation des populations locales279 au processus décisionnel peut être interprétée comme étant une réalisation du principe de *non-régression.* Ce principe demeure une condition nécessaire au développement endogène et durable s'analysant au moyen de projets d'aide bien ciblé280. Il revient à tous les Etats de collaborer de bonne foi, dans un esprit de partenariat à la mise en route des stratégies efficaces protégeant et restaurant l'environnement. Chaque Etat veille à protéger les écosystèmes. Ceux-ci présentent un style particulier pour la culture et le mode de vie des populations locales. Ces populations intéressées défendent leurs connaissances traditionnelles, de même que les approches culturelles convaincantes dans leur application281. C'est à ce titre, la *Déclaration finale* de Rio+20 de 2012 formule une recommandation dans une demande allant aux communautés (notamment, filles, femmes,

---

277 Déclaration finale de Rio+20, préc., note 5, Annexe, par. 281.

278 UNION INTERNATIONALE POUR LA CONSERVATION DE LA NATURE [UICN], Rés. 164 sur l'adoption du principe de *non-régression.* Adoptée par 95,36% des ONG et 90% des Etats à Jeju en Corée du Sud du 6 au 15 septembre 2012.

279 Déclaration finale de Rio+20, préc., note 5, par. 88 h) : « *Assurer la participation active de toutes les parties prenantes concernées en s'appuyant sur les meilleures pratiques et modèles établis par les institutions multilatérales et en étudiant de nouveaux mécanismes pour promouvoir la transparence et la participation effective de la société civile* ».

280 M. PRIEUR, préc., note 276, p. 484.

281 Déclaration finale de Rio+20, préc., note 5, Annexe, par. 197 « (…) *l'Etat reconnaît le rôle des savoirs traditionnels, des innovations et pratiques des peuples autochtones dans la conservation et l'usage durable de la biodiversité dont eux-mêmes dépendent* ».

autochtones)282 en faveur d'actions efficaces qui viseraient à résoudre tous les problèmes sociaux, écologiques et économiques283. Ces demandent concernent directement les populations qui vivent des crises aigues touchant des événements catastrophiques, lesquels surviennent dans leur environnement naturel284.

Dans ce contexte, le développement durable repose en fait, sur une nouvelle forme de gouvernance, où la mobilisation et la participation font appel de tous les acteurs. Alors, se verront des populations locales, aux processus de décision, prendre le pas sur le simple échange d'information. Grâce à cette participation active, le développement durable entend promouvoir la démocratie participative et rénover l'approche « *population* »285. A cet effet, le recours se fait aux principes structurels286 de consultations fondées, notamment, sur une égalité de *statut* entre les parties prenantes (locales et gouvernementales). Les critères à prendre en compte pour cette égalité sont : l'accès au processus ; la réponse aux préoccupations exprimées (être écouté) ; la présence d'un tiers et la *culture* du processus (incluant la langue des échanges, la considération des savoirs traditionnels locaux et de leurs systèmes de prise de décision)287.

Nous montrons que pour y parvenir, les populations locales doivent participer dès la phase de la conception du dispositif, et les solutions, objet d'un processus continu de débat, sont susceptibles d'être constamment modifiés suivant les actions et réactions des parties prenantes288. Ces éléments

---

282 *Id.*, Annexe, par. 238 « (…) *nous nous engageons à réunir les conditions propices à l'amélioration de la situation des femmes et des filles partout, en particulier dans les zones rurales et les communautés locales ainsi que chez les peuples autochtones et les minorités ethniques* ».

283 Notamment, Adrien ROUX, *50 ans de démocratie locale : comment la participation citoyenne s'est laissée endormir, pourquoi elle doit reprendre le combat*, Paris, Les Editions Yves Michel, 2011, p. 53 ; Tom TIENTEBERG et Lynne LEWIS, *Economie de l'environnement et développement durable*, 6è éd., Montreuil, 2013, p. 121. Le contexte de l'expansion des communautés locales comme acteurs de leur développement mérite une analyse particulière dans le développement de la norme émergente de participation locale, spécifiquement dans le domaine de processus décisionnels liés aux programmes d'exploitation des ressources naturelles et forestières.

284 J.-A. RISETH, préc., note 8, p. 180.

285 *Id.*

286 Norbert BAKO-ARIFARI et Pierre-Yves LE MEUR, « Les dynamiques locales face aux interventions de développement », dans G. WINTER, *Inégalités et politiques publiques en Afrique : pluralité des normes et jeux des acteurs*, Paris, Karthala, 2001, p. 1-64 à la page 56.

287 R. MUSHKAT, préc., note 8, p. 195.

288 Emmanuel FREUDENTHAL, Samuel NNAH et Justin KENRICK, « Le REDD et les droits au Cameroun : analyse du traitement réservé aux peuples autochtones et aux communautés locales dans les politiques et projets de REDD », (2011)1 *F.P.P.* 1, 8.

structurels289 sont susceptibles d'influencer positivement l'*attitude des parties*, déterminante de la conduite du processus participatif. Il y a deux étapes qu'il faut séparer : la première visant « *l'apprentissage des points de vue et de l'identité des autres* », la seconde étant consacrée à l'atteinte des objectifs stratégiques de participation. Puisque la conciliation des intérêts respectifs ne se déroule ainsi qu'en un deuxième temps, il serait important de penser à centrer le processus participatif sur le dialogue « *non stratégique* », tout en tenant compte du facteur *temps* jugé indispensable à la construction d'une relation de confiance qui débouche à la prise de décisions légitimes. Les critères clés du développement durable explorés, quelles en sont maintenant les réalisations du développement durable en termes de conditions fondamentales ?

1.2. Conditions fondamentales du développement durable

Bien que le paradigme du développement durable vise l'insertion des dimensions sociales et écologiques, aux décisions à vocation économique, sa mise en route nécessite l'adhésion à divers principes généraux assimilés aux conditions fondamentales de sa réussite. Ces conditions constituent les grands principes qui régissent la vie en société et les rapports entre les Etats-Nations290. Il s'agit de : (1.2.1.) la démocratie ; (1.2.2.) l'autonomie ; (1.2.3.) l'équité et ; (1.2.4.) l'interdépendance.

1.2.1. La démocratie

La *Déclaration finale* de Rio+20 pose comme condition préalable, à la réalisation d'un développement durable, la mise en place des institutions démocratiques291. Par démocratie, on entend le respect, non seulement des droits individuels, mais également collectifs, spécialement ceux des plus vulnérables292 dans la société. Leur pleine et entière participation se fait pressante à la recherche d'un développement durable293. Le concept de développement durable peut être difficilement véhiculé, mis en route en

---

289 *Id.*, p. 19.

290 Jean-Luc BOURDAGES, « Le développement durable : conditions, principes et enjeux », (2001) 1-2 *R.S.E.* 1, 4.

291 Déclaration finale de Rio+20, préc., note 5, Annexe, par. 10 : « *Nous reconnaissons que la démocratie, la bonne gouvernance et l'état de droit, au niveau national et au niveau international, ainsi qu'un environnement favorable, sont des conditions sine qua non du développement durable, notamment d'une croissance économique durable et profitant à tous, du développement social, de la protection de l'environnement et de l'élimination de la faim et de la pauvreté. Nous réaffirmons que pour atteindre nos objectifs en matière de développement durable, nous devons nous donner, à tous les échelons, des institutions efficaces, transparentes, responsables et démocratiques* ».

292 Notamment, femmes, jeunes, ménages pauvres, familles en détresse.

293 Heriniaina ANDRIANANJA et Vehinala RAHARINIRINA, « Quels enjeux pour la durabilité et la gouvernance des ressources naturelles et forestières à Madagascar ? », (2004) 32-127 *Mondes en développement* 75, 78.

l'absence de démocratie véritable, même s'il ne faut absolument pas lier développement durable et démocratie294. Autrement dit, il apparaît difficile d'envisager les modalités, d'en assurer les besoins spécifiques des populations, dans une optique d'équité si, en toile de fond, on ne dispose pas des mécanismes et des structures permettant la *participation de tous les acteurs concernés* au processus décisionnel295. Dans cette optique, à l'heure actuelle, on assiste à une tendance à laquelle, même les gouvernements des PED les plus réticents à la démocratisation, sont contraints de faire appel aux procédures participatives. Ils se conforment aux lignes directrices des bailleurs de fonds publics et privés. Ces PED respectent l'autonomie des peuples, des ethnies dans leur système de gestion des ressources naturelles et forestières. Cette démocratie apporte sa contribution active et précieuse au développement des pays du Sud.

1.2.2. L'autonomie

Le développement durable s'opère dans un cadre démocratique. Cela implique dans cette procédure, de respecter l'autonomie des peuples, des ethnies et des Etats dans leurs choix de développement296. Cette autonomie se réalise dans l'attention aux coutumes locales, connaissances du système traditionnel de gestion de terres et forêts des communautés locales notamment dans la mise en œuvre de projets de développement. Par ailleurs, les Etats adoptent, d'un commun accord, une approche globale du développement et de sa planification. Dans les rencontres, non seulement ils participent, mais soutiennent les processus à vocation internationale. D'où, ressortent concrètement les grandes orientations de développement durable297. Celles-ci se construisent en projets selon les normes environnementales communes au niveau international. Chaque pays dispose des législations nationales lesquelles doivent respecter les lignes directrices communes. S'appliquent les principes clés du développement durable en demandant à chacune des Parties leur part de responsabilité. Il s'agit de respecter à la fois, les capacités des PED298, leurs limites d'intervenir et d'assumer les coûts afférents, et leurs engagements à l'égard d'un problème environnemental ; surtout porter

---

294 Guillaume GOURGUES, *Les politiques de démocratie participative*, Grenoble, Presses Universitaires de Grenoble, 2013, p. 126.

295 *Id.*

296 Laurence TUBIANA, *Synthèse : Conférence sur la gouvernance internationale de l'environnement*, Paris, Institut du développement durable et des relations internationales, 2004, p. 3.

297 *Id.*

298 Kristin BARTENSTEIN, « De Stockholm à Copenhague : genèse et évolution du principe des responsabilités communes mais différenciées dans le droit international de l'environnement », (2010) 56-1 *McGill LJ.* 177, 185. C'est l'application du principe des responsabilités communes mais différenciées.

attention sur les émissions polluantes dans l'atmosphère. Il convient de promouvoir l'équité.

1.2.3. L'Equité

Le concept d'équité est au centre de toute la question du développement durable. Ce concept vise d'abord, essentiellement à combler les besoins urgents des populations présentes et futures. Il a pour but, d'améliorer les conditions d'existence, par le moyen d'une meilleure répartition de la richesse à l'intérieur d'une population ou d'un Etat299. Autrement dit, l'équité vise à distribuer également des ressources naturelles et forestières et les efforts nécessaires à leur préservation entre les générations présentes et futures300. A un autre niveau, les effets néfastes du sous-développement entre les populations d'un Etat montrent, que le développement durable ne peut se réaliser sans une réduction d'écarts, entre les masses populaires, et sans un combat acharné à la pauvreté301. Pour ce motif, le développement durable ne s'envisage uniquement, dans sa dimension écologique, surtout au Sud, où le développement demande accélération. Par ailleurs, le défi majeur du développement durable demeure sans doute cet objectif d'équité entre les générations. Ainsi, dans les termes du Programme des Nations Unies pour l'environnement (PNUE), « *chaque génération devrait avoir à cœur de laisser derrière soi un monde plus à l'aise et productif que celui dont elle a hérité. Le développement d'une société ou d'une génération ne doit pas s'exercer au détriment de celui des autres sociétés ou générations* »302. Il appartient aux responsables publics de mettre en place des projets de préservation d'écosystèmes impliquant les populations locales concernées. En effet, ces écosystèmes se porteront mieux, puisqu'ils conditionnent la vie des communautés locales passant par l'amélioration des situations sociale et culturelle.

Ainsi, on considère le principe d'équité comme une manifestation de l'ancien paradigme de conservation de l'environnement et du plus récent, développement durable303. On retrouve des traces de ces origines dans des instruments juridiques anciens et récents. A titre d'exemple, la *Convention*

299 Materne MAETZ, « Equité intergénérationnelle et durabilité : Nos sociétés inégalitaires s'apprêtent à léguer un lourd héritage aux générations futures », (2012) 8-IV *Polistampa Firenze* 1, 3.

300 P.-M. DUPY et J.-E. VINUALES, préc., note 20, p. 114.

301 Clair WOODS, *The environment, Intergenerational Equity and Long-term Investments*, Thèse de doctorat, Oxford, Oxford University, 2011, p. 140.

302 PROGRAMME DES NATIONS UNIES POUR L'ENVIRONNEMENT [PNUE]-UNION MONDIALE POUR LA NATURE [UICN] -FONDS POUR LA NATURE [FN], *Sauver la planète- Stratégie pour l'Avenir de la vie*, Gland, 1991, p. 14.

303 P.-M. DUPY et J.-E. VINUALES, préc., note 20, p. 114 et 115.

*internationale pour la réglementation de la chasse à la baleine*304 de 1946, contient une référence à l'intérêt des « *nations du monde* (...) *à sauvegarder, au profit des générations futures, les grandes ressources naturelles représentées par l'espèce baleinière* »305. Notre critique dans cette disposition conventionnelle s'ouvre sur le manque des modalités pratiques de préservation des ressources naturelles au profit des générations futures. Nous pensons, que la participation des populations locales constituerait une réponse pertinente à la réalisation du principe de l'équité intergénérationnelle. Nos ressources, pour un bon équilibre, appartiennent aussi aux communautés d'un avenir possible.

La *Conférence de Stockholm* de 1972 circonscrit la protection de l'environnement par l'adoption de la *Déclaration de Stockholm*306. Celle-ci souligne que : « *L'homme* (...) *a le devoir solennel de protéger et d'améliorer l'environnement pour les générations présentes et futures* »307. Cette *Déclaration de Stockholm* de 1972 n'édicte pas de principe directeur de protection de l'environnement. Plus tard, lorsque le Rapport de la *Commission Brundtland* proclame le paradigme du développement durable en 1987, il met l'accent sur la satisfaction des besoins des générations présentes sans compromettre ceux des générations futures308. C'est par cette vision moderne que le principe de l'équité intergénérationnelle se trouve exprimé au principe 3 de la *Déclaration de Rio sur l'environnement et le développement*. La *Déclaration* proclame : « *Le droit au développement durable doit être réalisé de façon à satisfaire équitablement les besoins relatifs au développement et à l'environnement des générations présentes et futures* »309. La *Déclaration de Rio* de 1992 ne contient aucun plan d'action spécifiant les modalités pratiques de satisfaction des aspirations légitimes des communautés locales, présentes et futures. L'existence d'un plan d'action peut constituer un guide pour les pays en développement (PED) dans l'élaboration, l'interprétation et la mise en œuvre de leurs cadres juridiques et politiques de développement.

L'exigence de l'équité intergénérationnelle est relevée par la Cour internationale de justice (CIJ) dans l'affaire du *Projet Gabcikovo-*

---

304 *Convention internationale pour la réglementation de la chasse à la baleine*, 2 décembre 1946, (1948) R.T. Can. N° 51 (entrée en vigueur le 10 novembre 1948) [CIRCB].

305 *Id.*, préambule, par. 1.

306 Déclaration finale de la Conférence des Nations Unies sur l'environnement, préc., note 79.

307 *Id.*, principe 1.

308 CMED, préc., note 71, p. 51, par. 49.

309 Déclaration de Rio sur l'environnement et le développement, préc., note 73, principe 3.

*Nagymaros*310. La Cour observe que : « Grâce aux nouvelles perspectives qu'offre la science et à une conscience croissante des risques que la poursuite de ces interventions sur la nature à un rythme inconsidéré et soutenu représente pour l'humanité – de nouvelles normes et exigences ont été mises au point »311. Enfin, le principe de l'équité entre les générations est souligné dans la Déclaration finale de Rio+20 de 2012 en ces termes : « *Nous insistons sur le fait que le développement durable appelle d'urgences des mesures concrètes et ne pourra se réaliser qu'à la faveur d'une alliance générale des peuples, des pouvoirs publics, de la société civile et du secteur privé œuvrant tous ensemble à concrétiser l'avenir que nous voulons pour les générations actuelles et futures* »312. A l'instar de la *Déclaration de Rio* (1992), la *Déclaration finale* de Rio+20 (2012) ne prévoit aucune mesure d'accompagnement de réalisation des besoins essentiels des populations, dans une perspective de développement durable.

De ces arguments, les contours du principe de l'équité entre les générations, tels qu'ils se dégagent dans ces outils juridiques internationaux, sont difficiles à tracer précisément. Faute d'outil juridique précis, on a recours à la doctrine ou au droit appliqué (la jurisprudence) pour clarifier ces contours. Or, malgré les tentatives importantes de conceptualisation de ce principe, l'ancrage de la contribution doctrinale en droit positif demeure encore à démontrer. Quant à l'apport du droit appliqué, il est également très limité313. Relevons, un développement intéressant opéré par la Cour suprême des Philippines dans l'affaire dite des *Mineurs Oposa*. Dans cette affaire, le principe de l'équité intergénérationnelle est affirmé pour justifier l'admission d'une action collective initiée par des mineurs, représentant aussi bien de leurs intérêts que ceux des générations à venir314.

---

310 *Projet Gabcikovo-Nagymaros* (*Hongrie* c. *Slovaquie*), [1997] 92R. C.I.J. 92, General List.

311 *Id.*, par. 140.

312 Déclaration finale de Rio+20, préc., note 5, Annexe, par. 13.

313 P.-M. DUPY et J.-E. VINUALES, préc., note 20, p. 115 et 116.

314 Juan Antonio OPOSA et al. c. FULGENCIO S ; FACTORAN, Jr., et al., [1993] 92 R. C.S.P. 92, par. 22. La Cour suprême de Philippines argumente comme suit : « *This case, however, has a special and novel element, Petitionners minors assert that they represent their generations as well as generations yet unborn. We find no difficulty in ruling that they can, for themselves, for others of their generation and for the succeding generations can only be based on the concept of intergenerational responsibility insofar as the right to a balanced and healthy ecology is concerned (...) the minors' assertion of their right to a sound environment constitutes, at the same time, the performance of their obligation to ensure the protection of that right for the generations to come* » (Cour suprême des Philippines, 30 juillet 1993).

1.2.4. L'interdépendance

Découlant du concept d'équité, la notion d'interdépendance devient fondamentale comme condition du développement durable, dans la mesure où l'intérêt commun (Nord/Sud) ne peut être soutenu que par le moyen d'un partenariat international315. Avec le phénomène d'industrialisation, l'amélioration des capacités techniques et la globalisation des échanges, l'interdépendance, même locale, prend de l'expansion. Ce phénomène entraîne son lot de problèmes tels la perte de droits traditionnels sur certains écosystèmes, la poussée de la production commerciale et industrielle ainsi qu'une réduction du pouvoir décisionnel des populations locales et autochtones316. L'interdépendance déborde de son contexte local et régional. Elle revêt un caractère planétaire. Des questions écologiques se posent sur la planète, en l'occurrence la problématique des émissions des GES provenant des sols forestiers, dont le programme REDD+ est initié pour les combattre. Nous y reviendrons avec précisions sur ce programme juridique international et sa mise en route en République Démocratique du Congo. Dans tous les cas317, l'interdépendance repose sur la capacité d'assistance (Nord/Sud) à tous les niveaux d'intervention, de l'échelle locale à l'échelle internationale.

En somme, ces conditions fondamentales constituent des prémisses pour l'adoption et la mise en œuvre du développement durable dans les PED. Cela dépend de la volonté des responsables publics d'engager les institutions dans une vision globale en agissant localement, pour préserver les écosystèmes et soulager les besoins des communautés locales, tout en développant les activités économiques. L'essentiel consisterait à satisfaire les besoins des plus démunis, dans les relations politiques de développement.

Après la présentation des conditions fondamentales du développement durable ; tournons-nous vers l'importance de s'interroger sur son statut juridique. Ce concept du développement durable mérite aussi notre attention dans une analyse juridique.

1.3. Statut juridique du développement durable

L'idée du développement durable devient à l'heure actuelle une idée majeure sur le plan international à travers les organismes des Nations Unies, au niveau des Etats et des entreprises ainsi qu'au niveau des ONG à vocation environnementale. Tous contribuent largement à diffuser ou imposer cette idée. La question : Que représente-t-il ? Constitue-t-il un simple slogan ? Pour y répondre, il importe de sonder sa dimension sociale dans les instruments

---

315 J.-C. BARRO DE PEDRO, préc., note 271, p. 6.

316 Olivier PETIT, « Quelles gouvernances de développement durable dans les pays en développement face à la mondialisation ? », (2006) 63 *C3ED* 127, 128.

317 BANQUE MONDIALE [BM], *Les partenaires multilatéraux du processus national REDD+ en RDC : ONU-REDD et FCPF*, Kinshasa, Mission Banque mondiale, 2010, p. 55.

juridiques internationaux de protection de l'environnement. Ainsi, la *Déclaration de Stockholm*[318] (1972) qui ne parle pas encore de développement durable en tant que tel, mais ses trois piliers (économie, écologie et social) se font entendre sans les nommer. Cette *Déclaration de Stockholm* prend conscience de l'être humain en considérant les préoccupations exprimées par les Etats Parties. La *Charte mondiale de la nature*[319] encourage le développement durable par la conservation et la protection des ressources naturelles, afin de diminuer l'état de pauvreté au sein des communautés locales, tout en favorisant la résilience de la planète. La *Déclaration de Rio sur l'environnement et le développement*[320] (1992) est le premier outil juridique non contraignant à intégrer le développement durable. Les principes 1et 3 nous rappellent que l'humain est au cœur du développement durable. D'où, la nécessité de satisfaire les besoins des générations actuelles et futures. La *Déclaration de Johannesburg sur le développement durable* [321] (2002), dans le paragraphe 5 de son préambule, encourage le développement durable à travers la promotion des dimensions économiques, environnementales et sociales. Cette *Déclaration de Johannesburg* met en évidence les aspects sociaux au centre des problématiques environnementales, sur la lutte contre la pauvreté (prise en compte des besoins locaux). Enfin, la *Déclaration finale* de Rio+20[322] (2012) consacre et renforce ce paradigme du développement durable dans le but d'éliminer la pauvreté chez les populations locales.

Tous ces instruments juridiques consacrent le développement durable sans contrainte. Son statut juridique émerge, dans les préambules (exposés des motifs) des traités internationaux contraignants[323] (*Conventions*, *Protocoles*,

---

318 Déclaration finale de la Conférence des Nations Unies sur l'environnement, préc., note 79, principes 1, 2, 5, 8, 13 et 15.

319 *Charte mondiale de la nature*, Doc. N.U. A/RES/37/7 (28 octobre 1982), en ligne : http://www.un.org/french/documents/ga/res/37/fres37.shtml (consulté le 10 mai 2024), principe 8.

320 Déclaration de Rio sur l'environnement et le développement, préc., note 73, principe 1 : « *Les êtres humains sont au centre des préoccupations relatives au développement durable* » et principe 3 : « *Le droit au développement durable doit être réalisé de façon à satisfaire équitablement les besoins relatifs au développement et à l'environnement des générations présentes et futures* ».

321 Déclaration de Johannesburg sur le développement durable, préc., note 136, préambule, par. 5.

322 Déclaration finale de Rio+20, préc., note 5, Annexe, par. 2 : « *L'élimination de la pauvreté est le plus grand défi auquel le monde doit faire face aujourd'hui et un préalable indispensable au développement durable. Ainsi sommes-nous déterminés à affranchir d'urgence l'homme de la faim et de la pauvreté* ».

323 Convention-Cadre des Nations Unies sur les changements climatiques, préc., note 14, préambule, par. 22 ; Convention sur la diversité biologique, préc., note 26, préambule, par. 23 ; Accord de Paris, préc., note 2, Annexe, art. 6, par. A).

Accords) et dans les législations nationales. Puis, on questionne : le développement durable constitue-t-il un principe ou une règle coutumière ? La Cour internationale de justice (CIJ) dans ses deux décisions jurisprudentielles nous fournit une piste de réponse à cette question.

La première date du 27 septembre 1997 dans l'affaire *Projet Gabcikovo-Nagymaros* (*Hongrie* c. *Slovaquie*)[324]. Ainsi, la CIJ dans cette affaire conclut que le développement durable se présente comme une « *notion* » et non un principe[325]. La Cour rappelle la dimension intégratrice du concept de développement durable, sans pour autant lui conférer le caractère de source primaire ou « *principe* ». Elle observe que : « *le concept de développement durable traduit bien cette nécessité de concilier développement économique et protection de l'environnement* »[326], comme le souligne le paragraphe 3 de la *Déclaration finale* de Rio+20 de 2012[327]. Dans une seconde décision, relative à l'affaire dite *Usine de pâte à papier sur le fleuve Uruguay* (*Argentine* c. *Uruguay*)[328], rendue en 2010, la Cour internationale de justice (CIJ) réaffirme la conception du développement durable exprimée dans le litige du *Projet Gabcikovo-Nagymaros.* Elle indique que le développement durable est une « *notion* » ou un « *concept* » qui guide les négociations entre les Parties. Dans ce contexte, on peut affirmer que la question de savoir si le développement durable peut, dans sa dimension intégratrice, opérer en tant que source primaire n'est toujours pas résolue en droit international public de l'environnement[329]. D'après la CIJ, le développement durable est une « *notion* ». A notre avis, cette notion pourrait revêtir le qualificatif de « *majeure* » ou « *essentielle* » car elle présente des particularités qu'il convient de préciser. En effet, bien que non contraignants, les principes clés du développement durable constituent une matrice conceptuelle. Ces principes orientent non seulement le droit international public de l'environnement, mais aussi guident les Etats (notamment du Sud) dans l'élaboration de leurs propres cadres juridiques, sans oublier la mise en route de leurs politiques de développement. Mais quelles sont les origines historique et institutionnelle de cette « *notion* » de développement durable ?

---

324 *Projet Gabcikovo-Nagymaros* (*Hongrie* c. *Slovaquie*), préc., note 310.

325 *Id.*, par. 40.

326 *Id.*

327 Déclaration finale de Rio+20, préc., note 5, Annexe, par. 3 : « *Nous prenons de ce fait acte de la nécessité d'intégrer davantage les aspects économiques, sociaux et environnementaux du développement durable à tous les niveaux, en tenant compte des liens qui existent entre ces divers aspects, de façon à assurer un développement durable dans toutes ses dimensions* ».

328 *Usines de pâte à papier sur le fleuve Uruguay* (*Argentine* c. *Uruguay*), [2010] 21 R. C.I.J. 21.

329 *Id.*, par. 75-77 et 177.

1.4. Origines historiques et institutionnelles du développement durable

Ces origines seront analysées en deux temps : (1) de 1960 à 1980 et (2) de 1980 à nos jours. Nous montrerons comment la doctrine a évolué, des préoccupations strictement économiques et environnementales à la prise en compte des aspects socioculturels, incluant ainsi les individus, groupements, en particulier les communautés locales, dans la construction des politiques forestières et naturelles susceptibles d'avoir une incidence directe sur leur environnement.

1.4.1. De 1960 à 1980 : *l'émergence du paradigme du développement durable*

Jusqu'aux années 1960, on constate la vision capitaliste du développement : la maximisation excessive du profit prédomine, tout en privilégiant l'autonomie de la production économique. Les industries produisent en masse des biens des consommations en exploitant de façon maximale les ressources naturelles et forestières, lesquelles diminuent à une cadence inquiétante330. Ainsi, la pleine exploitation des ressources constitue, non seulement une menace à l'équilibre des écosystèmes de la planète, mais aussi un danger à la survie et à la prospérité de l'humanité331. Ce sont l'industrialisation, les effets de la croissance et du progrès, tant scientifique que technique, qui sont mis au « *premier plan* »332. La prédominance des dimensions économiques des sociétés dites « *développées* » entraîne de profondes mutations socio-économiques et d'énormes conséquences écologiques, notamment, la pollution ; les changements climatiques ; la diminution de la biodiversité et la dégradation de la couche d'ozone. Ces phénomènes découlent avant tout, des pratiques locales où sont indissociables certaines conditions locales qui les encadrent333. Les questions d'environnement sont reléguées au « second plan ».

---

330 Priscilla GAREAU, « Approches de gestion durable et démocratique des forêts dans le monde », (2005) 6-2 *R.S.E.* 1, 3.

331 Ramachandra GUHA, « Environmentalism- A Global History », (2002) 13-2 *Journal of World History* 525, 528.

332 Développement durable, Doc. ONU 2349/XXIII (20 décembre 1971). Notons que peu avant le début de la *Conférence de Stockholm* (1972), une résolution adoptée à l'initiative du Brésil a mis en évidence la tension entre les objectifs de développement durable et la protection de l'environnement. Cette résolution a fait un constat : l'industrialisation et les effets de la croissance étaient privilégiés au détriment de la préservation de l'environnement. Cette résolution, qui n'a recueillie que 70% des voix, a mis l'accent sur les éventuels effets adverses des politiques écologiques sur le développement des PED et réaffirmé « *la primauté du développement économique et social indépendant comme étant l'objectif principal et primordial de la coopération internationale* ».

333 Manuela JOLLIVET (dir.), *Le développement durable, de l'utopie au concept. De nouveaux chantiers pour la recherche*, Collection environnement, Paris, Revue Natures Sciences Sociétés, Elsevier, 2001, p. 98.

A ce niveau, les politiques environnementales sont pour l'essentiel sectorielles : elles visent à lutter contre des pollutions localisées dans le temps et dans l'espace, et dont les thèmes sont relativement identifiables (déchets, eau, air, etc.)334. C'est au début des années 1970 que les changements s'opèrent tant sur la prise de conscience que dans les discussions relatives aux questions d'environnement. C'est le début de la médiatisation de grandes catastrophes écologiques occasionnées par des activités économiques. Il s'agit notamment, de la pollution au mercure à Minimata apparue dans les années 1950. Elle a été médiatisée beaucoup plus tard335. Cette époque souligne également l'émergence des premières critiques du modèle de société fondé sur le concept traditionnel de développement, essentiellement axé sur l'économie et du concept d'écodéveloppement336 ; cet ancêtre du développement durable. Le Rapport *Halte à la Croissance*337 souhaite qu'une priorité soit accordée à la nature (l'environnement). Cette priorité justifie la nécessité d'éviter le risque d'un échec tragique, dans la préservation des ressources naturelles et forestières. En 1972, la *Conférence des Nations Unies sur l'environnement* (1972) à travers la *Déclaration de Stockholm* met sur table la discussion traitant la dimension environnementale du développement durable. Le Rapport *Halte à la Croissance* et la *Conférence des Nations Unies sur l'environnement* (1972) constituent deux faits marquants dans la compréhension des origines du concept de développement durable. A ce stade, une prise de conscience semble s'imposer sur la nécessité de protéger l'environnement à travers le Rapport *Halte à la Croissance* et le *Sommet des Nations Unies sur l'environnement*. De 1980 à nos jours, il y a une montée en puissance de la notion de développement durable.

---

334 BANQUE MONDIALE [BM], *Gestion des ressources forestières pour un développement durable*, Washington DC, Groupe d'évaluation indépendant (BM), 2002, p. 13.

335 *Id.*

336 M. TAPIE-CRIME, C. BLATRIX et P. MOQUAY (dir.), préc., note 248, p. 67. Le concept d' « *écodéveloppement* » propose cinq dimensions de la durabilité : la dimension sociale (entre croissance, autre vision de la société), économique (meilleure répartition et gestion des ressources pour une plus grande efficacité), écologique (minimiser les atteintes aux systèmes naturels), spatiale (équilibrer villes-campagnes, aménagement du territoire) et culturelle (pluralité des solutions locales qui respectent la continuité culturelle).

337 Par exemple, l'année 1970 est déclarée *Année de l'environnement* par l'Organisation des Nations Unies, en 1972, la première Conférence mondiale sur l'environnement convoquée par las Nations Unies a lieu à Stockholm (Résol. 2398, XXIII, 3 déc. 1968) ; en 1972, le Club de Rome publie un rapport sur l'environnement et le développement (*Halte à la Croissance*) : l'épuisement des réserves du pétrole et du nucléaire et que les pays développés (PD) doivent revoir leur modèle de croissance.

1.4.2. De 1980 à nos jours : *la montée en puissance de la notion du développement durable*

Une autre période s'échelonne du milieu des années 1980 jusqu'aux années 1986. Elle se caractérise, notamment par : (1) l'émergence et la reconnaissance institutionnelle de pollutions qualifiées de « globales », parmi lesquelles, on compte la dégradation de la couche d'ozone stratosphérique et ; (2) les risques d'épuisement des ressources naturelles et forestières (menaces d'extinction de diverses espèces et envers la biodiversité)338. Aucune notion de droit international public de l'environnement n'est employée plus largement, ni de façon aussi mitigée, que celle de développement durable339. Insérée originellement en 1980, dans un rapport conjoint publié par le Programme des Nations Unies pour l'environnement (PNUE), le Fond mondial pour la nature (WWF) et l'Union internationale pour la conservation de la nature (UICN)340. Le concept de développement durable n'est véritablement consacré que lors de la publication du Rapport de la Commission *Brundtland Notre avenir à tous*, en 1987. Ce concept met en relief ce principe de savoir articuler le développement et l'économie (la croissance)341. A ce stade, deux constats s'imposent : le premier, l'intérêt est porté à l'environnement et les biens qu'il apporte à la planète. L'environnement détient alors un statut d'évidence. On ne se préoccupe pas encore de l'homme qui y habite. Autrement dit, l'humain reste le parent pauvre de l'esprit et de la substance du *Rapport Brundtland* de 1987. Il en résulte une minorisation du rôle du pilier *social* qui se voit maintenant relégué à un phénomène d'ordre marginal, essentiellement induit par les dynamiques des piliers économiques et écologiques342. Le second constat343, les politiques de croissance et de protection de l'environnement prônées par les pays du Sud sont conduites sans une réelle implication des populations locales concernées. De plus, cette croissance s'accompagne d'une forte montée des inégalités sociales, de l'apparition de nouvelles formes de pauvreté en zones

---

338 *Id.*

339 P.-M. DUPY et J.-E. VINUALES, préc., note 20, p. 116.

340 UICN, UNEP, WWF, *World Conservation Strategy.Living Resource Conservation for Sustainable Development*, New York, 1980, p. 15.

341 CMED, préc., note 71, p. 25. Les questions d'environnement et de développement sont alors considérées conjointement : d'une part, parce que les processus de développement ne sont pas neutres pour l'environnement (prélèvement de ressources, rejets de polluants, etc.) ; d'autre part, car la qualité de l'environnement peut affecter la capacité de développement (effets de la pollution et du déboisement sur la santé humaine, par exemple).

342 P. SANDS, préc., note 33, p. 48.

343 Jérôme BALLET, Jean-Luc DUBOIS et François –Régis MAHIEU, « La soutenabilité sociale du développement durable : de l'omission à l'émergence », (2011) 156-4 *Mondes en développement* 1, 5.

rurales et de déstabilisation des pratiques traditionnelles des populations locales344.

La *Conférence sur l'environnement et le développement* de 1992 à Rio de Janeiro constitue un grand tournant dans l'évolution du concept de développement durable. Les hommes s'ouvrent à une prise de conscience sur les enjeux globaux et locaux. On analyse la perte de biodiversité d'appartenance à la responsabilité collective. On demande de gérer les ressources naturelles et forestières, tout en tenant effectivement compte des générations futures345. Mais la préservation du bien-être et l'essor des populations dépendantes ne sont pas suffisamment soulignés. Dans ce contexte346, l'émergence progressive du pilier *social* du développement durable, se perçoit à travers l'analyse de la pauvreté, considérée de manière multidimensionnelle. Cependant, ce pilier *social* reste toujours sous-estimé, malgré la nette amélioration du débat qui le sous-tend.

Selon Tapie-Grime, Blatrix et Moquay on se garde de dire que l'environnement se développe, car il n'opère pas de saut qualitatif. Autrement dit, le social serait-il relégué au second plan dans le développement durable ? Dans ce cas, il ne s'agit plus de développement. Il se soumet tout simplement au pilier social à la dimension environnementale. Il se justifie dans la nécessité de garantir une certaine justice intergénérationnelle. Pourtant, cette justification n'est pas tenable, car sa mise en route implique toutes les générations. Ces dernières doivent se sacrifier pour préserver l'environnement. Finalement, nous disons, que la protection de l'environnement devient prioritaire sur l' « *être et le devenir humain* ». Alors, les générations à venir n'auraient plus leur importance.

Nous reconnaissons que la *Déclaration de Rio sur l'environnement et le développement* (1992)347 corrige cette lacune, en s'assignant les objectifs globaux de la préservation des intérêts économiques, la protection de l'environnement et la garantie du bien-être de l'homme à travers son

---

344 Claudie HAIGNERE et Tokia SAIFI, *La recherche au service du développement durable : Rapport intérimaire*, Kyoto, Forum mondial de l'eau de Kyoto, 2003, p. 10.

345 Edwin ZACCAI, *Le développement durable : dynamique et constitution d'un projet*, Bruxelles, Peter Lang, 2002, p. 128.

346 J. BALLET, J.-L. DUBOIS et F.-R. MAHIEU, préc., note 343, p. 7.

347 Déclaration de Rio sur l'environnement et le développement, préc., note 73, principe 10 : « *La meilleure façon de traiter les questions d'environnement est d'assurer la participation de tous les citoyens concernés, au niveau qui convient. Au niveau national, chaque individu doit avoir dûment accès aux informations relatives à l'environnement que détiennent les autorités publiques, y compris aux informations relatives aux substances et activités dangereuses dans leurs collectivités, et encourager la sensibilisation et la participation du public en mettant les informations à la disposition de celui-ci. Un accès effectif à des actions judiciaires et administratives, notamment des réparations et des recours, doit être assuré* ».

épanouissement intégral. Ces dimensions font partie intégrante de la participation de l'être humain au processus décisionnel. La critique adressée au principe 10 de la *Déclaration de Rio* de 1992 crie ce manque de programme de consultation locale. Ces consultations peuvent permettre aux communautés de formuler des commentaires afin d'améliorer le projet et intégrer leurs aspirations légitimes. Manque également de politique générale organisant le processus participatif et le recours à la justice en matière d'environnement.

La décennie suivante, on met l'accent sur les questions environnementales et économiques dans tous les moindres détails. Dix ans plus tard, le *Sommet mondial du développement durable de Johannesburg* (2002)348 remet les aspects sociaux au centre des problématiques écologiques, en attirant l'attention des autorités publiques et des partenaires (publics et privés), sur la lutte contre la pauvreté. Ce Sommet de *Johannesburg* instaure un débat sur les relations entre pauvreté, inégalités et utilisation durable des ressources naturelles et forestières, ouvrant ainsi une fenêtre aux nouvelles perspectives en mentionnant l'importance du piler *social*349. Cette fenêtre ouverte renforce la participation des populations locales concernées. Elles défendent leurs coutumes (pratiques traditionnelles des terres et des forêts).

Ainsi, les enjeux de conservation pure de la biodiversité se lient étroitement aux différentes dimensions du développement durable et à l'amélioration des conditions de vie des communautés locales ; Ce déplacement dans la hiérarchisation des enjeux interpelle tout autant les principales directives des bailleurs de fonds que des acteurs du développement. En effet, le pilier *social*350 prend vie au concept de développement durable. Dans cette vision que l'Association de droit international (ILA) adopte la *Déclaration de New Delhi sur les principes du droit international relatifs au développement durable* (2002)351. Cette *Déclaration* formule plus clairement le projet sous-tendant le paradigme du développement durable, à savoir une *approche globale et intégrée* des processus économiques, sociaux et politiques. Axée sur *l'exploitation durable des ressources naturelles* de la Terre et la protection de l'environnement dont dépendent la nature et la *vie humaine*. Le développement économique et social, vise à réaliser le droit de tous les êtres humains à un niveau de vie suffisant. Cela correspondant à leur *participation active*, en faveur du développement et à la *répartition équitable des avantages* qui en découlent, tenant compte des *besoins et intérêts des générations à*

---

348 Déclaration de Johannesburg sur le développement durable, préc., note 136, par. 5 : « *Le développement économique, le développement social et la protection de l'environnement constituent les piliers interdépendants et complémentaires du développement durable* ».

349 *Id.*

350 Déclaration finale de Rio+20, préc., note 5, par. 16.

351 *Déclaration de New Delhi sur les principes du droit international relatifs au développement durable*, ILA Rés. 2/2002 (2-6 avril 2002), New Delhi.

*venir*352. Cette *Déclaration* n'indique pas les modalités pratiques de l'implication locale à la réalisation du développement durable. Certains critères participatifs ne sont énoncés tels l'accès à l'information, la sensibilisation des communautés locales concernées et les consultations de ces dernières. De même, aucun principe ne prévoit le recours à la justice en cas des violations des droits participatifs des communautés. Cependant, cette *Déclaration de New Delhi* semble opérer une conciliation des enjeux internationaux de protection de l'environnement et des enjeux locaux d'amélioration des conditions de vie des populations locales. La *Déclaration* consacre l'approche écosystémique ; elle reconnaît aussi la participation des communautés locales au processus décisionnel.

La *Conférence des Nations Unies sur le développement durable* de 2012 (Rio+20), au paragraphe 43353 réaffirme sa position en abordant des aspects sociaux dans le but d'améliorer les conditions d'existence des communautés locales. L'approche de la *Conférence* de Rio+20 repose sur trois piliers essentiels : le *droit d'accès à l'information*, la *participation du public à la prise de décision* et l'*accès à la justice en matière d'environnement*. Le paragraphe 43 de la *Déclaration finale* de Rio+20354 contient une faiblesse. Certes, cette disposition soutient une série de mesures générales destinées à encadrer le public dans l'exercice de ses droits participatifs. Ces mesures insistent sur l'appui du public dans le volet participatif, non pas sur les modalités d'assistance du public à accéder dans le processus. Comme mérite, le paragraphe 43 de la *Déclaration finale* de Rio+20 s'interprète d'abord : les communautés locales reçoivent les informations environnementales à la réalisation des projets susceptibles de nuire à la qualité de l'environnement. Ensuite, elles doivent aussi participer au processus décisionnel concernant l'adoption et la mise en œuvre de ces projets. Enfin, les communautés formulent un recours en justice, afin d'obtenir réparation de l'atteinte environnementale355.

Contingente par sa nature, la participation nous impose ses propres nécessités et urgences, lesquelles, précisément, mettent l'accent sur la satisfaction des besoins spécifiques des communautés locales. Pour cette raison, on demande une meilleure compréhension dans l'analyse touchant le *pilier social* du développement durable. Ainsi, s'est imposé la définition du concept, la détermination des critères clés d'évaluation et la contextualisation à travers des projets de développement mis en route dans les PED, comme démontré dans le chapitre précédent. A ce propos, nous avons étudié en détails le *Projet*

---

352 *Id.*, Annexe, préambule, par. 14.
353 Déclaration finale de Rio+20, préc., note 5, Annexe, par. 43.
354 *Id.*
355 J.-M. ARBOUR, S. LAVALLEE, J. SOHNLE et H. TRUDEAU, préc., note 25, p. 122.

de Développement Local dans la région de *Torodi* mis en œuvre et implanté au Niger.

Les lignes suivantes portent sur le principe de souveraineté permanente sur les ressources naturelles.

Section 2. Le principe de souveraineté permanente sur les ressources naturelles

Le principe de souveraineté permanente sur les ressources naturelles, qui est un corollaire nécessaire du principe de la souveraineté territoriale, a été formellement consacré par la Résolution 1803 du 14 décembre 1962 de l'Assemblée Générale des Nations Unies356. Celle-ci stipule que la prospection, la mise en valeur et la disposition de ces ressources doit s'exercer dans l'intérêt du développement national et de la population de chaque Etat ; elle affirme également que l'exercice libre et profitable de la souveraineté des peuples sur leurs ressources doit être encouragé par le respect mutuel des Etats[357]. Le contexte général dans lequel cette Résolution 1803 fut adoptée était celui de la décolonisation et de la réappropriation de leurs ressources naturelles par les pays en développement (PED). Cette Résolution doit être perçue comme le corollaire du droit des peuples de disposer d'eux-mêmes358 et comme la condition de la réalisation des Etats en recherche d'autonomisation359.

En droit international public de l'environnement, le principe de souveraineté permanente, s'il est interprété comme un principe conférant chèque blanc à chaque Etat dans l'exploitation de ces ressources, s'avère totalement anarchique et incompatible avec l'unité fondamentale de la biosphère et l'interdépendance des éléments des divers écosystèmes ; c'est le motif pour lequel la portée du principe est de plus en plus limitée par une série d'autres principes et concepts (prévention, précaution, développement durable, dommage transfrontalier) afin de poser les jalons de la coopération internationale en matière environnementale[360]. Pour les ressources génétiques par exemple, c'est le principe du partage équitable des avantages qui découle

356 *Déclaration sur la souveraineté permanente sur les ressources naturelles*, Rés. AG 1803 (XVfi), Doc. Off. A.G.N.U., 17è sess., supp. N° 7, Doc. N.U. A/5344/Add1, A/L412/Rev2 (1962), 15.

[357] *Id.*

358 Jean SALMON (dir.), *Dictionnaire de droit international public*, Bruxelles, Bruylant, 2001, p. 379.

359 Ce principe est singulièrement affirmé dans le cadre du « *Nouvel ordre économique international* », réponse économique à l'émergence de problématiques sociales et culturelles débutant dans les années soixante. Pour une critique de ce Nouvel ordre économique international, voir Michel DUMAS, « Qu'est-ce que le nouvel ordre économique international ? », (1976) 17 *Tiers Monde* 265.

[360] J.-M. ARBOUR, S. LAVALLEE, J. SOHNLE et H. TRUDEAU, préc., note 25, p. 124.

de leur exploitation qui est posé en premier principe dans la *Convention sur la diversité biologique* (1992)361 ; pour les ressources halieutiques de la zone économique exclusive, c'est aussi le principe du partage qui a été avancé par la *Convention des Nations Unies sur le droit de la mer*362 qui a, en outre, prescrit des obligations précises à chaque Etat pour la conservation et la gestion de ces ressources. Pour cette raison, tous les textes qui reconnaissent à chaque Etat le droit souverain d'exploiter ses propres ressources selon ses propres politiques d'environnement et de développement, viennent immédiatement clarifier que l'exercice de ce droit ne peut porter préjudice à l'environnement des autres Etats. Il découle de cette limitation non seulement le principe de prévention mais aussi et surtout celui de la responsabilité internationale en cas de dommage transfrontalier. De surcroît, le concept de développement durable vient conditionner la façon dont un Etat doit exploiter ses ressources, dans le but de satisfaire les besoins spécifiques des générations présentes sans compromettre ceux des générations à venir. Une question surgit une fois de plus : dans quelle mesure les Etats peuvent-ils réaliser la croissance économique ? Le concept de développement durable nous fournit une piste de réponse à cette question. Il affirme aux Etats de quelle manière il faut faire du développement économique (croissance). Fort heureusement, cette époque est définitivement révolue où les plus hautes juridictions d'un Etat pouvaient proclamer qu'il n'existait aucune règle de droit international qui interdit à un pays de polluer gravement les eaux d'un fleuve international363. Une innovation pertinente à ce sujet est apparue récemment avec le concept de la préoccupation commune de l'humanité. L'exposé des motifs de la *Convention sur la diversité biologique*364 mentionne que la conservation de la diversité biologique est une préoccupation commune de l'humanité. Il en est de même, la *Convention-Cadre des Nations Unies sur les changements climatiques*365 déclare que « *les changements du climat de la planète et leurs effets néfastes sont un sujet de préoccupation pour l'humanité tout entière* ».

Au regard de ces développements, la protection de la qualité de l'environnement exige un devoir de coopération dans la recherche des solutions globales et durables, notamment le devoir conjoint et solidaire de participer aux efforts déployés pour réaliser les objectifs de préservation définis dans ces conventions366. A ce propos, l'*Accord de Paris* de 2015

---

361 Convention sur la diversité biologique, préc., note 26.

362 *Convention des Nations Unies sur le droit de la mer*, 16 novembre 1994, 1834 RTNU 3.

363 En l'occurrence le Rhin : Affaire *des Mines de Potasse d'Alsace* (*Conseil d'Etat français*, 18 avril 1986). Voir Revue juridique de l'environnement, 1986, p. 296.

364 Convention sur la diversité biologique, préc., note 26.

365 Convention-Cadre des Nations Unies sur les changements climatiques, préc., note 14.

366 Voir, sur la prise en compte de l'équité dans le cadre des négociations internationales relatives aux changements climatiques, Ellen WEIGANDT, « Climate change, equity and

rappelle à cet égard que « *Conscients que les changements climatiques sont un sujet de préoccupation pour l'humanité toute entière et que, lorsqu'elles prennent des mesures face à ces changements, les Parties devraient respecter, promouvoir et prendre en considération leurs obligations respectives concernant les droits de l'homme, le droit à la santé, les droits des peuples autochtones, des communautés locales, des migrants, des enfants, des personnes handicapées et des personnes en situation vulnérable et le droit au développement, ainsi que l'égalité des sexes, l'autonomisation des femmes et l'équité entre les générations* »367. La *Convention sur la diversité biologique* de 1992 affirme que, si les Etats ont des droits souverains sur leurs ressources biologiques, ils sont aussi responsables de la conservation de cette diversité et de l'utilisation durable des ressources biologiques. La troisième section porte sur le principe de prévention que j'analyse dans les pages qui suivent.

Section 3. Le principe de prévention

Rappelons qu'en droit international, il n'existe aucune obligation générale de ne pas causer de dommage à l'environnement. Chaque Etat est souverain sur son territoire et les usines s'y trouvant peuvent endommager l'environnement si l'Etat décide de les laisser faire368. Là où s'arrête son droit souverain, c'est toutefois là où commence le dommage environnemental causé au territoire d'un autre Etat ou à des territoires qui n'appartiennent à aucun Etat : Haute mer et l'espace aérien au-dessus, les grands fonds marins, l'espace aérien international, l'espace cosmique, la Lune et les corps célestes ; et dans une certaine mesure, le secteur non revendiqué de l'Antarctique369. Ainsi énoncé, le principe d'utilisation non dommageable du territoire constitue un corollaire du principe de la souveraineté nationale et de la souveraineté permanente sur les ressources naturelles. Il a initialement été énoncé dans l'*Affaire de la Fonderie de Trail* (*Trail Smelter*)370, en 1939, par le Tribunal arbitral, en ces termes : nul Etat n'ait le droit d'utiliser ou de permettre l'utilisation de son territoire de façon à causer un préjudice dans un ou sur le territoire d'un autre Etat ou aux biens ou aux personnes qui s'y trouvent, lorsque cela entraîne des effets graves et que le dommage est avéré par une preuve claire et convaincante. En cas de défaut, l'Etat peut devoir fournir une réparation, ce qui arrive somme toute rarement, dans les faits. Le principe de prévention vise

---

international negociations », dans Urs LUTERBACHER et Detllef F. SPRINZ (éd.), *International Relations and Global Climate Change*, Cambridge, MIT Press, 2001.

367 Accord de Paris, préc., note 2, exposé des motifs, par. 10.

368 J.-M. ARBOUR, S. LAVALLEE, J. SOHNLE ET H. TRUDEAU, préc., note 25, p. 125.

369 *Id.*

370 Trail Smelter Arbitral Tribunal, (1939) 33 A*m. J. Int'l L.* 182, reproduit dans Rebecca M. BRATSPIES et Russell A. MILLER (dir.), *Transboundary Harm in International Law : Lessons from the Trail Smelter Arbitration*, New York, Cambridge University Press, 2006, Annexe B, p. 314.

les cas de risques certains, où un dommage environnemental surviendra probablement si aucune mesure n'est mise en place pour le prévenir.

Cette obligation est soulignée dans l'exposé des motifs ou les premières dispositions de très nombreux traités environnementaux, comme étant le fondement de l'obligation de coopérer en cette matière. Il s'agit, notamment, de la *Convention sur la prévention de la pollution des mers résultant de l'immersion de déchets* (Londres, 29 décembre 1972), la *CCNUCC* de 1992, la *CDB* de 1992, la *Convention pour la protection du milieu marin de l'Atlantique du Nord-Est* (Convention OSPAR, 1992). Tous ces outils juridiques internationaux de protection de l'environnement orientent les réflexions vers le principe de prévention. A titre d'exemple, les dispositions de l'article 2 de la *Convention pour la protection du milieu marin de l'Atlantique du Nord-Est* affirme que les Parties « *tiennent pleinement compte de la mise en œuvre des derniers progrès techniques réalisés et des méthodes conçues afin de prévenir et de supprimer intégralement la pollution* » et veillent à « *faire appliquer les meilleures techniques disponibles et la meilleure pratique environnementale* ».

L'*Affaire de la Fonderie de Trail* est bien connue dans le domaine de la protection de l'environnement comme étant à l'origine du droit de la responsabilité pour dommages environnementaux transfrontières. Cette affaire est également connue parce que le tribunal arbitral a créé l'un des premiers régimes internationaux de contrôle de la pollution. En effet, dans cette affaire, le tribunal arbitral devait décider, tel que prévu dans le compromis d'arbitrage, si les émissions de fumée provenant d'une fonderie canadienne située à 11 kilomètres de la frontière des Etats-Unis d'Amérique avaient causé des dommages dans l'Etat de Washington, et dans l'affirmative, quelle indemnité devrait être versée et quelles mesures devraient être prises pour prévenir de futurs dommages. Dans sa décision finale, le tribunal arbitral a établi un régime pour encadrer le fonctionnement futur de la *Fonderie de Trail*371.

La Cour internationale de justice (CIJ) a rappelé ce principe dans l'*Avis consultatif du 8 juillet 1996 sur la licéité de la menace ou de l'emploi d'armes nucléaires*372, en affirmant qu'elle « [...] *est consciente de ce que l'environnement est menacé jour après jour et de ce que l'emploi d'armes nucléaires pourrait constituer une catastrophe pour le milieu naturel. Elle a également conscience que l'environnement n'est pas une abstraction, mais*

371 Annexe B, p. 314, à la page 331. Voir aussi la décision de 1934, *Trail Smelter Arbitral Decision* (*US v. Can.*), (1941), Id., Annexe C, p. 326-337 ; John E. Read, « The trail Smelter Dispute (Abridged) », dans Rebecca M. BRATSPIES et Russell A. MILLER (dir.), *Transboundary Harm in International Law : Lessons from the Trail Smelter Arbitration*, New York, Cambridge University Press, 2006, p. 27, aux pages 32 et 33.
372 Licéité de la menace ou de l'emploi d'armes nucléaires, préc., note 21.

bien l'espace où vivent les êtres humains et dont dépend la qualité de leur vie et leur santé, y compris pour les générations à venir. L'obligation générale qu'ont les Etats de veiller à ce que les activités exercées dans les limites de leur juridiction ou sous leur contrôle respectent l'environnement dans d'autres Etats ou dans des zones ne relevant d'aucune juridiction nationale fait maintenant partie du corps de règles du droit international de l'environnement » (par. 29).

L'année suivante, dans son arrêt du 25 septembre 1997 dans l'affaire relative au *Projet Gabcikovo-Nagymaros*373, la Cour soulignait ceci « *La Cour ne perd pas de vue que, dans le domaine de la protection de l'environnement, la vigilance et la prévention s'imposent en raison du caractère souvent irréversible des dommages causés à l'environnement et des limites inhérentes au mécanisme même de réparation de ce type de dommage* » (par. 140). Par définition, le principe de prévention s'applique quand il y a un risque de dommage prévisible et certain. Pourtant, sa mise en route effective connaît de difficultés, tant au plan de la preuve des dommages qu'au plan du régime de responsabilité, qu'il est toujours possible à l'Etat défendeur de plaider qu'il a exercé toute la diligence requise eu égard aux moyens qu'il avait à sa disposition. A ce sujet, on ne relève que très peu de cas où il a été invoqué avec succès, sauf la célèbre affaire de la *Fonderie de Trail*374.

Le principe de prévention revêt une très grande importance en droit international de l'environnement. Il est à l'origine même du concept de l'évaluation environnementale et sociale comme outil rationnel de gouvernance environnementale375. Ce principe vise à structurer une intervention en amont376 de l'événement environnemental susceptible de perturber un équilibre écologique. Ce principe s'oppose ainsi à l'approche curative qui caractérise, notamment, le principe pollueur-payeur. C'est également sous la houlette du principe de prévention que s'inscrivent les procédures d'évaluation environnementale[377]. Il y a aussi le principe de précaution à rappeler.

---

373 Affaire relative au Projet Gabcikovo-Nagymaros (Hongrie c. Slovaquie), préc., note 310.

374 Préc., note 339.

375 INSTITUT DE LA FRANCOPHONIE POUR LE DEVELOPPEMENT DURABLE (IFDD), *Evaluations environnementales des politiques et projets de développement*, Québec, Université Senghor, 2019, p. 10.

376 *Id.*

[377] J.-M. ARBOUR, S. LAVALLEE, J. SOHNLE et H. TRUDEAU, préc., note 25, p. 132.

Section 4. Le principe de précaution

Le principe de précaution a été débattu dans le cadre du droit du commerce international, notamment dans l'*Affaire du bœuf aux hormones*378 ainsi que dans le contexte du *Protocole de Cartagena sur la biosécurité*. Son acception, dans le cadre du droit du commerce international, est encore très problématique car il fait l'objet d'interprétations diverses. Le principe de précaution a été conçu pour une situation d'incertitude. En effet, l'absence de certitudes scientifiques absolues ne doit pas servir de prétexte pour différer l'adoption de mesures de précaution, c'est-à-dire de mesures qui permettraient d'éviter le danger ou d'en atténuer les impacts. Autrement dit, ce principe autorise un Etat à adopter des mesures si des incertitudes demeurent quant à l'existence de certains risques, sans qu'il soit nécessaire de démontrer scientifiquement au préalable la certitude et la gravité de ces risques379. Le principe de précaution a déjà à son actif plusieurs succès. Il a été à la base de la négociation de la *Convention de Vienne pour la protection de la couche d'ozone*380, alors qu'on n'avait pas encore la certitude scientifique irréfutable des liens entre le chlore et la destruction de l'ozone stratosphérique. On le retrouve maintenant dans plusieurs traités internationaux381, dont la *Convention de Bamako*382 du 30 janvier 1991, qui interdit l'importation de déchets dangereux en Afrique383, la *Convention-Cadre des Nations Unies sur*

---

378 ORGANISATION MONDIALE DU COMMERCE (OMC, Organe de règlement des différends), *Mesures communautaires concernant les viandes et les produits carnés*, WT/DS 26, 29 mai 1998.

379 Les conceptions sur la portée à donner au principe de précaution diffèrent cependant dans la doctrine. Emilie GAILLARD (« Le principe de précaution :systèmes juridiques internationaux et européens », *JurisClasseur Droit de l'environnement et développement durable*, LexisNexis, 2015), fait la démonstration de ces diverses portées dans la doctrine classique en citant notamment, J. ZANDER, *The Application of the Precautionary Principle in Practice, Comparative Dimensions*, Cambridge University Press, 2010 et J. B. WIENER, « Precaution », dans *The Oxford Handbook of International Environmental Law*, Oxford University Press, 2007, p. 602. Voir aussi, sur la question du niveau d'incertitude que requiert le principe de précaution : M. BOUTONNET, « Le principe de précaution en droit de la responsabilité civile », L.G.D.J., p.540.

380 *Convention de Vienne pour la protection de la couche d'ozone*, 22 mars 1985, 1513 R.T.N.U. 293.

381 Voir notamment : *Protocole de la Convention de Londres de 1972 sur la prévention de la pollution des mers résultant de l'immersion des déchets et autres matières*, Londres, 1996, (1997) 36 ILM ; *Convention de Paris pour la protection du milieu marin pour l'Atlantique du Nord-Est*, 22 septembre 1992, 2354 R.T.N.U. 67.

382 *Convention de Bamako sur l'interdiction d'importer en Afrique des déchets dangereux et sur le contrôle des mouvements transfrontaliers et la question des déchets dangereux produits en Afrique*, 30 janvier 1991, (1991) 30 ILM 773 [Convention de Bamako].

383 *Id.*, art. 4. 3 : Chaque Partie s'efforce d'adopter et de mettre en œuvre, pour faire face au défi de la pollution, des mesures de précaution qui comportent, notamment,

*les changements climatiques*384, la *Convention sur la diversité biologique*385 et son premier Protocole, le *Protocole de Cartagena*386. Des décisions judiciaires émanant de juridictions nationales se sont également appuyées sur ce principe387. Ce qu'on sait avec certitude, c'est qu'il s'agit d'un principe qui se différencie de la prévention388, qui est établie depuis longtemps dans les droits nationaux et en droit international. L'obligation de prévention s'intéresse à un rapport connu de cause à effet, au risque que présente, par exemple, l'étincelle qui est produite près d'un réservoir d'essence ; elle vise le risque qui est prévisible, certain ; elle se fonde sur l'expertise scientifique pour objectiver le risque encouru et elle entraîne à sa suite des études d'impact, préconise l'analyse des coûts/bénéfices , fixe des seuils de nuisance et recommande l'utilisation des meilleures technologies disponibles389. A la différence de la prévention, la précaution vise les risques incertains, potentiels. Je définis les notions de principe de précaution avant de parler de ses mises en route.

4.1. Les notions

Le principe de précaution est défini au principe 15 de la *Déclaration de Rio sur l'environnement et le développement* de 1992, en ces termes : « *Pour protéger l'environnement, des mesures de précaution doivent être largement appliquées par les Etats selon leurs capacités. En cas de dommages graves ou irréversibles, l'absence de certitude scientifique absolue ne doit pas servir de prétexte pour remettre à plus tard l'adoption de mesures effectives visant à*

---

l'interdiction d'évacuer dans l'environnement des substances qui pourraient présenter des risques pour la santé humaine et pour l'environnement, sans attendre d'avoir la preuve scientifique de ces risques. Les Parties coopèrent en vue d'adopter les mesures appropriées de mise en route du principe de précaution pour faire face à la prévention de la pollution au moyen de méthodes de production propres, plutôt qu'en observant les limites d'émissions autorisées en fonction d'hypothèses relatives à la capacité d'assimilation.

384 CCNUCC, préc., note 14.

385 CDB, préc., note 26.

386 *Protocole de Cartagena sur la prévention des risques biotechnologiques relatif à la Convention sur la diversité biologique*, 29 janvier 2000, 39 I.L.M. [2000] 1027.

387 Consulter la jurisprudence des tribunaux internes, entre autres français : Emilie Gaillard, « Le principe de précaution : droit interne », *JurisClasseur Droit de l'environnement et développement durable*, LexisNexis, 2014 ; Canada : *114957 Canada Ltée* (*Spraytech Société d'arrosage*) c. *Hudson* (*Ville de*) (2001) 2 R.C.S. 241 ; Inde : *Vellore Citizens Welfare Forum* c. *India* (*Union of*), (1996) Supp. 5 S.C.R. 241 ; *A.P. Pollution Control Board* c. *Nayudu*, (1999) S.O.L. n° 53 (Q.L.).

388 N. DE SADELEER, préc., note 49, p. 26; Jonathan B. WIENER, « Precaution », dans Jutta BRUNNEE, Daniel BODANSKY et Ellen HEY, eds., *The Oxford Handbook of International Environmental Law*, Oxford, Oxford University Press, p. 597-612.

389 Pour une étude des différences épistémologiques entre le principe de précaution et celui de prévention, voir : S. PLAUD, « Principe de précaution et progrès scientifique », (2010) 7 *Ethique et Economique* 2.

prévenir la dégradation de l'environnement ». Cette conception parle de dommages graves et irréversibles et suggère seulement aux Etats de poser des actions, même s'ils n'ont pas tous les éléments en leur possession, afin de protéger l'environnement. Ces actions peuvent prendre la forme d'une interdiction temporaire, de l'imposition de conditionnalités ou d'un moratoire, malgré l'inexistence de « *preuves concluantes de l'existence d'un rapport causal entre les activités ou produits et leurs impacts* »390. Selon la *Convention de Paris pour la protection du milieu marin pour l'Atlantique du Nord-Est* (1992), il s'agit d'un « *principe selon lequel les mesures de prévention doivent être prises lorsqu'il y a des motifs raisonnables de s'inquiéter du fait des substances ou de l'énergie introduites directement ou indirectement dans l'environnement, qu'elles puissent entraîner des risques pour la santé humaine, nuire aux ressources biologiques ou aux écosystèmes, entraver d'autres utilisations du milieu, même s'il n'y a pas de preuves concluantes d'une relation de causalité entre les apports et les effets* » (art. 2, 2 a). Cette définition implique donc qu'à la base d'une mesure de précaution, il doit y avoir des motifs raisonnables de s'inquiéter. Or, il faut bien comprendre que c'est la science qui doit s'inquiéter et non une quelconque opinion publique qui n'aurait pas l'expertise scientifique de leur côté. Comme l'explique justement Hélène Trudeau, le principe de précaution offre au simple citoyen une meilleure assurance que seront prises en compte les craintes que suscitent chez lui les prouesses technologiques et industrielles auxquelles la planète assiste actuellement. En effet, aux côtés de la voix experte, qui conserve un rôle essentiel, le principe légitime aussi la voix citoyenne, entre autres dans le processus menant à l'instauration de mesures de précaution lorsque celles-ci s'avèrent nécessaires »391.

La *Convention-Cadre des Nations Unies sur les changements climatiques* de 1992 décrit une autre facette du principe de précaution en y intégrant l'analyse des coûts/bénéfices : art. 3 : il incombe aux Parties de prendre des mesures de précaution pour prévoir, prévenir ou atténuer les causes des changements climatiques et en limiter les impacts néfastes. Quand il y a risque de perturbations graves ou irréversibles, l'absence de certitude scientifique ne doit pas servir de prétexte pour différer l'adoption de telles mesures, étant entendu que les politiques et mesures qu'appellent les changements climatiques requièrent un bon rapport coût/efficacité, de manière à assurer des avantages globaux au coût le plus bas possible. On s'interroge si l'analyse

---

390 Voir sur la question du conflit entre les théories économiques libérales et le principe de précaution, dans le cadre des enjeux biotechnologiques : S.-J.-T. MANGA, « Quand le principe de précaution ne rime pas avec moratoire : vers la consolidation d'une norme de biosécurité aux allures commerciales ? », (2011) 52 *Les Cahiers de droit* 273-314.
391 H. TRUDEAU, préc., note 37, 527.

coûts/bénéfices392 constitue le seul mécanisme de calcul des gains et des pertes en comparant le coût des mesures suggérées au coût éventuel de l'inaction de l'Etat. Nous sommes d'avis avec la Commission européenne que d'autres considérations peuvent entrer en ligne de compte, comme la protection de la santé humaine, les avis et commentaires des populations locales ou l'incidence socio-économique des avis de ces dernières393. Le point suivant porte sur les mises en route du principe de précaution.

4.2. Les mises en route

Dans cette sous-section, nous aborderons l'analyse de deux Accords internationaux : l'*Accord sur l'application des mesures sanitaires et phytosanitaires*394 (Accord SPS) et le *Protocole de Cartagena sur la biosécurité*395, sans oublier les *Lignes directrices européennes*.

4.2.1. L'*Accord sur l'application des mesures sanitaires et phytosanitaires*

Les dispositions de l'article premier de l'*Accord SPS* reconnaissent que les membres de l'Organisation mondiale du commerce (OMC) ont le droit de prendre les mesures sanitaires et phytosanitaires qui sont indispensables à la protection de la santé et de la vie des êtres humains et des animaux ainsi que des végétaux à condition que ces mesures ne soient pas incompatibles avec les autres prescrits du même *Accord.* En réalité, le reste de l'*Accord* vise à encadrer ce pourvoir discrétionnaire des Etats Parties pour qu'il ne soit pas exercé au détriment des intérêts supérieurs du commerce international. Il exige aux Etats, comme principe général, leurs mesures sanitaires ou phytosanitaires sur la base de normes, directives ou recommandations internationales. L'*Accord* reconnaît et garanti qu'un Etat Partie peut se donner des standards plus élevés que les standards internationaux mais il doit alors faire en sorte que ses mesures soient établies sur la base d'une évaluation, selon qu'il sera approprié en fonction des circonstances, des risques pour la santé et la vie humaine et des animaux ou pour la préservation des végétaux, compte tenu des techniques d'évaluation des risques élaborées par les organisations internationales compétentes396. Ainsi que le souligne la doctrine, le principe de précaution est inséré à l'*Accord* de l'OMC sur les mesures sanitaires et

---

392 J.-M. ARBOUR, S. LAVALLEE, J. SOHNLE et H. TRUDEAU, préc., note 25, p. 142.

393 C'est le point de vue défendu par la Commission européenne. Voir : COMMISSION DES COMMUNAUTES EUROPEENNES, *Communication de la commission sur le recours au principe de précaution*, COM (2000)1, en ligne : eur-lex.europa.euhttp://eur-lex.europa.eu/legal-content/FR/TXT/?uri=URISERV:132042 (consulté le 17 mai 2024).

394 *Accord sur l'application des mesures sanitaires et phytosanitaires (APS)*, 15 avril 1994, 1867 R.T.N.U. 568, dans l'*Accord de Marrakech instituant l'Organisation mondiale du commerce*, 15 avril 1994, 1867 R.T.N.U. 165.

395 Protocole de Cartagena sur la prévention des risques biotechnologiques relatif à la Convention sur la diversité biologique, préc., note 386.

396 Accord SPS, préc., note 361, art. 5 1).

phytosanitaires sans mention expresse. Il s'agit donc d'un principe qui autorise l'adoption des mesures provisoires dans les cas où les preuves scientifiques sont insuffisantes, à charge cependant de recueillir des informations additionnelles nécessaires dans un meilleur délai afin de procéder à une évaluation plus objective du risque397. Il s'agit également d'une mesure exceptionnelle qui a fait l'objet d'une interprétation dans l'*Affaire Japon- Mesures visant les produits agricoles* (1998-1999)398.

A. L'*Affaire Japon- Mesures visant les produits agricoles*

Dans cette Affaire, le tribunal d'appel de l'OMC donne raison aux Etats-Unis d'Amérique qui se plaignent d'une mesure prise dans le contexte d'une législation japonaise sur la préservation des végétaux, législation qui date des années 1950 et qui interdit l'importation de certains produits agricoles, soit des pommes, cerises, pêches, abricots, poires, prunes et coings en provenance notamment des Etats-Unis d'Amérique, au motif qu'ils sont porteurs d'un organisme toxique, le carpocapse des pommes. Cette mesure d'interdiction à l'importation pouvait toutefois être levée si un pays exportateur suggérait un traitement phytosanitaire permettant d'atteindre un seuil de protection équivalent à celui qui découlait de l'interdiction. Il s'agit en l'occurrence de la fumigation au bromure de méthyle. Dans cette affaire, le Japon pense qu'il est dans « *une position qui justifie une approche fondée sur le principe de précaution et que sa prescription relative aux essais par variété doit être comprise dans le cadre du principe de précaution* ». Dans son Rapport, le tribunal d'appel décide tout d'abord que la mesure japonaise est maintenue sans preuves scientifiques suffisantes. Il juge ensuite que, même si l'on accepte que les dispositions de l'article 5 (7) puissent être applicables au cas de figure, la mesure n'est pas moins illégale parce que le Japon a omis de se conformer aux stipulations de cette disposition. Le tribunal d'appel a alors l'occasion de clarifier les conditions de mise en œuvre de cette disposition dans les termes suivants399 : Les dispositions de l'article 5 (7) de l'*Accord SPS* énumèrent quatre prescriptions auxquelles un Membre doit satisfaire pour adopter ou maintenir une mesure sanitaire SPS provisoire. Au sens de la première phrase de l'article 5 (7), un Membre peut provisoirement adopter une

397 *Id.*, art. 5, par. 7. Dans les cas où les preuves scientifiques pertinentes seront insuffisantes, un Membre pourra provisoirement adopter des mesures sanitaires ou phytosanitaires sur la base des informations pertinentes disponibles, y compris celles qui émanent des organisations internationales compétentes ainsi que celles qui découlent des mesures sanitaires ou dans de telles circonstances, les Membres s'efforceront d'obtenir les informations additionnelles nécessaires pour procéder à une évaluation plus objective du risque et examineront en conséquence la mesure sanitaire ou phytosanitaire dans un délai raisonnable.

398 WT/DS76/R Rapport du Groupe Spécial, 27 octobre 1998, Confirmé par l'Organe d'appel WT/DS76/AB/R, 22 février 1999.

399 Organe d'appel, *Id.*

mesure SPS si cette mesure est (i) imposée relativement à une situation dans laquelle les renseignements scientifiques pertinents sont insuffisants ; et (ii) est adoptée sur la base des informations pertinentes disponibles. Au sens de la seconde phrase de l'article 5 (7) une telle mesure provisoire ne peut être maintenue que si le Membre qui a adopté la mesure (1) s'efforce d'obtenir les informations additionnelles nécessaires pour procéder à une évaluation plus objective du risque et 2) analyse en conséquence la mesure dans un délai raisonnable. Ces quatre prescriptions sont cumulatives par nature et sont d'importance égale aux fins de déterminer la compatibilité avec cette disposition. Chaque fois qu'il n'est pas satisfait à l'une de ces quatre prescriptions, la mesure sous examen est incompatible avec les stipulations de l'article 5 (7). Cette décision rendue dans l'Affaire *Japon-Mesures visant les produits agricoles* démontre clairement que le principe de précaution, dans le cadre de l'*Accord SPS*, est placé sous haute surveillance, qu'on ne peut pas l'invoquer à tous points de vue et qu'il existe des conditions strictes à satisfaire pour le faire. L'*Affaire du bœuf aux hormones*400 nous fournit des éléments pertinents que le principe ne peut être invoqué pour mettre de côté les dispositions expresses d'un traité.

B. L'*Affaire du bœuf aux hormones*

Cette affaire, qui a opposé les Etats-Unis d'Amérique et le Canada aux Communautés européennes à la fin des années 1990, présente un intérêt particulier sur le statut du principe de précaution en droit international de l'environnement. Une *Directive du Conseil de l'Union européenne* interdit l'importation de viande provenant d'animaux auxquels des hormones de croissance ont été administrées401. Les Européens estiment, en effet, que l'utilisation de ces hormones à des fins anabolisantes présente un risque pour la santé des êtres humains et des animaux. Les éleveurs canadiens et américains se sentent lésés par cette décision, le Canada et les Etats-Unis d'Amérique portent plainte devant l'OMC pour le motif que la Directive européenne est contraire au droit de l'OMC, notamment à l'*Accord sur les mesures sanitaires et phytosanitaires* (SPS). Ils prônent que l'*Accord SPS* exige que toute mesure sanitaire soit fondée sur des « *preuves scientifiques suffisantes* » et sur une « *évaluation des risques* »402 ou sur les « *informations pertinentes disponibles* ». Entre autres arguments, les Européens plaident que,

---

400 Organisation mondiale du commerce [OMC], *Mesures communautaires concernant les viandes et les produits carnés (hormones), Rapport du Groupe spécial*, WT/DS/48/R, 18 août 1997 ; OMC, *Mesures communautaires concernant les viandes et les produits carnés (Hormones)*, WT/DS48/AB/R, 16 janvier 1998 (98-0099), Organe d'appel AB-1997-4.

401 *Directive 88/146/CEE du Conseil du 7 mars 1988 interdisant l'utilisation de certaines substances à effet hormonal dans les spéculations animales.*

402 J.-M. ARBOUR, S. LAVALLEE, J. SOHNLE et H. TRUDEAU, préc., note 25, p. 146.

s'il existe le moindre doute quant à l'innocuité d'un produit, le bénéfice du doute doit bénéficier au consommateur, que l'absence de connaissances scientifiques sur le risque (en l'occurrence le cancer)403 et sur les mécanismes auxquels il obéissait n'était pas une raison suffisante pour ne pas prendre des mesures de précaution, que l'*Accord SPS* n'empêche pas un Etat Partie de se montrer prudent dans la mise en place des normes sanitaires, même en cas de renseignements scientifiques contradictoires et d'incertitudes. D'après les Européens, le principe de précaution est « *une règle coutumière générale du droit international ou du moins un principe de droit général, qui par essence ne s'applique pas seulement à la gestion du risque mais aussi à son évaluation, que le principe ne s'applique pas seulement au regard des mesures provisoires mais qu'il s'applique aussi dans tout processus d'évaluation des risques et que l'Accord SPS n'empêche pas ses membres de se montrer prudents en cas d'informations contradictoires ou d'incertitudes* »404. Les Etats-Unis d'Amérique et le Canada rappellent qu'il existe des normes internationales pour au moins cinq des six hormones en cause, estiment que toute mesure sanitaire doit être fondée sur des « *preuves scientifiques suffisantes* » et sur une « *évaluation des risques* », que le principe de précaution n'est pas un principe du droit coutumier international405 et qu'on peut tout au plus le qualifier d' « *approche* »- dont la teneur peut varier selon le contexte- et qu'en tout état de cause sa mise en œuvre ne peut conduire à ignorer des dispositions expresses d'un traité validement conclu. Cette Affaire oppose la légitimité d'un processus décisionnel fondé sur une interprétation du principe de précaution en droit international de l'environnement à celle d'un processus décisionnel fondé sur des preuves scientifiques et exigé par une Convention. La décision du Groupe Spécial d'arbitrage, en date du 17 août 1997, fait droit aux prétentions canado-américaines. Elle conclut que les Communautés européennes, en maintenant des mesures sanitaires qui ne sont pas établies sur la base d'une évaluation des risques406 et qui ne sont pas

403 Accord SPS, préc., note 394, art. 5, par. 2. : Les dispositions de cet article présentent une sorte de définition de l'évaluation de risques quand elles affirment que, dans l'évaluation des risques, les Membres tiendront compte des preuves scientifiques disponibles, des procédés et méthodes de production pertinentes, de la prévalence de maladies ou de parasites spécifiques, de l'existence de zones exemptes de parasites ou de maladies, des conditions écologiques et environnementales pertinentes et des régimes de quarantaines ou autres. Il s'agit donc d'un processus scientifique qui implique une analyse objective des faits et des preuves.

404 RAPPORT DU GROUPE SPECIAL, préc., note 79, par. 8.157.

405 Sans doute pour se différencier des Etats-Unis d'Amérique, le Canada pense que l'approche ou le principe de précaution est un principe émergent ou naissant du droit international qui pourrait devenir un principe général en vertu des dispositions de l'article 38 du Statut de la Cour internationale de justice.

406 Selon l'avis du Canada exprimé au cours de la même affaire, l'évaluation du risque comprend quatre étapes, soit l'identification du danger, la caractérisation du danger,

fondées sur des normes internationales existantes, ont agi d'une façon incompatible avec les prescriptions contenues dans l'*Accord SPS*. Ainsi, la décision est maintenue par le tribunal d'appel407, qui observe que la plupart, sinon la totalité des études scientifiques auxquelles les Communautés européennes se sont fondées ont abouti à la conclusion que l'utilisation de ces hormones est sans risque si les hormones sont administrées en vertu des bonnes pratiques vétérinaires408. Je rappelle au point qui suit le protocole de Cartagena.

4.2.2. Le *Protocole de Cartagena*

Le principe de précaution, ainsi la question des relations entre le *Protocole de Cartagena sur la prévention des risques biotechnologiques relatif à la Convention sur la diversité biologique* (Protocole de Cartagena sur la biosécurité)409 et les accords commerciaux de l'OMC furent des thèmes discutés lors de la négociation du Protocole. Or, si le *Protocole de Cartagena* consacre d'une façon solennelle le principe de précaution, cette reconnaissance se fit à l'arraché : les membres du Groupe Miami410 ne voulaient pas de ce principe qui fut intégré à l'accord à la toute dernière heure des négociations. Porte-parole du Groupe de Miami, le Canada trouvait inacceptable l'inclusion du principe de précaution dans les clauses opérationnelles du *Protocole*411. Le préambule du *Protocole* réaffirme le principe de précaution consacré par le Principe 15 de la *Déclaration de Rio sur l'environnement et le développement*. Son article 10, paragraphe 6, qui

---

l'évaluation de l'exposition et la caractérisation du risque. Elle se distingue de la gestion du risque, qui consiste à soupeser les différentes options en termes de solution. Cette démarche en quatre étapes est celle adoptée par le Codex Alimentarius : voir *Commission du Codex Alimentarius*, CX/GP96/3.

407 Organe d'appel, préc., note 398, par. 206.

408 Les Communautés européennes continueront de mettre en route leur politique d'interdiction, ce qui provoquera l'institution de sanctions commerciales par les Etats-Unis d'Amérique et le Canada (Rapport du Groupe spécial, préc., note 347, par. 4.206).

409 Protocole de Cartagena sur la prévention des risques biotechnologiques relatif à la Convention sur la diversité biologique, préc., note 386.

410 Groupe de pays prioritairement intéressés par l'exportation de produits transgéniques : Etats-Unis d'Amérique, Canada, Australie, Argentine, Chili et Uruguay. Ce groupe fut appelé le « *Groupe de Miami* » en raison du lieu de leur première rencontre, situé à Miami, en Floride.

411 Selon Mark S. WINFIELD, Directeur de recherche au Canadian Institute for Environmental Law and Policy, la performance du Canada pendant toute la durée des négociations fut pauvre ; il semble en effet que les ministères de l'Agriculture, du Commerce et des Affaires étrangères prirent le contrôle des discussions au détriment des ministères de l'Environnement et de la Santé. Voir Mark WINFIELD, « Reflections on the Biosafety Protocol Negotiations in Montreal », (2000) 1 *Canadian Institute for Environmental Law and Policy* 1. On se souviendra de la position très conservatrice du Canada dans l'affaire du Bœuf aux hormones.

s'applique aux organismes génétiquement modifiés (OGM) destinés à être directement utilisés dans l'environnement, se lit comme suit : l'absence de certitude scientifique due à l'insuffisance des informations et connaissances scientifiques pertinentes concernant l'étendue des effets défavorables potentiels d'un organisme vivant modifié sur la conservation et l'utilisation durable de la diversité biologique dans la Partie importatrice, compte tenu également des risques pour la santé humaine, n'empêche pas cette Partie de prendre comme il convient une décision concernant l'importation de l'organisme vivant modifié en question comme indiqué au paragraphe 3 ci-dessus, pour éviter ou réduire ces effets défavorables potentiels.

Cette insertion du principe de précaution dans le texte du *Protocole* n'équivaut pas cependant à accorder un pouvoir discrétionnaire illimité aux Etats Parties[412]. Au contraire, les dispositions de l'article 10, paragraphe 1 déclarent que les décisions prises par la Partie importatrice doivent être conformes à l'article 15. Or, ce dernier article exige que la Partie qui prend une décision au sens de l'article 10 réalise ou fasse réaliser une évaluation de risques sérieuse, selon les méthodes scientifiques éprouvées, conformément à l'Annexe III du *Protocole de Cartagena*. Nous remarquons que la procédure d'évaluation des risques est toujours obligatoire si la décision porte sur des OGM destinés à l'alimentation humaine ou animale ; en effet l'article 11 par. 1 exige des renseignements conformes à l'annexe II qui, elle, demande un rapport sur l'évaluation des risques qui soit conforme à l'annexe III. Le *Protocole de Cartagena* ne répond pas directement à la question de savoir qui du droit de l'OMC ou du Protocole l'emportera en cas de conflit413 entre deux Etats membres de l'OMC dont l'un n'est pas partie au *Protocole de Cartagena*. A notre avis, nous observons une limite intrinsèque au mécanisme du *Protocole de Cartagena*. Les méthodes d'évaluation scientifique des risques n'ont pas

---

[412] J.-M. ARBOUR, S. LAVALLEE, J. SOHNLE et H. TRUDEAU, préc., note 25, p. 154.

413 Rappelons que le *Protocole de Cartagena sur la biosécurité* tente d'apporter une piste de réponse à cette relation entre le commerce et l'environnement, mais ses dispositions sur cette question n'arrivent pas à cacher une profonde mésentente entre Européens et Américains. Le Préambule du Protocole affirme dans un premier paragraphe que « *les accords sur le commerce et l'environnement devraient se soutenir mutuellement* », ce qui laisser entendre qu'il ne peut y avoir de conflit de normes ; il dispose dans un deuxième paragraphe que le Protocole *« ne sera pas interprété comme impliquant une modification des droits et obligations d'une Partie en vertu d'autres accords internationaux en vigueur* », ce qui permet entre autres aux Etats-Unis d'Amérique d'appuyer l'opinion que le droit de l'OMC a priorité en cas de conflit ; et il conclut finalement dans un troisième paragraphe « *qu'il est entendu que le présent préambule ne vise pas à subordonner le Protocole à d'autres accords internationaux* », ce qui est de nature à satisfaire les Européens. Voir Protocole de Cartagena sur la biosécurité, pré., note 353.

toujours abouti concrètement aux résultats escomptés pouvant servir de référence pour les Etats Parties.

Quelles sont les *Lignes directrices européennes* de février 2000 ?

4.2.3. Les *Lignes directrices européennes* de février 2000

La décision rendue le 16 janvier 1998 dans l'*Affaire du Bœuf aux hormones* a eu un impact sur l'évolution du droit européen, car la Commission des Communautés européennes a conçu des *Lignes directrices* sur le recours au principe de précaution, qui ont été publiées en février 2000. Selon ces lignes directrices : le principe de précaution devrait être considéré dans le contexte d'une approche organisée de l'analyse du risque, fondée sur trois éléments : l'évaluation du risque, la gestion du risque et la communication du risque. Le recours au principe de précaution présuppose que les effets potentiellement dangereux d'un phénomène, d'un produit ou d'un procédé ont été identifiés et que l'évaluation scientifique ne permet pas de déterminer le risque avec suffisamment de certitude [...]. La Commission constate par ailleurs414 que le principe « *a connu une consolidation progressive en droit international de l'environnement qui en fait un vrai principe de droit international d'une portée générale* ». La Commission pose comme exigence préalable au recours au principe de précaution, l'évaluation des informations scientifiques qui se rapportent au risque et ce, sur la base des connaissances existantes et des données disponibles. Une annexe au document de la Commission définit les quatre volets de l'évaluation du risque : l'identification du danger415, la

---

414 Communication de la Commission sur le recours au principe de précaution, préc., note 393, p. 11. Deux textes importants ont été adoptés par la suite par la Commission. L'un en 2001 et l'autre en 2002. Le premier concerne la dissémination volontaire d'organismes génétiquement modifiés (Article 4 de *Directive* 2000/18/CE du Parlement européen et du Conseil du 12 mars 2001 *relative à la dissémination volontaire d'OGM dans l'environnement et abrogeant la Directive* 90/220/CEE du Conseil, Déclaration de la Commission, *Journal officiel* n° L 106, 17/04/2001, en ligne : http://eur-lex.europa.eu/resource.html?uri=cellar:303dd4fa-07a8-4d20-86a8-0baaf0518d22.0007.02/DOC_1&format=PDF (consulté le 23 mai 2024). Le second est un *Règlement* en matière de sécurité alimentaire fondé sur l'évaluation des risques en fonction des preuves scientifiques disponibles, gestion des risques tenant compte des résultats de l'évaluation ainsi que du principe de précaution et de communication du risque et dont l'article 7 fait formellement recours au principe de proportionnalité (*Règlement, CE* n° 178/2002 du Parlement européen et du Conseil du 28 janvier 2002 *établissant les principes généraux et les prescriptions générales de la législation alimentaire, instituant l'Autorité européenne de sécurité des aliments*, Journal officiel n° L 031, 01/02/2002.

415 L'identification du danger consiste, selon le document (Annexe III), « *à déceler les agents biologiques, chimiques ou physiques susceptibles d'avoir des effets défavorables* ».

caractérisation du danger416, l'évaluation de l'exposition417 et la caractérisation du risque418. L'objectif de l'examen de risque, selon la Commission, est419 « *d'empêcher tout recours injustifié au principe de précaution en tant que forme déguisée de protectionnisme* » et « *d'éviter des décisions inspirées par des craintes ou des perceptions irrationnelles* ».

Il y a aussi le principe du pollueur-payeur que j'analyse dans la section suivante.

Section 5. Le principe du pollueur-payeur

Le principe pollueur-payeur420 est un principe économique selon lequel le pollueur prend à sa charge les dépenses afférentes à la mise en route des mesures de prévention de la pollution ou aux dommages provoqués par cette dernière. Ainsi, le document adopté par l'OCDE (1992)421 relativement aux aspects économiques des politiques de l'environnement au niveau international est énoncé comme suit : « *le principe à appliquer pour l'imputation des coûts des mesures de prévention et de lutte contre la pollution, principes qui favorisent l'emploi rationnel des ressources limitées de l'environnement tout en évitant des distorsions dans le commerce et les*

---

416 La caractérisation du danger consiste, selon le document (Annexe III), « *à déterminer, en termes qualitatifs et/ou quantitatifs, la nature et la gravité des effets défavorables liés aux agents ou à l'activité en cause* ».

417 L'évaluation de l'exposition consiste, selon le document (Annexe III), « *en une évaluation quantitative ou qualitative de la probabilité d'exposition à l'agent étudié* ».

418 La caractérisation du risque correspond, selon le document (Annexe III), à l'estimation qualitative et/ou quantitative, tenant compte des incertitudes inhérentes à cet exercice, de la probabilité, de la fréquence et de la gravité des impacts défavorables, potentiels ou connus, susceptibles de se réaliser pour l'environnement ou la santé humaine.

419 IFDD, préc., note 375, p. 12. En Europe, le principe de précaution a été pour la première fois en 1990, dans le cadre d'une directive interdisant la dissémination d'organismes génétiquement modifiés (OGM) sans autorisation. En France, à la suite des affaires successives de l'amiante, de la maladie de la vache folle et du sang contaminé, le principe de précaution tend à s'imposer comme une nouvelle référence collective. La Loi Barnier relative au renforcement de la protection de l'environnement l'a introduit dans le droit positif français en 1995. L'attrait du public pour ce principe a débouché sur des initiatives qui ont fourni les arguments aux associations pour obtenir du Conseil d'Etat, à la fin de l'année 1998, le maintien provisoire de l'interdiction de commercialiser un maïs transgénique.

420 Institut de la francophonie pour le développement durable (IFDD), préc., note 375, p. 14.

421 OCDE, *Le principe Pollueur-Payeur : Analyses et Recommandations de l'OCDE*, Paris 1992 : « *un coût externe (ou externalité) est un coût non indemnisé infligé à un tiers du fait de l'action d'agent économique. En matière de pollution, les coûts externes comprennent les coûts de prévention et de lutte contre la pollution, les coûts des dommages et les coûts administratifs* ».

investissements internationaux, est le principe dit pollueur-payeur ». En clair, je parle des notions générales et de la mise en route.

5.1. Les notions générales

Selon la théorie de Pigou, l'agent dont le comportement entraîne des impacts externes négatifs fait assumer à la population un coût supérieur à celui qu'il assume lui-même. L'Etat doit donc réglementer en mettant en place des taxes, en interdisant l'octroi de subventions aux entreprises polluantes, et en imposant des régimes de responsabilité qui permettent de demander à l'agent de réparer le dommage et de remettre en état les lieux, ce qui permet de diminuer l'écart entre le coût social et le coût privé422. En l'absence d'intervention de l'Etat, l'opérateur privé continuera à impacter, par son activité, sur la situation d'autres opérateurs qui n'ont pas consenti à cet impact néfaste et qui n'ont pas été compensés pour celui-ci423.

Fondé sur une morale de la responsabilité, la mise en route du principe du pollueur-payeur évite de faire supporter les coûts environnementaux et sociaux au contribuable, et devrait idéalement amener l'opérateur à une incitation à la prévention des dommages environnementaux424. En droit international, le principe est consacré, en 1992, dans le principe 15 de la *Déclaration de Rio sur l'environnement et le développement* en ces termes : les autorités nationales devraient s'efforcer de promouvoir l'internalisation des coûts de protection de l'environnement et l'utilisation d'instruments économiques, en vertu du principe selon lequel c'est le pollueur qui doit, en principe, assumer le coût de la pollution, dans le souci de l'intérêt public et sans fausser le jeu du commerce international et de l'investissement. Les origines du principe dans son acception juridique remontent au moins à 1972 dans le cadre des travaux de l'OCDE425. Il a été repris par la *Déclaration de Rio sur l'environnement et le développement*426 ainsi que par plusieurs traités

422 Arthur Cecil PIGOU, *The Economics of Welfare*, 2è éd., Londres, MacMillan, 1924, p. 49. Pour une analyse détaillée du principe du pollueur-payeur, sous l'angle de l'analyse économique du droit, voir : Boris N. MAMLYUK, *Analyzing the Polluter Pays Princple through Law and Ecocomics*, 18 *Se. Envtl.* L. J. 39, 80 (2009-2010).

423 *Id.*, p. 81.

424 J.-M. ARBOUR, S. LAVALLEE, J. SOHNLE et H. TRUDEAU, préc., note 25, p. 157.

425 *Recommandation sur les principes directeurs relatifs aux aspects économiques des politiques de l'environnement sur le plan international C (72) 128. Recommandation sur la mise en œuvre du principe pollueur-payeur C (74) 223.*

426 Déclaration de Rio sur l'environnement et le développement, préc., note 73, principe 16 : *« Les autorités nationales doivent s'efforcer de promouvoir l'internalisation des coûts de protection de l'environnement et l'utilisation d'instruments économiques compte tenu de l'idée que c'est le pollueur qui doit, en principe, assumer le coût de la pollution, en ayant en vue l'intérêt du public et sans fausser le jeu du commerce international et de l'investissement »*.

internationaux427, dont la *Convention de 1992 sur les effets transfrontières des accidents industriels*428, ainsi que la *Convention sur la protection et l'utilisation des cours d'eau transfrontières et des lacs internationaux*429. La *Convention internationale sur la préparation, la lutte et la coopération en matière de pollution par les hydrocarbures* (Kiev 2003) le reconnaît explicitement come un principe de droit international. Dans la sentence arbitrale430 prononcée le 12 mars 2004 dans un litige opposant les Pays-Bas et la France, le tribunal d'arbitrage conclut que, même si ce principe se retrouve dans plusieurs outils juridiques internationaux, il se situe à des « *niveaux d'effectivité variables* », et que sans vouloir nier sa pertinence en droit conventionnel, il ne pense pas que ce principe fasse présentement partie du droit international général (par. 103). En revanche, dans *Vellore Citizens Welfare Forum* c. *Union of India*, une affaire jugée par la Cour suprême de l'Inde431, la plus haute cour affirme que le principe du pollueur-payeur fait partie du droit international général et condamne des tanneries indiennes pour la pollution de terres agricoles se trouvant à proximité432.

D'après Nicolas De Sadeleer, le principe du pollueur-payeur, quoi qu'il ait été formulé cinquante ans après la théorie des externalités de Pigou, s'aligne de plain-pied à l'intérieur de celle-ci, puisqu'il charge le pollueur d'assumer les coûts externes causés par sa pollution433. Selon l'OCDE, l'analyse économique qui sous-tend le principe du pollueur-payeur s'avère la nécessité de l'internalisation434 des coûts environnementaux dans le prix des biens et

---

427 Entre autres, la *Convention de 19901 sur la préparation, la lutte et la coopération en matière de pollution par les hydrocarbures*, 30 novembre 1990, 1991 R.T.N.U. 92 ; la *Convention de 1992 sur la protection du milieu marin de l'Atlantique du Nord-Est*, 22 septembre 1992, 2354 R.T.N.U. 67 ; la *Convention pour la protection de la mer Noire contre la pollution*, 21 avril 1994, 1764 R.T.N.U. 33.

428 *Convention sur effets transfrontières des accidents industriels*, Helsinki, 17 mars 1992, 2105 R.T.N.U. 457.

429 *Convention sur la protection et l'utilisation des cours d'eau transfrontières et des lacs internationaux*, Helsinki, 17 mars 1992, 1936 R.T.N.U. 269.

430 *Affaire concernant l'apurement des comptes entre le Royaume des Pays-Bas et la France en application du Protocole du 25 septembre 1991 additionnel à la Convention relative à la protection du Rhin contre la pollution par les chlorures du 3 décembre 1976* (juges Skubiszewski, Guillaume et Kooijmans).

431 1996 *All India Reports*, S.C. 2715.

432 *Id.*

433 N. DE SADELEER, préc., note 49, p. 51.

434 OCDE, *Guider la transition vers le Développement durable : un rôle essentiel pour l'OCDE, Rapport du Groupe consultatif de haut niveau sur l'environnement au Secrétaire général de l'Organisation de Coopération et de Développement Economique*, novembre 1997. Tant que le prix des matières premières et des produits ne reflètera pas correctement les coûts et avantages sociaux et environnementaux et tant que l'on n'aura pas fixé un prix pour l'air, l'eau et les terrains qui servent actuellement de décharge gratuite pour les

services. En effet, quand le prix des biens et services ne tient pas compte du coût de la dégradation de l'environnement, comme l'air qu'on utilise en qualité de décharge pour le dioxyde de carbone ou la mer comme décharge des eaux usées, le marché ne reflète pas la rareté des ressources et décourage toute attitude soucieuse de le protéger. De l'analyse de l'OCDE435, dont les développements sur la question ont été repris par le Conseil de l'Union européenne, le principe du pollueur-payeur signifie que le pollueur devrait se voir imputer les dépenses arrêtées par les responsables publics, c'est-à-dire celles imposées par ces derniers pour réduire la pollution afin que l'environnement soit dans un état acceptable. Cependant, le coût des mesures préventives adoptées par le pollueur en conformité avec la réglementation gouvernementale ne devrait pas être compensé par des subventions ou des avantages fiscaux mais bien au contraire répercuté dans le prix des biens et services qui sont à la base de la pollution. En 1989, l'OCDE a étendu le champ d'application du principe aux accidents liés aux installations dangereuses436 : le principe implique alors que le pollueur « *devrait se voir imputer le coût des mesures raisonnables de prévention et de lutte contre la pollution accidentelle provenant de cette installation qui sont décidées avant la survenance de l'accident* ». Que dire de la mise en route ?

5.2. Une mise en route difficile

A ce propos, nous nous convenons avec Sands lorsqu'il souligne que « *le sens du pollueur-payeur et sa mise en route à des situations particulières, restent sujets à géométrie variable, en particulier en ce qui concerne la nature et l'étendue des coûts et des circonstances dans lesquelles le principe sera, peut-être exceptionnellement, mis en route* »437. La valeur de ce principe en droit international général fait toujours l'objet d'un débat. Dans la décision arbitrale rendue dans l'Affaire concernant l'apurement des comptes entre le Royaume des Pays-Bas et la France, le tribunal n'a pas observé le caractère coutumier du principe du pollueur-payeur invoqué par des pays au litige : le tribunal constate que ce principe figure dans certains documents internationaux, tant bilatéraux que multilatéraux, et se situe à des niveaux d'effectivité variable.

---

déchets que produit la société, les ressources continueront d'être utilisées de façon inefficace, et la pollution de l'environnement ira croissant. Par conséquent, il importe d'internaliser les externalités, soit par le biais de la tarification, soit en établissant des droits de propriété (par. 26).

435 OCDE, *Principes directeurs relatifs aux aspects économiques des politiques de l'environnement sur le plan international*, Recommandation adoptée le 26 mai 1976, C (72) 128.

436 OCDE, *Principes directeurs relatifs aux pollutions accidentelles*, Recommandation adoptée le 7 juillet 1989, C (89) 88, final.

437 P. SANDS, préc., note 49, p. 280. Consulter aussi Xavier THUNIS et Nicolas DE SADELEER, « Le principe du pollueur-payeur : idéal régulateur ou règle de droit positif ? », (1995) *Aménagement et environnement* 3, 15.

Sans nier son importance en droit conventionnel, le tribunal ne pense pas que ce principe fasse partie du droit international général438. Ce principe peut être qualifié d'un principe général de droit, mais son indétermination laisse cette question en suspens, en l'absence d'une jurisprudence lui reconnaissant un tel statut dans l'arsenal juridique international. C'est plutôt en droit européen que son caractère contraignant est le plus affirmé, car il revêt le qualificatif d'une règle juridique dans l'*Acte unique européen*439 de 1987 et dans le *Traité de Maastrich*440 de 1992. En avril 2004, la *Directive 2004/35/CE du Parlement européen et du Conseil sur la responsabilité environnementale en ce qui concerne la prévention et la réparation des dommages environnementaux*441 vient finalement créer un régime de responsabilité fondé sur le principe du pollueur-payeur. Au sens de ce principe, l'individu *qui cause un dommage environnemental grave ou qui crée une menace imminente d'un tel dommage doit en principe supporter les coûts relatifs aux mesures de prévention ou de réparation nécessaires*. Le principe du pollueur-payeur a un lien direct avec le principe d'utilisation non dommageable du territoire qui lui, a une valeur coutumière. Il en constitue la suite logique dans la mesure où l'Etat violant ce principe coutumier peut se voir imposer une responsabilité menant à une réparation. Ainsi, on observe quelques défis intrinsèques dans la mise en route du principe du pollueur-payeur. Le premier, est à déterminer quels types de dommages devront être indemnisés et comment procéder à leur évaluation. Il s'agit en effet d'un principe dont le contenu prête à des interprétations divergentes. Sur cette question, la réglementation englobe les mesures préventives, les mesures administratives directement en rapport avec la prévention de la pollution, comme la surveillance, les autorisations, suivis et contrôles ainsi que les mesures curatives telles que les coûts de nettoyage, de décontamination mais non les mesures de remise en état proprement dites, à titre d'exemple les coûts de repeuplement d'une rivière polluée442.

---

438 *Affaire concernant l'apurement des comptes entre le Royaume des Pays-Bas et la France en application du Protocole du 25 septembre 1991 additionnel à la Convention relative à la protection du Rhin contre les chlorures du 3 décembre 1976, Pays-Bas c. France*, sentence arbitrale, 12 mars 2004, en ligne : http://www.pca-cpa.org/showpage.asp?pag_id=1221 (consulté le 29 mai 2024).

439 *Acte unique européen*, signé à Luxembourg le 17 février et à La Haye le 28 février 1986 (entré en vigueur : le 1er juillet 1987), JOCE, 29.06.1987, n° L 169. s.I.J, art. 130R.

440 *Traité sur l'Union européenne*, version consolidée du traité sur l'Union européenne, JO n° C-115, 9 mai 2008, p. 1 à 388, art. 191 (ancien art. 174 TCE).

441 *Directive 2004/35/CE du Parlement européen et du Conseil sur la responsabilité environnementale en ce qui concerne la prévention et la réparation des dommages environnementaux, Journal officiel de l'Union européenne* n° L143 du 30 avril 2004.

442 Henri SMETS, « Examen critique du principe pollueur-payeur », *Les Hommes et l'environnement*, en hommage à Alexandre Kiss, Paris, Editions Frison-Roche, 1998, p. 79, 86-92.

Le second défi est de préciser sur quelle base la responsabilité d'un pollueur pourra être engagée. L'aspect curatif du principe du pollueur-payeur pose des sérieux défis concernant la nature du régime de responsabilité qui lui sera appliqué. Il favorise la mise en place d'un régime de responsabilité objective ou sans égard à la faute443. Ce principe a fourni une assise solide pour la construction de régimes de responsabilité objective et c'est le cas notamment de la *Convention de Lugano de 1993 sur la responsabilité civile des dommages résultant d'activités dangereuses pour l'environnement*444, dont le préambule affirme expressément que les Parties désirent établir un régime de responsabilité objective tenant compte du principe « *pollueur-payeur* », ou la *Convention internationale sur la responsabilité civile pour les dommages dus à la pollution par les hydrocarbures*445.

En analysant le mécanisme du principe du pollueur-payeur, on décèle d'énormes avantages pour la protection de l'environnement. Néanmoins, ce principe comporte des faiblesses liées à sa mise en œuvre effective. Précisément, ses initiateurs n'ont encore ni tracé sa ligne directrice, ni complété les critères objectifs pouvant résoudre les différents problèmes ou défis posés par le principe du pollueur-payeur. C'est pour cette raison, il est important d'analyser le principe des responsabilités communes mais différenciées (PRCMD) à la sous-section suivante.

Section 6. Le principe des responsabilités communes mais différenciées (PRCMD)

Rappelons que, dans la mesure où l'on certifie que certains types de problèmes environnementaux ont été causés principalement par les pays développés (PD), il serait inéquitable de soumettre les pays en développement (PED) aux mêmes mesures de réparation et de remise en état446. Le principe des responsabilités communes mais différenciées (ci-après « PRCMD ») a déjà été évoqué par la littérature classique qui mentionne qu'un traitement

---

443 Voir à ce sujet le *Projet d'articles sur la prévention des dommages transfrontières résultant d'activités dangereuses*, élaboré par la Commission du droit international (*Documents officiels de l'Assemblée générale, cinquante-sixième session, suppl. n° 10* (A/56/10) et principalement les articles 16 et 17 sur la préparation et la notification des situations d'urgence.

444 Convention de Lugano de 1993 sur la responsabilité civile des dommages résultant d'activités dangereuses pour l'environnement, préc., note 22.

445 *Convention internationale sur la responsabilité civile pour les dommages dus à la pollution par les hydrocarbures*, 29 novembre 1969, 973 R.T.N.U. 12. Consulter le Chapitre 15 sur la responsabilité internationale sur cette problématique.

446 Kristin BARTENSTEIN et Charles-Emmanuel COTE, « Le traitement différencié au service de développement durable : une réponse juridique appropriée aux modalités entre Etats ? », Colloque sur les inégalités dans le système mondial : science politique, philosophie et droit, présenté au Centro Brasileiro de Anàlise, São Paulo, Brésil, 4 septembre 2009, non publié.

différencié a d'abord été au centre des revendications des PED, lors de la première *Conférence des Nations Unies sur le commerce et le développement* (CNUCED), dans les années 1960, qui prônaient que « *des règles nouvelles, dérogatoires du droit international commun, soient adoptées pour faciliter leur commerce et le financement de leur développement* »447. Cette revendication a été reprise dans les méandres des Nations Unies, dans les années 1970, par les partisans d'un Nouvel ordre économique international (NOEI) qui instaurerait « *un système économique et social, qui corrigera les inégalités, rectifiera les injustices et permettra d'éliminer l'écart croissant entre eux et entre les PD* »448.

Sont traités les notions générales, le sens du principe, le principe des responsabilités communes mais différenciées et le concept de développement durable, les modalités de la mise en œuvre et enfin le statut juridique.

6.1. Les notions générales

L'idée d'un traitement différencié a été reprise dans les négociations qui ont eu lieu dans le contexte des travaux de codification du droit de la mer449. Ainsi que souligne justement Rajamani que cette situation n'est pas étrangère à son apparition en droit international de l'environnement, à Stockholm, en 1972450. En effet, c'est à cette époque que la communauté internationale prend conscience de l'urgence de se doter d'un cadre contraignant pour encadrer la coopération internationale afin de donner suite aux problèmes environnementaux qui assaillent la planète. Si le principe des responsabilités communes mais différenciées n'est pas explicitement énuméré dans la *Déclaration de Stockholm*, il n'en reste pas moins que ses fondements y sont déjà énoncés dans les principes 9, 10, 11, 12 et 23 traitant spécifiquement des circonstances particulières de ces pays et insistant sur la nécessité de transferts technologiques pour qu'ils puissent se développer plus « *proprement* ». Au Sommet des Nations Unies sur l'environnement et le développement, à Rio, en 1992, ces considérations liées à l'équité sont évoquées. Ainsi, les principes

---

447 Lavanya RAJAMANI, *Differential Treatment in International Envrironmental Law*, Oxford, Oxford University Press, 2006, p. 33-34 ; C.-E. COTE, « De Genève à Doha : genèse et évolution du traitement spécial et différencié des pays en développement dans le droit de l'OMC », (2011) 56 :1 *Revue de droit de McGill/McGill Law Journal* 115-176 ; Raul PREBISCH, *Vers une nouvelle politique commerciale en vue du développement durable*, RAPPORT DU SECRETAIRE GENERAL DE LA CONFERENCE, dans *Actes de la Conférence des Nations Unies sur le commerce et le développement*, Doc. Off. CES. N.U., 1964, Doc. N.U. E/CONF. 46/141, vol. II (1965).

448 *Résolution 3201 (1974) de l'Assemblée générale des Nations Unies*, M. BEDJAOUI, *Pour un nouvel ordre économique international*, Paris, Unesco, 1979 ; F. BORELLA, « Le nouvel ordre économique international et le formalisme juridique », dans *Mélanges Chaumont*, Paris, Editions Pedone, 1984, p. 59.

449 Convention des Nations Unies sur le droit de la mer, préc., note 362.

450 L. RAJAMANI, préc., note 447, p. 33-34.

3 et 6 de la *Déclaration de Rio* (1992) mettent l'accent sur les besoins comme facteurs justifiant la justice distributive entre PD et PED alors que le principe 7 souligne la pertinence de prendre en considération la « *responsabilité* » et la « *capacité* ». Ainsi, le principe 7 porte en son sein deux terminologies : des responsabilités « *communes* » mais « *différenciées* ». La première, les « *responsabilités communes* » de préserver l'environnement, revient à tous les Etats de la planète, riches ou pauvres, parce que « *l'intérêt commun de la planète* » l'exige451. Cette « *responsabilité* » correspond à une obligation morale commune et non à une responsabilité du point de vue juridique. A moins qu'une convention ne le prévoie expressément, le droit international de l'environnement ne limite pas un Etat dans l'utilisation de ses propres ressources, si n'est par le principe coutumier de prévention, qui est consacré au principe 1 de la *Déclaration de Stockholm* et repris au principe 2 de la *Déclaration de Rio sur l'environnement et le développement*. En vertu de ce principe, un Etat a le devoir de ne pas des dommages transfrontaliers, sous peine de réparation. La responsabilité commune de préserver l'environnement dans « *l'intérêt de la planète* », ne peut pas, quant à elle, entraîner de tels effets, du moins pas directement. Le principe 3 de la *Déclaration de Rio* (1992) apporte une nuance morale « *commune* » des Etats, en ajoutant que les besoins actuels relatifs « *au développement et à l'environnement* » doivent être pris en considération. Une différenciation des engagements des PD et des PED s'impose alors, ce qui justifie la seconde terminologie du principe 7 de la *Déclaration de Rio* : « des responsabilités communes *mais différenciées* ».

Quel sens évoqué pour le principe ?

6.2. Le sens du principe

Le principe des responsabilités communes mais différenciées peut être examiné comme une suite que la communauté internationale a trouvée pour répondre à l'impératif d'articuler deux nécessités explicitement consacrées au principe 7 de la *Déclaration de Rio sur l'environnement et le développement* (1992)452. La première est la nécessité de prendre en compte à la fois trois facteurs : (1) la responsabilité des PD dans la détérioration de la qualité de l'environnement, (2) les capacités financières et techniques distinctes dont les Etats disposent et (3) leurs besoins spécifiques en matière de développement dans l'objectif de résoudre la pauvreté des populations. Ces trois facteurs, pris dans leur globalité, forment ce qu'on peut qualifier la « *valeur intrinsèque ou morale* » du principe des responsabilités communes mais différenciées[453]. La

451 Duncan FRENCH, « Developing States and International Environmental Law : The Importance of Differentiated Responsabilities », (2000) 49 *I.C.L.Q.* 35.

452 Déclaration de Rio sur l'environnement et le développement, préc., note 73, principe 7.

453 J.-M. ARBOUR, S. LAVALLEE, J. SOHNLE et H. TRUDEAU, préc., note 25, p. 167.

seconde nécessité du principe est d'encourager la participation universelle des Etats à un effort commun. Cette seconde nécessité démontre que le principe des responsabilités communes mais différenciées ait aussi une « *valeur instrumentale* » en ce qu'il joue un rôle important dans les négociations des instruments juridiques internationaux de protection de l'environnement. Vu sous cet angle, le principe des responsabilités communes mais différenciées constitue le « *prix* » que les PD doivent honorer pour l'implication des PED dans l'intégration des considérations écologiques au développement économique[454]. A ce propos, Jutta Brunnée455 explique d'ailleurs le principe comme « *flipside* » du concept de développement durable. En ce qui concerne la responsabilité dans les défis environnementaux de la planète, les PD ont réussi à éliminer toute référence à leur responsabilité historique, c'est-à-dire toute référence à leur attitude passée en mettant plutôt en évidence les responsabilités actuelles et futures, en raison des « [...] *pressions que leurs entreprises exercent sur l'environnement mondial et des techniques et des ressources financières dont ils disposent* »[456]. La suggestion de la formulation du principe que proposait initialement le groupe G77 était beaucoup plus explicite dans l'attribution des responsabilités historiques aux PD457. Elle visait à remettre en cause le modèle économique des PD et à mettre en exergue leur responsabilité dans la détérioration de la qualité de l'environnement. Cette situation justifiait les PED de réclamer que les PD assument les coûts de la protection de l'environnement, en vertu du principe du pollueur-payeur[458].

La valeur intrinsèque du principe des responsabilités communes mais différenciées tire sa deuxième justification de la *capacité financière et technologique supérieure des pays développés* (PD), acquise grâce à un développement économique peu respectueux des limites du globe459. Déjà, lors de la Conférence des Nations Unies sur l'environnement, à Stockholm (1972)460, la communauté internationale reconnaissait que l'environnement pouvait difficilement être préservé dans des pays où la pauvreté est

---

[454] *Id.*

455 Jutta BRUNNEE, « Common Areas, Common Heritage and Common Concerns », dans D. BODANSKY, J. BRUNNEE et E. HEY (dir.), *The Oxford Handbook of International Environmental Law*, Oxford, Oxford University Press, 2010, p. 550.

[456] Déclaration de Rio sur l'environnement et le développement, préc., note 73, principe 7.

457 Le libellé initialement suggéré par le Pakistan et la Chine, pour le G77/Chine, visait du doigt les modes de production et de consommation non soutenables dans les pays développés et mettait en évidence leur responsabilité historique et actuelle majeure dans la détérioration de l'environnement global : China and Pakistan : Draft Decision, Doc. Off AG NU, 1992, Doc. NU A/CONF.151/PC/WG.III/L.20/Rev.1, principe 7, par. 2 [Draft Decision].

[458] *Id.*

459 L. RAJAMANI, préc., note 447, p. 140.

460 *Id.*

endémique[461], notamment les pays les moins avancés (PMA), qui dépendent davantage de l'environnement pour la satisfaction de leurs besoins et qui se retrouvent souvent dans des milieux écologiquement fragiles. C'est dans cette optique que, tout en étant moins responsable de la crise climatique, la République Démocratique du Congo (RDC) est l'un des pays les plus fragiles aux effets néfastes des changements climatiques. Cette situation va exacerber les tensions socio-économiques des populations déjà exposées à des multiples crises. Nous pensons qu'il serait pertinent de recourir à la solidarité internationale pour renforcer les capacités de résilience de la République Démocratique du Congo (RDC) et des autres PED à faire face à cette crise qui s'avère irréversible. En outre, la solution à la lutte contre les changements climatiques passerait également par l'amélioration des conditions d'existence des communautés locales afin de leur permettre de contribuer significativement à la réduction des pressions sur les ressources naturelles et forestières de la RDC et lui permettre de jouer pleinement son rôle dans le respect des engagements pris au niveau international.

La troisième et dernière justification de la valeur intrinsèque ou morale du principe des responsabilités communes mais différenciées462 découle des *besoins spécifiques des PED*. La différenciation basée sur la situation et les besoins spécifiques des PED reconnaît que la protection de l'environnement au niveau mondial ne représente pas une priorité pour ces pays et que si on traite également des Etats qui sont de droit égaux, mais de facto inégaux, les effets ne peuvent être qu'inéquitables. Ce phénomène pour la situation spécifique et les besoins particuliers des PED est présent dans le préambule de la *Déclaration de Stockholm* et dans les principes 3, 6 et 11 de la *Déclaration de Rio sur l'environnement et le développement* (1992). Il est aussi implicitement reconnu dans le principe 7 de la *Déclaration de Rio*. Ces principes viennent soutenir la position des PED pour qu'une priorité soit accordée à leur développement économique (Principe 6, 7 et 11 de la *Déclaration de Rio*). Le principe des responsabilités communes mais différenciées a également une *valeur instrumentale* lorsque son emploi favorise la convergence des PD et des PED autour de certains engagements. Dans l'espace environnemental, les PED jouissent d'un plus grand pouvoir de négociation- singulièrement dans celles sur le climat- que dans le contexte de la libéralisation des échanges. Non seulement ils détiennent une grande partie des ressources naturelles et forestières de la planète, mais s'ils se développent en utilisant les mêmes sources d'énergie que les PD, la planète risque de

---

[461] Déclaration de Rio sur l'environnement et le développement, préc., note 73, principe 9.

462 Henry SHUE, « Global Environmental and International Inequality », (2015) 75-3 *International Affairs* 531, 545.

disparaître[463]. Comme il est difficile de rallier les PED à l'objectif de protéger le patrimoine commun de l'humanité (planète terre), la différence de leurs obligations permet de les convaincre de s'engager dans des traités multilatéraux à caractère environnemental. C'est dans cette optique que la République Démocratique du Congo (RDC) s'engage non seulement à mettre en œuvre les instruments juridiques internationaux de protection de l'environnement, mais aussi à vulgariser ces derniers grâce aux Technologies de l'Information et de la Communication. Cette stratégie de la différence a d'ailleurs été employée avec succès dans plusieurs traités environnementaux auxquels la majorité des PED sont Parties, entre autres dans le *Protocole de Montréal sur les substances qui appauvrissent la couche d'ozone* et la *Convention sur la diversité biologique*. Elle aura par ailleurs permis le dénouement de certains enjeux liés aux changements climatiques dans le contexte des discussions post-Kyoto et de l'adoption de l'*Accord de Paris sur le climat* (2015)[464].

Les pages qui suivent ont pour objet le principe des responsabilités communes mais différencies et le concept de développement durable.

6.3. Le principe des responsabilités communes mais différenciées et le concept de développement durable

Comme nous l'avons constaté, en favorisant la tendance à la participation universelle au régime international environnemental, la différenciation des engagements écologiques des PED et des PD favorise *a priori* la mise en route des autres principes consacrés dans la *Déclaration de Rio* de 1992- prévention, précaution et pollueur-payeur. Toutefois, pour que le principe des responsabilités communes mais différenciées joue son rôle, il est indispensable que la différenciation des engagements, dans un régime donné, n'aille pas à l'encontre des principes de prévention et de précaution[465]. Le problème[466] que pose l'application du principe des responsabilités

463 J.-M. ARBOUR, S. LAVALLEE, J. SOHNLE et H. TRUDEAU, préc., note 25, p. 169.

464 Sophie LAVALLEE et Sandrine MALJEAN-DUBOIS, « L'Accord de Paris : fin de la crise du multilatéralisme climatique ou évolution en clair-obscur ? », (2016) 1 *Revue juridique de l'environnement (R.J.E.)* Dossier COP-21, 19-36.

465 Consulter le dossier spécial relatif au principe des responsabilités communes mais différenciées dans les *Cahiers de droit*, « Le principe des responsabilités communes mais différenciées en droit international de l'environnement : Enjeux et perspectives » ; Sophie LAVALLEE et Kristin BARTENSTEIN, « Le principe des responsabilités communes mais différenciées au service du développement durable », dans A. MICHELOT, *Equité et environnement : Quel (s) modèle (s) de justice environnementale ?*, Bruxelles, Editions Larcier, 2012, p. 377-386.

466 J.-M. ARBOUR, S. LAVALLEE, J. SOHNLE et H. TRUDEAU, préc., note 25, p. 171.

communes mais différenciées est de taille puisqu'il s'agit de rechercher les modalités pratiques permettant de trouver un juste équilibre entre le développement économique et le respect des limites écologiques, dans une optique de développement durable. Ce principe a été pris en compte dans les négociations climatiques post-Kyoto amenant à la conclusion de l'*Accord de Paris* sur le climat en 2015. Ce faisant, le principe des responsabilités communes mais différenciées a contribué substantiellement à l'évolution du droit international de l'environnement et, à nos jours, il n'y a pas d'alternative envisageable à ce principe. Il convient à présent d'évoquer les modalités de la mise en œuvre.

6.4. Les modalités de mise en œuvre

Le principe des responsabilités communes mais différenciées prend diverses formes, y compris des règles différentes ou des obligations différentes pour les PD, les PED et les pays à économie en transition. Il se transforme même aux engagements de transférer les ressources financières et technologiques des PD aux PED. Pour ces derniers, le principe a réussi à conditionner dans plusieurs traités l'obligation de coopérer dans la recherche du développement durable à la réception d'une aide financière et technologique et, pour les PD, il a élargi l'obligation de coopérer en y insérant cet engagement d'assistance financière et technologique. A titre d'illustration, une disposition que l'on retrouve dans certains traités multilatéraux en matière de protection de l'environnement est déclarée en ces termes : « *la mesure dans laquelle les pays en développement mettront en œuvre leurs engagements en vertu de la Convention dépendra du respect par les pays développés de leurs engagements en vertu de la Convention relativement aux transferts financiers et de la technologie* »467.

De ces considérations, la question des financements climat a monopolisé les débats et a risqué de faire échec aux négociations lors de la 27ème Conférence

467 Notamment, les dispositions de l'article 4, par. 7 de la *Convention-Cadre des Nations Unies sur les changements climatiques* : la mesure dans laquelle les pays en développement parties s'acquitteront effectivement de leurs engagements au titre de la Convention dépendre de l'exécution efficace par les pays développés parties de leurs propres engagements en ce qui concerne les ressources financières et le transfert de technologie et tiendra pleinement compte du fait que le développement économique et social et l'éradication de la pauvreté sont les priorités premières et essentielles des pays en développement parties ; l'article 20, par. 4 de la *Convention sur la diversité biologique* : les pays en développement ne pourront s'acquitter effectivement des obligations qui leur incombent en vertu de la Convention que dans la mesure où les pays développés s'acquitteront effectivement des obligations qui leur incombent en vertu de la Convention s'agissant des ressources financières et du transfert de technologie et où ces derniers tiendront pleinement compte du fait que le développement économique et social et l'élimination de la pauvreté sont les priorités premières et absolues des pays en développement ; S. LAVALLEE et K. BARTENSTEIN, préc., note 465, p. 380.

des Parties à la *Convention-Cadre des Nations Unies sur les changements climatiques* (COP-27), tenue à Charm el-Cheikh en République d'Arabe d'Egypte (2022). Ainsi que l'explique Lola Vallejo468, « *c'est toujours une question cruciale dans les COP, un préalable à toute avancée sur les autres points* ». En 2023, la COP-28 (Dubaï) a adopté un fonds pour « *pertes et dommages* » en faveur des pays du Sud, permettant ces derniers de financer la réparation des dégâts causés par le réchauffement climatique, en termes d'adaptation. Bien malheureusement, les engagements pris par les PD à Copenhague (2009) à transférer chaque année (via des financements publics et privés) d'ici à 2020, 100 milliards de dollars américains pour aider les pays du Sud à lutter contre le réchauffement climatique, ces fonds peinent à être mobilisés au profit des PED, en marge de l'esprit du principe des responsabilités communes mais différenciées. Ainsi, il serait d'autant plus difficile d'atterrir sur le fonds « *pertes et dommages* » adopté à Dubaï que, les pays du Nord n'ont toujours pas tenu leur promesse sur les fameux 100 milliards de dollars promis en 2009- un manquement qui mine profondément les relations Nord-Sud, en matière de lutte contre le réchauffement de la planète. En témoigne, les promesses faites par les PD ne sont toujours pas honorées à l'heure actuelle (225 millions d'euros pour l'Union européenne, 100 millions de dollars pour les Emirats, 10 millions de dollars américains pour le Japon, 17,5 millions de dollars américains pour les Etats-Unis d'Amérique, 50 millions de dollars américains pour le Royaume-Uni). Les lignes suivantes portent sur le statut juridique.

6.5. Statut juridique

Le principe des responsabilités communes mais différenciées est utilisé dans certaines conventions signées avant le Sommet de Rio de Janeiro (1992) et dans tous les traités multilatéraux conclus par la suite. De quoi s'agit-il ? Constitue-t-il un principe coutumier ? Le principe présente un intérêt majeur, car « *si le principe arrive à se poser comme principe de droit, il ouvre toute grande la voie à une forme de péréquation au niveau international sur le chapitre de la préservation de l'environnement, du moins en ce qui concerne des enjeux globaux qui se révèlent être des préoccupations communes de la planète* »469. Il est admis que la nature coutumière du principe concerne, en définitive, la responsabilité légale des PD pour leur dette écologique envers les PED et les engagements financiers qui en résultent470. Le fait de

---

468 Lola VALLEJO, *Crise climatique dans une Communication aux assises de la COP-28*, à Dubaï.

469 Jean-Maurice ARBOUR, « La normativité juridique du principe des responsabilités communes mais différenciées », (2014) 55 *Cahiers de droit* 33, 40.

470 Nele MATZ, « Environmental Financing : Function and Coherence of Financial Mechanisms in International Environmental Agreements », dans Armin Von BOGDANDY and Rudiger WOLFRUM (dir.), *Max Planck Yearbook of United Ntions*

compenser financièrement les PED, comme condition à leur conformité avec les stipulations des accords multilatéraux de protection de l'environnement serait, dès lors, une stratégie qui empêcherait l'éco-impérialisme471. Dans son opinion dissidente dans les *Affaires du Sud-Ouest Africain*472, le juge Tanaka déclare que, une fois les différences pertinentes établies entre des individus, l'ouverture à un traitement différencié a sa raison d'être et que, alors, il est non seulement permis mais indispensable, comme une question de justice qui nécessite l'adoption des mesures correctrices. Ce n'est toutefois pas parce qu'il s'agit d'un principe pertinent pour la négociation des outils juridiques internationaux de protection de l'environnement qu'il faut pour autant conclure qu'il s'agit d'un principe juridique contraignant. Nous sommes d'avis, comme Philippe Cullet le souligne, que cette conception de la justice distributive n'a jamais été acceptée par la Cour internationale de justice473. Une minorité dans la doctrine classique affirme que le principe des responsabilités communes mais différenciées est un principe coutumier, certains sans ambages474, certains le faisant découler d'une pratique conventionnelle constante475. La doctrine abondante considère néanmoins que, malgré une pratique importante, l'absence de l'*opinion juris* constitue

---

Law, t. 6, Heidelberg, Max Planck Institute for Comparative Public Law and International Law, 2002, p. 473, à la page 484.

471 *Id.*, p. 485.

472 Affaire *du Sud- Ouest Africain* (*Ethiopie* c. *Afrique du Sud* ; *Libéria* c. *Afrique du Sud*), R. C.I.J. 1996, p. 6 (18 juillet 1966). Dissidente du juge Tanaka, p. 303 et 304 : « Nous pouvons donc dire que le principe de l'égalité devant la loi ne correspond pas à une égalité absolue, qui voudrait que les hommes soient tous traités également compte non tenu des situations individuelles et concrètes, mais correspond plutôt à une égalité relative, c'est-à-dire au traitement égal de ce qui est égal et inégal de ce qui est inégal. Il s'agit de savoir dans quels cas le traitement doit être identique ou différent.

473 Philippe CULLET, « Differential Treatment in International Law : Towards a New Paradigm of Inter-state Relations », (1999) 10 *E.J.I.L.* 549, 555.

474 Anjali D. NANDA, « India's Environmental Trump Card : How Reducing Black Carbon Through Common But Differentiated Responsabilities Can Curb Climate Change », (2011) 39 *Denv. J. Int'l. L.& Pol's* 523, 537 : « The primary strength of tke Kyoto Protocol is its attempt to transform the principle of Common but Differentiated Responsabilities from customary international law into a policy instrument ».

475 Neetika YADAV et T. PRIYADARSHINI, « Trade Imperialism Versus Environmental Protectionism. An Analysis Using Interpretation of Article XX », (2006) *15 Currents Int'l Trade L.J.* 97. Les auteurs démontrent la nature coutumière du principe de la pratique conventionnelle de plus en plus constante de l'utilisation du principe dans les traités multilatéraux en matière de protection de l'environnement. Le même argumentaire est employé par Owen Meintyre, « The Role of Customary Rules and Principles of International Environmental Law in the Protection of Shared International Freshwater Resources », (2006) 46 *Natural Resources Journal* 157.

une pesanteur mettant un terme à l'observance de son caractère coutumier476. Selon Lavanya Rajamani, l'analyse doit se faire en amont de celle portant sur les éléments constitutifs du principe coutumier, puisqu'il faut d'abord que la stipulation en cause ait, en tout cas virtuellement, un caractère fondamentalement normatif et puisse ainsi constituer le fondement d'une norme générale de droit477. Ainsi, pour une analyse complète sur les concepts et principes dégagés des outils juridiques internationaux pertinents relatifs à la protection de l'environnement, dans cette recherche, il serait indispensable d'examiner dans le prochain chapitre, le principe de participation locale en droit international public de l'environnement.

Conclusion

Rappelons que le 6è rapport du GIEC vient encore, tout récemment, souligner la gravité des changements climatiques, en criant à l'urgence de mener des actions ambitieuses d'atténuation des émissions polluantes. Ce rapport met en évidence le fait que si la courbe ascendante de nos émissions de GES ne s'infléchit pas d'ici à 2030, il ne sera pas possible de stabiliser le réchauffement à 1.5° C d'ici à la fin du siècle. Ceci en raison de l'effet cumulé des émissions polluantes annuelles.

Les concepts et principes dégagés des instruments juridiques internationaux pertinents de protection de l'environnement jouent un rôle majeur dans le régime international du climat. Plus précisément le concept de développement durable, le principe de souveraineté permanente sur les ressources naturelles, le principe de prévention, le principe de précaution, le principe du pollueur-payeur et le principe des responsabilités communes mais différenciées, comme le moyen fondamental de parvenir aux objectifs de réduction des émissions des gaz à effet de serre (GES). Ces concepts et principes comportent un double avantage pour les pays en développement en général, et pour la RDC en particulier. D'une part, ils militent en faveur d'une gestion rationnelle et raisonnable des ressources afin d'éviter des conflits entre Etats et, mettent en exergue que c'est la nature même de la croissance économique qu'il faut repenser afin d'éviter de compromettre aux générations futures leurs chances de jouissance de ces ressources. D'autre part, ces concepts et principes ont réussi à mettre en évidence que la planète Terre constitue un patrimoine commun de l'humanité et, sa protection constitue une responsabilité commune des pays développés (PD) et ceux en développement (PED). Mais cette

---

476 Pour un débat des avis doctrinaux, consulter Lavanya RAJAMANI, préc., note 393, p. 158 ; Tuula HONKONEN, The Common but Differentiated Responsibility Principle in Multilateral Environmental Agreements. Regulatory and Policy Aspects, Alphen aan den Rijn, Kluwer Law International, 2009, p. 297-299.

477 Affaires *du plateau continental de la mer du Nord* (*République fédérale d'Allemagne* c. *Danemark* ; *République fédérale d'Allemagne* c. *Pays-Bas*), [1969] R. C.I.J. 3, par. 72 ; L. RAJAMANI, préc., note 447, p. 159-160.

responsabilité commune est différente selon les contextes où l'on se trouve : une obligation de transfert des ressources financières et technologiques des PD vers les PED est exigée du fait de leur responsabilité historique dans la dégradation de l'environnement global.

Le moment est venu de traiter le principe de participation des communautés locales dans la gestion des ressources naturelles et forestières en droit international public de l'environnement.

Chapitre 4

Principe de participation locale en droit international public de l'environnement

Ce chapitre abordera le principe de participation des communautés locales dans la gestion des ressources naturelles et forestières en droit international public de l'environnement (DIPE). Il s'agira pour nous de réfléchir à des pistes de solution quant à la participation des communautés locales et autochtones. Concrètement, on s'interrogera au regard des outils du DIPE, que signifie impliquer les communautés locales à travers le financement international de programmes de protection de l'environnement dans les pays du Sud ? La réponse à cette question constituera le développement important de notre recherche. Sur cette question, un consensus semble se dégager dans la doctrine concernant l'idée qu'avec la globalisation a émergé une multitude de nouveaux acteurs transnationaux478, dont la présence sur la scène internationale apparaît être tantôt un atout, répondant aux nouveaux impératifs d'un monde devenu interdépendant économiquement. Tantôt une remise en question profonde de la vision traditionnelle de la mission de l'Etat dans les affaires internationales et de sa place dans la conduite des relations internationales. Ce processus de globalisation conduit progressivement à un

---

478 Notamment, David HELD and Anthony MCGREW (dir.), *Globalization Theory : Approaches and Controversies*, Cambridge, Cambridge Polity, 2007, p. 15 ; le constructivisme social de Thomas RISSE-KAPPEN (dir.), *Bringing Transnational Relations Back In : Non-State Actors, Domestic Standards and International Institutions*, Cambridge, Cambridge Studies in International Relations, 1996, p. 77 ; David SZABLOWSKI, *Transnational Law and Local Struggles : Mining, Communities, and the World Bank*, Oxford and Portland Oregon, Hart Publishing, 2007, p. 35. Les approches mettent de l'avant l'émergence et l'importance du droit local et transnational admettent généralement la participation d'un éventail d'acteurs à la formulation des normes. Avec la globalisation économique, la conception du droit s'élargit car la pyramide de la domination de la sphère publique vers les acteurs privés s'effrite. Le droit caractéristique de la globalisation économique est celui où les acteurs privés ont plus de droits que les institutions étatiques. C'est au niveau infrastructurel (l'horizontalité) que se passe l'essentiel des échanges, c'est-à-dire les acteurs privés rentrent dans le système transfrontière pour la protection de l'environnement, trouvent des arrangements juridiques pour réguler le marché (Jean-Bernard AUBUY, *La globalisation, le droit et l'Etat*, 2è éd., Montchrestien, Lextenso Editions, 2010, p. 29).

encadrement sensible des Etats, désormais contraints de s'ajuster avec une pluralité diffuse d'acteurs influents intervenant à tous les niveaux479. La nature à la fois locale, transnationale et internationale des activités économiques, relatives à l'exploitation des ressources naturelles et forestières appelle à une gestion complexe de ces activités. Celles-ci se traduisent dans une gouvernance qui ne semble pas toujours concertée ou rationnelle480. Une gouvernance fragmentée, instigatrice de conflits sociaux, transmet des confusions entre les responsables exercés aux différents éléments de la structure à la fois étatique, politique et sociale. La difficulté de l'Etat à se prévaloir comme le centre de la légitimité, capable à lui seul d'imposer une conception de l'action publique, favorise l'émergence de nouveaux acteurs prétendant à une légitimité égale à la sienne481. De nouvelles formes d'actions publiques se développement, élaborées dans une perspective de négociation et de partenariat, notamment, au profit des *communautés locales et autochtones*482. Ces dernières pénètrent l'espace décisionnel politico-économique, en permettant idéalement l'expression de leurs points de vue. Les communautés valorisent leurs intérêts en s'imposant dans un dialogue, où elles ont été historiquement mises de côté483. Ainsi, l'enjeu majeur de la participation devient l'acceptation d'une pluralité des formes de légitimité et l'articulation entre les lieux et les formes d'autorité ainsi établies, à différents échelons484. En effet, tout progrès supplémentaire dans la politique internationale de l'environnement dépend désormais de la capacité à mobiliser la société toute entière, et entre autres, communautés locales et autochtones. L'*intégration*, l'*internalisation*, la *responsabilisation*, la *participation* sont de nouveaux slogans largement répandus485. A l'instar d'autres domaines d'intervention de l'Etat, la gestion internationale de l'environnement s'oriente maintenant davantage vers une approche collaborative et responsabilisante.

---

479 Saskia SASSEN, *La globalisation : une sociologie*, 2è éd., Coll. NRF Gallimard, 2009, p. 70 : cette auteure argumente que l'Etat qui jadis était le centre du pouvoir juridique commence à disparaître au profit de la conception économique : on n'appartient plus à un Etat mais à plusieurs Etats et les pouvoirs économiques et politiques des transnationaux ne sont pas des pouvoirs légitimes par les Etats-Nations. A l'intérieur du système économique transfrontalier, on vise la réalisation des profits des acteurs privés (notamment, les entreprises) et le changement des normes se fait sur la base du raisonnement économique plutôt que politique.

480 M. TAPIE-CRIME, C. BLATRIX et P. MOQUAY (dir.), préc., note 248, p. 22.

481 *Id.*, p. 23.

482 Daniel MOCKLE, *La gouvernance, le droit et l'Etat : la question du droit dans la gouvernance publique*, Bruxelles, Editions Bruylant, 2007, p. 39.

483 Lisa J. LAPLANTE et Suzanne A. SPEARS, « Out of the Conflict Zone : The Case for Community Consent Processes in the Extractive Sector », (2008) 11 *Yale Human Rights and Development Law Journal* 69, 95.

484 M. TAPIE-GRIME, C. BLATRIX et P. MAQUAY, préc., note 248, p. 23.

485 J. THEYS, préc., note 10, p. 7.

Dans le domaine plus particulier d'implantation de projets de développement dans les PED, la plupart des dispositifs mis en place par les Etats à travers le monde contiennent des mécanismes participatifs486. L'action publique environnementale a sensiblement évolué, en passant de l'*imposition* ou de la *coercition* de normes de comportement à la *négociation* au sein d'une société non hiérarchisée, dans laquelle la variable *« population »* est importante dans le processus décisionnel et dans leur exécution. Il s'agit de repérer et d'utiliser les compétences locales, de travailler avec les communautés locales et d'élaborer des modèles appropriés487. Il est requis des Etats de garantir488 les droits d'accès à l'information sur l'environnement, de participation du public au processus de décisions et d'accès à la justice en matière d'environnement. Progressivement, les communautés locales affectées directement par des projets de développement, liés à l'exploitation des ressources naturelles et forestières s'imposent comme acteur décisionnel à part entière, et ce en complémentarité avec les acteurs traditionnels de la participation et de la décision. Cette vision repose sur l'éthique de la « *discussion* » découvrant des règles informelles établies par les communautés locales, élaborant ce qu'est le droit. Elle se construit de manière dynamique, probablement moins savante, mais se rapproche de l'action, donnant une réponse pertinente au projet de développement. Les communautés locales utilisent leurs connaissances (savoirs) en toute liberté et déterminent les normes de leur action. Cette gestion participative valorise ce genre d'initiative qui vient d'en bas, plutôt que d'en haut, dans l'exploitation des ressources naturelles et forestières, dans une perspective de développement durable. Cette pratique des communautés pourrait s'apparenter à une recherche de reconnaissance auprès des structures étatiques : la prise en compte officielle de leurs besoins spécifiques.

---

486 J.-B. AUBY, préc., note 478, p. 51. Nous y reviendrons dans le chapitre ayant trait aux critères de participation locale dans les mécanismes de financement international de projets de protection de l'environnement dans les pays en développement.
487 Catherine REDGWELL, « The International Law of Public Participation- Protected Areas, Endangered Species and Biological Diversity », dans Donald N. ZILLMAN, Alistair LUCAS et Georges PRING (dir.), *Human Rights in Natural Resource Development- Public Participation in the Sustainable Development of Mining and Energy Resources*, Oxford, Oxford University Press, 2002, p. 187-214 à la page 190.
488 P. Talla TAKOUKAM, préc., note 188, p. 523-671 à la page 671. L'auteur explique que plusieurs outils juridiques internationaux relatifs aux droits humains garantissent le droit à l'information. Cependant, celui-ci est distinct du droit d'accès à l'information environnementale. Le premier, est un aspect de la liberté d'expression et n'implique pas, formellement, un engagement de la part des Etats de mettre à la disposition des populations des informations. Alors que le second, de nature procédurale, est un moyen d'impliquer la population dans le processus décisionnel. Il y a actuellement une reconnaissance généralisée du fait que le droit d'accès à l'information s'avère une condition nécessaire à la participation du public à la mise en œuvre des normes environnementales.

Devenues ainsi préoccupations et controverses publiques, les questions d'environnement engendrent le principe de « *participation locale* ». De plus en plus, les peuples autochtones et les communautés locales occupent une place de choix sur la scène internationale. Dans cette perspective, nous traiterons la participation locale dans le paradigme du développement durable, dans une première section. Viennent les dispositions, les prises de position de la doctrine concernant la gestion durable des ressources naturelles et forestières. Puis, nous montrerons comment la doctrine a évolué, des préoccupations strictement économiques et environnementales à la prise en compte des aspects socioculturels, incluant ainsi les individus, organisations, en particulier les peuples autochtones et les communautés locales dans l'élaboration et la mise en œuvre des politiques en matière des ressources naturelles et forestières. C'est la doctrine du développement durable (un droit plus local) qui alimentera le droit international de l'environnement.

C'est ainsi que, nous cernerons la place de la participation locale dans les instruments juridiques internationaux de protection de l'environnement, dans une seconde section. Pour rendre réalisable cet idéal, les outils juridiques internationaux clarifient les principes, et donc enrichissent la doctrine. Découlera à travers ce point, l'évolution juridique de la protection des ressources naturelles et forestières. Cette évolution s'inspirera au départ des dimensions économiques en passant par les considérations écologiques. Elle consacrera la participation locale en garantissant les intérêts des populations locales dans la perspective de l'épanouissement intégral. Cette prise de conscience que la protection de l'environnement ne peut s'effectuer sans un minimum de consultation des communautés implantées dans le milieu concerné est apparue assez tôt dans les recommandations de l'Organisation des Nations Unies pour l'éducation, la science et la nature (UNESCO)489. Dès 1972, la *Recommandation concernant la protection sur le plan international du patrimoine culturel et naturel* proclame au point n° 11 : « les populations locales devraient être associées directement aux mesures de protection et de conservation à prendre »490. Ainsi, la nécessité de cette prise de conscience des aspirations légitimes des populations concernées répond non seulement aux exigences de protection des ressources naturelles et forestières, mais vise également à assurer le bien-être de ces populations, dans une optique de développement durable491. Certains instruments juridiques

---

489 Marine THEY, *Le contrôle des communautés autochtones sur leurs terres et ressources naturelles traditionnelles*, Paris, Editions A. Pedone, 2013, p. 76.

490 ORGANISATION DES NATIONS UNIES [ONU], *Recommandation de l'UNESCO concernant la protection sur le plan international du patrimoine culturel et naturel*, point 11, en ligne : http://portal.unesco.org/fr/ev.php-URL_ID=13133&URL_DO_TOPIC&URL_SELECTION=201.html (consulté le 30 mai 2024).

491 M. THEYS, préc., note 489, p. 77.

internationaux pertinents en matière environnementale exigent fortement des Etats Parties de consulter les communautés locales dans les politiques de développement mises en route492. En somme, de ce chapitre, nous dégagerons des balises applicables en réalité dans le contexte des PED sur la participation des populations locales aux divers projets du développement durable d'une part, d'autre part la place de la participation locale dans les instruments juridiques internationaux de protection de l'environnement.

Section 1. Principe de participation locale dans le paradigme du développement durable

Les différentes crises environnementales (chute démographique, déplacements de communautés liés à la perte d'habitats humains, apparition des maladies, des inondations, des sécheresses, etc.) qui ont secoué notre ère ont eu, sans contexte, des effets néfastes sur le développement. Dans cette perspective, la globalisation doit se faire dans le respect du concept de l'équité afin de favoriser le développement harmonieux des pays du Sud493. Plus précisément, il s'agit d'étudier quel pourrait être le mécanisme susceptible de permettre aux PED de s'épanouir de manière pérenne ? La résolution 70/1 de l'Assemblée générale des Nations Unies du 27 septembre 2015494 nous apporte une piste de réponse à cette question. Elle souligne que le paradigme du « *développement durable* » constitue la meilleure stratégie pour combattre la dégradation de l'environnement (notamment du déboisement), les inégalités socioculturelles (la pauvreté, le bradage des cultures) et la décroissance économique.

Le concept de développement durable n'apparaît pas à n'importe quel moment de l'histoire, mais bien après la conquête de droits sociaux et humains. Ce concept se bâtit en commun par une démarche de concertation. Ainsi, les projets de développement se construisent sur des bases durables495. Cependant, les

---

492 *Id.*

493 Jean-Claude NGUINGUIRI, « Approche participative et développement durable local en Afrique subsaharienne : faut-il repenser la forme contemporaine du modèle participatif ? », (1999) 15-16 *Arbres, forêts et communautés rurales* 1, 44.

494 Transformer notre monde : le Programme de développement durable à l'horizon 2030, préc., note 6, Objectif 13.

495 Grigori LAZAREV et Mouloud ARAB, *Développement local et communautés rurales : Approches et instruments pour une dynamique de concertation*, Paris, Les Editions Karthala, 2002, p. 300 ; Sophie CHARLIER, Jean-Philippe PEEMANS, Marthe NYSSENS et Isabelle YEPEZ DEL CASTILLO, *Une solidarité en actes : Gouvernance locale, économie sociale, pratiques populaires face à la globalisation*, Bruxelles, Presses Universitaires de Louvain, 2004, p. 45. De la deuxième Guerre mondiale jusqu'à la fin des années 1960, le développement fut conçu comme un retard sur les pratiques économiques adoptées par les pays occidentaux. Ainsi, selon ce courant de pensée, le développement implique l'adoption des mêmes pratiques économiques, politiques et sociales qui ont été le moteur de la modernisation des pays les plus avancés. Dans cette optique, l'intégration

communautés locales sont interpellées à agir sur leur avenir en s'impliquant activement dans les projets de développement. Concrètement, elles participent au processus décisionnel. Cette prise de position postule, en effet, que les projets de développement répondent vraiment aux besoins réels des communautés : ils sont définis par elles, ce qui fait force496. Un courant de pensée estime qu'une gestion participative effective et bien réussie impliquant les communautés locales concernées peut constituer un facteur déterminant dans le succès d'un processus de développement durable local. Dans ce contexte, les acteurs locaux orientent leurs décisions vers la promotion d'activités favorables dans leur environnement497. Si on représente le concept de développement durable par le

---

de pratiques modernes privilégiant l'industrialisation, le développement de l'agriculture et l'exportation est fondée sur l'expertise de professionnels considérés comme étant les seuls capables de guider les pays en développement (PED) sur la voie du progrès. Ces théories modernisatrices soutiennent l'idée que le développement ne peut s'envisager sans une intégration dans l'économie de marché au moyen d'un ensemble de principes macro-économiques tels ceux à la base des *Programmes d'Ajustement Structurel*. Dans ce contexte, la participation est envisagée de manière utilitaire afin de convaincre les gens du bien-fondé du projet de la modernisation et d'en assurer le succès. En Afrique en général, ces théories se seraient souvent concrétisées, en milieu rural, par la réalisation de grands projets d'augmentation de la production. Par conséquent, l'échec de plusieurs de ces grands projets de développement rural en Afrique amena d'importants changements dans les discours et les pratiques des opérateurs de développement et des bailleurs de fonds. En effet, bien que le concept de participation date du début de la colonisation, sa popularité s'est accrue de manière significative vers la fin des années 1970 pour constituer un des fondements d'un nouveau courant de pensée que certains chercheurs qualifient de populiste.

496 Déclaration finale de Rio+20, préc., note 5, Annexe, par. 43. Le développement durable tend à s'inscrire dans les discussions publiques, nationales et locales. Cette appropriation ne s'accompagne pas pour autant d'une réelle clarification du concept. La diversité des significations et des interprétations peut faciliter la référence au développement durable. C'est un concept en constante évolution et à géométrie variable dont nous essayerons de déceler les contours en lien avec le principe de participation locale à la mise en route des projets de développement dans les PED plus loin dans cet ouvrage.

497 Dilys ROE, Fred NELSON et Chris SANDBROOK, « Gestion communautaire des ressources naturelles en Afrique : Impacts, expériences et orientations futures », (2009) 18 *S.R.N.* 1, 39 ; Marie NYANGE NDAMBO, *Participation des communautés locales et gestion durable de la forêt en République Démocratique du Congo*, thèse de doctorat, Québec, Faculté des études supérieures, Université Laval, 2014, p. 77. L'auteure souligne qu'il n'est pas nécessaire de multiplier des structures à la base pour impliquer dans le processus les populations locales à la gestion durable des ressources forestières ; on estime plutôt que les structures démocratiques locales sont aptes à représenter valablement les populations. Les organismes et les agences de développement quant à eux, mettent l'accent sur l'organisation de la communauté pour faire impliquer la population. Cette position comporte généralement quatre éléments : les conditions de gestion, les activités de développement, le plan de zonage et le contrôle des activités locales. Chacun des organismes a son propre mode d'opération de la communauté locale.

canal d'un montage sur trois piliers[498], chacun représente un domaine d'application particulier. Si on ajoute un soubassement à ce montage, c'est le principe de *participation locale*. Le sujet demeure d'autant plus complexe, qu'il n'existe pas encore d'indicateur international faisant consensus du niveau de développement durable. Les discussions se poursuivent lors de grandes rencontres internationales touchant les pays développés et en développement. Ces pays peinent à s'entendre, car chacun dispose de sa propre grille d'analyse du développement durable[499]. En conséquence, les projets de développement risquent de réaliser, si les communautés s'unissent, réfléchissent, se donnent les moyens décisionnels pour les réussir[500]. Le principe de participation locale est donc une émanation du droit international public de l'environnement (DIPE). En plus de placer les problèmes environnementaux au centre des préoccupations gouvernementales, ce droit situe l'être humain au cœur des questions relatives à l'environnement[501]. S'il lie de façon dynamique les questions d'environnement et les considérations économiques aux dimensions sociales, c'est-à-dire la justice environnementale et le développement durable, ce droit met aussi en relief l'imbrication des problèmes environnementaux et des questions liées à la pauvreté et au développement[502]. Le DIPE soutient que l'augmentation du bien-être d'un Etat ne passe pas seulement par le développement économique, c'est-à-dire par

---

498 L'environnement, les considérations économiques et les dimensions sociales. Celles-ci désignent le bien-être ou le mieux-être des populations mondiales. Le problème est d'articuler des enjeux très différents : environnementaux, économiques et socioculturels. Sur le plan *environnemental* : il faut protéger la planète, gérer les ressources naturelles et forestières et les exploiter de façon durable, protéger les espaces naturels et les écosystèmes menacés et gérer les risques. Sue le plan *économique* : l'objectif est de produire autrement en développant des capacités de production, des moyens de transport et une gestion des déchets durables. Sur le plan *social* : partager, assurer les besoins alimentaires des populations (se nourrir, se loger, être éduqué, avoir accès aux soins, avoir un travail), réduire les inégalités à toutes les échelles, réduire les exclusions, la pauvreté, etc. (Déclaration finale de Rio+20, préc., note 5, Annexe, par. 3 : « *Nous prenons de ce fait acte de la nécessité d'intégrer davantage les aspects économiques, sociaux et environnementaux du développement durable à tous les niveaux, en tenant compte des liens qui existent entre ces divers aspects, de façon à assurer un développement durable dans toutes ses dimension* ».

499 Se référer à la controverse entourant la question de la gestion durable des forêts et de la participation des communautés locales que nous développerons plus tard dans le cadre de cet ouvrage.

500 G. LAZAREV et M. ARAB, préc., note 495, p. 56.

501 Déclaration finale de Rio+20, préc., note 5, Annexe, par. 31 : « *Nous insistons sur le fait que le développement durable doit bénéficier à tous, être centré sur l'individu et assurer la participation de tous, y compris les jeunes et les enfants* [...] ».

502 *Id.*, par. 3 : « *Nous prenons de ce fait acte de la nécessité d'intégrer davantage les aspects économiques, sociaux et environnementaux du développement durable à tous les niveaux en tenant compte des liens qui existent entre ces divers aspects, de façon à assurer un développement dans toutes ses dimensions* ».

l'accumulation des richesses matérielles, mais aussi et surtout par la prise en compte des nécessités sociales et environnementales503. Dans cette optique, le concept « *développement* » intègre les dimensions économiques, sociales et environnementales, en cherchant un équilibre pour que les besoins des générations présentes soient satisfaits sans compromettre ceux des générations futures504. Processus localisé, susceptible de différer de manière plus ou moins significative d'u espace géographique à un autre, la participation dépend de la perception du public et de son attitude à l'égard des enjeux environnementaux505. Fondée sur les caractéristiques des traditions des différentes communautés, la participation peut accorder un pouvoir décisionnel direct aux communautés afin de prendre en compte leurs priorités. Tout processus participatif se définit en fonction de chaque cas de figure, puisque tributaire de différents facteurs, notamment culturels, propres à chaque groupe concerné et à son niveau de développement506. Pour toutes ces raisons, le principe de participation des communautés locales et autochtones conférerait davantage d'effectivité aux programmes visant notamment à modifier les comportements des communautés dans l'exploitation des ressources naturelles et forestières. L'objectif est de présenter le concept, la trajectoire et les enjeux, en plaçant au centre de notre analyse les critères concrets de participation locale assortis d'indicateurs précis qui en constituent la substance. Dans ce chapitre, pour bien appliquer le concept de participation dans le contexte des PED, il nous faut d'une part, savoir le définir, connaître ses différents critères pour l'implantation des projets de développement, ses objectifs assignés et ses diverses modalités comportant sa mise en œuvre. D'autre part, il faut dégager les facteurs qui contribuent à son émergence dans l'exploitation des ressources naturelles et forestières. A ce stade, nous cernerons les tensions qui existent concernant la participation au concept de développement durable en relevant ses bénéfices et limites de mise en œuvre effective sur le terrain. Nous y développerons aussi, les principes à suivre : ceux d'une participation locale dans le paradigme du développement durable et les facteurs d'émergence de la participation locale dans le secteur de l'exploitation des ressources naturelles et forestière.

1.1. Concept de participation locale : définition, critères, objectifs et modalités

Rappelons que la participation est devenue l'approche d'intervention autour de laquelle semble se fonder un consensus, concernant la manière d'impliquer les

---

503 CMED, préc., note 71, p. 27.

504 J. BRUNNEE, préc., note 455, p. 62.

505 Déclaration finale de Rio+20, préc., note 5, Annexe, par. 6 : « *Nous proclamons que les peuples sont au centre du développement durable et, en conséquence, nous œuvrons en faveur d'un monde juste et équitable pour tous et nous engageons à travailler ensemble en faveur d'une croissance économique durable qui profite à tous, du développement social et de la protection de l'environnement dans l'intérêt de tous* ».

506 Yishai BLANK, « Localism in the New Global Order », (2006) 47-1 *Harvard International Law Journal* 263, 281.

communautés concernées aux différents stades de réalisation d'un projet donné[507]. Bien que la participation soit un concept existant depuis l'époque coloniale, elle représente aujourd'hui « *un véritable effet de mode* » et elle est « *omniprésente dans de nombreux projets et démarches d'interventions locales* [...] *et approches de développement* »[508].

Je donne la définition, les critères, les objectifs et les modalités de participation locale.

1.1.1. Définition de la participation locale

Il existe plusieurs définitions du concept de « *participation locale* » et nous en retenons deux dans le cadre de cet ouvrage. La première, selon le glossaire du développement durable, la participation locale s'analyse comme « l*e fait de prendre part* »[509]. Ce glossaire souligne la participation locale. Elle se constate efficace (produire des résultats escomptés), lorsque les membres du groupe appliquent des possibilités suffisantes et égales d'inscrire les questions à l'ordre du jour, tout en exprimant leurs préférences, quant aux finalités dans le cadre du processus décisionnel. La participation peut être directe. Elle peut aussi s'exercer par l'entremise de représentants légitimes[510]. Dans un droit plus local, la *participation* peut également être définie comme un dispositif grâce auquel les parties prenantes jouent un rôle actif dans la prise de décisions qui pourraient les affecter[511]. Dans une vision d'implantation des projets de développement dans les pays du Sud, quand il est bien mené, le processus participatif peut contribuer à mettre fin à l'exclusion politique au sein des communautés. Selon la seconde définition, en droit international public de l'environnement, la *participation* s'entend comme un processus par lequel les citoyens sont impliqués dans l'analyse, le conseil et la prise de décision en des matières où le gouvernement ou autres organismes publics ont autorité[512]. Ce faisant, la participation permet l'expansion d'un « *quatrième pouvoir* » citoyen à différents niveaux ; elle s'appuie sur de nouvelles institutions et constitue un idéal dont les gouvernements (locaux, nationaux, régionaux) s'efforcent de se rapprocher[513]. Il est certain, que vue uniquement dans la pratique, la participation n'apporte pas nécessairement

---

507 Adélie POMADE, « Focus on the Transversal Principles of Information and Participation in Decision-making », dans Christel COURNIL and Anne-Sophie TABU (dir.), *Human Rights and Climate Change : EU Policy Options*, Bruxelles, Study for the EU Parliament, 2012, p. 40-98 à la page 90.

508 Jean-Pierre OLIVIER DE SARDAN, « Le développement participatif : ni solution miracle, ni complot néolibéral », (2001) numéro spécial *Afrique contemporaine* 23, 149.

509 C. BRODHAG, préc., note 239, p. 36.

510 *Id.*

511 Julia SMITH, « A critical appreciation of the « bottom-up » approch to sustainable water management ; embracing complexity rather than desirability », (2008) 13 *Local Environment* 353, 356.

512 P.- M. DUPY et J.-E. VINUALES, préc., note 20, p. 67.

513 *Id.*

une solution, mais elle éclaire, transforme les enjeux politiques, tant sur le plan institutionnel que sur les mouvements sociaux. Ces pratiques ne sont pas fixes et irréversibles514. Ainsi, la participation est élaborée, interprétée, déployée et suivie selon des contextes de programmes et des procédures hétérogènes. Cette hétérogénéité est le résultat d'une combinaison aléatoire de facteurs. Ils forment progressivement un agencement global de mécanismes participatifs tout en dessinant l'ossature de ce que l'on nomme à l'heure actuelle la « *participation locale* »515.

Dans la même perspective, certains auteurs516 mettent en exergue le phénomène de localisation, qui paradoxalement, prend un sens tout particulier dans le contexte de globalisation. Lorsque Yishai Blank décrit « *the localist turn in international law and global governannce* », il analyse spécifiquement le processus par lequel la globalisation peut favoriser une intensification d'activités de gouvernance à l'échelon local. L'enjeu porte spécialement sur les *gouvernements locaux*, et constitue un atout pour saisir la prédominance de la sphère locale, comme niveau pertinent de gouvernance dans un contexte globalisé, en l'occurrence à la mise en route des projets de développement. D'ailleurs Saskia Sassen développe une pensée sous l'angle d'une « *localization of the global* »517. Son analyse met l'emphase sur les fonctions de régulation prises en charge par les entités privées ou non étatiques, notamment les communautés locales concernées. L'échelle locale représente bien cette recherche de nouveaux modes d'organisation de la collectivité et une conception postmoderne518 du management local,

514 E. FREUDENTHAL, S. NNAH et J. KENRICK, préc., note 288, p 5.
515 Sachiko MORITA and Durwood ZAELKE, « Rule of Law, Good Governance, and Sustainable Development », (2005) 1 *U.N. Sustainable Development Goals* 1, 7. Notamment, des mécanismes participatifs socioculturels : perceptions de la forêt, croyances liées, organisation sociale, éthiques et autres qui, du point de vue des communautés locales, déterminent la perception des risques des projets de développement, et donc président à leur adoption ou leur rejet- ce dernier étant souvent tacite.
516 Par exemple, Y. BLANK, préc., note 506, p. 284 ; D. SZABLOWSKI, préc., note 478, p. 35. Les approches mettant de l'avant l'émergence et l'importance du droit local et transnational admettent généralement la participation d'un éventail d'acteurs à la formation des normes. Avec la globalisation économique, la conception du droit s'élargit car la pyramide de la domination de la sphère publique vers les acteurs privés s'effrite. Le droit caractéristique de la globalisation économique est celui où les acteurs privés ont plus de droits que les institutions étatiques. C'est au niveau infrastructurel (l'horizontalité) que se passe l'essentiel des échanges, c'est-à-dire les acteurs privés rentrent dans le système transfrontière pour la protection de l'environnement, trouvent des arrangements juridiques pour réguler le marché (J.-B. AUBUY, préc., note 478, p. 29).
517 S. SASSEN, préc., note 479, p. 79-105 à la page 80.
518 D. MOCKLE, préc., note 482, p. 45. La société postmoderne est celle qui fonctionne sur la base de l'action pragmatique. On sort des moules institutionnels, étatiques. Les institutions de l'Etat sont bousculées : l'individu est non seulement autonome juridiquement mai aussi indépendant du système politique national en affirmant sa liberté

transcendant les politiques sectorielles. En découle le concept de développement durable à l'échelle locale, qui insiste sur le rôle essentiel des communautés locales. On prend en compte les questions écologiques et les contributions des gouvernements locaux, en raison de leur proximité avec les populations. Cette analyse soutient l'idée suivante : les initiatives de développement les plus durables sont engagées à l'échelle locale. Les structures locales de gouvernance renforcées[519] permettent d'aborder correctement les questions de développement durable[520].

Ainsi, l'action publique se considère comme un cadre institutionnel de la participation locale. Nous pouvons donc envisager trois cadres d'analyse majeurs permettant de saisir l'influence de l'action publique locale sur les procédures participatives[521]. Premièrement, les changements d'objectifs et de modes d'action des programmes publics peuvent déboucher sur la mise en place de mécanismes participatifs, surtout dans l'exploitation des ressources naturelles et forestières. Deuxièmement, la participation locale s'analyse comme une réponse imparfaite apportée aux problèmes ciblés émanant de l'action publique. Cette vision, entre dans un mode spécifique d'analyse des programmes publics, intéressée à améliorer l'action publique. La participation se voit comme une piste de solution possible, permettant de corriger les imperfections du processus décisionnel[522]. Troisièmement, il faut saisir l'impact des configurations d'acteurs propres aux différents projets publics sectoriels, ouvert au déploiement de mécanismes participatifs. Selon ce cadre d'analyse, les projets publics apparaissent moins comme un processus contrôlé par des acteurs publics, qui en

---

de pensée. Le droit applicable est négocié entre l'Etat et les communautés locales et l'Etat lui-même remet le droit dans le vécu quotidien. L'objectif de la postmodernité est d'atteindre à la fois des aspirations individuelles et organisationnelles : la mise en commun de certaines ressources pour atteindre des buts collectifs constituant ainsi une rationalité matérielle plutôt que formelle. On se rapproche de l'action, c'est-à-dire les communautés prennent la forme d'entreprise et la régule avec comme principe la « *discussion* ». Les communautés adoptent le langage de la gestion (management local). C'est l'efficacité qui compte pour atteindre les objectifs d'intérêt général.

519 Notamment, la *Conférence des Nations Unies sur le développement durable* (Rio+20) souligne le besoin de renforcer et de décentraliser des pouvoirs vers les mécanismes de gouvernance locaux, compte tenu qu'ils sont plus proches des écosystèmes et des moyens de subsistance des populations locales qui en dépendent. Les structures internationales de gouvernance jouent un rôle vital pour faciliter les décisions locales sur le développement durable afin « [...] *d'aider les PED, en particulier les pays les moins avancés, à renforcer leurs capacités en vue de mettre en place des économies intégrées utilisant efficacement les ressources*, [...] » (Déclaration finale de Rio+20, préc., note 5, Annexe, par. 280).

520 Christian CHABOUD, Géraldine FROGER et Philippe MERAL, *Madagascar face aux enjeux du développement durable : Des politiques environnementales à l'action collective locale*, Paris, Editions Karthala, 2007, p. 55.

521 *Id.*, p. 77.

522 *Id.*, p. 79.

assurent le bon fonctionnement, que comme la résultante de négociation et de coopération entre une pluralité d'acteurs, publics et privés, réunis autour d'un même problème d'intérêt général523. Pour nous, la force des institutions locales (celles-ci qui engagent l'action) repose sur un consensus social. Cette force prend son adhésion sociale près des populations. Elle rend les structures locales sacrées. Les populations locales s'approprient ces normes et en font un mode de vie, qui à son tour engendre la bonne gouvernance participative. Dans les pays en développement (PED) où les déficits de gouvernance et de transparence s'accentuent, le processus participatif risque toutefois d'être un handicap par rapport aux attentes des communautés locales. Pour cette raison, il est essentiel d'instaurer ou de restaurer une discussion locale par la négociation, la concertation et la médiation. Les communautés concernées engagent un débat constructif sur la structuration du milieu dans lequel elles évoluent. Cette discussion locale constitue un préalable nécessaire vers l'implantation d'une gouvernance environnementale locale524. Le Programme des Nations Unies pour le développement (PNUD) abonde dans le même sens lorsqu'il affirme : « *la gestion participative ne peut améliorer la gouvernance du développement durable que si elle s'accompagne d'efforts pour renforcer les capacités des communautés locales à gérer les ressources naturelles et à exercer une influence sur la planification et la définition de politiques* »525.

Nous expliquerons en détails ce concept de « *renforcement des capacités* », car il est essentiel dans le cadre des procédures participatives. Par « *capacités* », il faut

---

523 *Id.*, p. 80.

524 Nathalie BERTRAND et Patrick MOQUAY, « La gouvernance locale, un retour à la proximité », (2004) 280 *Economie rurale* 77, 95. Les auteurs définissent la « *gouvernance* » comme étant un mode de régulation qui ne repose pas exclusivement sur les mécanismes de marché, ni sur les interventions de l'Etat, mais qui s'appuie plutôt sur les « *populations locales* ». Elle renvoie à l'action de piloter un système, de coordonner une action collective dans laquelle l'ordre organisationnel est davantage négocié entre les partenaires du système. Cette expression connote des capacités exercées par la pluralité d'acteurs et traduit la multiplicité de lieux de décision. Parmi les raisons avancées par l'auteur pour expliquer ou justifier l'émergence du concept de *gouvernance*, on peut retenir notamment : la perte de confiance des populations envers leurs gouvernements, la montée des approches territoriales de développement, etc. Ainsi, pour répondre aux nouvelles préoccupations de la population et favoriser le développement durable local, les gouvernements démocratiques sont désormais en faveur d'un large partenariat avec les communautés locales et le secteur privé car c'est aux niveaux local et régional, au plus près des problèmes et des individus, qu'on se concerte le plus souvent.

525 PROGRAMME DES NATIONS UNIES POUR LE DEVELOPPEMENT [PNUD], *Stratégie du PNUD pour la société civile et l'engagement civique*, New York, Organisation des Nations Unies, 2012, p. 10, en ligne : http://www.undp.org/content/dam/undp/documents/partners/civil_society/publications/2012_UNDP_Strategy-on-Civil-Society-and-Civic-Engagement_FR_final.pdf (consulté le 5 juin 2024).

comprendre l'aptitude à exercer des fonctions, résoudre des problèmes et fixer et atteindre des objectifs assignés. Bref, c'est la manière dont une société s'organise elle-même, évolue et garde ses valeurs au fil du temps[526]. Le concept « *renforcement des capacités* » apparaît dans les années 1990 avec une prise de conscience. Les solutions économiques et techniques ne peuvent à elles seules résoudre les problèmes de pauvreté et de développement durable. Cependant, il existe une panoplie de définitions du concept, parmi lesquelles, nous en retenons une dans le cadre de cet ouvrage. Ainsi, le « *renforcement des capacités* » est un processus par lequel les populations, les groupes et les organisations augmentent leurs aptitudes à exercer des fonctions essentielles, résoudre des problèmes, définir et remplir des objectifs, comprendre et gérer leurs besoins en développement dans un contexte global et de façon durable[527]. Cela équivaut selon la Banque mondiale, à investir dans les populations, les institutions et les pratiques. Ensemble, ces dernières permettent à un Etat d'atteindre ses objectifs de développement[528]. La participation postule que chaque population est capable, avec ses talents nécessaires, de juger correctement une question d'intérêt général à partir du moment où les ressources lui sont procurées[529]. Ainsi, chercher ensemble les moyens d'intérêt général dans un débat, devient prioritaire et favorise l'objectif à atteindre. Cette mise en place s'apparente à la participation[530]. Comme le suggèrent les définitions présentées plus haut, la participation est un concept qui peut être envisagé dans des versions très différentes. D'une part, elle peut être considérée comme un moyen d'atteindre plus efficacement les résultats escomptés d'un projet de développement. D'autre part, la participation peut être étudiée comme une finalité en soi, lorsqu'elle cherche à renforcer les capacités des communautés locales. Les acteurs décident de leur propre développement[531]. Ces postulats reflètent la réalité des procédures participatives sur le terrain. Se concilient les objectifs de gestion durable des ressources et ceux du progrès endogène des communautés locales. Dans ces conditions, les autorités publiques des PED ont un rôle majeur à jouer dans le

---

526 Tchabagnan AYEVA, « Gouvernance locale et renforcement des capacités. Quelques pistes de réflexion pour un développement territorial durable des collectivités rurales », (2003) 1 *C.R.D.T.* 1, 12.

527 PROGRAMME DES NATIONS UNIES POUR LE DEVELOPPEMENT [PNUD], *Renforcement des capacités*, Document de référence technique n° 2, New York, Division du renforcement de la gestion et de la gouvernance, p. 54, en ligne : http://magnet.undp.org/docs/cap/Capdevfr.pdf (consulté le 6 juin 2024).

528 BANQUE MONDIALE [BM], *Faire reculer la pauvreté en Afrique subsaharienne*, Washington D.C., Les Editions de la Banque mondiale, 1997, p. 25.

529 Joëlle ZASK, *Participer : Essai sur les formes démocratiques de la participation*, Lormont, Editions Le Bord de l'eau, 2011, p. 205.

530 *Id.*, p. 206.

531 Angelo BONFIGLIOLI, *Terres des pauvres : Gouvernance environnementale locale et gestion décentralisée des ressources naturelles*, New York, Fonds d'équipement des Nations Unies (FENU), 2004, p. 51.

déroulement du processus participatif. Quels sont les différents critères du processus participatif ?

1.1.2. Critères de la participation locale

Selon le *glossaire du développement durable*, les critères de la participation sont au nombre de huit procédés classés du moins au plus participatifs. Seuls les trois derniers sont considérés comme générant un véritable processus participatif intégré532 :

(1) *Information* : action de fournir de façon unilatérale des renseignements sur le projet de développement. La participation suppose une connaissance des enjeux que représente l'accès aux ressources, d'importantes mesures d'accompagnement- formation notamment- et la réalisation d'une expertise fine, *sans a priori*, des pouvoirs, des rapports de force et de leurs différentes formes. C'est le jeu des acteurs concernés autour de ces ressources et de ces enjeux. Pour répondre à tous ces préalables, il importe de sensibiliser les populations locales au projet proposé afin de s'assurer de leur implication plus active533 ; (2) *Consultation et mise en débats* : action de recueillir une opinion. Il s'agit de ramasser l'échange des informations entre tous les partenaires du projet. Par des consultations périodiques pendant toute la durée d'un projet, informer et guider les choix que les responsables du projet ont à faire au sujet de leurs activités534 ; (3) *Concertation* : action d'échanger des opinions (préétablies) et de rechercher un compromis ; (4) *Dialogue* : action d'échanger mutuellement et équitablement des opinions et propositions ; (5) *Implication* : action de s'engager dans un processus ou d'y engager sa responsabilité ; (6) *Participation* : action de s'associer activement à un processus ; (7) *Appropriation* : action de faire sienne en apportant sa contribution comme partie prenante et ; (8) *Adhésion* : action de s'allier et de partager totalement les objectifs du projet.

Nous constatons que ces différents critères ne permettent pas de préciser leur opérationnalisation dans des cas concrets535. En effet, ces critères sont fondés sur des éléments relevant plus de jugements de valeur, que de descriptions

532 C. BRODHAG, préc., note 239, p. 37.

533 Sandrine MALJEAN-DUBOIS, « Accès à l'information et reconnaissance d'un droit à l'information environnementale. Le nouveau contexte juridique international », dans Sandrine MALJEAN-DUBOIS (dir.), *L'effectivité du droit européen de l'environnement. Contrôle de la mise en œuvre et sanction de non-respect*, Paris, Documentation française, 2000, p. 25-48 à la page 29. L'auteure indique que la sensibilisation des communautés locales aux enjeux du projet envisagé revient aux responsables publics des pays en développement (PED).

534 Dan BROCKINGTON, Jim IGOE and Kai SCHMIDT-SOLTAU, « Conservation, Human Rights, and Poverty Reduction », (2006) 20-1 *Conservation Biology* 250, 251.

535 Philippe LAVIGNE-DELVILLE et Marilou MATHIEU, « Le diagnostic participatif comme enjeu de pouvoir et comme processus social », dans Journée d'Etude IRAM 2003, *De la participation à l'Empowerment*, Paris, Institut de Recherches et d'Applications des Méthodes de développement (IRAM), 2003, p. 1-55 à la page 2.

fonctionnelles des modes d'interactions entre projet de développement et « *communautés locales* »536. Quels sont les objectifs de la participation locale ?

1.1.3. Objectifs de la participation locale

Plusieurs objectifs peuvent être relevés derrière le principe de participation locale. Certains sont expressément utilitaristes ou instrumentalistes (A) et d'autres formes se veulent plus politiques (B).

A. Objectifs utilitaristes ou instrumentalistes

De ce point de vue, la participation permet : (1) d'avoir de l'expertise gratuite ou à coût réduit ; (2) d'augmenter l'efficacité des actions en fonction des besoins locaux (besoins exprimés) et non par rapport aux idées préconçues des promoteurs et ; (3) de réajuster les actions sur base d'opinions exprimées et de réduire les résistances et rumeurs537. Philippe Lavigne-Delville538 apporte un aspect critique aux objectifs utilitaristes de la participation. Pour lui, ces objectifs relèvent de la « *participation piège à con* » ou la caricature pratiquée par de nombreuses ONG ou projets, notamment à l'égard des femmes autochtones, des jeunes, des ménages pauvres, des familles en détresse. Selon lui, après observations, ces objectifs ne soutiennent pas dans la réalité les actions concrètes des communautés locales des pays du Sud. Les illustrations de ce type de participation sont nombreuses et s'accommodent très bien avec des régimes dictatoriaux ou autoritaires surtout dans les PED. Sur ce point, on peut en effet convenir avec Philippe Lavigne-Delville que dans le contexte de ces pays, le processus participatif peut atteindre les objectifs utilitaristes si certaines conditions essentielles se voient réunies. Ces conditions sont entre autres, la bonne gouvernance ; le renforcement des capacités institutionnelles ; l'élévation du niveau intellectuel des communications ; l'allocation des ressources financières et technologiques conséquentes ; la réhabilitation des infrastructures de base ; l'éducation et la sensibilisation des communautés aux enjeux écologiques. Il y a aussi des objectifs politiques à préciser.

B. Objectifs politiques

Sur le plan politique, la participation permet : (1) le changement des rapports de pouvoir en faveur des groupes qui en sont exclus et ; (2) l'appropriation et la prise en charge des communautés de leur propre développement539. Dans sa version politique, la participation se définit comme une modalité d'organisation sociale où le pouvoir de décider ne serait plus maintenu par un groupe dominant, mais systématiquement partagé avec les personnes composant les communautés de vie

---

536 *Id.*, p. 3.

537 François DOLIGEZ, « La participation : un cadre d'analyse », dans Journée d'Etude IRAM (Institut de Recherches et d'Applications des Méthodes de développement) (dir.), *De la participation à l'Empowerment*, Paris, IRAM, 2003, p. 1-21, à la page 2.

538 Philippe LAVIGNE-DELVILLE, *Des groupes cibles aux groupes stratégiques : participation et exclusion*, Paris, Les Notes Méthodologiques du Gret, 20002, p. 7.

539 *Id.*, p. 8.

(villes, collectivités locales, régions, pays)540. Dans cette optique, l'ensemble des groupes d'une population prend part aux décisions qui les concernent. En ce sens, ce type de participation implique que les populations marginalisées acquièrent le pouvoir de prendre part dans l'élaboration, l'interprétation, la prise de décision et le suivi des actions de développement de leur environnement541. A notre avis, ce sont généralement les communautés vivant dans des quartiers éloignés qui sont les oubliés du processus participatif. Pour cette raison, la prise en charge du développement par les communautés locales marginalisées représente un objectif considéré essentiel au succès et à la pérennité tant des politiques que des projets de coopération au développement, notamment des PED542. Dans le domaine du développement local, cet objectif reste à la base des approches d'action fondées sur l'autodéveloppement543 ou encore l'autopromotion des populations par la prise en charge des besoins locaux, en l'occurrence des aspects socioculturels. Comme nous le montrerons dans la section suivante, cet objectif de prise en charge fait l'unanimité au sein du discours des acteurs du développement (bailleurs de fonds, promoteurs de projets, gouvernements, populations locales)544.

Le cadre d'analyse, que propose cet ouvrage, demande la participation dans une vision politique, comme moyen de renforcer le pouvoir des populations

---

540 *Id.*, p. 3.

541 Gérard LOGIE, « La participation : une issue possible pour la société humaine ? », dans Journée d'Etude IRAM 2003, *De la participation à l'Empowerment*, Paris, Institut de Recherches et d'Applications des Méthodes de développement, 2003, p. 1-20 à la page 15.

542 BANQUE MONDIALE [BM], *Rapport sur le développement dans le monde : Pauvreté et développement humain*, Washington D.C., 2013, en ligne : http://siteresources.worldbank.org/EXTNWDR2013/Resources/8258024-1320950747192/8260293-1322665883147/Overview_French.pdf (consulté le 5 juin 2024). L'objectif de prise en charge du développement par les communautés concernées est essentiel notamment au sein des politiques et stratégies développées par la Banque mondiale. Par exemple, il est au cœur de la récente initiative de la Banque mondiale d'amener les PED à élaborer de manière participative un « *Document Stratégique de Réduction de la Pauvreté* ». Cet objectif est également central dans l'approche de développement local, nommé « *Community Driven Development Programs* », mise de l'avant par cette institution financière internationale.

543 Giles MOHAN et Kristian STOKKLE, « Participatory Development and Empowerment : The Dangers of Localism », (2000) 21-2 *Third World Quaterly* 247, 265.

544 BM, préc., note 528, p. 27. La Banque mondiale considère l'auto-développement comme le nouveau concept de la lutte contre la pauvreté et la définit en mettant l'emphase sur l'importance de la participation des populations pour leur épanouissement, développement par leurs propres moyens. Vu sous cet angle, le concept d'auto-développement est purement politique car il implique une prise de pouvoir : les acteurs de développement accordent aux populations le pouvoir de décider elles-mêmes. Des « *bénéficiaires* » de projets, les communautés deviennent actrices et maîtres des changements qu'elles souhaitent voir naître dans leur environnement.

défavorisées (ménages pauvres, jeunes, femmes, familles en détresse). Savero Willber relève quelques objectifs sur lesquels la participation peut contribuer au renforcement du pouvoir des populations locales : (1) Elle viserait à briser les liens de dépendance et renforcerait l'estime que les populations marginalisées ont d'elles-mêmes. Ces populations examinent leurs problèmes et les solutionnent ; (2) Elle aiderait les populations exclues à développer de nouvelles expertises et les habilités pour mieux défendre leurs intérêts et améliorer leurs conditions d'existence ; (3) Elle augmenterait la capacité d'influence des populations marginalisées sur le processus de développement et renforcerait leur accès aux ressources et aux institutions et ; (4) Elle faciliterait la création de réseaux et de filets de sécurité sociale par la solidarité, le partage de renseignement et le renforcement des structures sociales545. Pour ce motif, nous chercherons à savoir, quelle démarche adopter afin d'impliquer dans le processus les communautés locales ?

1.1.4. Modalités de la participation locale

Plusieurs modalités s'offrent pour impliquer les peuples autochtones et les communautés locales dans la gestion des ressources naturelles et forestières, la plus importante étant la mise en place de programmes de « *gestion collaborative* » des aires protégées546. Un nombre croissant d'aires protégées sont donc aménagées écologiquement en utilisant cette gestion collaborative ou participative qui suppose que les gouvernements et les communautés locales travaillent de concert pour gérer les ressources. On en retrouve notamment des exemples en France, où un comité élu par les communautés de la région supervise l'équipe multidisciplinaire qui gère l'aire protégée, mais aussi en Scandinavie, en Amérique Latine et en Afrique547. Nous y reviendrons avec des cas d'application concrète de gestion participative des ressources dans les PED plus loin, car cela est pertinent. Une autre facette en plein développement est la reconnaissance des aires protégées « *traditionnelles* »548, indigènes ou communautaires, et leur intégration dans les systèmes nationaux de ressources naturelles et forestières. C'est le cas de la reconnaissance des territoires communaux gérés pour leurs ressources, des terres sacrées et des territoires particuliers administrés par les communautés et leur intégration dans un réseau d'aires protégées leur permet

---

545 Karl MARILEE, *Monitoring and evaluating stakeholder participation in agriculture and rural development projects : a littérature projects*, New York, Les Editions de la FAO, 2000, p. 12.

546 Savero WILLBER DA ROCHA, *Participatory Development in Poverty Reduction Strategies : an analysis of the contributions of participation*, mémoire de maîtrise, Birminghan, University of Birminghan, 2002, p. 11.

547 Steve PLANTE et Pierre ANDRE, « La gestion communautaire des ressources naturelles, cadre de référence pour une réflexion sur les communautés locales », (2002) XXV-1 *R.C.S.G.* 117, 123.

548 Anita KOTHARI, « Protected areas and people : the future of the past », (2008) 1 *Parks* 17, 24.

d'avoir plus de ressources pour la gestion et rend officielle leur valeur culturelle et symbolique sur le plan national[549]. Selon l'Union internationale pour la conservation de la nature (UICN)[550], une aire protégée communautaire ou indigène est un écosystème naturel ou modifié possédant une biodiversité importante. Cette aire offre aussi des services appréciables teintés aux valeurs significatives : culturelles et sociales. Or, cette aire indigène se voit protégée par les populations autochtones et locales. Pour ce motif, il serait pertinent d'assurer la participation des communautés locales dans la planification des aires protégées *traditionnelles*. D'ailleurs, Anita Kothari argumente qu'il y aurait encore des dizaines de milliers de territoires gérés par les populations qui pourraient être insérés dans les systèmes formels d'aires protégées et, leur intégration pourrait permettre de doubler la surface des territoires formellement protégés dans le monde entier[551]. Quels sont les facteurs d'émergence de la participation locale dans le secteur de l'exploitation des ressources naturelles et forestières?

1.2. Facteurs d'émergence de la participation locale dans le secteur de l'exploitation des ressources naturelles et forestières

Comme on le constate, la participation locale prend une autre tournure, celle d'un processus bien localisé dans un espace donné. Sur cette question, l'analyse de Georges Pring et Noé Susan dégageant sept facteurs qui favorisent conjointement l'émergence de la participation dans la gestion des ressources naturelles et forestières, nous semble pertinente : (1) la tendance vers la démocratisation post-Union soviétique ; (2) la dissémination accrue de l'information par le biais de médias de masse, *Internet* en tête : Technologies de l'Information et de la Communication (TIC) ; (3) le développement du droit international public de l'environnement ; (4) l'inclusion de la participation locale comme condition préalable à l'obtention d'un prêt de la part des institutions financières internationales ; (5) l'expansion du régime international des droits de l'homme ; (6) la reconnaissance croissante des droits des peuples autochtones sur le plan international et l'adoption du paradigme du développement durable, le concept du développement durable et la participation locale (7)[552].

---

549 S. PLANTE et P. ANDRE, préc., note 547, p. 124.

550 UNION INTERNATIONALE POUR LA CONSERVATION DE LA NATURE [UICN], *Indigenous and community conserved areas*, 2009, en ligne : http://www.iucn.org/about/union/commissions/ceesp/topics/governance/icca/ (consulté le 6 juin 2024).

551 A. KOTHARI, préc., note 548, p. 25.

552 Georges PRING et Noé Y. SUSAN, « The emerging international law of public participation affecting global mining, energy, and natural resource development », dans Donald ZILLMAN, Alastair LUCAS and Georges PRING (dir.), *Human rights in natural resource development : Public Participation in the Sustainable Development of Mining Industry Resources*, New York, Oxford University Press, 2002, p. 1-20 à la page 13.

1.2.1. La tendance vers la démocratisation post-Union Soviétique

Depuis l'effondrement de l'Union Soviétique, les stratégies et les projets de développement évoluent considérablement et relativisent l'importance des mesures étatiques (*top-down*) au profit d'une implication accrue de la population (*stratégie bottom-up*). L'Ouzbékistan post-Soviétique donne un exemple particulièrement significatif de ce changement des politiques de démocratisation. La perpétuation de pratiques politiques autoritaires et l'iniquité de la répartition de l'aide étrangère incitent en effet les bailleurs de fonds occidentaux à réorienter, au cours de la décennie 1990, leurs programmes de démocratisation vers les « *communautés locales* »553. C'est le passage général du communiste au libéralisme et à la démocratie. La formule de la « *communauté locale* » présente un moyen de réconcilier les institutions et les attentes des populations. Soutenir « la communauté locale », favorise la démocratisation en s'appuyant sur des acteurs sociaux non-gouverne mentaux. Ce soutien conduit à l'apparition de pratiques délibératives, *par le bas* et entraîne un triple passage : du communisme au libéralisme, de la tradition à la modernité et des dictatures patrimoniales à la démocratie libérale554. Les pages suivantes portent sur la dissémination accrue de l'information par le biais de médias de masse, *Internet* en tête : Technologies de l'Information et de la Communication (TIC).

1.2.2. La dissémination accrue de l'information par le biais de médias de masse, *Internet* en tête : Technologies de l'Information et de la Communication (TIC)

Nous admettons que nous vivons à l'ère de la « *société de l'information* », nommée parfois « *l'Age de l'information* ». Plusieurs sociologues de renom se penchent sur la portée et sur les répercussions de la transformation de la société industrielle en une société où la connaissance et l'information deviennent les ressources premières555. Cette thèse renforce la *Déclaration finale* de Rio+20 en 2012. Elle certifie que : « [...] *les technologies de l'information et des communications facilitent l'échange d'informations entre gouvernements et gouvernés. A cet égard, il est indispensable d'améliorer l'accès aux technologies de l'information et des communications, en particulier aux réseaux et aux*

553 Simon TORDJMAN, « Démocrates sans démocratie : soutien à la société civile et démocratisation en Ouzbékistan post-Soviétique », (2007) 9 *R.F.S.P.* 2, 5.

554 *Id.*, l'événement contemporain qui a révolutionné la pensée juridique de concevoir ou d'impliquer les acteurs non étatiques est la chute du mur de Berlin le 9 novembre 1989. Cette période marque la fin de la guerre froide : moins des batailles sur le plan idéologique pour se rabattre sur le système capitaliste comme unificateur de la planète. Tout serait économique et les acteurs privés jouent un rôle décisif et réussissent à faire fonctionner le système économique. Dans cette vision, le droit devient « *trouvé de manière ad hoc* » : le droit surgit en cas des problèmes à résoudre.

555 Par exemple, Alain TOURAINE, *Penser autrement*, Paris, Fayard, 2007, p. 45 ; Manuel CASTELLS, *La société en réseaux*, Paris, Editions Fayard, 2001 et *La galaxie Internet*, Paris, Fayard, 2002, p. 39 ; A. BAILLEUX, préc., note 85, p. 86 ; F. OST, préc., note 85, p. 423-449 à la page 400.

services à haut débit, et de résorber la facture numérique, en reconnaissant la contribution de la coopération internationale à cet égard»556. Véritables psycho-technologies, les TIC prolongent le cerveau humain, qu'elles modifient pour le rendre capable de beaucoup plus d'opérations d'esprit, qu'il ne serait sans l'apport de ces technologies. Celles-ci sont également des socio-technologies, car elles constituent une manière artificielle de créer la société en augmentant les capacités d'interactions, et donc en facilitant les interrelations sociales. Enfin, elles sont de juro-technologies, car elles prolongent et transforment la culture juridique, le droit ou encore les effets de droit557. Leur particularité renforce la capacité de l'individu à traiter l'information : cet individu est perçu comme une entité informationnelle, non comme une personne physique avec des droits et des obligations. Pour des projets de développement qui se veulent démocratiques, les TIC offrent des moyens appropriés puisqu'elles forment une organisation décentralisée, intelligente où circule l'information. La pensée amène à observer les individus et les entités comme « *systèmes d'information* ». Là se déroule le processus participatif : l'individu se régule à la façon des machines : c'est la théorie cybernétique558. Bref, la pensée de l'homme devient numérique plutôt que linéaire, car l'humain ne se constitue plus comme une entité importante. La machine se substitue à l'homme et facilite le processus participatif (l'homme est adapté à la machine). Le droit s'ajuste en apprivoisant ces technologies pour mieux réguler les agissements des utilisateurs. Par ailleurs, le droit constitue également une technologie de changement s'il réussit à réglementer certaines pratiques issues des technologies de l'information et des communications.

Le point suivant porte sur le développement du droit international public de l'environnement (DIPE).

1.2.3. Le développement du droit international public de l'environnement (DIPE)

De manière plus significative, le développement du droit international public de l'environnement (DIPE) contribue à l'émergence de la participation locale, dans le domaine de l'exploitation des ressources naturelles et forestières. Le rôle précieux que ce droit joue dans la mise en place progressive d'une participation, plus ou moins extensive du public visé, notamment les communautés locales au processus de décisions environnementales est approuvé de part et d'autre dans la littérature classique559. Le DIPE révèle bien comment les questions globales et

---

556 Déclaration finale de Rio+20, préc., note 5, Annexe, par. 44.

557 Séverine DUSOLLIER, *Droit d'auteur et protection des œuvres dans l'univers numérique*, Bruxelles, Editions Larcier, 2005, p. 224.

558 Sulliman OMARJEE, « De la copie à l'anticopie : réflexions sur un droit d'auteur », (2005) 1 *Cahiers de la propriété intellectuelle* 160, 168.

559 Notamment, Donald N. ZILLMAN, « Introduction to Public Participation in the Twenty-First Century », dans Donald ZILLMAN, Alastair LUCAS and Georges PRING (dir.), *Human Rights in Natural Resource Development : Public Participation in the Sustainable Development of Mining Industry Resources*, New York, Oxford University Press, 2002, p. 1-25 à la page 1 ; Bejamin RICHARDSON and Jona RAZZAQUE,

locales s'imbriquent dans un monde global. Il serait essentiel d'aborder comment cette sphère légale et les postulats novateurs stimulent l'expansion des communautés locales et autochtones comme acteurs privilégiés560.

Les points ci-dessous évoquent l'inclusion de la participation locale comme condition préalable à l'obtention d'un prêt de la part des institutions financières internationales.

1.2.4. L'inclusion de la participation locale comme condition préalable à l'obtention d'un prêt de la part des institutions financières internationales

Il est admis que, les projets financés par les fonds internationaux561, les pays développés (PD) et les institutions internationales (Banque mondiale, Fonds monétaire international, etc.), font de la gestion participative leur pierre angulaire. Ceci s'observe dans un contexte où les politiques et projets de développement des bailleurs de fonds, des dernières années, produisent des résultats mitigés. Ainsi, les critiques que subissent les institutions internationales du développement qui mettent en œuvre les « *Programmes d'ajustement structurel* », conduisent à l'élaboration d'un nouveau modèle de développement dit « *intégré* ». Ce dernier articule *croissance économique* et *épanouissement humain*562. Toutes ces informations touchant ce nouveau modèle intègrent la prise en charge du développement, ajusté aux pays concernés par la « *participation des communautés locales* », comme approche essentielle du succès des projets de développement. A ce propos, l'objectif du Comité d'aide au développement de la Banque mondiale notamment, porte à réfléchir sur les leçons des cinquante dernières années de coopération au développement. Ce Comité d'aide affirme que l'objectif global consiste à « *améliorer la qualité de vie de tous les peuples* ». Pour y parvenir, il s'avère

---

« Public Participation in Environmental Decision-Making », dans Bejamin J. RICHARDSON and Stephan WOODS (dir.), *Envrironmental Law for Sustainability : A Reader*, Oxford and Portland Oregon, Hart Publisher, 2006, p. 85-134 à la page 98.

560 J. EBBESSON, préc., note 198, p. 689.

561 Notamment, Secrétariat du Fonds pour l'environnement mondial (FEM), *Public Involvement in GEF-financed Projects : Participation du public aux projets financés par le Fonds pour l'environnement mondial, FEM*, Washington, 2010, p. 15. Programme UN-REDD, Fonds de Partenariat pour le Carbone Forestier (FCPF) administré par la Banque mondiale qui constituent donc des partenaires financiers (bailleurs de fonds) et techniques pour la planification pratique et la gestion sur terrain du processus REDD+ dans les PED (PROGRAMME ONU-REDD, « Stratégie du programme ONU-REDD 2011-2015 », *un-redd.org*, 2 février 2011, en ligne http://www.iisd.org/pdf/2011/redd_programme_strategy_2011_2015_fr.pdf (site consulté le 18 juin 2024). Dans cette réflexion, nous focaliserons notre analyse notamment, sur les programmes de financement des institutions internationales telles la Banque mondiale, le Programme ONU-REDD à travers le Programme d'intervention *Biodiversité* du FEM, l'outil REDD+.

562 BANQUE MONDIALE [BM], *Faire reculer la pauvreté en Afrique subsaharienne*, Washington D.C., Les Editions de la Banque mondiale, 1997, p. 18.

indispensable de « renforcer la participation de tous les citoyens », de « *réduire la dépendance des populations et des pays les plus pauvres, en améliorant leur capacité à se prendre en charge* »563. Ces changements ouvrent des stratégies nouvelles de développement présentées par les bailleurs de fonds. Ces stratégies consacrent l'émergence d'un consensus international : la participation, l'appropriation et la prise en charge du développement par les populations concernées (notamment, les ménages pauvres, les jeunes, les femmes et les familles en détresse)564.

Du point de vue théorique, nous inscrirons cette section dans la perspective de la Banque mondiale dont nous avons découvert les travaux éclairants dans le cadre de nos recherches et nous apporterons quelques observations critiques de certains postulats à la lumière de notre ouvrage. Concrètement, nous présenterons l'évolution du principe de « *participation* » de la Banque mondiale dans la mise en place des projets de développement dans les pays du Sud, dans une perspective d'amélioration des conditions de vie des populations locales (lutte contre la pauvreté). Nous montrerons qu'elle a défini au fil des années, de façon implicite et évolutive, ce concept en fonction des objectifs assignés. Sous l'aspect utilitariste, les objectifs assignés par la Banque mondiale à la participation se transforment à la longue, afin d'en faire une préoccupation politique. Ce changement d'objectif se matérialise à travers l'élaboration des *Documents Stratégiques de Réduction de la Pauvreté* et à travers une approche du développement local appelé « *Community-Driven Development* »565. Les PED, qui sollicitent un prêt auprès de cette institution financière internationale, élaborent et appliquent un projet de développement dans lequel, les populations locales concernées participent dès la conception, au déploiement et au suivi des résultats de ce projet566. A ce propos, l'approche de la Banque mondiale appréhendant la participation locale en trois points- (1) un outil pour une efficacité des projets de développement ; (2) un enjeu efficace de lutte contre la pauvreté ; (3) un moyen d'assurer l' « *empowerment* » des ménages pauvres- nous semble fort intéressante quand bien même nous pouvons émettre quelques observations quant à la prise en compte de tous les enjeux du problème.

A. La participation locale : un outil pour une efficacité des projets de développement

La Banque mondiale dans ses rapports sur le développement de 1980 et 1990, conçoit la lutte contre la pauvreté dans une vision de croissance économique.

---

563 *Id.*, p. 47.
564 *Id.*
565 BANQUE MONDIALE [BM], *Rapport sur le développement dans le monde : Pauvreté et développement humain,* Washington D.C., 1980 et Banque mondiale, World Development Report, Washington D.C., 1990.
566 *Id.*, p. 23.

Bien que le rapport de 1980 consacre l'expansion du paradigme de développement humain, l'essentiel des interventions et mesures proposées a pour finalité d'accroître le revenu des populations locales. L'avènement de cette dimension humaine consiste spécifiquement à mettre en lumière, comment les facteurs tels l'éducation, la santé et la réduction de la fécondité favorisent la croissance économique des pays en développement (PED)567. Le concept de participation est introduit en 1980 par la Banque mondiale, à travers son discours sur l'efficacité des programmes de développement humain. Lorsqu'elle aborde les obstacles auxquels ces programmes sont confrontés, elle présente les pauvres (les plus marginalisés de la société) comme des individus les plus hostiles aux programmes étant donné leur manque de culture, ainsi que leur faible niveau de d'éducation568. La Banque les amène à utiliser les services proposés dans le cadre de ses programmes. Elle suggère, dans un premier temps, d'identifier leurs réticences puis, intervenir au niveau des mentalités. La Banque mentionne que « *plus un programme exige une transformation profonde des comportements, menace les coutumes établies ou les intérêts de certains ou moins il offre d'avantages immédiats, plus il doit être introduit lentement* »569. Pour la Banque mondiale, l'épanouissement social passe donc par l'information, l'éducation et la persuasion des communautés locales. Cette fonction pédagogique consiste à communiquer une sagesse civique570. A cet effet, les responsables des confessions religieuses et culturelles servent de structures sociales traditionnelles, les mieux à accomplir ce travail de persuasion571. Ainsi, l'efficacité des projets de développement passent par des changements de valeurs et de comportements sociaux au sein des populations locales. Dans cette optique, la participation est envisagée comme un outil favorisant la réalisation de cet objectif. La Banque mondiale analyse la participation en tenant compte des populations locales (ménages pauvres, femmes, jeunes, autochtones, familles en détresse), des institutions et des structures locales. Elle met l'accent sur les organisations paysannes et religieuses. Ces structures locales constituent les communautés mobilisantes. Leurs membres deviennent canalisateurs des changements nécessaires à l'amélioration des conditions de vie572.

---

567 Laure PASQUIER-DOUMER (dir.), « Cibler les politiques de lutte contre la pauvreté dans les pays en développement ? Un bilan des expériences », (2009) 3-17 *R.E.D.* 5, 37.

568 BANQUE MONDIALE [BM], *Rapport sur le développement dans le monde : Pauvreté et développement humain*, Washington D.C., 1980, p. 95.

569 *Id.*

570 *Id.*, p. 96.

571 N. BAKO-ARIFARI et P.-Y. LE MEUR, préc., note 286, p. 56.

572 BM, préc., note 542, p. 97.

Le Rapport de 1990 continue dans la même visée de lutte contre la pauvreté par une « *participation accrue des pauvres à la croissance économique* »573. Ce même rapport introduit une évolution significative de la façon de concevoir la participation locale. Le discours de la Banque mondiale révèle, en effet, une modification profonde quant à la manière d'envisager les causes de l'écart, entre les objectifs assignés initialement et les résultats des programmes de développement. Plutôt que d'expliquer cet écart par les comportements de « *pratiques traditionnelles* » des communautés. La Banque met de l'avant la nécessité de répondre aux besoins spécifiques des populations locales. On va plus loin, jusqu'à évoquer un gage de réussite d'actions de lutte contre la pauvreté. La participation se voit sous un autre angle ; « *pour que le coût en soit véritablement justifié, il ne suffit pas que les interventions soient bien ciblées : il faut encore qu'elles soient soigneusement calculées pour répondre aux besoins précis des pauvres.* [...] *Les interventions qui réussissent sont généralement celles à la conception et à l'exécution desquelles les pauvres eux-mêmes ont participé* »574. Bien que la Banque mondiale reconnaisse le succès de la participation des populations à la conception et au déploiement d'actions visant à réduire la pauvreté, elle souligne l'importance majeure de coordonner ses actions dans un cadre macroéconomique approprié. En mettant de l'avant l'approche politique, en expliquant les impacts négatifs des *Programmes d'Ajustement Structurel*, par rapport aux objectifs escomptés, la Banque consacre la prise en compte des inégalités sociales575. Le concept de participation s'insère à nouveau, comme un moyen d'améliorer l'efficacité des stratégies macroéconomiques et sociales suggérées. L'Organisation de Coopération et de Développement Economique (OCDE) abonde dans le même sens. Elle prône l'implication des communautés locales comme un outil efficace.

Elle relève un défi mondial qu'est la pauvreté, notamment dans les pays en développement576. La Banque mondiale affirme que dans les pays où les pauvres ont leur mot à dire dans la prise de décision politique et économique, les projets de développement ont une chance de réussite plus élevée. Son rapport stipule : « *Les non-pauvres sont généralement politiquement puissants et ils exercent une forte influence sur le choix des orientations. Une plus forte*

---

573 *Id.*, World *Development Report*, Washington D.C., Les Editions de la Banque mondiale, 1990, p. 73.

574 *Id.*, p. 4.

575 Bill COOKE and Uma KOTHARI, *Participation : The New tyranny*, Oxford, Zed Books, 2001, p. 102.

576 ORGANISATION DE COOPERATION ET DE DEVELOPPEMENT ECONOMIQUE [OCDE], *Déclaration de la réunion de haut niveau de l'OCDE à l'occasion de l'approbation des Lignes directrices de l'organisation pour la réduction de la pauvreté (Relever le défi mondial : réduire la pauvreté en s'appuyant sur le partenariat)*, 25-26 avril 2001, p. 58.

participation des pauvres à la prise des décisions aux échelons local et national aiderait à rétablir l'équilibre »577. A notre avis, la conception de la Banque mondiale sur la participation en vue de réduire la pauvreté dans les pays en développement (PED) contient deux faiblesses importantes. L'une, implique l'absence de politique participative locale. L'autre, cette conception ignore carrément le suivi des fonds alloués aux responsables politiques des PED. Ces fonds se dirigent souvent à d'autres fins, au détriment des communautés locales. A ce propos, le Programme des Nations Unies pour le développement (PNUD) a aidé à la formulation et à la mise en route des stratégies nationales de développement. Ces stratégies ont été alignées sur la croissance en impliquant les communautés concernées notamment, à Madagascar578. En effet, un *Projet de préservation durable des ressources naturelles de la région de Diana*579 à Madagascar en 2012 a constitué un exemple éloquent de gestion participative des ressources. Dans le souci d'accroître la capacité des communautés locales à gérer de manière durable les ressources naturelles de leurs localités, le PNUD a mis en place des principes directeurs de participation des communautés locales.

Le PNUD est parvenu aux résultats positifs : cette gestion participative a contribué « *à la régulation d'accès aux ressources naturelles de ces sites permettant aux communauté locales de mettre en valeur leurs ressources en améliorant leur vie. Le projet a créé des emplois (55 permanents) et renforcé la base de données qui sert à collecter toutes les informations (documents, ouvrages multimédia) concernant la gestion durable des ressources naturelles de la région* »580. Tous ces avantages ont été obtenus par la mise en œuvre de la gestion participative avec l'implication des communautés locales concernées. Dans ce développement, nous remarquons ceci : l'argument de la Banque mondiale dans son Rapport de 1990 conçoit la participation sous deux angles différents. D'abord, elle représente un aspect important de mise en route efficace d'action de lutte contre la pauvreté. En effet, en permettant de répondre aux aspirations légitimes des communautés locales (surtout des ménages pauvres), la Banque maximise le potentiel de réussite des programmes de développement. Ensuite, la Banque appréhende également la

---

577 *Id.*, p. 60.

578 PROGRAMME DES NATIONS UNIES POUR LE DEVELOPPEMENT [PNUD], *Développement durable et réduction de la pauvreté à Madagascar*, PNUD, 2012, p. 2, en ligne :
http://www.mg.undp.org/content/madagascar/fr/home/ourwork/povertyreduction/overview.html (consulté le 18 juin 2024).

579 PNUD, *Projet de Préservation durable des ressources naturelles de la région de Diana*, 2012. Néanmoins, grâce aux mesures de gestion établies par le programme environnement PIII et les effets de conservation de la biodiversité déployés par le Madagascar National Parks, cet environnement a repris sa couleur.

580 *Id.*

participation comme un moyen de contrepoids vis-à-vis du pouvoir politique et économique des groupes dominants et des promoteurs de projets puissants581. Cette participation permettrait l'adoption de mesures plus favorables aux pauvres. Ainsi renforcées ; ces mesures au bénéfice des pauvres favorisent la participation devenant un enjeu efficace contre la pauvreté.

B. La participation locale : un enjeu efficace contre la pauvreté

Au cours des années 1980 et 1990, la réduction de la pauvreté passe par la mise en place d'une stratégie fondée sur une croissance économique utilisatrice de main-d'œuvre et par des investissements dans les services sociaux. Le Rapport de la Banque mondiale de 1997 intitulé : « *Faire reculer la pauvreté en Afrique subsaharienne* »582, consacre une évolution importe du diagnostic des causes et effets de la pauvreté. Ainsi, la participation s'insère plus étroitement au concept de pauvreté. Ce changement vient du fait, que la Banque mondiale n'associe pas seulement la pauvreté à un manque de possibilité de trouver une activité génératrice de revenus, ou une incapacité de l'exercer. La pauvreté s'explique également par la « *destruction des ressources naturelles et forestières* » ainsi que, par un autre enjeu entrant en cause : celui du « *manque de participation des ménages pauvres dans la construction des projets de développement et aux négociations entre bailleurs de fonds et autorités publiques* »583.

La Banque africaine de développement (BAD) lors de la publication de son rapport en mai 2002584, conclut que la pauvreté s'analyse entre autres par la « *détérioration des ressources naturelles et forestières ainsi que par l'exclusion des communautés locales dans l'élaboration des politiques de développement* »585. Pour renverser la tendance, la clé indispensable est de promouvoir des politiques qui exigent la *participation des populations locales* car, ces dernières sont majoritaires en milieu rural586. Dans son rapport de 1997, la Banque mondiale reconnaît qu'entre 1992 et 1994, seulement 30% des projets d'*Ajustement Structurel* incluent des composantes favorisant la réduction de la pauvreté. C'est à partir de cette période, qu'elle remet en question l'homogénéité de ses politiques d'aide aux pays en développement (PED). En effet, la Banque reconnaît l'importance d'identifier les besoins particuliers des pauvres au moyen d'une évaluation « *participative* » de la

581 Laurent MERMET (dir.), « Les porteurs de projets face à leurs opposants : six critères pour évaluer la concertation en aménagement », (2004) 22-1 *Politiques et aménagement public* 1, 20.

582 BM, préc., note 542, p. 29.

583 *Id.*

584 BANQUE AFRICAINE DE DEVELOPPEMENT [BAD], *Développement rural et réduction de la pauvreté en Afrique (Résumé)*, Abidjan, BAD, 2002, p. 1.

585 *Id.*, p. 2.

586 *Id.*

pauvreté propre à chaque Etat, de manière à concevoir et mener les actions appropriées. Par ailleurs, la Banque mondiale renforce la mission de ces évaluations dans la conception de ses politiques d'aide aux Etats, afin de répondre aux besoins particuliers des communautés locales. Vu sous cet angle, la participation se perçoit non seulement dans une implication accrue des populations locales à la mise en route des projets de lutte contre la pauvreté, mais également, par celle des institutions et des autorités publiques[587]. Dans ce rapport de 1997, la participation s'analyse de façon utilitariste, comme moyen privilégié en vue d'atteindre trois objectifs ci-après : (1) comprendre davantage les dynamiques qui engendrent les situations de pauvreté ; (2) s'assurer que les politiques de lutte contre la pauvreté répondent aux besoins spécifiques des populations locales et ; (3) amener toutes les parties prenantes à adhérer aux projets proposés[588]. Un des changements essentiels touchant la stratégie de la Banque à la fin des années 1990, dans un premier temps ; celui de l'élargissement du concept de pauvreté. En effet, les causes et effets qui la caractérisent s'élargissent et incluent de nouvelles approches, telle la *participation*. Dans un second temps, contrairement aux années antérieures, la Banque mondiale reconnaît la particularité des dispositifs de paupérisation[589]. En lisant les *Documents Stratégiques de Réduction de la Pauvreté* de 1990, on s'aperçoit que les politiques de développement cessent de dépendre uniquement de la Banque mondiale. En effet, dans son rapport de 1997, on signale : il faut espérer à une participation pleine et entière des populations locales et des pouvoirs publics dans la construction de ces politiques d'aide au pays demandeur. La Banque continue d'être la principale instigatrice[590]. Nous constatons de ce qui précède, que la Banque mondiale dans son analyse de la participation, tout en soulignant le rôle essentiel des communautés locales concernées, fait très peu mention de la prise en compte des pratiques traditionnelles de ces communautés dans la préparation et l'application de projets proposés ; qui nous semblent pourtant liés. A cet effet, nous estimons pertinent que son approche harmonise son dispositif participatif avec le paysage social et culturel des pays en développement (PED). Ainsi, les communautés marginalisées se sentiront plu impliquées du fait de la considération de leurs valeurs, coutumes locales, croyances. En conséquence, ces communautés pourront acquérir un réel pouvoir dans les procédures participatives.

---

587 BM, préc., note 542, p. 50.

588 *Id.*

589 B. COOKE and U. KOTHARI, préc., note 575, p. 104.

590 *Id.*, p. 105.

C. La participation locale : un moyen d'assurer l'« *empowerment* » des ménages pauvres

Dans ce rapport, la Banque mondiale s'engage activement dans la promotion de la participation dans la mise en place des projets de développement dans les PED. Le cadre d'analyse de ce développement mobilise les capacités et les savoirs « *indigènes* ». Ce cadre promeut l'autogouvernement des populations les plus pauvres débouchant à la mise en route des programmes de développement rapides, moins chers et fiables. Cet engouement se traduit par la multiplication des mécanismes dits de « *Participatory Rural Appraisal* » (PRA)591. Face à l'échec des réformes mises de l'avant dans le cadre des *Programmes d'Ajustement structurel*, la Banque mondiale réagit en accordant une place de choix aux aspects institutionnels et culturels du développement. Tel qu'indiqué plus haut, le discours actuel de la Banque mondiale, consacre la participation et l'appropriation non seulement comme objectif à part entière, mais également comme moyen de favoriser l' « *empowerment* » ainsi que l'efficacité des stratégies de développement592. On assiste à une évolution marquante du principe de participation. Cette dernière cesse d'être envisagée uniquement sous forme utilitariste, en termes de consultation et de moyen pour connaître les besoins spécifiques des pauvres. En effet, à travers l'expansion de la notion d' « *empowerment* », les concepts de pouvoir et de population s'imbriquent593.

Plus globalement, que le précédent rapport de 1997, le rapport de l'an 2000 s'inspire de l'expérience et de l'évolution des dix dernières années. Il suggère une politique visant à lutter contre la pauvreté sur trois fronts : la *croissance économique*, l'*insertion* et la *sécurité matérielle*. Alors que le rapport de 1997 s'oriente vers les actions et changements à entreprendre, afin d'améliorer l'efficacité du combat contre la pauvreté. Ce rapport de l'an 2000 met plutôt l'accent sur la nécessité que les gouvernements des PED déterminent eux-mêmes les actions à poser, ainsi que leurs priorités conformément à la réalité économique, socioculturelle et politique. Un autre changement significatif concerne, la façon de percevoir la notion de pauvreté. De nouvelles approches apparaissent, notamment, la privation de capacités fondamentales (non-participation aux décisions comme la vulnérabilité, l'impuissance, les non-droits et la non-expression politique) ainsi qu'une perspective dynamique de la pauvreté où l'on reconnaît, que les populations et des groupes puissent du jour au lendemain en

---

591 BANQUE MONDIALE [BM], *Rapport sur le développement dans le monde 2000/2001 : Combattre la pauvreté*, Paris, Eska, p. 23, en ligne : http://documents.banquemondiale.org/curated/fr/2001/01/7592008/world-development-report-20002001-attacking-poverty-rapport-sur-le-developpement-dans-le-monde-20002001-combattre-la-pauvrete (consulté le 18 juin 2024).

592 G. GOURGUES, préc., note 294, p. 43. Selon le dictionnaire québécois de la langue française, l' « *empowerment* » signifie « *Autonomisation* ».

593 BM, préc., note 568, p. 24.

être victimes594. Le présent rapport propose des mesures nécessaires dans trois champs d'activités. Cette mise en place, en vue d'un combat décent contre la pauvreté, nous permet de prendre conscience des enjeux de l'ensemble de ses dimensions. Nous pensons que l'enjeu premier est de créer une *croissance économique* en faveur de la société affectée par la pauvreté. De plus, fournir des enjeux créateurs d'activités capables d'énergiser la croissance économique. Le deuxième enjeu de la politique, lutter contre la pauvreté. Elle conduit à l'*insertion* ou encore l' « *empowerment* ». Cela signifie, que les pauvres acquièrent la capacité d'influencer les structures publiques. Les décisions ont une répercussion sur leurs conditions d'existence. Ainsi, le pauvre apportant sa participation à la prise de décision politique à l'échelle locale, fait bouger les enjeux proposés. Le troisième et dernier enjeu de la stratégie du combat contre la pauvreté : assurer la sécurité matérielle. La participation prenante évoque le moyen de s'attaquer aux facteurs d'exclusion et aux structures sociales perpétuant la pauvreté. Pour contrer cette pauvreté, installons la sécurité matérielle. Le pilier *social* se porte mieux595. La participation à travers ce rapport de l'année 2000 reconnaît les besoins spécifiques des pauvres. Dans ce contexte, la participation est évoquée dans une dimension plus politique : un moyen de s'attaquer aux facteurs d'exclusion et à des institutions sociales perpétuant la pauvreté596. Ainsi, la participation vise à favoriser la prise en charge des politiques de développement dans les pays concernés597.

Selon nous, les différents arguments de l'analyse de la Banque mondiale sur le concept de participation montrent que, dans le contexte spécifique du lancement du projet de développement dans les pays du Sud, il existe un impératif incontournable. La mise en place du projet envisagé devrait aboutir à des résultats à court, moyen et long termes, comme des enjeux précis sur le terrain. Ces résultats assurent la réduction des émissions des GES à un coût rentable (pour les PD), touchant la protection du couvert forestier (favorable aux PED). De plus, la création d'emplois permanents stimule la croissance économique et améliore les conditions de vie des populations locales. Ces dernières pourront influencer réellement le projet proposé. En somme, ce projet serait compatible avec l'amélioration de la pauvreté telle qu'envisagée par la Banque mondiale. J'évoque l'expansion du régime international des droits de l'homme au point suivant.

---

594 *Id.*

595 Archon FUNG, « Démocratiser le processus d'élaboration des politiques », (2011) 17-1 *Télescope* 1, 17.

596 BM, préc., note 591, p. 28.

597 Joel EDGERTON (dir.), « Participatory Processes in the Poverty Reduction Strategy », in *Poverty Reducing Strategy Sourcebook* », (2001) Washigton D.C. : *The World Bank*, p. 2, en ligne : http://povlibrary.worldbank.org/files/13843 part J030.pdf (consulté le 18 juin 2024).

1.2.5. L'expansion du régime international des droits de l'homme

Le droit international des droits de l'homme ne mentionne pas expressément le principe de participation locale. Il réfère plus largement à une panoplie de droits rattachés- directement ou indirectement- au concept de participation[598]. Cette participation s'analyse comme une extension des droits humains reconnus dans différents outils juridiques internationaux. Elle est considérée comme ayant un lien dualiste avec le droit international des droits de l'homme[599]. Dans ce lien dualiste, la participation dépend d'un éventail de droits fondamentaux, pour sa mise en route effective, tout en étant garant de la réalisation d'une palette de droits humains connexes[600]. Nous soulignerons que les trois piliers de la participation[601] reposent en majeure partie sur la présence et la mise en œuvre de droits fondamentaux souvent associés aux systèmes démocratiques, comme la liberté d'expression, la liberté d'association, le droit d'accès à la justice et le droit d'accès à l'information, droits qui puisent leur contenu notamment dans le droit international des droits de l'homme. Sur cette question, Pring et Noé font d'ailleurs remarquer que la participation locale est étroitement liée et a été accélérée par la tendance à la démocratisation, ce qui démontre les relations étroites existantes entre les deux concepts[602]. Ce rapprochement contribue à mettre en avant plan, le concept de participation locale dans les PED où règnent les déficits de gouvernance et de transparence. Il renforce le débat sur le rôle joué par les acteurs extérieurs (bailleurs de fonds, pays développés, ONG à vocation environnementale), dans la construction et la mise en œuvre des processus de participation au niveau local dans les pays du Sud[603].

La *Déclaration universelle des droits de l'homme*[604] (ci-après « *DUDH* ») signale des droits qui sont à la base de la participation locale en droit international. Ces derniers sont, entre autres, le droit à la liberté d'opinion et d'expression[605], l'égalité devant la loi et le « *droit à un recours effectif devant les juridictions nationales compétentes* »[606]. Les dispositions de l'article 21 de la *DUDH* proclament également le droit de tout individu de prendre part à la direction des affaires publiques de son pays, soit directement, soit par l'intermédiaire de

598 Holly CULLEN et Karen MORROW, « International Civil Society in International Law : The Growth of NGO Participation », (2001) 1-1 *Non-St. Actors &Int'l L.* 7, 9.
599 *Id.*
600 *Id.*, p. 10.
601 Déclaration finale de Rio+20, préc., note 5, Annexe, par. 43. Le droit à l'information environnementale, le droit de participer au processus décisionnel et l'accès à la justice en matière d'environnement.
602 G. PRING et N.-Y. SUSSAN, préc., note 552, p. 14.
603 *Id.*
604 *Déclaration universelle des droits de l'homme*, Rés. A.G. 217 (III), Doc. A.G. N.U., 3è sess., suppl. n° 13, Doc. N.U. A/810/71 (1948).
605 *Id.*, art. 14.
606 *Id.*, art. 7, 8 et 10.

représentants librement choisis. Nous remarquons que les stipulations de la *DUDH* (1948) n'énoncent pas les critères de participation locale tels l'accès à l'information, la sensibilisation et les consultations locales. Elles demeurent vagues en utilisant la formule « *prendre part à la direction des affaires publiques de son pays* ». Ceci constitue une faiblesse du volet participatif de la *DUDH* de 1948. Le *Pacte international relatif aux droits civils et politiques*607 (ci-après « PIDCP ») met l'accent sur la liberté d'expression et d'opinion608. De plus, les dispositions de l'article 25 du *PIDCP* de 1966 consacrent aussi un droit général à la participation dans les affaires publiques. A notre avis, le dispositif participatif du *PIDCP* comporte un manque dans l'énumération des critères de participation locale. Ce manque concerne notamment l'absence des consultations des populations locales concernées pouvant aider les promoteurs du projet à prendre de bonnes décisions. En plus, il n'existe aucune modalité pratique d'implication locale prévue dans le volet participatif du *PIDCP* de 1966. Mais, il s'agit dans ce cas de droits politiques qui nécessitent l'abstention de l'Etat.

Tous ces instruments juridiques internationaux consacrent des droits fondamentaux, lesquels se relient intimement à la participation locale. Dans certaines circonstances, ces droits constituent des prérequis à la mise en route du principe de participation locale. Sont mis en évidence, les principes de liberté d'expression et de liberté d'association au processus participatif609. Et au-delà des droits civils et politiques, s'additionnent les droits de deuxième et troisième générations qui sous-tendent la participation locale610. Les outils juridiques internationaux et la doctrine classique mettent en conjonction les droits humains et la protection de l'environnement. Ceci s'inscrit dans la logique de la *Déclaration finale* de Rio+20 (2012)611. Cette *Déclaration finale* souligne l'interdépendance et l'imbrication des questions écologiques et celles liées aux droits humains. Cette idée s'aligne sur le concept de développement durable- qui place les individus au cœur des préoccupations environnementales. Un

---

607 *Pacte international relatif aux droits civils et politiques*, 19 décembre 1966, [1976] R.T. Can. n° 30 (entré en vigueur le 23 mars 1976) [PIDCP].

608 *Id.*, art. 19 : « *Toute personne a droit à la liberté d'opinion et d'expression* ».

609 Carl BRUCH et Meg FILBEY, « Emerging Global Norms of Public Involvement », dans Carl BRUCH (dir.), *The New Public : The Globalization of Public Participation*, Washington, Environmental Law Institute, 2002, p. 1-26 à la page 12.

610 Barry BARTON, « Underlying Concepts and Theoritical issues in Public Participation in Resources Developement », dans Donald ZILLMAN, Alastair LUCAS et Georges PRING (dir.), *Human Rights in Natural Resource Development : Public Participation in the Sustainable Development of Mining and Industry Resources*, New York, Oxford University Press, 2002, p. 85-135 à la page 78.

611 Déclaration finale de Rio+20, préc., note 5, Annexe, par. 6 : « *Nous proclamons que les peuples sont au centre du développement durable et, en conséquence, nous œuvrons en faveur d'un monde juste et équitable pour tous et nous engageons à travailler ensemble en faveur d'une croissance économique durable qui profite à tous, du développement social et de la protection de l'environnement dans l'intérêt de tous* ».

environnement sain se perçoit comme un facteur essentiel de développement des communautés, par extension, garant de droits humains liés directement ou indirectement à l'environnement immédiat des communautés locales612.

Le point suivant porte sur la reconnaissance croissante des droits des peuples autochtones sur le plan international.

1.2.6. La reconnaissance croissante des droits des peuples autochtones sur le plan international

Rappelons que le droit au consentement libre, préalable et informé (CLPI) ainsi que la participation locale s'enracinent dans l'espace du droit des peuples autochtones613. Généralement, le CLPI agit dans la plupart des cas envisagés, comme un moyen de mise en œuvre des droits des peuples autochtones et des communautés locales614. C'est une sorte d'extension du concept de souveraineté permanente sur les ressources naturelles et forestières et du droit à l'autodétermination, que l'on reconnaît toujours sur le plan international615.

Le Comité pour l'élimination de la discrimination raciale enjoint les Etats Parties à la *Convention internationale sur l'élimination de toutes les formes de discrimination raciale*616 (1965), de s'assurer que les peuples autochtones aient un droit égal à la participation pleine et entière dans les activités publiques617. De plus, les décisions affectant directement leurs droits et intérêts, ne peuvent se prendre sans leur consentement. Selon le Comité, le droit au consentement informé, en lien avec celui de participer à la direction des affaires publiques, les

612 Alan BOYLE, « Relationship Between International Environmental Law and Other Branches of International Law », dans Daniel BODANSKY, Jutta BRUNNEE et Ellen HEY, *The Oxford Handbook of International Environmental Law*, Oxford, Oxford University Press, 2007, p. 135-160 à la page 141. L'auteur met l'accent entre autres sur les violations des droits humains qui peuvent découler de l'exploitation des ressources naturelles et forestières, notamment les questions de droit de propriété.
613 James ANAYA, « Indigenous peoples participatory rights in relation to decision about natural resource extraction: The more fundamental issue of what rights indigenous people haves in lands and resources », (2005) 22 *Ariz Int'l and Comp*. L. 7, 15.
614 J. ZASK, préc., note 529, p. 209.
615 RAPPORTEURE SPECIALE, Rapport d'Erica-Irène A. Daes à la Sous-Commission de la promotion et de la protection des droits de l'homme : Souveraineté permanente des peuples autochtones sur leurs ressources naturelles, préc., note 69, p. 1, par. 5. La Rapporteure Spéciale souligne « *bien que la souveraineté permanente sur les ressources naturelles n'ait pas été expressément reconnue dans les outils juridiques internationaux, on peut désormais dire que ce droit existe* ». Elle mentionne la reconnaissance expresse d'une large panoplie de droits de l'homme des peuples autochtones pour justifier cette affirmation.
616 *Convention internationale sur l'élimination de toutes les formes de discrimination raciale*, 21 décembre 1965, [1969] R.T. Can. n° 115 (entrée en vigueur le 4 janvier 1969).
617 *Id.*, art. 5 c).

peuples autochtones se voient protégés par la *Convention*618. A notre avis, cette *Convention internationale sur l'élimination de toutes les formes de discrimination raciale* prévoit la participation des peuples autochtones, sans en dégager des modalités pratiques à travers de lignes directrices à suivre à l'attention des Etats Parties. Dans les PED où règnent les déficits de gouvernance et de transparence, l'absence des lignes directrices d'implication locale peut constituer une justification de non obligation conventionnelle.

Adoptée en 1989, la *Convention n° 169 de l'Organisation internationale du travail*619 (OIT) est un traité portant particulièrement sur les droits des peuples autochtones. La *Convention* stipule que « *Les droits des peuples intéressés sur les ressources naturelles dont sont dotées leurs terres doivent être spécialement sauvegardés. Ces droits comprennent celui, pour ces peuples, de participer à l'utilisation, à la gestion et à la conservation de ces ressources* »620. Elle prévoit également une obligation pour les pouvoirs publics de respecter le principe de participation des peuples autochtones dans la consultation, avant de débuter ou d'autoriser un projet sur leurs territoires621. La *Convention n° 69* (1989) aborde également la question des répercussions variées des projets de développement sur les peuples autochtones. A cet effet, elle exige aux gouvernements de clauses au profit des peuples concernés. Ces gouvernements doivent procéder aux études visant à « *évaluer l'incidence sociale, spirituelle, culturelle et sur l'environnement* »622 des projets de développement en faveur des communautés.

Cette *Convention n° 69 de l'OIT* (1989) prévoit un seul critère participatif : la consultation. La Convention ignore l'accès à l'information et la sensibilisation (vulgarisation) des peuples autochtones aux enjeux environnementaux. Ces derniers ne disposant pas d'informations nécessaires sur le projet envisagé, la consultation n'aura guère de sens. Ainsi, le processus participatif devient sans intérêt aux yeux des communautés autochtones. Les chances de réussite du projet s'avèrent minces, car saboté par ces communautés. Pour cette raison, après l'analyse du principe de participation locale dans le paradigme du développement

---

618 *Conclusion du Comité pour l'élimination de la discrimination raciale*, Doc. N.U. CERD/C/304/Add. 21, par. 3 (1997).

619 *Convention n° 169 relative aux peuples indigènes et tribaux de l'Organisation internationale du travail*, 27 juin 1989, [1991] R.T. Can. n° 55 (entrée en vigueur le 5 septembre 1991).

620 *Id.*, art. 15, par. 1.

621 *Id.*, art. 15, par. 2 : « [...] *les gouvernements doivent établir ou maintenir des procédures pour consulter les peuples intéressés dans le but de déterminer si et dans quelle mesure les intérêts de ces peuples sont menacés avant d'entreprendre ou d'autoriser tout programme de prospection ou d'exploitation des ressources dont sont dotées leurs terres. Les peuples intéressés doivent, chaque fois que c'est possible, participer aux avantages découlant de ces activités et doivent recevoir une indemnisation équitable pour tout dommage qu'ils pourraient subir en raison de telles activités* ».

622 *Id.*, art.7, par. 3.

et dans les instruments juridiques internationaux de protection de l'environnement, nous examinerons l'évaluation environnementale et sociale des projets de développement ainsi que sa mise en route en République Démocratique du Congo, à travers l'Agence Congolaise de l'Environnement (ACE). La *Déclaration de Rio sur l'environnement et le développement*623 (1992) contient une disposition spécifique dédiée à la participation des peuples autochtones et des communautés locales624. Ainsi, les concepts d'identité, de participation et de développement durable convergent vers un rôle essentiel accordé aux peuples autochtones et communautés locales touchant les décisions qui les concernent directement. Les ressources naturelles et forestières constituent des aspects non négligeables à la vie et survie des peuples autochtones et des communautés locales625. Gregory F. Maggio apporte un aspect critique quant à la formulation du principe 22 de la *Déclaration de Rio* (1992), en indiquant que l'utilisation du conditionnel affaiblit sa substance. La *Déclaration de Rio* (1992) se limite à formuler une recommandation aux Etats Parties, plutôt que de certifier le caractère contraignant de ces procédures participatives626.

En 2001, le Comité des droits économiques, sociaux et culturels, créé par le Conseil économique et social des Nations Unies souligne que les territoires traditionnels des peuples autochtones se voient réduits ou occupés, sans leur consentement, par les entreprises forestières, minières et pétrolières, aux dépens de l'exercice de leur culture et de l'équilibre de l'écosystème. Le Comité propose par conséquent aux Etats Parties au *Pacte international relatif aux droits économiques, sociaux et culturels*627 (ci-après « *PIDESC* ») qu'ils « *garantissent la participation des peuples autochtones et leur consentement, dans les décisions affectant leurs vies* [...] »628. Le Comité des droits économiques, sociaux et culturels consacre le principe de participation locale sans encadrement, susceptible d'inspirer les Etats dans l'élaboration et l'application de leurs cadres juridiques participatifs, dans une optique de développement durable. L'Assemblée générale des Nations Unies adopte en 2007 avec une majorité forte

623 Déclaration de Rio sur l'environnement et le développement, préc., note 73.

624 *Id.*, principe 22 : « *Les populations et communautés autochtones et les autres collectivités locales ont un rôle vital à jouer dans la gestion de l'environnement et le développement du fait de leurs connaissances du milieu et de leurs pratiques traditionnelles. Les Etats devraient reconnaître leur identité, leur culture et leurs intérêts, leur accorder tout l'appui nécessaire et leur permettre de participer efficacement à la réalisation d'un développement durable* ».

625 J. ANAYA, préc., note 613, p. 8.

626 Gregory F. MAGGIO, « Recognizing the Vital Role of Local Communities in International Legal Instruments for Conserving Biodiversity », (1997-1998) 16 *UCLA 1. Envt & Pol'y* 180, 182.

627 *Pacte international relatif aux droits économiques, sociaux et culturels*, 16 décembre 1966, [1976] R.T. Can. n° 33 (entré en vigueur le janvier 1976) [PIDESC].

628 *Concluding Observations of the Committee on Economic, Social and Cultural Rights* : Colombia, 30/11/2001 E/C. 12/Add. 1/74 par. 12 et 33.

la *Déclaration des Nations Unies sur les droits des peuples autochtones*629, suivant une recommandation du Conseil des droits de l'homme en juin 2006. Elle consacre « *le droit des peuples autochtones de participer à la prise de décision sur des questions qui peuvent concerner leurs droits* »630, ainsi que l'obligation qu'ont les Etats « *de se concerter et de coopérer de bonne foi avec les peuples autochtones intéressés afin d'obtenir leur consentement préalable, donné librement et en connaissance de cause* [...] »631. Cette *Déclaration* (2007) n'énonce pas de modalités pratiques du principe de participation des peuples autochtones. D'abord, elle ignore carrément les critères de participation locale tels l'accès à l'information, la sensibilisation et la vulgarisation des peuples autochtones aux enjeux environnementaux. Ensuite, la *Déclaration* n'édicte aucune ligne directrice sur le recours judiciaire en faveur des peuples autochtones.

Par contre, la *Déclaration* souligne la participation locale. Elle ajoute le principe-clé de la *négociation* ou la *discussion* : la participation suppose une négociation et non une imposition entre différents partenaires en vue de construire un projet de développement touchant les intérêts des populations autochtones. De plus, le principe du libre consentement constitue l'illustration la plus frappante du changement de paradigme, survenu entre la période coloniale internationale et la conception moderne du droit international relatif aux droits humains. Le droit international relatif aux droits de l'homme impose aux Etats des engagements clairs et substantiels concernant l'exploitation des ressources sur les terres et territoires autochtones. Plusieurs décisions rendues par des instances intergouvernementales des droits humains établissent le droit des peuples autochtones au libre consentement préalable et informé632.

En dehors des outils juridiques, les cours et tribunaux régionaux et internationaux se servent des critères participatifs contenus dans la *Déclaration des Nations*

---

629 *Déclaration des Nations Unies sur les droits des peuples autochtones*, Rés. 295, Doc. Off. A.G. N.U., 61è sess., suppl. n° 67, Doc. N.U. A/61/L.67 et Add.1 61/295 (2007).

630 *Id.*, art. 18.

631 *Id.*, art. 19 et art. 32, par. 2.

632 Le consentement doit être donné librement, obtenu avant l'autorisation définitive et la mise en œuvre des activités et fondé sur une compréhension complète des enjeux liés au projet en question. Par exemple ; Comité des Nations Unies pour l'élimination de toutes les formes de discrimination raciale, *Recommandation générale XXIII (51) concernant les droits des peuples autochtones*, adoptée lors de la 1235è séance, Doc. N.U. CERD/C/51/Misc.13/Rev.4 (18 août 1997) ; Comité des droits économiques, sociaux et culturels, *Observation générale n° 7 : le droit à un logement suffisant : expulsions forcées*, 1997 ; *Récapitulation des observations générales ou recommandation générale adoptées par les organes créés en vertu d'instruments internationaux relatifs aux droits de l'homme*, Doc. NU HRI/GEN/1/Rev.5 (26 avril 2001), p. 49-54, par. 18 ; COMITE DES DROITS DE L'ENFANT, *Journée de débat général sur les droits des enfants autochtones : recommandations*, 34è session, 15 septembre- 3octobre 2003, par. 4 ; ORGANISATION DES ETATS AMERICAINS, *Rapport sur la situation des droits de l'homme en Equateur*, OEA/Ser.L/V/II.96, Doc. 10, Rev. 1, 1997, p. 89.

Unies sur les droits des peuples autochtones (2007) pour éclairer leurs sentences. Ces dernières ouvrent la porte à une intégration progressive, dans l'arsenal juridique du droit international coutumier aux critères participatifs tels la diffusion de l'information, la consultation, la participation et le consentement préalable libre et informé633. Par ailleurs, la Déclaration des Nations Unies sur les droits des peuples autochtones (2007) consacre le droit à l'auto-détermination des peuples autochtones. Ce droit s'associe au principe de souveraineté permanente touchant les ressources naturelles et forestières634. La Rapporteuse spéciale sur la souveraineté permanente des peuples autochtones sur les ressources naturelles, Erica-Irène A. Daes, mentionne dans son rapport déposé en 2004, devant la Commission des droits de l'homme des Nations Unies : « *ce principe reste un préalable indispensable à la réalisation par un peuple de son droit à l'auto-détermination et de son droit au développement* »635. Ainsi que nous l'avions déjà souligné plus haut, le principe de souveraineté permanente sur les ressources naturelles et forestières prend forme en dehors du droit des peuples autochtones, dans le cadre de la décolonisation des années 1960. Adoptée en 1962 par l'Assemblée générale des Nations Unies, la *Résolution 1803* caractérise la souveraineté permanente sur les ressources naturelles et forestières « [d'] *élément fondamental du droit des peuples et des nations à disposer eux-mêmes* »636. Quatre années plus tard, le contenu de la *Résolution 1803* se transforme en principe général de droit international dans le contexte de deux *Pactes internationaux relatifs aux droits de l'homme*637. L'article premier, commun aux deux *Pactes internationaux* invoque le droit des peuples « *à disposer eux-mêmes. En vertu de ce droit, ils déterminent leur statut politique et assurent librement*

633 Entre autres, J. ANAYA, préc., note 613, p. 7. L'auteur pense que le droit de consultation est déjà inséré en droit international coutumier, étant donné sa validation généralisée, révélée dans les contributions des Etats au projet de *Déclaration sur les droits des peuples autochtones*. Il évoque toutefois l'ambiguïté qui entoure le concept du consentement ; *Rapport n° 96/03, Maya Indigenous Communities and their Members (Affaire 12.053, Belize)*, 24 octobre 2003, par. 149.

634 D. SZABLOWSKI, préc., note 478, p. 38.

635 RAPPORT FINAL DE LA RAPPORTEURE SPECIALE, Erica-Irène A. Daes, préc., note 80, p. 5, par. 6.

636 Déclaration sur la souveraineté permanente sur les ressources naturelles, préc., note 356, préambule. Dans ses premiers articles, la *Déclaration* consacre que : (1) Le droit de souveraineté permanente des peuples et des nations sur leurs richesses et leurs ressources naturelles doit s'exercer dans l'intérêt du développement national et du bien-être de la population de l'Etat intéressé ; (2) La prospection, la mise en valeur et la disposition de ces ressources ainsi que l'importance des capitaux étrangers nécessaires à ces fins devraient être *conformes aux règles et conditions que les peuples et nations considèrent en toute liberté comme nécessaires ou souhaitables pour ce qui est d'autoriser, de limiter ou d'interdire ces activités*, art. 1 et 2.

637 RAPPORT FINAL DE LA RAPPORTEURE SPECIALE, Erica-Irène A. Daes, préc., note 80, p. 6, par. 10.

leur développement économique, social et culturel ». La mise en commun du droit des peuples à disposer eux-mêmes et le principe de souveraineté permanente sur les ressources naturelles et forestières élargit leur champ d'opération, s'applique « *aux peuples et aux groupes au sein des Etats* »638. Dans cette mise en commun, le droit à l'autodétermination sort du cadre étatique, dans lequel il a originalement pris forme. Selon l'avis de la Rapporteuse spéciale Daes, le droit à l'autodétermination englobe désormais toute une panoplie d'opportunités ; qu'il s'agisse du droit de *participer* au bon fonctionnement de l'Etat, aussi bien celui de type d'autonomie ou d'autogouvernement639. Mentionnons que cette disposition commune aux deux *Pactes internationaux* s'apparente au paragraphe e) du préambule de la *Déclaration sur les forêts* (1992), faisant référence au « *droit au développement socio-économique sur une base durable* »640. Ce droit reprend en réalité le principe 4 de la *Déclaration de Rio sur l'environnement et le développement*641 de 1992. Enfin, la *Déclaration finale* de Rio+20 contient une disposition stipulant la participation des peuples autochtones en ces termes : « *Nous insistons sur l'importance de la participation des peuples autochtones à la réalisation du développement durable. Nous reconnaissons également l'importance de la Déclaration des Nations Unies sur les droits des peuples autochtones dans le contexte de la mise en œuvre des stratégies de développement durable aux niveaux mondial, régional, national et infranational* »642. La faiblesse de cette disposition : elle ne précise ni les modalités concrètes de mise en œuvre ni les principes directeurs de la participation des communautés autochtones.

Ainsi, les mesures essentielles qui se dégagent de tous ces instruments juridiques consistent en la participation des populations locales et autochtones aux bénéfices

---

638 *Id.*, p. 8, par. 17.

639 *Id.*, Des recommandations formulées par la Rapporteure Spéciale des Nations Unies s'appliquent aux *groupes et peuples*.

640 *Déclaration de principes, non juridiquement contraignante mais faisant autorité, pour un consensus mondial sur la gestion, la conservation et l'exploitation écologiquement viable de tous les types de forêts (ci-après « Déclaration sur les forêts »)*, Rés. 151 (III), Doc. Off. A.G. N.U., 3è sess., suppl. n° 26, Doc. N.U. A/151 (1992), préambule, par. e). Le texte met l'accent sur la souveraineté des Etats, tempérée toutefois par des principes de gestion qui sont énoncés sous forme de conseils. L'objectif qui guide l'ensemble de la *Déclaration* est de contribuer à la *gestion*, à la *préservation* et à l'*exploitation écologiquement rationnelle* des ressources forestières et de prévoir les multiples fonctions et utilisations complémentaires de celles-ci.

641 Déclaration de Rio sur l'environnement et le développement, préc., note 73, principe 4 : « *Pour parvenir à un développement durable, la protection de l'environnement doit faire partie intégrante du processus de développement et ne peut être considérée isolément* ».

642 Déclaration finale de Rio+20, préc., note 5, Annexe, par. 49 : « *Nous insistons sur l'importance de la participation des peuples autochtones à la réalisation du développement durable* ».

tirés du projet, et en la minimisation des répercussions des activités notamment par la restitution des terres et de la réinstallation des populations643. Pour tous ces motifs, il serait indispensable que les communautés locales soient mises à contribution dans la construction et le déploiement des politiques naturelles et forestières. Mais, cette exigence contenue dans ces différents outils juridiques transparaît dans le paradigme du développement durable.

1.2.7. Le concept de développement durable et la participation locale

Considérant les avantages indéniables de la participation locale, celle-ci ne fait pas l'unanimité dans la doctrine classique. La participation soulève des critiques, démontrant le décalage entre le discours et les dynamiques à l'œuvre, lors des interventions du développement durable, notamment dans les PED644. Philippe Lavigne-Delville645, considère que dans le déploiement du projet de développement, arrive une distorsion inévitable entre les communautés visées et celles touchées ou susceptibles de l'être. Certaines d'entre elles participent sans être averties, d'autres manquent d'intérêt et d'autres en sont exclues. La participation se propose comme une coquille vide ou, à l'inverse, trop pleine d'intérêts particuliers au regard à quelques groupes privilégiés646. Dans ces conditions, la participation locale ne constitue pas la solution dans la réalisation des objectifs fondamentaux de développement durable car elle renforcerait uniquement l'impuissance publique face aux défis de plus en plus ingouvernables647. Par ailleurs, lorsqu'on associe les populations locales dans l'élaboration des critères des projets de développement, le risque est grand que les aspects économiques et sociaux l'emportent sur l'aspect écologique, même en présence d'un environnement détérioré648. En outre, la dimension environnementale peut être occultée des discussions pour un positionnement plus marqué sur les modalités de résolution des problèmes de pauvreté649. La participation locale repose sur un éventail de processus et il arrive souvent que l'on parle du public alors que celui-ci a simplement été consulté pour son opinion,

643 M. THEY, préc., note 489, p. 62.

644 Sybille VAN DEN HOVE, « Approches participatives pour la gouvernance en matière de développement durable : une analyse en termes d'effets », (2000) *Cahier du C3ED* 4, 7.

645 P. LAVIGNE-DELVILLE, préc., note 438, p. 7.

646 Mark S. REED, « Stakeholder participation for environmental management: A literature review », (2008) 141-10 *Biological Conservation* 2417, 2431.

647 Rémi BARBIER, « Le public prend ses distances avec la participation : topiques de l'ironie ordinaire », (2005) 13-3 *N.S.S.* 258, 261.

648 Anne-Marie DUCROUX, « Rendre la vie possible », dans Anne-Marie DUCROUX (dir.), *Les nouveaux utopistes du développement durable*, Coll. Mutations, n° 216, Paris, 2002, p. 1-20 à la page 8.

649 Jean Claude NDANGANG (dir.), *La gestion participative des ressources naturelles : organisation, négociation et apprentissage par l'action*, Heidelberg, IUCN Publication, 2000, p. 37.

sans toutefois prendre part à la prise de décision. A cet égard, on propose six niveaux de participation, dans une optique de développement durable650. Signalant ces objections soulevées au sein de la participation locale ; des mécanismes s'ouvrent sur une mise en œuvre d'heureux projets de participation651 : (1) La participation de tous les acteurs concernés est fondée sur l'équité, la confiance, l'apprentissage et l'acquisition d'autonomie. Ainsi, une procédure transparente doit émaner d'une personne n'ayant pas d'intérêts dans le projet de développement. Les partenaires impliqués doivent être en mesure de bien comprendre les différents enjeux liés à leurs décisions ; (2) La participation de tous les acteurs concernés, se fait dans un climat paisible, éclairé arrivant à un consensus favorable tout au long du processus ; (3) Préalablement, le groupe identifie le projet présent de développement à étudier. Puis, il établit une prise de décision. Quant à cette prise de décision, elle se présente en présence des personnes impliquées au projet discuté ; en arriver à un consensus social ; (4) Des objectifs clairs concernant le processus participatif s'établissent à partir des acteurs impliqués dès la phase conceptuelle du projet de développement. En effet, l'insertion des objectifs visés par la population locale, dans le processus participatif, permet de s'approprier le projet, pour y donner un plus grand intérêt à sa mise en route et son succès ; (5) Les méthodes utilisées pour le processus participatif s'ajustent au contexte de la prise de décision, en tenant compte des moyens, des objectifs et du degré d'engagement des acteurs impliqués. Les modalités de discussion et de prise de décision s'imposent à tous les acteurs concernés, notamment les populations locales représentées. D'où, l'importance

650 J. ANAYA, préc., note 613, p. 15. (1) La participation passive : ce sont uniquement les gens en charge du projet qui détiennent l'information, qu'ils transmettent selon leur gré. La participation des populations est effectivement nulle. (2) La participation moyennant incitations matérielles : les populations répondent aux sondages ou participent aux expérimentations en échange d'une rétribution matérielle. (3) La participation à la transmission d'information : dans ce cas-ci, les populations se contentent de fournir de l'information qui sera utilisée par les décideurs afin de prendre une décision éclairée. (4) La participation par consultation : les populations sont ici invitées à non seulement transmettre de l'information mais aussi donner leur opinion sur le projet. Le décideur peut prendre en compte- ou pas- les opinions données par les populations pour la prise de la meilleure décision possible. (5) La participation fonctionnelle: les populations s'unissent pour former des groupes de discussion, des comités de suivis, ou demandent des audiences publiques, et les opinions exprimées peuvent amener à modifier le projet ou même à le faire disparaître. (6) La participation interactive : tous les participants s'associent à une table de négociation et tentent ensemble d'arriver à l'élaboration et la gestion d'un projet qui saura tous les satisfaire.

651 Mentionnons par exemple, Jessica MILLGAN (dir.), *Nature conservation for future sustainable shorelines : Lessons from seeking to involve the public*, Vol. 26-2, Elsevier, Land Use Policy, 2009, p. 204 ; Lima CONSTANTINO (dir.), « Indigenous collaborative research for wildlife management in Amazonia : The case of the Kaxinawa, Acre, Brazil », (2008) 141-11 *Biological Conservation* 2718, 2724.

de traduire les communications dans différentes langues maternelles ajustées aux communautés locales ; (6) La personne, parfois le groupe qui assure la facilitation du processus participatif doit être qualifié ; (7) Les savoirs scientifiques et locaux se prennent en considération lors du processus décisionnel et ; (8) La participation doit être institutionnalisée. Elle permet une meilleure formation des facilitateurs, l'allocation de fonds suffisants et une généralisation de l'application du principe.

Ainsi, en se fondant sur les objectifs fondamentaux du développement durable, les critiques relevées à l'encontre du principe de participation locale demeurent minimes. Nous ne pouvons pas assurer le développement durable, sans la participation des communautés locales concernées au processus décisionnel. Tout dépend de la manière dont s'ouvre ce processus participatif, par les autorités publiques, lesquelles agissent sans préjugés. Ensemble se conjuguent les objectifs touchant un ou des programmes de protection de l'environnement. En effet, c'est dans un esprit d'unité que les efforts se bâtissent, s'éclairent. Notre prise de position se justifie au regard des développements et arguments ci-dessous.

En incluant le public concerné par les projets de développement dans la prise de décision, la qualité et la durabilité seront meilleures : elles seront plus transparentes et mieux acceptées652. La participation permettrait aussi une intervention mieux adaptée aux conditions environnementales et socioculturelles. En effet, ce sont les peuples autochtones et les communautés locales qui connaissent généralement le mieux le milieu à protéger et ils disposent d'informations très utiles, notamment le savoir écologique traditionnel (SET), qui aide à prendre les meilleures décisions653. Dans le même sens, la gestion durable des ressources, produit des nouvelles stratégies où la population locale participe activement à la mise en route et au suivi654. La participation locale, telle qu'entendue dans le paradigme du développement durable, repose sur l'idée d'élargir l'accès à l'information, jusqu'aux populations et groupes silencieux tels les ménages pauvres, les femmes, les jeunes, les foyers en détresse655. En retour, ces populations et ces groupes silencieux représentent une source d'informations privilégiées allant au pouvoir public. Les populations en participant, prennent conscience des enjeux du développement durable et acceptent les « *réformes*

652 L. LEDOUX, préc., note 8, p. 257.

653 J.-A. RISETH, préc., note 8, p. 180. Très complexe, la question du savoir écologique traditionnel (SET) déborde le cadre de cette recherche. Nous ne l'aborderons donc pas spécifiquement. Le lecteur intéressé se référera utilement à : Claude E. DELISLE, « Note sur le savoir écologique traditionnel (SET) vs. Le savoir écologique scientifique (SES) dans les évaluations des impacts sur l'environnement », (2008) 6 *L'incontournable de l'AMEU* 13, 16 ; Mireia BOYA BUSQUET, « Des stratégies intégrées durables : savoir écologique traditionnel et gestion adaptative des espaces et des ressources », (2006) 7-2 *L'Afrique face au développement durable* 1, 3.

654 *Id.*

655 Romain FELLI, « Développement durable et participation : la démocratie introuvable », (2005) 4 *Revue Belge de géographie* (*Belgeo*) 1, 6.

nécessaires » en exprimant leurs besoins spécifiques. Nous considérons avantageuse cette avancée significative par rapport aux conceptions hiérarchiques (*top-down*) de l'organisation des institutions étatiques des années 1960656. La mise en place des mécanismes de participation effectifs, pour satisfaire les besoins et les intérêts locaux, constituent les principales approches actuelles en matière de gestion durable des ressources naturelles et forestières. Ces approches657 s'appliquent nécessairement dans les PED. Elles touchent la réduction de la pauvreté, l'éducation, l'amélioration des conditions d'existence et de santé des populations, le bien-être culturel, spirituel et la croissance économique, intimement reliés à la conservation/préservation de l'environnement658. Par ailleurs, les règles proposées pour la gestion des ressources naturelles et forestières ont beaucoup plus de chance d'être respectées si le public, notamment les personnes qui utilisent les ressources de la région, ont participé à la prise de décision659. La survie de ces ressources se voit intimement liée au respect des besoins des populations locales. La participation locale est un outil d'aide à la décision et un moyen pour parvenir à une décision démocratique. La participation locale engendre un compromis social pour la défense du bien collectif et aide à trouver des solutions originales concertées envers les divers acteurs en présence. La participation660 cherche à redistribuer très largement le pouvoir autour de nouvelles formes de solidarité (solidarités du voisinage, solidarités municipales, etc.), ce qui donne à la gouvernance un sens nécessairement politique. En mettant l'humain au centre des préoccupations environnementales et en l'élevant comme acteur de son propre développement, le concept de développement durable constitue un espace fertile pour l'intégration de processus de participation accrue des individus dans les décisions relatives à l'environnement661. De plus, en contribuant à la prise en charge du développement par les communautés concernées, la participation peut améliorer le succès et la pérennité des projets dans les actions cernées sur le développement. Cette approche insiste sur la responsabilisation et la prise en charge par les populations concernées. Ces dernières affrontent les problèmes, en définissent leurs intérêts puisés dans la conservation des ressources662. Ceci crée un pouvoir incitatif et diffus, qui

---

656 *Id.*, p. 7.

657 *Id.*

658 Boniface-KOMENA KOUADIO, *Recomposition de l'espace Tai et gouvernance du parc national dans un contexte de crise au Sud-Ouest de la Côte d'ivoire*, Abidjan, Les Presses de l'Université Alassane Ouatara de Bouaké, 2014, p. 127.

659 *Id.*, p. 128.

660 E. FREUDMENTAHAL, S. NNAH et J. KENRICK, préc., note 288, p. 8.

661 Sabrina URBINATI, « Les droits des peuples autochtones, la souveraineté des Etats et la Convention sur la diversité biologique », (2004) 1 *F.P.P.* 1, 6.

662 Antoine LASSAGNE, « Exploitation forestière, développement durable et stratégie de pouvoir dans une forêt tropicale Camerounaise », (2005) 1-5 *Anthropologie et Sociétés* 51, 65.

investit le corps de la société et fabrique des populations adaptées aux intérêts du développement durable, en demandant leur participation.

L'approche participative induit une dimension managériale et promeut l'économie du marché au niveau local663. La gestion participative émerge des besoins sociaux et écologiques respectant l'équilibre naturel, tout en étant équitable et rentable. Les problèmes environnementaux et les iniquités sociales, proviennent largement des politiques macro-économiques nationales et internationales imposées aux communautés locales664. Les fondements de cette vision alternative proviennent de l'action collective ; celle de la participation des populations locales au processus décisionnel. Les communautés augmentent leur capacité de personnes écoutantes. Elles influencent le régime politique au sein de leur société respective par leur bonne entente. La participation peut constituer notamment, le seul moyen d'aider à apporter la lumière collectivement. Ainsi, l'exploitation des ressources se portera mieux. On considère les structures sociales et les compétences à l'échelle locale665. La participation des bonnes volontés ouvre une fenêtre de facilité à l'émergence des institutions sur la concertation. Alors, les instances locales de gestion communautaire des ressources peuvent contribuer à dynamiser les nouveaux projets de développement locaux, dans une optique de développement durable666.

La gestion participative présente d'énormes avantages. Elle ne se laisse plus diriger uniquement par la politique environnementale des Etats, trop souvent dans l'incapacité de mettre en route des politiques efficaces. S'appliquent sur le terrain, les politiques foncières, forestières et agricoles adéquates. Les avancées leur manquent. Les communautés locales éclairent les prises de décisions près es gouvernants considérant les objectifs préconisés667. La participation locale est devenue un impératif pour la protection des ressources naturelles et forestières. Elle naît dans les revendications des années 1990 au cours desquelles des communautés réclament l'efficacité réelle des textes mettant à leur disposition des stratégies pour participer à la prise de décision telles les consultations, les demandes d'enquêtes et d'audiences publiques pour certains projets susceptibles de porter atteinte à la qualité de l'environnement668. A ce propos, les populations concernées peuvent jouer un rôle particulièrement important lors des études d'impact, des audiences publiques et autres procédés requérant une autorisation préalable669. Nous y reviendrons en détails au volume 3 de cette recherche relatif au mécanisme d'évaluation environnementale et sociale des projets de

663 *Id.*
664 B.-K. KOUADIO, préc., note 658, p. 129.
665 J.-C. BARRIO DE PEDRO, préc., note 271, p. 322.
666 *Id.*
667 *Id.*, p. 324.
668 J.-M. ARBOUR, S. LAVALLEE, J. SOHNLE et H. TRUDEAU, préc., note 25, p. 193.
669 *Id.*, p. 197.

développement. La participation peut permettre aux communautés affectées ou susceptibles de l'être, de décider les enjeux des projets de développement touchant l'environnement670. En somme, nous affirmons qu'il est important pour les communautés locales qu'elles soient mises à contribution, dans l'élaboration des projets envisagés dans les PED en respectant les coutumes locales (pratiques traditionnelles de gestion des terres et des forêts). Reste à définir, à construire et à structurer juridiquement ces coutumes locales. Ainsi, les fondements du nouveau paradigme du développement durable édifient l'ultime rapport existant entre le droit international public de l'environnement et la participation locale comme l'un des facteurs contribuant à l'émergence, en droit international en général671. Il s'agit d'analyser sous l'angle juridique ce concept de participation locale et, spécialement, celui des communautés directement touchées par les projets de développement. Quelle est maintenant la place de la participation locale dans les instruments juridiques internationaux de protection de l'environnement ? C'est ce que nous tenterons d'élucider dans la seconde section de cet ouvrage.

Section 2. Place de la participation locale dans les instruments juridiques internationaux de protection de l'environnement

Dans cette section, nous présenterons d'abord l'évolution juridique de la protection internationale des forêts. Ensuite, nous étudierons la participation locale dans les instruments juridiques internationaux pertinents traitant de la forêt et tirerons quelques observations. Ces instruments juridiques clarifient les principes et enrichissent la doctrine. Il s'agit de : la *Déclaration, sur les forêts* (1992), la *Convention sur la diversité biologique* (*CDB*, 1992), la *Convention d'Aarhus sur l'accès à l'information, la participation du public au processus décisionnel et l'accès à la justice en matière d'environnement*672 (1998).

Sont traitées l'évolution juridique de la protection internationale des forêts et la participation locale dans les instruments juridiques internationaux pertinents traitant de la forêt.

2.1. Evolution juridique de la protection internationale des forêts

La participation engage les communautés à l'échelle locale dans la gestion des ressources naturelles et forestières. Cet engagement alimente le droit international public de l'environnement. De cette observation, découle l'évolution juridique de la protection internationale des ressources naturelles et forestières. Nous montrerons comment le droit international public de l'environnement (DIPE) a évolué, des préoccupations strictement économiques et écologiques à la prise en considération des aspects socioculturels. Ce droit inclut les individus, organisations, groupements, en particulier les peuples autochtones et les

---

670 *Id.*

671 Alexandre KISS, « The Right to the Conservation of the Environment », dans PICOLOTTI, ROMINA, TAILANT ET DANIEL, *Linking Human Rights and the Environment*, University of Arizona Press, Tucson, 2003, p. 1-40 à la page 36.

672 Convention d'Aarhus, préc., note 171.

communautés locales, dans la conception et la mise en œuvre des politiques forestières susceptibles d'avoir un impact direct sur leur environnement. Avant les années 1970, les forêts subissent une pleine exploitation à vocation uniquement économique. La question de l'environnement et des ressources forestières prennent également la forme de l'imposition par les Etats puissants, excluant de ce fait les communautés locales de l'opportunité d tirer profit de leurs ressources. Cette situation occasionne de véritables dégâts673 aux communautés dont le mode de vie traditionnel repose sur l'exploitation de ces ressources674. Significatifs de cet état du droit, les 2 *Accords internationaux sur les tropicaux*675 ignorent carrément les sept critères clés d'une *Convention* sur l'approche écosystémique des forêts, spécialement la participation des communautés locales676. En effet, le premier *Accord international sur les bois tropicaux*677 a été conclu le 18 novembre 1983 par 58 Etats678. Entré en vigueur en 1985, et révisé en 1994, il vient en réponse aux préoccupations de la communauté internationale face à l'accélération du taux déboisement dans les pays tropicaux. Limité au marché du bois tropical, cet *Accord* ne regroupe que les pays

---

673 Jean NKE NDIH, « Déforestation au Cameroun : causes, conséquences et solution », (2008) 15 *Alternatives Sud* 155, 167. Notamment, diminution des espèces utilisées pour des soins de santé en pharmacopée, pénurie des tambours pour célébration des rites, diminution de la biodiversité, perte de fertilité des sols, diminution de production d'oxygène, baisse de production de certaines cultures de rente, dégradation des voies de communication.

674 Soaduon SITORUS (dir.), « Impact de la décentralisation sur la gestion des ressources forestières en Indonésie : Etudes de cas à Kalimantan-Est », (2005) 29-1 *Anthropologie et Société* 81, 84.

675 *Accord international sur les bois tropicaux*, 26 janvier 1994, (1997) 921 R.T.N.U. 11, en ligne : http://www.admin.ch/ch/f/rs/i9/0.921.11.fr.pdf (consulté le 20 juin 2024) [AIBT] et *Accord international sur les bois tropicaux*, 27 janvier 2006, (2008) 921 R.T.N.U. 11, en ligne : http://cmsdata.iucn.org/downloads/aibt_2006.pdf (consulté le 20 juin 2024) [AIBT].

676 ORGANISATION INTERNATIONALE DES BOIS TROPICAUX (OIBT), « Critères et Indicateurs révisés de l'OIBT pour l'aménagement durable des forêts tropicales : modèle de rapport sur les C&I inclus », (2005) 15 *Département des forêts*, p. 35, en ligne : http://www.itto.int/fr/policypapers_guidelines/ (consulté le 20 juin 2024).

677 AIBT, préc., note 675.

678 Australie, Autriche, Belgique, Bolivie, Brésil, Birmanie, Cameroun, Canada, République Populaire de Chine, Colombie, République Démocratique du Congo, République du Congo, Côte d'Ivoire, Danemark, Equateur, Egypte, Union européenne, Fidji, Finlande, France, Gabon, Ghana, Grèce, Guyana, Honduras, Inde, Indonésie, Irlande, Italie, Japon, Corée du Sud, Libéria, Luxembourg, Malaisie, Népal, Norvège, Nouvelle-Zélande, Panama, Papouasie-Nouvelle-Guinée, Pérou, Philippines, Portugal, Russie, Espagne, Suède, Suisse, Thaïlande, Togo, Trinité-et-Tobago, Royaume-Uni, Etats-Unis d'Amérique, Venezuela.

exportateurs et importateurs679. Dans cette perspective, il est indispensable d'assurer la gestion durable des forêts tropicales pour les conserver, garantir la fourniture constance en bois d'œuvre et soutenir l'emploi dans ce secteur d'activités.

Edifié sur la base des accords précédents, le second *Accord international sur les bois tropicaux*, de 2006, sera élargi à l'économie mondiale des bois tropicaux et à la gestion durable des richesses naturelles, encourageant simultanément le commerce du bois d'œuvre et la gestion améliorée des écosystèmes forestiers. Il permet également de soulever des questions ne touchant pas aux bois tropicaux mais y étant liées680. Cet *Accord* prévoit le renforcement de la capacité des Etats à prendre en compte le concept de développement durable dans la gestion des forêts tropicales, en renforçant la capacité des Parties « *d'améliorer l'application du droit forestier et la gouvernance et de lutter contre l'abattage illégal des bois tropicaux et le commerce lié* »681. A l'analyse, force est de constater que ces deux Accords pour le marché mondial de bois ne prennent pas en compte les différents critères d'approche écosystémique des forêts ; particulièrement la participation des communautés locales. D'une part, les activités de coupe de bois peuvent altérer la *santé de l'écosystème forestier*. Le critère relatif à *l'étendue et à l'état des ressources forestières*, qui vise le maintien de l'intégrité et l'état des essences forestières, n'est plus considéré par ces *Accords*. D'autre part, le principe d'abattage d'essences de commerce mondial néglige les critères de *protection du sol et de l'eau* (essentielle à la productivité des forêts et à la vie aquatique), de *diversité biologique* (maintien de la vitalité et de l'intégrité des forêts) et des *aspects sociaux, économiques et culturels* (participation des populations locales pour renforcer le dispositif de protection des « *forêts de conservation* »). Pour toutes ces raisons, nous pensons que les deux *Accords internationaux sur les bois tropicaux* de 1994 et de 2006 ne constituent pas une alternative à une convention sur l'approche écosystémique des forêts, en faveur de la participation des communautés locales. Il s'agit purement et simplement d'accords commerciaux fondés sur la maximisation des bénéfices, au détriment d'autres considérations du développement durable, telles la préservation de l'intégrité, la vitalité écologiques des écosystèmes forestiers et les aspirations sociales des communautés locales. En 1972, la *Conférence des Nations Unies sur l'environnement*682 déclare que les PED lors de l'élaboration et de la mise en œuvre de leur politique de développement, traitent des questions essentielles, notamment de préservation et

679 *Id.*

680 BULLETIN DES NEGOCIATIONS DE LA TERRE, « Quarante-troisième session du conseil international des bois tropicaux et sessions connexes de quatre comités », (2007) 24-78 *L'I.N.D.D.*, p. 7, en ligne : http://www.iisd.ca/download/pdf/enb2478f.pdf (consulté le 22 juin 2024).

681 AIBT, préc., note 675, 2006, art. 1 n).

682 Déclaration finale de la Conférence des Nations Unies sur l'environnement, préc., note 79.

d'amélioration de l'environnement683. A ce niveau, l'intérêt est porté à l'environnement pour lui-même et le bon usage qu'il apporte à la planète. On ne se préoccupe pas de l'homme qui y habite. Autrement dit, l'humain reste le parent pauvre considérant le contenu de la *Conférence des Nations Unies sur l'environnement* de 1972.

La *Conférence des Nations Unies sur l'environnement et le développement* de 1992 constitue une étape tournante dans l'évolution des principes d'élaboration des outils juridiques internationaux de protection des forêts. Mais la préservation du bien-être et l'essor des communautés dépendantes ne sont pas suffisamment mentionnés. C'est la *Déclaration de Rio sur l'environnement et le développement*684 (1992) qui intègre l'être humain dans le processus décisionnel en matière d'environnement685. Cette disposition de la *Déclaration de Rio* de 1992 a comme lacune le manque de principe directeur concernant la participation des populations au processus de décision. Elle omet de recommander des critères participatifs tels les consultations, l'implication dès la phase conceptuelle du projet, à l'identification des objectifs, au choix de sites, à l'exécution et au suivi-évaluation des résultats du projet.

Quant aux applications du principe de participation locale, le principe 10 de la *Déclaration de Rio* a inspiré l'adoption, en 1998, la *Convention d'Aarhus sur l'accès à l'information, la participation du public au processus décisionnel et l'accès à la justice en matière d'environnement*686 (que nous développerons plus loin) sous les auspices de la Commission économique pour l'Europe des Nations Unies. Cette Convention est la plus achevée concernant la participation locale au niveau international. Le *Protocole de Cartagena sur la prévention des risques biotechnologiques relatif à la Convention sur la diversité biologique*687 consacre, à son article 20, une procédure de partage d'informations et un centre d'échange pour prévention des risques biotechnologiques. Les dispositions de l'article 14 du *Protocole de Nagoya sur l'accès aux ressources génétiques et le partage juste et équitable des avantages découlant de leur utilisation relatif à la Convention sur la diversité biologique*688 mettent également en place un centre d'échange entre les Parties sui « *sert de moyen de partage d'information relatives*

683 *Id.*, préambule, par. 4.

684 Déclaration de Rio sur l'environnement et le développement, préc., note 73.

685 *Id.*, principe 10 : « *La meilleure façon de traiter les questions d'environnement est d'assurer la participation de tous les citoyens concernés, au niveau qui convient.* […] *Les Etats doivent faciliter et encourager la sensibilisation et la participation du public en mettant les informations à la disposition de celui-ci. Un accès effectif à des actions judiciaires et administratives, notamment des réparations et des recours, doit être assuré* ».

686 Convention d'Aarhus, préc., note 171.

687 Protocole de Cartagena sur la prévention des risques biotechnologiques relatif à la Convention sur la diversité biologique, préc., note 386.

688 UNEP/CBD/COP/DEC/X/1.

à l'accès et au partage des avantages. En particulier, il permet d'accéder aux informations pertinentes pour l'application du Protocole que fournit chaque Partie ». Les prescrits de l'article 16 de la *Convention africaine pour la conservation de la nature et des ressources naturelles*689 (Maputo, 2003) est une des avancées apportées à la précédente *Convention d'Alger* de 1968. Elles portent sur les « *droits procéduraux* » et prévoient que : Les Parties contractantes adoptent les mesures législatives et réglementaires nécessaires pour assurer à temps et de manière appropriée : a) la diffusion d'information sur l'environnement ; b) l'accès du public aux informations sur l'environnement ; c) la participation du public à la prise des décisions pouvant avoir un impact important sur l'environnement ; d) l'accès à la justice en ce qui concerne les questions liées à la protection de l'environnement et des ressources naturelles. Toute Partie contractante à l'origine d'un dommage environnemental transfrontière veille à ce que les individus affectés par un tel dommage sur le territoire d'une autre Partie contractante aient un droit d'accès à ses procédures administratives et judiciaires, égal à celui accordé à ses nationaux en cas de dommage à l'environnement dans les limites de ses frontières.

La *Déclaration finale* de Rio+20 au paragraphe 43690 renforce la prise en compte des aspects sociaux dans le but d'améliorer les conditions d'existence des communautés locales. Certes la *Déclaration finale* de Rio+20 énonce le principe de participation locale en réaffirmant la prise en compte des aspects sociaux (besoins locaux) dans le paradigme du développement durable, dans la mise en route des projets de développement dans les pays en développement (PED). Selon nous, il s'agit d'une déclaration d'intention car aucune élaboration détaillée, aucune modalité pratique de réalisation de la participation n'y apparaît. Dans cette stipulation, il n'existe ni programme spécifique d'organisation, ni implication de toutes les parties prenantes dans la conception, la mise en œuvre et l'évaluation des projets de développement. Manque également une directive générale selon laquelle les communautés concernées peuvent défendre leurs droits participatifs, devant une juridiction interne indépendante et impartiale. Dans la même optique, la *Charte mondiale de la nature*691 définit ce droit comme celui pour « *toute personne, en conformité avec la législation de son pays, de participer, individuellement avec d'autres personnes, à l'élaboration des décisions qui concernent directement son environnement* »692. La *Charte mondiale de la nature* consacre la participation locale en s'appuyant sur le principe de conservation et de protection des ressources naturelles pour la résilience de la

---

689 Doc. Off. UA Doc. EX/CL/50 (III), art. 16.

690 Déclaration finale de Rio+20, préc., note 5, Annexe, par. 43.

691 Charte mondiale de la nature, préc., note 319.

692 *Id.*, principe 23.

planète. La *Convention sur la lutte contre la désertification*693 de 1994 pousse plus loin en demandant la participation du public et prévoit à son article 3 a et c694, le besoin d'impliquer le public aux décisions de l'Etat, des acteurs des secteurs gouvernemental et scientifique, des communautés locales et des ONG, des partenaires internationaux aux niveaux bilatéral et multilatéral. Cette exigence réapparaît d'ailleurs aux dispositions des articles 5 (d) et 19 (1) a). Cette *Convention sur la lutte contre la désertification* entretient un mélange du public participatif et embrasse l'ensemble de la société ainsi que les opérateurs économiques extérieurs. Il nous semble que ce processus participatif demeure trop large dans ses modalités d'application effective sur le terrain.

La *Déclaration des Nations Unies sur les droits des peuples autochtones*695 (2007) consacre la participation des peuples autochtones au processus décisionnel sur des questions concernant leurs droits696. De plus, cette *Déclaration* encourage les Etats Parties d'obtenir le consentement de ces peuples. Ce consentement doit être donné librement et en connaissance de cause surtout lorsque ces décisions sont susceptibles d'avoir des impacts sur eux697. Signalons que le concept de « *consentement libre, préalable et informé* » (CLPI) offre des indices additionnels pour circonscrire la nature et la substance de la participation locale, en particulier le caractère *préalable* de l'exercice et le critère *consentement*. Ce concept est construit essentiellement dans le contexte du droit international des peuples autochtones. Il s'élargit progressivement à d'autres champs du droit. Les raisons invoquées pour justifier la mise en place de processus visant le CLPI convergent vers l'idée de *participation* des communautés affectées comme étant source décisionnelle. La participation peut contribuer à atténuer les contestations sociales et les critiques dont font l'objet de discorde divers projets de développement liés à l'exploitation des ressources forestières698. Dans l'introduction du Rapport de l'Environmental Law Institute *The New Public*, Bruch et Fibey annoncent que « *les bénéfices pratiques pour les processus décisionnels des gouvernements, incluant la production de bonnes décisions et un meilleur appui du public à l'égard de ces décisions, sont soulignées dans plusieurs chapitres* »699. Ils relèvent eux-mêmes que la *participation locale* peut améliorer le résultat des processus gouvernementaux700. Dans l'analyse de l'évolution des normes de participation

---

693 *Convention sur la lutte contre la désertification dans les pays gravement touchés par la sécheresse et/ou la désertification, en particulier en Afrique*, 17 juin 1994, [1996] R.T. Can. n° 51 (entrée en vigueur le 26 décembre 1996).

694 *Id.*, art. 3, par. a) et c).

695 Déclaration des Nations Unies sur les droits des peuples autochtones, préc., note 629.

696 *Id.*, art. 18.

697 *Id.*, art. 19 et art. 32, par. 2.

698 G. PRING et N.-Y. SUSAN, préc., note 552, p. 25.

699 *Id.*, p. 15.

700 *Id.*

locale, Laplante et Spears évoquent l'apparition nécessaire d'une nouvelle génération de règles. Ces dernières ont pour objectif de passer d'un paradigme de consultation locale, qualifiée de participation passive, vers un paradigme de participation active. Cette nouvelle règle vise à obtenir des populations locales leur *consentement libre, préalable et informé*. Ce paradigme- dans les termes des auteurs « *the obvious next step in the evolution of the relationship between extractive industry companies and communities* »701- schématise une participation s'intégrant à tous les stades du projet de développement. L'impression laissée par le CLPI, par opposition aux processus de consultation ou de négociation, ce processus permet-il une meilleure insertion à toutes les dimensions sociales ? Quelle tendance rééquilibre les asymétries de pouvoirs existants entre les différents acteurs ? Les mécanismes de consultation constituent très rarement une forme d'engagement venant du public donnant plus de pouvoir702. Par contre, le principe de CLPI permet aux communautés concernées de participer de façon significative au processus de prise de décision, de négocier des gains justes et propres à elles, vis-à-vis des discussions. Les populations refusent leur consentement, si leurs besoins prioritaires et préoccupations ne sont pas adéquatement débattus703.

Pour Laplante et Spears, le principe de CLPI constitue un modèle assurant une participation réelle dans le processus décisionnel lié aux projets de développement dans les PED. Au-delà de la consultation, c'est le consentement de la population que recherche ce nouveau processus de participation locale704. A notre avis, pour compléter la pensée de Laplante et Spears, le consentement des communautés locales peut s'exprimer en termes de consultation en passant par la concertation en vue d'un compromis sanctionné par une adhésion aux objectifs du projet de développement proposé. Cela suppose, que toutes les parties prenantes modifient certains comportements dans la gestion durable des forêts, tout en respectant les coutumes locales. Voilà la clé du succès du projet de développement dans les PED. D'autres traités705 consacrent également le principe de participation locale

---

701 L.-J. LAPLANTE et S.-A. SPEARS, préc., note 483, p. 71.

702 *Id.*

703 *Id.*, p. 72.

704 G. PRING and N.-Y. SUSAN, préc., note 552, p. 38.

705 Notamment, *Convention d'Helsinki sur la protection et l'utilisation des cours d'eau transfrontières et des lacs internationaux*, 17 mars 1992 (entrée en vigueur le 6 octobre 1996. 35 Etats Parties, art. 16, en ligne :
http://www.unece.org/env/water/pdf/waterconf.pdf (consulté le 20 juin 2024) ; *Convention d'Espoo sur l'évaluation des impacts sur l'environnement dans un contexte transfrontière*, 25 février 1991, (1999) 1989 R.T.N.U. 309, adoptée sous l'égide sous l'égide de la Commission Economique pour l'Europe, art. 2, par. 6 et 3, par. 8 ; *Convention de Rotterdam sur la procédure de consentement préalable en connaissance de cause applicable dans le cas de certains produits chimiques et pesticides dangereux qui font l'objet du commerce international*, 10 septembre 1998, (2004) 38 R.T.N.U. 107, 107 Etats Parties, [PIC], art. 15 ; *Convention de Stockholm sur les polluants organiques persistants*,

dans la gestion durable des ressources naturelles et forestières ; références non négligeables dans le cadre de cette recherche. Ces différents traités témoignent de la formation d'un consensus international autour des objectifs du principe de participation locale. Leur insertion dans les instruments juridiques internationaux de protection de l'environnement, représente une avancée considérable sur la voie

---

22 mai 2001, (2004) 40 R.T.N.U. 532, 124 Etats Parties, [POP], art. 10, par. 1 b) et 2 ; *Convention Africaine pour la conservation de la nature et des ressources naturelles*, 11 juillet 2003, cette *Convention* comptait 11 ratifications en février 2014 date à laquelle elle n'était pas encore en vigueur faute d'avoir atteint les 15 ratifications nécessaires à son entrée en vigueur, art. 16 ; *Accord de l'Association des Nations de l'Asie du Sud-Est (ANASE) sur la conservation de la nature et des ressources naturelles*, 9 juillet 1985 (non en vigueur), art. 16 ; *Protocole de Kiev sur les registres des rejets t transferts de polluants à la Convention sur l'accès à l'information, la participation du public au processus décisionnel et l'accès à la justice en matière d'environnement*, 21 mai 2003, [2009] R.T. Can. n° 72 (entré en vigueur le 8 octobre 2009). Au niveau régional, l'Union européenne s'est dotée de nombreuses directives pour assurer l'accès à l'information du public, dont l'une des plus connues est la *Directive n° 96/82/CE du Conseil concernant la maîtrise des dangers liés aux accidents majeurs impliquant des substances dangereux (Directive Seveso II)*, 9 décembre 1996, en ligne : http://www.ineris.fr/aida/consultation_document/1027 (consulté le 20 juin 2024), par laquelle le Conseil des Communautés européennes exige que toute personne puisse être informée et ce, sans avoir à en faire la demande, lorsqu'elle est susceptible d'être affectée par un accident majeur survenant dans un établissement visé par la *Directive* où sont présentes des substances dangereuses. Le public doit aussi être informé de la situation et la *Directive* prévoit, à cet égard, une liste des différents aspects que doit comprendre l'information, la *Directive n° 2003/4/CE du Parlement européen et du Conseil concernant l'accès du public à l'information en matière d'environnement*, 28 janvier 2003, en ligne : http://bch.cbd.int/protocol/outreach/EUdirective_fr.pdf (consulté le 20 juin 2024), la *Directive n° 2001/42/CE du Parlement européen et du Conseil prévoyant la participation du public lors de l'élaboration de certains plans et programmes relatifs à l'environnement*, 27 juin 2001, en ligne : http://www.unece.org/env/eia/documents/ec_0142_sea_directive_fr.pdf (consulté le 20 juin 2024) et la *Directive n° 2003/35/CE du Parlement européen et du Conseil relative à l'évaluation des incidents de certains plans et programmes sur l'environnement*, 26 mai 2003, en ligne : http://europa.eu.int/eur-lex/pri/fr/oj/dat/2003/1_156/1_15620030625fr00170024.pdf (consulté le 20 juin 2024) constituent les piliers de la participation publique au sein de l'Union européenne. La *Directive de l'OIBT/UICN pour la conservation et l'utilisation durable de la biodiversité dans les forêts tropicales productrices de bois*, 2009 (Publiées conjointement par l'Organisation internationale sur les bois tropicaux et l'Union mondiale pour la nature), en ligne : http://www.cbd.int/doc/books/2009/B-03168.pdf (consulté le 20 juin 2024) et la *Directive sous régionale sur la participation des populations locales et autochtones et des ONG à la gestion durable des Forêts d'Afrique Centrale* (COMIFAC : Commission des Ministres des Forêts d'Afrique Centrale), 2013, en ligne : http://www.comifac.org/Membres/tvtchuante/directives-pop-ong-a-la-gestion-for.pdf (consulté le 20 juin 2024).

de l'effectivité du *negotium* du paragraphe 43 de la *Déclaration finale* de Rio+20 de 2012. Toutefois, sa mise en œuvre reste sujette à l'application des traités, ce qui dépend dans une large mesure, de la volonté des Etats Parties706. Nous considérons ces instruments juridiques internationaux consacrant l'innovation significative de la participation des peuples autochtones et des communautés locales dans l'élaboration, l'interprétation et le mis en route des politiques forestières. C'est l'intégration de l'homme et la valorisation de ses pratiques, coutumes, traditions, cultures, imaginaire social. Ainsi, le principe de participation locale peut constituer le socle des outils juridiques internationaux pertinents de lutte contre la déforestation, que nous pouvons considérer comme les plus aboutis. La participation locale représenterait une piste de solution pertinente à la controverse entourant les Etas sur les enjeux internationaux de protection de l'environnement et, les enjeux locaux d'amélioration des conditions de vie des populations locales. Cette controverse, entre les pays développés et ceux en développement, autour des concepts d' « *environnement* » et de « *développement* » transparaît dans les instruments de la protection juridique internationale des forêts.

2.2. Participation locale dans les instruments juridiques internationaux pertinents traitant de la forêt

Mentionnons que la participation des communautés locales et la gestion durable des forêts reposent à la fois sur des enjeux internationaux de protection de l'environnement et des enjeux locaux d'amélioration des conditions de vie des populations locales. Ces dernières revendiquent un droit de propriété collectif sur des terres traditionnelles avec tous les attributs, à savoir l'utilisation et la préservation des ressources, la gestion et le contrôle de l'accès de celles-ci ainsi que le pouvoir d'en disposer librement707. Ces terres et ressources naturelles et forestières font partie intégrante de leur identité, culture, croyances, imaginaire social, tradition708. Autrement dit, les communautés locales et autochtones dépendent de ces ressources pour leurs moyens de subsistance. Ces communautés souhaitent préserver leurs modèles et leur cadre de vie. Ce cadre de vie comprend l'ensemble de l'espace symbolique dans lequel la culture d'un groupe local particulier se développe. Ce cadre inclut les terres et le « *paysage sacré* » qui correspondent à leur vision du monde709. De plus, ces communautés sont « *déterminées à conserver, développer et transmettre aux générations futures les*

706 René HOSTIOU, « La lente mais irrésistible montée en puissance du principe de participation », (2003) 112 *Droit de l'environnement* 1, 180.

707 RAPPORTEURE SPECIALE, *Rapport D'Erica-Irène Daes*, préc., note 80, par. 41.

708 Jérémie GILBERT, *Indigenous Peoples Land Rights Under International Law : from Victims to Actors*, New York, Ardsley, Transnational Publishers, 2006, p. xvii.

709 INSTANCE PERMANENTE SUR LES QUESTIONS AUTOCHTONES, *Etude sur la conformité des politiques et des projets relatifs aux changements climatiques aux normes énoncées dans la Déclaration des Nations Unies sur les droits des peuples autochtones*, Doc. N.U. E/C. 19/2010/7 (2 février 2010), par. 68.

territoires de leurs ancêtres et leur identité ethnique qui constituent la base de la continuité de leur existence en tant que peuples »710. Partant de ces diverses observations, il s'avère indispensable d'assurer la participation des communautés locales et autochtones à l'élaboration et au déploiement des politiques forestières, dans une perspective de développement durable. Il nous semble que la prise en compte des besoins des communautés locales fait partie d'une approche durable dans la gestion/conservation des ressources naturelles et forestières.

Depuis la *Conférence sur l'environnement et le développement* de 1992, les Etats s'intéressent à la protection internationale des forêts tropicales, dont le rôle est déterminant pour la biodiversité et l'équilibre du climat711. Cette protection interpelle aussi les dirigeants des pays qui disposent de ces forêts. Les pays développés (PD) militaient en 1992 pour la conclusion d'une convention globale sur la protection des forêts, arguant que l'érosion de la biodiversité est le résultat d'une crise écologique de l'humanité. Ils prônaient la nécessité de protéger l'environnement par une interdiction de déboisement des forêts tropicales *ombrophiles*712 qui accumulent d'énormes concentrations de GES émis dans l'atmosphère. Pour ce faire, les PD proclamaient ouvertement que les superficies déboisées ne correspondent pas celles plantées, car il existe une carence des programmes efficaces de gestion durable des ressources forestières dans les pays en développement (PED). De cette prise de conscience, est née une dualité conceptuelle entre le *patrimoine commun de l'humanité*713 et la *souveraineté*

---

710 PRESIDENT DU GROUPE D'ETUDE, *Rapport de José Martinez Cobo à la Sous-Commission de la lutte contre les mesures discriminatoires et de la protection des minorités : Etude sur la discrimination à l'encontre des peuples autochtones*, Doc. N.U. E/CN.4/Sud.2/1986/7/Add.4, par. 379.

711 Jorge E. VINUALES, *The Rio Declaration on environment and development : a commentary*, First éd., Oxford, Oxford University Press, 2015, p. 67.

712 ORGANISATION DES NATIONS UNIES POUR L'ALIMENTATION ET L'AGRICULTURE [FAO], « Techniques de gestion des écosystèmes forestiers tropicaux : état de l'art », (2009) X-41 *Archives de documents de la FAO*, en ligne :http://www.fao.org/forestry/80016/fr/ (consulté le 12 juin 2024). L'expression « *Ombrophile* » désigne les forêts tropicales humides, caractérisées par une forte pluviométrie pendant toute l'année et un très faible éclairement au niveau du sol et des strates végétatives inférieures. La plupart des espèces d'arbres qui la composent sont d'ailleurs tellement adaptées à ces conditions exceptionnelles de pénombre qu'ils ne peuvent germer et croître pendant le début de leur vie que dans des conditions de faible éclairage.

713 *Déclaration des principes régissant le fond des mers et des océans, ainsi que leur sous-sol, au-delà des limites de la juridiction nationale*, Décl. n° 2749, Doc. Off. A.G., 25è sess., suppl. n° 1932, Doc. N.U. A/25/2749 (1970). Cette *Déclaration* constitue le premier pas du concept de *patrimoine commun de l'humanité*. Elle qualifie la « zone » et ses ressources naturelles de « *patrimoine commun de l'humanité* ». Ce programme vise à placer l'exploitation de la ressource sous gestion commune. De ce fait, l'accès à la ressource est réservé exclusivement à l'entité responsable de la ressource de la gestion commune, qui l'exploite au bénéfice de tous les Etats, aussi bien ceux qui ont les moyens

*nationale*714, comme fondements des droits et engagements des Etats en matière de ressources forestières et naturelles715. Les pays du Nord considéraient donc en 1992 la forêt comme un patrimoine commun de l'humanité. A ce titre, les ressources forestières sont libres d'accès et d'utilisation dans l'objectif protectionniste de restreindre le commerce international du bois tropical. Pour cette raison, les PD avaient refusé de traiter des forêts dans les conventions, pourtant connexes de Rio, sur la diversité biologique et sur les changements climatiques716. De leur côté, les pays du Sud prônaient le principe de *souveraineté nationale* sur leurs ressources forestières en vertu des droits de peuples à disposer eux-mêmes de leurs richesses naturelles et forestières717. Autrement dit, de décider eux-mêmes, au cas par cas, d'accorder ou de refuser l'accès aux ressources forestières de leur territoire. Dans les vives discussions que cette question a suscitées entre les pays développés et ceux en développement disposant d'un important couvert forestier, ces derniers brandissaient leur souveraineté et leurs préoccupations économiques : s'attaquer à la pauvreté et au sous-développement des populations locales par la pleine utilisation de leurs ressources naturelles et forestières718. En 1992, lors de la *Conférence de Rio*,

---

techniques et financiers pour procéder à une telle exploitation que ceux qui ne les ont pas (*Accord régissant les activités des Etats sur la lune et les autres corps célestes* (ci-après « *Traité sur la lune* »), 18 décembre 1979, [1984] R.T. Can. n° 45 (entré en vigueur le 11 juillet 1984), art. 11, par. 1. Cette qualification est reprise par la *Convention des Nations Unies sur le droit de la mer*, 10 décembre 1882, [1994] R.T. Can. n° 48 (entrée en vigueur le 16 novembre 1994) dont la partie XI place la zone sous un régime de gestion internationale. En effet, l'article 137 (2) stipule : « *l'humanité tout entière, pour le compte de laquelle agit l'Autorité, est investie de tous les droits sur les ressources de la zone* [...] ».

714 Déclaration sur la souveraineté permanente sur les ressources naturelles, préc., note 356. Le paragraphe premier de cette Résolution affirme que « *le droit de souveraineté permanente des peuples et des nations sur leurs richesses et leurs ressources naturelles doit s'exercer dans l'intérêt du développement national et du bien-être de la population de l'Etat intéressé* ».

715 Johanne BUBA et Alain KARSENTY, « La lutte contre la déforestation dans les Etats fragiles : une vision renouvelée de l'aide au développement », (2010) 180 *Centre d'analyse stratégique* 1, 5.

716 J.-M. ARBOUR, S. LAVALLEE, J. SONHLE et H. TRUDEAU, préc., note 25, p. 684.

717 FAO COMMITTEE ON FORESTRY, Doc. COFO-90/3 (a), Xè session, Rome, 24-28 septembre 1990.

718 Par exemple ; Résolution 1803 (XVII), préc., note 306 ; Résolution 44/228 de l'Assemblée générale des Nations Unies, adoptée le 22 décembre 1989, a déjà servi cette position des pays en développement (PED). Dans ses premiers paragraphes, cette résolution aborde la question du déboisement sans mentionner l'importance de conclure un traité distinct à ce sujet, alors qu'elle propose que deux traités soient adoptés : l'un sur la *biodiversité*, l'autre sur les *changements climatiques*. Les pays du Sud ont, lors des forums internationaux, constamment fait référence à cette résolution pour refuser de signer un *Accord* global et distinct sur la gestion durable des forêts.

une controverse a opposé les pays du Nord qui militaient pour l'adoption d'une résolution sur les forêts tropicales, aux pays du Sud, soutenant que les forêts des zones tempérées et boréales devaient également être visées par une résolution globale719. Aux termes de cette controverse, se fondant sur le principe 7 de la *Déclaration de Rio* de 1992720, les Etats se sont entendus pour adopter une déclaration de 15 principes. Ces principes se trouvent en annexe III à l'*Agenda 21* (les principes d'action contre la déforestation, le chapitre 11) sur la *gestion*, la *conservation* et l'*exploitation écologiquement viable* de tous les types de forêts. A ce sujet, les chapitres 23 à 27 de l'*Agenda 21*721 accordent également une place majeure à la participation locale, spécialement, des jeunes, des femmes et des peuples autochtones, pour la préservation de l'environnement. Cet outil juridique poursuit en consacrant trois piliers de la démocratie environnementale : le droit à l'information, la participation du public au processus décisionnel et l'accès à la justice en matière d'environnement. Sans être un instrument juridique contraignant, cette *Déclaration sur les forêts*722 était considérée comme une matrice de balises acceptées par tous les Etats. La *Déclaration sur les forêts*, dont nous présenterons le contenu, paraît davantage fondée sur les arguments des pays du Sud que sur ceux du Nord aux négociations de Rio723. Les Parties ont définitivement obtenu un texte qui servira de base ou de guide, même si elles ne sont pas juridiquement liées. Les pays du Nord ont accepté ce consensus pour ne pas fermer définitivement les chances à une future négociation d'un traité global sur les forêts.

Dès lors, je parle de la *Déclaration de principes, non juridiquement contraignante mais faisant autorité, pour un consensus mondial sur la gestion, la conservation et l'exploitation écologiquement viable de tous les types de forêts* (*Déclaration sur les forêts* de 1992, de la *Convention sur la diversité biologique* (*CDB*) de 1992 et de celle d'*Aarhus sur l'accès à*

---

719 R. ROMI, préc., note 62, p. 173.

720 Déclaration de Rio sur l'environnement et le développement, préc., note 73, principe 7 : « *Les Etats doivent coopérer dans un esprit de partenariat mondial en vue de conserver, de protéger et de rétablir la santé et l'intégrité de l'écosystème terrestre. Etant donné la diversité des rôles joués dans la dégradation de l'environnement mondial, les Etats ont des responsabilités communes mais différenciées. Les pays développés admettent la responsabilité qui leur incombe dans l'effort international en faveur du développement durable, compte tenu des pressions que leurs sociétés exercent sur l'environnement mondial et des techniques et des ressources financières dont ils disposent* ».

721 RAPPORT DE LA CONFERENCE DE RIO SUR L'ENVIRONNEMENT ET LE DEVELOPPEMENT, Action 21, préc., note 35, chap. 23 à 27.

722 Déclaration sur les forêts, préc., note 640.

723 J.-M. ARBOUR, S. LAVALLEE, J. SOHNLE et H. TRUDEAU, préc., note 25, p. 446.

l'information, la participation du public au d'Aarhusprocessus décisionnel et l'accès à la justice en matière d'environnement de 1998.

2.2.1. *Déclaration de principes, non juridiquement contraignante mais faisant autorité, pour un consensus mondial sur la gestion, la conservation et l'exploitation écologiquement viable de tous les types de forêts* (*Déclaration sur les forêts*, 1992)

La *Déclaration sur les forêts* énonce, sous forme de conseils, des principes de gestion et d'aménagement de tous les types de forêts. Or, la gestion durable des forêts se fonde sur le principe que l'intérêt de la protection ne se mesure pas seulement aux enjeux de l'Etat sur le territoire duquel le couvert concerné est implanté. Toute forêt nationale présente un intérêt patrimonial pour toute l'humanité724. Dans son préambule, au paragraphe e, la *Déclaration sur les forêts* fait référence au « *droit au développement socio-économique sur une base durable* », reprenant en fait le principe 4 de la *Déclaration de Rio sur l'environnement et le développement* de 1992. L'objectif qui inspire toute cette *Déclaration* est de contribuer à la gestion, à la conservation et à l'exploitation écologiquement viable des forêts et d'en prévoir les multiples fonctions et usages complémentaires. La *Déclaration sur les forêts* consacre également que des ressources financières importantes soient allouées aux pays en développement, notamment à ceux disposant d'un important couvert forestier, afin de stimuler des activités économiques et sociales de substitution, et ainsi favoriser la conservation et la gestion durable de tous les types de forêts725.

A travers les principes 13 et 14, la *Déclaration sur les forêts* affirme que le commerce des produits forestiers devrait être non discriminatoire, ouvert et libre. Ces principes invitent à supprimer les mesures unilatérales de restriction de commerce du bois d'œuvre et à réduire les obstacles tarifaires, incompatibles avec la liberté du commerce726. Cette *Déclaration* s'inscrit dans la logique des règles de l'Organisation mondiale du commerce (OMC) qui prône la libéralisation des échanges fondée sur la théorie des avantages comparatifs. Les Etats doivent traiter tous leurs partenaires commerciaux sur un pied d'égalité, et, ainsi, contribuer à la croissance économique, en réduisant les écarts entre les pays riches et les pays pauvres. Quoiqu'elle ne soit pas contraignante, cètte Déclaration sur les forêts a inspiré les approches de gestion durable des forêts727 qui sont esquissées à travers le monde. Ces approches sont souvent regroupées en trois catégories : l'*approche*

---

724 Hervé LETREUT, *Nouveau climat sur la terre : comprendre, prédire, régir*, Paris, Editions Flammarion, 2009, p. 64.

725 Jean-Pierre BEURRIER, *Droit international de l'environnement*, 4è éd., Paris, Editions A. Pedone, 2010, p. 53 et 54.

726 J.-M. ARBOUR, S. LAVALLEE, J. SOHNLE et H. TRUDEAU, préc., note 25, p. 467 et 468.

727 P. GAREAU, préc., note 330, p. 3.

écosystémique, l'*approche intégrée* et la *foresterie communautaire*728. On peut affirmer que l'approche écosystémique proposée par la *Déclaration sur les forêts* (1992), comprend implicitement l'approche intégrée. Malgré la différence habituellement établie par la doctrine entre ces deux approches, l'approche écosystémique englobe donc la gestion intégrée des écosystèmes forestiers et la foresterie communautaire sur lesquelles met l'accent la participation des communautés locales. Cette participation vient en réponse à l'articulation des enjeux internationaux de protection de l'environnement (gestion durable des forêts) et des enjeux locaux d'amélioration des conditions d'existence des populations locales. Sur cet aspect, les experts des Nations Unies admettent qu'une politique d'environnement, tout en garantissant une gestion durable des forêts, vise essentiellement à conserver celles-ci tout en tenant compte des communautés locales, qui en dépendent pour leur existence. Cette politique d'environnement peut, s'il en est autrement, aggraver encore la pauvreté chez les communautés locales et nuire aux chances de succès à long terme touchant la conservation de ces ressources729.

La *Déclaration sur les forêts* (1992) encourage tous les Etats à prendre des mesures de *gestion, de conservation et d'exploitation écologiquement viable des forêts*730. En particulier, les politiques nationales incluent la protection de types de forêts représentatifs ou uniques, y compris les forêts vierges ou anciennes et celles à valeur culturelle, spirituelle, historique, religieuse ou autres, d'importance nationale731. Les mesures consacrées dans la *Déclaration sur les forêts* (1992) aux principes 7 a) et 8 f) s'apparentent à l'approche écosystémique (gestion durable) des forêts. Ces mesures reconnaissent et protègent l'*identité*, la *culture* et les *droits des populations autochtones* et des habitants des forêts, ainsi que, la *participation du public*, surtout des femmes à tous les niveaux732. Les dispositions de la *Déclaration sur les forêts* n'opèrent pas une distinction entre le *public* et le *public visé*, c'est-à-dire les communautés locales et autochtones. Ces dispositions peuvent compliquer le déroulement des procédures participatives. De plus, elles n'indiquent ni principe directeur planifiant l'accès à l'information, aux consultations, ni plan pratique d'implication du public. Enfin, il n'existe aucune ligne directrice organisant le recours à la justice au profit du public participatif.

Au regard de tout ce qui précède, à notre avis, la *Déclaration sur les forêts* invite les communautés locales à la participation, mais ne donne aucune indication pratique de réalisation concernant ce processus participatif. Elle ne prévoit pas de ligne directrice fondée sur les différents critères du principe de

---

728 *Id.*

729 A/CONF. 151/26 (Vol. III), 14 août 1992.

730 Déclaration sur les forêts, préc., note 640, principe 7 a).

731 *Id.*, principe 8 f).

732 *Id.*, principes 2 d), 5 a) et b) et 12 d).

participation, capable d'inspirer les Etats (PED) dans l'élaboration de leurs cadres juridiques forestiers aux projets de développement impliquant les communautés locales. La *Déclaration sur les forêts*733 met un accent fort sur la souveraineté des Etats, tempéré toutefois, par des principes de gestion qui sont indiqués à titre de simples conseils. Qu'en est-il du principe de participation locale dans la *Convention sur la diversité biologique* (*CDB*) de 1992 ?

2.2.2. *Convention sur la diversité biologique* (*CDB*) de 1992

Le problème des forêts, en général, et des forêts tropicales, en particulier, dont le rythme de destruction au cours des années 1980 a atteint des dimensions inquiétantes, a été et est encore au centre des discussions Nord-Sud entourant la protection de la diversité biologique734. Dans la *CDB*, la controverse a persisté entre le Nord et le Sud au sujet du traitement à réserver à la forêt. Dans cette *Convention*, en effet, on observe une quasi absence de règles pour la protection juridique des règles. Des négociations se sont poursuivies sans aboutir aux résultats voulus735, c'est-à-dire à un compromis sur la nécessité d'adopter une convention globale sur les forêts. Le besoin pressant de la communauté internationale d'engager des discussions sur la gouvernance mondiale des forêts s'est fait sentir à nouveau lors de la 8è Conférence des Parties (COP-8) de la *Convention sur la diversité biologique*, à Curitiba, au Brésil, en mars 2006, où l'interdiction de planter des arbres transgéniques a été maintenue. L'absence de consensus dans la *CDB* sur la protection juridique des forêts s'explique par les enjeux du commerce du bois736, qui contribue considérablement à la croissance économique des pays en développement (PED) disposant de forêt tropicale737. Par conséquent, les avancées

---

733 J.-M. ARBOUR, S. LAVALLEE, J. SOHNLE et H. TRUDEAU, préc., note 25, p. 686.

734 UNEP, *Diversité biologique des forêts : état et évolution, et options visant la conservation et l'utilisation durable*, UNEP/CBD/SBSTTA/5/8/25 (octobre 1999), Montréal, 31 janvier-4 février 2000. Le même rapport réfère à la constatation de la Conférence des Parties (COP) qui déclare : *« l'ensemble des forêts tropicales tempérées et boréales comprend les habitats les plus variés au monde pour ce qui est des plantes, des animaux et des micro-organismes ; on y trouve la vaste majorité des espèces terrestres de la planète »* (Décision 11/9 annexe).

735 Marc PALLEMAERTS, *Le cadre international et européen des politiques de lutte contre les changements climatiques*, Bruxelles, Centre de recherche et d'information sociopolitiques, 2004, p. 76.

736 Daniel COMPAGNON, « La biodiversité, entre appropriation privée, revendications de souveraineté et coopération internationale », (2008) 10 *Développement durable et territoire*, p. 9, en ligne : http://www.iisd.ca/download/pdf/enb2478f.pdf (consulté le 14 juin 2024).

737 Guy-Patrice DKAMELA (dir.), *Des forêts du Bassin du Congo pour le climat global : Questions et réponses pour appréhender les défis et les opportunités du REDD+*, Washington (DC), World Ressources Institute, 2009, p. 6.

significatives sur la gestion durable des forêts tropicales risquent de se faire hors du cadre de la *CDB*, par d'autres instruments internationaux, comme la *Convention-Cadre des Nations Unies sur les changements climatiques* (*CCNUCC*) de 1992. Pourtant, la *CDB* est le cadre propice pour traiter des ressources forestières, car c'est pour la protection d'écosystèmes forestiers que la conservation de la diversité biologique peut être assurée. La gestion durable des forêts est conçue de manière à préserver et renforcer les valeurs identifiées de la biodiversité et les services fournis par les écosystèmes, en mettant à profit les pratiques de gestion des populations locales et autochtones et des autres parties prenantes738. Son contenu montre bien la pertinence de la *CDB* pour la gestion durable des forêts, incluant la participation des communautés locales au processus décisionnel.

De prima abord, le paragraphe 10 de son préambule affirme que « *la conservation de la diversité biologique exige essentiellement la conservation in situ des écosystèmes et des habitats naturels ainsi que le maintien et la reconstitution de populations viables d'espèces dans leur milieu naturel* ». Ensuite, son article 8, spécialement au paragraphe d, traite de la conservation *in situ*, en recommandant que chaque Partie contractante, dans la mesure du possible et selon qu'il conviendra, « *favorise la protection des écosystèmes et des habitats naturels, ainsi que le maintien de populations viables d'espèces dans leur milieu naturel* ». A notre avis, ces dispositions de la *CDB* contribuent certes à la gestion durable dans l'approche écosystémique des ressources forestières. Mais, la formulation utilisée au paragraphe d) de l'article 8 « *dans la mesure du possible et selon qu'il conviendra* » affaiblit le caractère contraignant de cette disposition de la *CDB* de 1992. Selon la Conférence des Parties à la *Convention sur diversité biologique* (*CDB*), l'approche écosystémique est « *une stratégie intégrée des terres, des eaux et des ressources vivantes, qui favorise la conservation et l'utilisation durable d'une manière équitable* »739. Elle mentionne également que l'approche écosystémique peut s'intégrer aux politiques de gestion des ressources de l'environnement préconisées par les réglementations nationales et s'y ajuster plutôt que de les substituer740. En fait, elle encourage l'adaptation de ce mode de gestion aux réalités locales, nationales et régionales. L'approche écosystémique comporte donc une forte capacité d'adaptation en fonction des caractéristiques physiques et biologiques de l'environnement concerné. Elle constitue un modèle de gestion incontournable pour la conservation, l'utilisation durable et le partage équitable des ressources de la diversité biologique, les trois piliers de la *CDB*741. Soutenue par la Conférence des Parties (COP), l'approche écosystémique tient compte non seulement des

738 Décision Vi/26.

739 UNEP/COP/6, Annexe A- *Description de l'approche par écosystème*, par. 1.

740 *Id.*, par. 2.

741 CDB, préc., note 26, préambule, par. 20.

interactions des espèces entre elles, mais aussi des interactions des espèces avec l'environnement ainsi qu'avec l'homme[742]. L'écosystème n'ayant pas de frontière, l'approche écosystémique permet d'éviter qu'un même écosystème fasse, de la part des organisations nationales et de différents Etats, l'objet de visions dispersées aux moyens et objectifs contradictoires. Dans cette approche écosystémique, la *CDB* (1992) accorde une place de choix à la participation des communautés locales. Dans son annexe I[743], la Conférence des Parties (COP) donne des orientations additionnelles sur la mise en œuvre des principes de l'approche par écosystème. Elle affirme que ce type de gestion est « *un processus social qui doit inclure la participation d'un grand nombre de communautés autochtones et locales intéressées en élaborant des structures et des processus de prise de décision et de gestion* »[744]. Les dispositions de l'article 14 (1) a) de la *CDB* prévoient que « *Chaque Partie contractante, dans la mesure du possible et selon qu'il conviendra : adopte des procédures permettant d'exiger l'évaluation des impacts sur l'environnement des projets qu'elle a proposés et qui sont susceptibles de nuire sensiblement à la diversité biologique en vue d'éviter et de réduire au minimum de tels effets, et, s'il y a lieu, permet au public de participer à ces procédures* »[745]. Selon nous, cette disposition conventionnelle de la *CDB* contient une faiblesse en utilisant la formule « *dans la mesure du possible et selon qu'il conviendra* », ce qui enlève son caractère contraignant à l'égard des Etats Parties, notamment les PED. Par contre, l'article 14 (1) a) fait de la participation locale une exigence, en faveur de la conservation et l'utilisation durable de la biodiversité. Celle-ci représente chez les populations locales présentes et futures un mode de vie, une identité culturelle avantageuse conduisant à la satisfaction de leurs besoins spécifiques. Les stipulations des articles 8 (j) et 10 (c) de la *CDB* prévoient le respect, la préservation et le maintien des connaissances, innovations et pratiques des communautés autochtones et locales. Ces stipulations incarnent des modes de vie traditionnels présentant un intérêt pour la conservation et l'utilisation durable de la diversité biologique.

En résumé, nous acceptons cette approche écosystémique proposée par la *CDB*. Cette approche réfère la décision de la Conférence des Parties (COP). Elle insiste sur la participation des populations locales au processus

---

742 UNEP/CDB/V/6, préc., note 1, par. 2. La Conférence des Parties reconnaît qu'en plus de reposer sur l'application de méthodes scientifiques appropriées aux différents niveaux d'organisation biologique, ce qui inclut les processus, les fonctions et les interactions essentiels entre les organismes et leur milieu, l'approche écosystémique « *reconnaît que les êtres humains, avec leur diversité culturelle, font partie intégrante des écosystèmes* ».

743 Annexe 1 : *Affinement et élaboration de l'approche par écosystème sur la base des expériences des Parties dans sa mise en œuvre.*

744 Annexe 1 A. 3 c).

745 CDB, préc., note 26, art. 14, par. 1 a).

décisionnel. Ceci garantit les enjeux internationaux de protection de l'environnement (gestion durable des forêts) et, les enjeux locaux d'amélioration des conditions d'existence des populations locales. Cette participation peut permettre aux populations d'exprimer leurs aspirations légitimes puisqu'elles dépendent des ressources forestières attachées à leur culture, mode de vie, traditions, croyances, organisation sociale. Au sens de la *Déclaration sur les forêts* (1992) et la *Convention sur la diversité biologique* (CDB, 1992), l'approche écosystémique des forêts (gestion durable) ne peut être assurée sans la participation des communautés locales au processus décisionnel.

En dehors de tous ces instruments juridiques, la participation directe du public au processus décisionnel relatif à l'environnement prend son essor. Cette extension s'illustre spécifiquement en droit international public de l'environnement, au sens de la *Convention d'Aarhus sur l'accès à l'information, la participation du public au processus décisionnel et l'accès à la justice en matière d'environnement*746(1998). Cette *Convention* entend donc « *renforcer la démocratie* »747. Elle organise un véritable dispositif participatif fort détaillé dans le secteur de l'environnement, dont l'analyse se fait dans le cadre de cet ouvrage. Les pages qui suivent portent sur la *Convention d'Aarhus sur l'accès à l'information, la participation du public au processus décisionnel et l'accès à la justice en matière d'environnement* de 1998.

2.2.3. *Convention d'Aarhus sur l'accès à l'information, la participation du public au processus décisionnel et l'accès à la justice en matière d'environnement* (1998)

Au niveau international, les efforts entrepris ces dernières décennies ont élaboré des droits procéduraux. La *Convention d'Aarhus* est l'instrument le mieux éclairé. On l'accepte à l'issue de la 4è Conférence ministérielle Un « *environnement pour l'Europe* » tenue à *Aarhus* (Danemark) en juin 1998. Son dispositif participatif connaît actuellement un rayonnement sans précédent. Par exemple748, des lignes directrices du Programme des Nations Unies pour l'environnement (PNUE), destinées à renforcer l'application

---

746 Convention d'Aarhus, préc., note 171. Les Etats Parties sont : Albanie, Arménie, Australie, Azerbaïdjan, Belarus, Belgique, Bosnie, Herzégovine, Bulgarie, Croatie, Chypre, République Tchèque, Danemark, Estonie, Union européenne, Finlande, Géorgie, Allemagne, Grèce, Hongrie, Islande, Irlande, Italie, Kazakhstan, Kirghizistan, France, Lettonie, Lituanie, Luxembourg, Malte, Monténégro, Pays-Bas, Norvège, Pologne, Portugal, République de Moldavie, Roumanie, Serbie, Slovénie, Espagne, Suède, Suisse, Tadjikistan, L'ex-République yougoslave de Macédoine, Turkménistan, Ukraine, Royaume-Uni, Irlande du Nord.

747 *Id.*, préambule, al. 21.

748 C. LARSSEN, préc., 172, p. 343.

internationale du modèle participatif749, ont été inspirées par la *Convention d'Aarhus* de 1998. Dans cette sous-section, nous présenterons trois volets : (1) les acteurs de la participation ; (2) les exigences de la participation et ; (3) l'analyse du dispositif participatif de la *Convention d'Aarhus* et observations.

A. Acteurs du dispositif participatif de la *Convention d'Aarhus*

Le dispositif participatif de la *Convention d'Aarhus* de 1998 distingue deux catégories d'acteurs : les assujettis et les bénéficiaires.

i) Les assujettis au dispositif participatif : l'*autorité publique*

La *Convention d'Aarhus* consacre deux typologies d'autorité publique. La première, l'*Administration publique* classique- à savoir, toute structure, agence, institution exerçant un pouvoir administratif, à quelque niveau que ce soit- est soumise au dispositif participatif de la *Convention*750. Ainsi, toute *Administration* est soumise au volet participatif de la *Convention d'Aarhus*, et non seulement celle qui exerce des compétences environnementales751. La deuxième autorité, les personnes physiques ou morales, qui accomplissent, conformément au droit interne, des missions d'intérêt public, y compris des tâches, activités ou services spécifiques en lien avec l'environnement, sont soumises au volet participatif de la *Convention d'Aarhus* de 1998752. Aux deux précédentes typologies d'autorité publique : toute autre personne physique ou morale assumant des responsabilités, ou des fonctions publiques, ou fournissent des services publics en lien avec l'environnement, sous l'autorité d'une des deux précédentes typologies sont soumises au volet participatif de la *Convention*753. Cette troisième typologie d'autorité publique diffère des deux précédentes à un double titre. Le premier, le critère retenu n'est pas un fondement légal, mai un concept de fait, à savoir le contrôle de l'entité par une autre autorité publique qui dispose, elle, d'une base légale. Au second titre, ne sont concernées que les personnes accomplissant une mission en lien avec l'environnement754. Enfin, l'autorité publique en sens de la Convention n'englobe pas les organes ou structures dans l'exercice de pouvoirs législatifs ou juridictionnels755. Lorsque ces structures exercent des pouvoirs de nature administrative, elles sont soumises au volet participatif de

---

749 Lignes directrices pour l'élaboration d'une législation nationale sur l'accès à l'information, la participation du public au processus décisionnel et l'accès à la justice dans le domaine de l'environnement, préc., note 173.

750 Convention d'Aarhus, préc., note 171, art. 2, par. 2 a).

751 M. PRIEUR, préc., note 189, p. 8.

752 Convention d'Aarhus, préc., note 171, art. 2, par. 2 b).

753 *Id.*, art. 2, par. 2 c).

754 Pour des cas d'autorités publiques des 2è et 3è typologies, consulter le guide d'application de la *Convention d'Aarhus* (*La Convention d'Aarhus, Guide d'application*, New York et Genève, Nations Unies, 20002), p. 40 et 41.

755 *Id.*, art. 2, dernier al.

la *Convention d'Aarhus* de 1998[756]. Qu'en est-il des bénéficiaires du volet participatif de la *Convention d'Aarhus* de 1998 ?

ii) Les bénéficiaires du dispositif participatif : le « *public* » et le « *public concerné* »

A la lecture des préambules et dispositions de la *Convention*, il est question tantôt : de « *l'homme* » ; de « *chacun, y compris dans les générations présentes et futures* » ; des « *citoyens* » ; du « *public* » ; du « *grand public* » ; du « *public concerné* » ; des « *consommateurs* » ; des « *personnes* » ; de « *toute personne* » ; du « *public susceptible de participer* ». Sont mis en œuvre des « *organes consultatifs représentatifs* », (la *Convention d'Aarhus* ne comportant aucun élément permettant d'assurer la représentativité de ces organes). Ou encore des « *membres du public qui répondent aux critères éventuels prévus par le droit interne d'une Partie* ». Parmi tous ces concepts, seuls sont définis : le « *public* » et le « *public concerné* ». Ainsi, le « *public* » englobe « [...] *une ou plusieurs personnes physiques ou morales et, conformément à la législation ou à la coutume du pays, les associations, organisations ou groupes constitués par ces personnes* »[757]. Cette définition est donc large. Elle intègre, « *conformément à la législation ou à la coutume du pays* », les groupements sans personnalité juridique. Elle comprend également les associations (avec ou sans personnalité civile), qui n'œuvrent pas spécifiquement en faveur de la protection de l'environnement. Ainsi, les syndicats, les entreprises et les ONG autres qu'environnementales tombent sous le champ de la notion du « *public* ». Au regard de cette définition large, nous pensons que le concept de « public » au sens de la *Convention d'Aarhus* correspond à l'ensemble de la population.

Quant au « *public concerné* », la *Convention d'Aarhus* le définit comme « *le public qui est touché ou qui risque d'être touché par les décisions prises en matière d'environnement ou qui a un intérêt à faire valoir à l'égard du processus décisionnel* »[758]. Les ONG environnementales remplissent les critères requis en droit interne des Etats Parties. Elles sont présumées membres du « *public concerné* »[759]. Le « *public concerné* » englobe d'une part, le public sans disposer d'un intérêt légitime juridiquement protégé, risque d'être touché par une décision prise en matière d'environnement. D'autre part, le public titulaire agit d'un intérêt légitime, juridiquement protégé ou, *a fortiori*, d'un droit subjectif (atteinte à la propriété, notamment), qu'il présente dans le processus décisionnel. Dans l'implantation des projets de développement dans les pays du Sud, le « *public concerné* » représente les peuples autochtones et

756 Pour plus de détails à ce sujet, consulter le guide d'application de la *Convention d'Aarhus*, p. 42 et 43.

757 *Id.*, art. 2, par. 4.

758 *Id.*, art. 2, par. 5.

759 *Id.*, art. 2, par. 5 (dernière phrase).

les communautés locales, dans les milieux ruraux. Il importe que ce « *public concerné* » soit réellement impliqué dans toutes les phases du processus. Car, l'essentiel du déploiement du projet de développement se réalise dans les terres rurales, richesse et patrimoine socioculturel des communautés locales dépendantes des ressources forestières pour leurs moyens de survie. Quelles sont les exigences de la *Convention d'Aarhus* de 1998 ?

B. Exigences de participation locale de la *Convention d'Aarhus*, 1998

Le dispositif participatif de la *Convention d'Aarhus* se bâtit sur trois exigences essentielles (i) le droit à l'information sur l'environnement ; (ii) la participation du public au processus décisionnel relatif à l'environnement et ; (iii) l'accès à la justice en matière d'environnement. Ces trois exigences sont interdépendantes, tout en appuyant les droits distincts. Ainsi que le soulignent justement Pring et Noé, « *no one of the three can succeed without the other two* »760. Le succès dans l'application de ces trois exigences dépend de la responsabilité essentielle de deux types d'acteurs : les Etats Parties d'une part, et les populations locales, d'autre part. Le Programme des Nations Unies pour l'environnement (PNUE) a joué également un rôle crucial dans le développement de la coopération internationale dans ce secteur. Il a présenté à l'intention des Etats Parties en 2001, les recommandations de Bali, afin de les assister dans la mise en route des exigences de la *Convention d'Aarhus* de 1998761.

i) Le droit à l'information environnementale

Le droit à l'information environnementale signifie la possibilité pour les populations d'accéder aux informations et décisions publiques relatives aux activités ayant une incidence sur l'environnement762. La faiblesse de cette disposition conventionnelle est l'absence de stipulation concrète permettant d'assurer la réalisation de ce droit d'accès à l'information. Mais, cette

---

760 G. PRING et and N.-Y. SUSAN, préc., note 552, p. 28. Voir également Marcos A. ORELLANNA, « Unearthing Governance : Obstacles and Opportunities for Public Participation in Mineral Poilicy », dans Carl BRUCH (dir.), *The New Public : The Globalization of Public Participation*, Washington D.C., Environmental Law Instituite, 2002, p. 230-255 à la page 236 ; ORELLANA mentionne que « […] *without information and participation, there can be no informed consent. A necessary implication of the right to prior informed consent is the need to secure access to justice when this right is denied* ».

761 PROGRAMME DES NATIONS UNIES POUR L'ENVIRONNEMENT [PNUE], *Guides lines for the Development Environmental Matters*, New York, Organisation des Nations Unies, 2010, en ligne : http://www.unep.org/DEC/PDF/GuidelinesAccesstoJustice2010.pdf (consulté le 17 juin 2024).

762 Convention d'Aarhus, préc., note 171, préambule, par. 12 : les Parties reconnaissent que « […] *le public doit avoir connaissance des procédures de participation au processus décisionnel en matière d'environnement, y avoir librement accès et savoir comment les utiliser* ».

exigence se traite en premier763, car elle constitue un prérequis à l'exercice des autres exigences procédurales764 prévues dans la *Convention d'Aarhus* de 1998. Il s'agit également d'un droit qui peut s'exercer de manière indépendante, puisque la population peut chercher à obtenir de l'information pour toutes sortes de raisons, pas seulement en participant au processus décisionnel ou entreprendre des recours judiciaires765. De plus, l'adoption du paradigme du *développement durable* et la reconnaissance du droit de chaque individu à un environnement de qualité vont encore renforcer la nécessité de reconnaître le droit à l'information environnementale766. Notons que la Convention d'Aarhus (1998) adopte une définition large d'« *information (s) sur l'environnement* », spécifiant quelles informations doivent être mises à la disposition du public par les responsables publics. Le terme *information (s) sur l'environnement* désigne toute « *information disponible sous forme écrite, visuelle, orale ou électronique ou sous toute autre forme matérielle* »767. Les dispositions des paragraphes 2 et 6 de l'article 6 de la *Convention d'Aarhus* de 1998 traitent respectivement, de façon détaillée, ces deux aspects de l'information du public- mais uniquement au bénéfice du « *public concerné* »768. Considérant les dispositions de la *Convention d'Aarhus*, il y a

763 J. BARIL, préc., note 186, p. 92.

764 Convention d'Aarhus, préc., note 171. Il s'agit de : *la participation du public au processus décisionnel et l'accès à la justice en matière d'environnement.*

765 *Id.*, *Guide d'application*, New York, Organisation des Nations Unies, 2000, p. iv., en ligne :
http://www.unece.org/env/pp/implementation%20guide/french/impl.guide.e.pdf
(consulté le 17 juin 2024).

766 J. BARIL, préc., note 186, p. 82.

767 Convention d'Aarhus, préc., note 171, art. 2, par. 3. Cette information porte sur : a) *L'état d'éléments de l'environnement* tels que l'air et l'atmosphère, l'eau, le sol, les terres, le paysage et les sites naturels, la diversité biologique et ses composantes, y compris les organismes génétiquement modifiés, et l'interaction entre ces éléments ; b) *Des facteurs* comme les substances, l'énergie, le bruit et les rayonnements et des activités ou mesures, *y compris des mesures administratives, des accords relatifs à l'environnement, des politiques, lois, plans et programmes* qui ont, ou risquent d'avoir, des impacts sur le éléments de l'environnement relevant de l'alinéa a) ci-dessus et *l'analyse coût/avantages et les autres analyses et hypothèses économiques utilisées dans le processus décisionnel* en matière d'environnement ; c) *L'état de la santé de l'homme, sa sécurité et ses conditions de vie ainsi que l'état des sites culturels et des constructions* dans la mesure où ils sont, ou risquent d'être, altérés par l'état des éléments de l'environnement ou, par l'intermédiaire de ces éléments, par les activités ou mesures visées à l'alinéa b) ci-dessus.

768 *Id.*, art. 6, par. 2. La *Convention* établit une liste non-exhaustive des informations procédurales à fournir au « *public concerné* ». Concrètement, l'on distingue trois catégories d'informations : D'abord, des informations qui présentent des éléments essentiels du processus de décision en cause (l'objet de l'activité pour laquelle est déposée une demande d'autorisation, la nature de la décision à prendre et l'autorité compétente pour la prendre). Ensuite, doivent également être communiquées diverses informations

maintenant une reconnaissance généralisée du fait que le droit d'accès à l'information est une condition nécessaire à la participation des communautés locales à la mise en route des politiques environnementales769. Dans l'implantation des projets de développement dans les pays du Sud, l'exploration des différents instruments internationaux référant à la participation locale permet de constater l'omniprésence de cette exigence d'accès à l'information. Il s'agit d'impliquer réellement les populations locales affectées ou susceptibles de l'être, dans la préparation et l'exécution des politiques du projet envisagé. C'est ainsi que la *Convention d'Aarhus* de 1998 établit deux axes concernant le droit d'accès à l'information : celui de garantir *l'accès à l'information* (l'obligation passive) et celui, de *rassembler et de diffuser l'information sur l'environnement* (l'obligation active). Nous signalerons que ces deux axes occupent une place de choix au concept de participation locale au processus décisionnel, en matière d'environnement.

a) L'accès à l'information *: l'obligation passive*

La *Convention d'Aarhus* distingue deux voies d'accès du public à cette typologie d'informations. La première, on trouve aux dispositions de l'article 4, ce dernier prévoit la *réponse des responsables publics aux demandes d'informations particulières du public*. C'est ce qu'on appelle la forme « *passive* » d'accès à l'information770 : l'Etat n'ayant qu'à attendre les demandes d'information du public. L'Etat s'assure que les responsables publics mettent à la disposition du public, « *dans le cadre de sa législation nationale* », les renseignements qui s'ouvrent sur l'environnement771.

---

relatives aux modalités pratiques d'organisation de la procédure participative (la date à laquelle débute les séances, la durée de celles-ci, l'autorité à laquelle le public peut fournir ses commentaires, etc.). Enfin, les informations de procédure à fournir au « *public concerné* » lors de l'ouverture d'un processus participatif doivent permettre aux membres du « *public concerné* » qui le désirent de s'informer davantage, en vue de pouvoir participer au processus décisionnel en meilleure connaissance de cause. Le paragraphe 6 de l'article 6 stipule que le « *public concerné* » est en droit de consulter toutes les informations disponibles qui présentent un intérêt pour le processus de décision. Cette disposition conventionnelle établit une liste d'informations matérielles qui doivent en tout cas être accessibles au « *public concerné* », à savoir : a) une description de site et des caractéristiques physiques et techniques de l'activité envisagée, y compris une estimation des déchets et des émissions prévues ; b) une description des effets importants de l'activité envisagée sur l'environnement ; c) une description des mesures prévues pour prévenir et/ou réduire ces effets, y compris les émissions ; d) un résumé non technique de ce qui précède ; e) un aperçu des principales solutions de remplacement étudiées par l'auteur de la demande d'autorisation ; et f) conformément à la Loi interne, les principaux rapports et avis adressés au responsable public au moment où le « *public concerné* » doit être informé en vertu du paragraphe 2 de l'article 6 de la *Convention d'Aarhus* de 1998.

769 J. BARIL, préc., note 186, p. 90.

770 *Id.*, p. 107.

771 Convention d'Aarhus, préc., note 171, art. 4, par. 1.

Le point suivant porte sur le rassemblement et la diffusion d'informations sur l'environnement comme une obligation active.

b) Le rassemblement et la diffusion d'informations sur l'environnement : *l'obligation active*

La seconde voie d'accès du public à l'information est prévue aux prescrits de l'article 5 de la *Convention d'Aarhus* et porte sur le *rassemblement et la diffusion d'informations sur l'environnement.* C'est la forme « *active* » d'accès à l'information, celle qui oblige les Etats à prendre les devants, sans attendre les demandes d'information772. Les responsables publics doivent « *posséder et tenir à jour les informations sur l'environnement qui sont utiles à l'exercice de leurs fonctions* »773. Il faut également que des « *mécanismes obligatoires soient mis en place* », pour tenir les autorités dûment informées des activités proposées ou en cours susceptibles d'avoir des impacts importants sur l'environnement ; comme les procédures d'évaluation environnementale et les régimes d'autorisation préalable774. Ces informations doivent être « *mises à la disposition du public de manière transparente* », de façon à ce qu'elles soient « *réellement accessibles* » en prenant des dispositions pratiques telles des registres ou des fichiers accessibles gratuitement au public775. En dehors de l'obligation de diffusion de l'information au public, la *Convention d'Aarhus* de 1998 favorise une disposition générale imposant aux Etats Parties, en faveur de l'éducation écologique du public. Il s'agit de sensibiliser ce dernier aux enjeux environnementaux, afin qu'il sache comment exercer ses droits participatifs776.

Le public doit participer dans le processus décisionnel.

ii) La participation du public au processus décisionnel

La deuxième exigence de la *Convention d'Aarhus* traite de la participation du *public aux décisions* environnementales. Cette participation est perçue comme un processus permettant d'améliorer la qualité des décisions prises par les responsables publics. Ce faisant, la *Convention* renforce la démocratie participative777. La promotion de la participation locale dans la prise de décision, répond à l'émergence du public, comme acteur à part entière dans les discussions environnementales778. L'Annexe I de la *Convention d'Aarhus* énumère une liste d'activités pour lesquelles la participation du public doit

---

772 P. TALLA TAKOUKAM, préc., note 188, p. 671.

773 Convention d'Aarhus, préc., note 171, art. 5, par. 1 a).

774 *Id.*, art. 5, par. 1 b).

775 *Id.*, art. 5, par. 2.

776 *Id.*, art. 3, par. 3.

777 Dan WILSHER, « Freedom of Environmental Information: Recent Development and Future Prospects », (2001) 25 *European Public Law* 671, 680.

778 S. MALJEAN-DUBOIS, préc., note 533, p. 47.

être assurée en vertu des dispositions de l'article 6. Ces dispositions s'appliquent aux activités non énumérées à l'Annexe I. Elles ont un impact important sur l'environnement. La *Convention d'Aarhus* consacre la participation du public au processus décisionnel relatif à l'environnement à trois niveaux : (1) dans le cadre de la prise de décisions relatives aux activités particulières susceptibles d'avoir un effet important sur l'environnement779 ; (2) à l'occasion de l'élaboration de mesures générales non juridiquement contraignantes relatives à l'environnement (plans, programmes, politiques)780 et ; (3) durant le stade d'élaboration de dispositifs généraux juridiquement contraignants (règlements, lois) ayant un impact significatif sur l'environnement781. Dans le cadre de cette recherche, la mise en place des projets de protection de l'environnement dans les PED, vise les communautés locales et autochtones. Ces dernières doivent être informées dès la phase conceptuelle du processus. On met en valeur des préoccupations économiques et des revendications particulières des populations concernées, tant sur le plan des bénéfices économiques, que du respect de leurs droits et de l'insertion de leurs valeurs dans le développement d'un projet donné se trouvant sur leur territoire782. L'Etat doit assurer des délais raisonnables laissant assez de temps pour informer le public. Il lui permet de se préparer, de participer activement aux discussions tout au long du processus de décision783. Ainsi, les dispositions prises permettent au public de participer dès le début du processus (identification du projet). Alors, toutes les options ouvrent leurs portes au « *public concerné* ». De là, le public peut exercer une réelle influence sur la décision784. Les prescrits de l'article 6 de la *Convention d'Aarhus* constitue une garantie du filtre démocratique ouvert. Ils laissent l'ouverture aux procédures participatives. Ces prescrits organisent l'ensemble du public, parlent de la structuration du processus participatif dirigé vers le stade conceptuel de décision, sans oublier des délais raisonnables. En dépit de ces éléments inclusifs, l'article 6 de la *Convention d'Aarhus* de 1998 n'organise que l'information du « *public concerné* »785.

---

779 Convention d'Aarhus, préc., note 171, art. 6.

780 *Id.*, art. 7.

781 *Id.*, art. 8.

782 L.-J. LAPLANTE et S.-A. SPEARS, préc., note 483, p. 73.

783 Convention d'Aarhus, préc., note 171, art. 6, par. 3.

784 *Id.*, art. 6, par. 4.

785 C. LARSSEN, préc., note 172, p. 15. Le dispositif participatif de la Convention d'Aarhus de 1998 entend, notamment, assurer un filtre démocratique entre l'évaluation scientifique d'un risque environnemental, et l'évaluation démocratique relative à ce risque- au moyen de la participation réelle du « *public concerné* », en l'occurrence les communautés locales. Pour garantir l'accès concret de l'ensemble, le public filtre la démocratie ; de plus, la possibilité concrète de tout membre du public de contribuer à la détermination de l'acceptabilité d'un risque environnemental. L'ensemble du public reçoit

L'accès à la justice en matière d'environnement est indispensable.

iii) L'accès à la justice en matière d'environnement

La troisième et dernière exigence porte sur l'accès à la justice en matière d'environnement. Elle consiste non seulement en cas de violation présumée, aux deux exigences précédentes consacrées par la *Convention d'Aarhus*, mais aussi pour contester les actes ou omissions de particuliers ou d'autorités publiques, allant à l'encontre des dispositions de la législation nationale de l'environnement786. La *Convention d'Aarhus* de 1998 enrichit le principe de participation locale en s'appuyant sur les principes des droits humains notamment : le principe de non-discrimination787 ; le principe de recours suffisants et effectifs du public788 ; le principe de recours rapides789 ; le principe de recours dont le coût n'est pas prohibitif est prévu au paragraphe 4 des prescriptions de l'article 9 ; le principe de des délais raisonnables790 et le principe d'information du public sur les procédures de recours disponibles et assistance du public pour l'exercice de ces procédures est consacré dans les stipulations du paragraphe 5 de l'article 9 de la *Convention d'Aarhus* de 1998.

En cas de violation des droits d'accès à l'information consacrée dans la *Convention*, chaque Etat Partie veille à ce que toute personne ait l'opportunité de présenter un recours devant une institution judiciaire indépendante et impartiale établie par la loi791. Dans ce cas, la *Convention d'Aarhus* prévoit certaines obligations d'information et souligne que « *pour rendre ces dispositions encore plus efficaces, les Parties veillent à ce que le public soit informé des possibilités de recours administratif ou judiciaire et envisage la mise en place de dispositifs appropriés d'assistance* »792. Signalons que ces décisions judiciaires demandent motivation. Que ces décisions soient accessibles au public. Comme nous le constatons, si chacune des exigences de la *Convention d'Aarhus* est interreliée et se renforce mutuellement, alors, l'exigence d'accès à l'information occupe une place de choix dans le processus793. Par rapport à cette troisième exigence de la *Convention d'Aarhus*, plusieurs initiatives ont été prises dans les PED mettant en œuvre l'accès à la justice en matière d'environnement. Ainsi, l'environnement a été

---

notamment l'*information* et le *temps* d'exercer ses droits participatifs, en vertu de la *Convention d'Aarhus* de 1998.

786 Convention d'Aarhus, préc., note 171, art. 9, par. 3.

787 *Id.*, art. 3, par. 9.

788 *Id.*, art. 9, par. 4.

789 *Id.*

790 *Id.*, art. 6, par. 3.

791 Christine LARSSEN et Marc PALLEMAERTS, *L'accès à la justice en matière d'environnement : Toegang tot de rechter in milieuzaken*, Bruxelles, Les Editions Bruylant, 2005, p. 204.

792 Convention d'Aarhus, préc., note 171, art. 9, par. 5.

793 J. BARIL, préc., note 186, p. 101.

étudié judicieusement dans les Cours et Tribunaux en adoptant une double approche794 : (a) approche procédurale et ; (b) approche institutionnelle.

a) L'approche procédurale

L'approche procédurale consiste essentiellement à faciliter l'accès à la justice. Nous citerons à cet égard l'expérience de l'Inde (PED). L'environnement demeure le terrain de développement d'un activisme judiciaire important. La Cour suprême795, à travers une appréciation large d'*intérêt à agir*, autorise les citoyens et les associations à demander l'application des normes environnementales par simple courrier ; même si le demandeur n'est pas directement affecté par les mesures des autorités publiques. Pour renforcer ce dispositif, la Cour établit un lien entre les droits fondamentaux et l'environnement, à partir d'une interprétation large du droit à la vie, qui inclut le droit à un environnement sain796.

Que dire de l'approche institutionnelle ?

b) L'approche institutionnelle

L'approche institutionnelle consiste à créer des structures auxquelles on confie la protection de l'environnement et la garantie de la bonne application des règles écologiques. Trois pays en développement (PED) ont mis en route cette approche institutionnelle (Inde, Indonésie et Brésil). Dans un premier cas, en Inde, la création du tribunal vert national fait suite à l'importante activité des hautes cours en matière d'environnement797. Le tribunal indien règle les litiges civils touchant aux dommages environnementaux. Il peut ordonner des compensations. Il faut alors justifier l'*intérêt légitime à agir*. Toutefois, si le différend environnemental est traité sur le fondement d'une violation des droits fondamentaux, il convient pour tout individu, de se tourner vers la Cour Suprême du pays, dans le cadre de « *l'intérêt légitime à agir* »798. Au second cas, en Indonésie, le pouvoir public a créé des tribunaux de droit commun. Ils tiennent place d'une Cour vouée spécifiquement en charge de violations des droits de l'environnement799. En effet, un système

---

794 Magali DREYFUS, « The Judiciary's Role in Environmental Governance, The Case of Delhi », (2013) 43-3 *Environmental Policy and Law* 167, 174.

795 Lavanya RAJAMANI, « Public interest Environmental Litigation in India: Exploring Issues of Access, Participation, Equity, Effectiveness and Sustainability », (2007) 19-3 *Journal of Environmental Law* 293, 321. Les décisions de la Cour Suprême sont disponibles en ligne : http://supremecourtofindia.nic.in/ (consulté le 20 juin 2024).

796 *Id.*

797 Gill GITANJALI-NAIN, « A Green Tribunal for India », (2010) 22-3 *Journal of Environmental Law* 461, 474.

798 Domenico AMIRANTE, « Environmental Courts in Comparative Perspective : Preleminary Reflections on the National Green Tribunal of India », (2012) 29-2 *Place Environmental Law Review* 441, 469.

799 Georges PRING et Cathy PRING, *Greening Justice : Creating and Improving Environmental Courts and Tribunals*, Jakarta, The Access Initiative, 2009, p. 54.

de formation des magistrats traitant des questions environnementales a été mis en place. A la suite de cette formation, les juges sont évalués et reçoivent un certificat prouvant leur compétence. Ils sont alors sollicités en cas d différend environnemental, devant les tribunaux. Troisièmement, au Brésil, les procureurs ont la charge de la protection des droits collectifs, constituant du même coup un quatrième pouvoir800. A travers la procédure d'action civile publique, le parquet a notamment l'obligation d'agir devant les tribunaux civils pour la protection de l'environnement801. Au regard de ces exemples pertinents d'application de l'exigence de la *Convention*, nous estimons que la *Convention d'Aarhus* de 1998 peut servir de modèle dans la mise en place du processus participatif dans les pays en développement (PED).

Il convient d'analyser le volet participatif de la *Convention d'Aarhus* (1998) et y apporter certaines observations.

C. Analyse du volet participatif de la *Convention d'Aarhus* (1998) et observations

Le volet participatif de la *Convention d'Aarhus* de 1998 ainsi présenté comporte certaines lacunes. Celles-ci sont, entre autres, la large discrétion accordée aux autorités publiques ; la sérieuse confusion dans la distinction entre le « *public* » et le « *public concerné* » quant aux bénéficiaires du volet participatif802. Les lignes directrices du PNUE destinées à renforcer l'application internationale du modèle participatif en sont un exemple éloquent touchant cette confusion comme évoquées plus haut803. Bref, la distinction entre le « *public* » et le « *public concerné* »804 consacrée aux dispositions de l'article 6 a pour effet de limiter l'espace des participants au processus décisionnel au seul « *public concerné* ». D'autres lacunes apparaissent : d'abord, elles relèvent un manque d'attention accordée à la sensibilisation du public aux enjeux environnementaux. Ensuite, l'absence de dispositions dirigées vers un soutien aux communautés locales marginalisées805. Nous sommes persuadés que ces lacunes se font minimes par rapport aux objectifs généraux de la *Convention d'Aarhus* de 1998 en matière des procédures participatives, notamment du « *public concerné* ». Son volet participatif comporte de nombreux avantages. Ils se dirigent vers les

---

800 Alfredo VALLADAO, *O Ministerio Publico, quarto poder do estado, e outros estudos juridicos*, Freitas Bastos, Rio de Janeiro, 2002, p. 67.

801 *Id.*

802 Christine LARSSEN, « Vers une gestion démocratique du risque environnemental. Le système participatif de la Convention d'Aarhus : faiblesses et potentialités », (2012) 17-1 *Lex Electronica* 1, 16.

803 Consulter les lignes directrices du PNUE (directives 8 et 12). Les concepts de « *public* » et « *public concerné* » sont définis comme dans la Convention d'Aarhus de 1998.

804 C. LARSSEN, préc., note 802, p. 17.

805 *Id.*, p. 18 et 19.

communautés locales affectées ou susceptibles de l'être dans la mise en place des projets de développement dans les PED. En effet, la *Convention d'Aarhus* de 1998 marque une première étape importante dans la transposition des objectifs du paragraphe 43 de la *Déclaration finale* de Rio+20 (2012) en obligations contraignantes806. Elle constitue un traité d'un nouveau genre à l'intérieur du droit international public de l'environnement. La *Convention d'Aarhus* traite d'engagements dont les Etats Parties ont envers les populations locales807. Contrairement au passé, ce traité ne porte pas sur les milieux, des substances et des espèces. Le traité reconnaît en affirmant des droits. Ceux-ci sont directement invoqués par toutes les populations devant les cours et tribunaux. Ce faisant, la *Convention d'Aarhus* de 1998 dépasse donc le cadre strict habituel de l'environnement et touche également des aspects démocratiques et des exercices partagés entre le pouvoir et l'Etat laissant une place aux décisions économiques tout en prenant l'avis des communautés locales808. La *Convention d'Aarhus* de 1998809 représente la consécration du « *droit à l'environnement* », droit qui se trouve affirmé dans un traité contraignant plutôt que simplement déclaratoire comme auparavant avec la *Déclaration de Stockholm* de 1972 (*soft law*). Pour s'en convaincre, la première des dispositions générales de la *Convention* mentionne bien que « *Chaque Partie prend les mesures législatives, réglementaires ou autres nécessaires, ainsi que des mesures d'exécution appropriées, dans le but de mettre en place et de maintenir un cadre précis, transparent et cohérent aux fins de l'application des dispositions de la présente Convention* »810. La *Convention d'Aarhus* représente une avancée significative, tant par son approche reliée aux instruments juridiques internationaux sur les droits de l'homme, que par sa contribution à l'harmonisation et à la démocratisation du droit applicable au processus de décision en matière d'environnement811. Sa prémisse majeure offre la démocratisation de la gestion des biens communs812. D'ailleurs, l'ancien Secrétaire général des Nations Unies, Mr. Koffi Annan, souligne la *Convention d'Aarhus* de 1998 comme étant « *la plus ambitieuse contribution à la démocratie environnementale prise sous les*

---

806 Maguelonne DEJANT-PONTS et Marc PALLEMAERTS, *Droits de l'homme et environnement*, Strasbourg, Les Editions du Conseil de l'Europe, 2002, p. 33.

807 J. BARIL, préc., note 186, p. 91.

808 Michel PRIEUR, « Information et participation du public en matière d'environnement. Influence du droit international et communautaire », dans Michel PAQUES et Michaël FAURE, *La protection de l'environnement au cœur du système juridique international et du droit interne. Acteurs, valeurs et efficacité*, Bruxelles, Editions Emile Bruylant, 2003, p. 1-90 à la page 87.

809 *Id.*, p. 78.

810 Convention d'Aarhus, préc., note 171, art. 3, par. 1.

811 M. PRIEUR, préc., note 808, p. 11.

812 *Id.*

auspices des Nations Unies »813. Cette *Convention* représente également un pas décisif dans la marche vers la reconnaissance d'un droit humain fondamental : celui du « *droit à l'information* » étudiant les questions environnementales. Cependant, elle vise très largement la divulgation d'informations détenues par les Etats Parties exigeant des engagements de leur part814. La *Convention d'Aarhus* de 1998 constitue la matérialisation de l'effectivité du droit international public de l'environnement, par la mise en place des modalités concrètes des procédures participatives. Elle se perçoit comme un outil essentiel assurant un pont entre les gouvernements et les individus à travers l'accès à l'information et la participation aux processus décisionnels815. La *Convention d'Aarhus* de 1998 représente le droit international public de l'environnement dans une application décisive. Elle éclaire la confiance du public dans les institutions étatiques. Elle définit les règles d'une bonne gouvernance solidifiant les trois piliers du développement durable816. La *Déclaration de Rio sur l'environnement et le développement* de 1992 montre l'existence d'un consensus, quant à l'application des exigences de participation consacrées par la *Convention d'Aarhus* de 1998817. Sa réaffirmation dans la *Déclaration finale* de Rio+20 (2012) le confirme au paragraphe 43. D'ailleurs, de nombreuses expériences pratiques ressortent des tribunaux nationaux et internationaux. Ces derniers clarifient au fil de leur jurisprudence, le sens à donner au principe de participation obligatoire près des autorités publiques818. Selon nous, la *Convention d'Aarhus* de 1998 constitue le thermomètre de la température démocratique en matière d'environnement, sur le plan international.

Pour toutes ces raisons, la *Convention d'Aarhus* de 1998 prévoit un minimum de mise en place des garanties. Ces dernières constituent des critères de participation locale tels le droit d'accès à l'information environnementale, le droit de participation au processus décisionnel et l'accès à la justice en matière d'environnement. Ces critères de participation se dirigent vers une attente des résultats prometteurs (réduction des émissions polluantes, amélioration des conditions sociales des communautés) en lien avec les projets de développement dans les PED. Ainsi, la *Convention d'Aarhus* de 1998 mentionne une approche de développement durable, insistant sur la prise en

---

813 COMMUNAUTE ECONOMIQUE EUROPEENNE- ORGANISATION DES NATIONS UNIES (CEE-ONU), *Guide d'application de la Convention d'Aarhus*, 2000, p. iv, en ligne : ligne :
http://www.unece.org/env/pp/implementation%20guide/french/impl.guidel.e.pdf
(consulté le 21 juin 2024).
814 J. BARIL, préc., note 186, p. 92.
815 *Id.*
816 *Id.*, p. 91.
817 M. DREYFUS, préc., note 170, p. 17.
818 *Id.*

compte des besoins des populations locales par leur participation aux prises de décision.

Après cette analyse, il convient de confronter les avantages de l'outil participatif en soi et les obstacles à sa mise en route dans les PED en général, et en République Démocratique du Congo (RDC), en particulier ; Etats qui comportent déjà des carences juridiques, financières, techniques, humaines, sociales, etc. On verra ainsi qu'il existe une forte concurrence entre le droit coutumier (pratiques traditionnelles et liens ancestraux) et les projets de développement concernant les droits des communautés locales et autochtones. La résolution de ces problèmes peut constituer un pas important pour la mise en place effective du processus participatif dans les PED. A ce propos, nous formulerons quelques propositions pour une bonne participation des communautés locales à la mise en œuvre des instruments juridiques internationaux par le canal des divers projets de développement dans les pays du Sud.

Ainsi, les idées présentées dans ce chapitre insistent sur la *participation des peuples autochtones et des communautés locales*. Cette participation peut constituer une nécessité garantissant les objectifs généraux du développement durable et de droit international public de l'environnement (DIPE). Si, d'une part, on entend par « *protection du couvert forestier* », une gestion écologiquement viable des ressources forestières en vue leur conservation au bénéfice des générations présentes et futures, et d'autre part, si le « *développement durable* » est celui qui « *répond aux besoins des générations présentes sans compromettre la capacité des générations futures à répondre aux leurs* »819, alors ils ne peuvent pas s'envisager sans garantir en même temps l'épanouissement des communautés locales. Pour réaliser cet équilibre, il serait pertinent d'impliquer les populations locales à la mise en route des programmes de protection de l'environnement. En plus du fait que ces programmes visent aussi à réduire la pauvreté et à améliorer les conditions de vie des populations locales, l'objectif environnemental de réduction des émissions des GES se réaliserait plus aisément s'il est adopté et soutenu par ces populations. Les pratiques traditionnelles de gestion des terres et des forêts auxquelles les populations locales adhèrent risquent de s'ériger en obstacle majeur à la mise en route de projets dans les PED. En effet, même si la majorité des législations nationales forestières des pays en développement (PED) stipule que l'Etat est le propriétaire du sol et sous-sol sur toute la superficie du pays820, le droit coutumier- implicitement reconnu à travers le

---

819 Déclaration finale de Rio+20, préc., note 5, Annexe, par. 13.

820 OIBT, *Situation de la gestion des forêts tropicales*, Yokohama (Service technique), n° 11, 2011, p. 32 et 33. Le Rapport note que dans la plupart des pays en développement (PED), l'Etat a revendiqué le titre de propriété légal depuis la période coloniale, alors que le régime de propriété coutumier sur ces mêmes zones remonte à des siècles. En Asie, les forêts appartiennent en majorité écrasante à l'Etat, qui les détient à plus de 80% au

pouvoir des chefs coutumiers – consacre le statut de propriétaire foncier des communautés locales. Fort de ce droit, ces dernières conçoivent la forêt comme leur bien et l'exploitent selon les méthodes traditionnelles (culture sur brûlis, jachère de courte durée, abattage d'arbres pour la fabrication de charbon, etc.), sans égard, ni pour les réserves de biosphères, ni pour les *Codes forestiers* dans leur ensemble. Ainsi que l'indique justement ce récent rapport de l'OIBT821, dans la plupart des pays d'Afrique Centrale et de l'Ouest, le décalage entre les régimes légal et coutumier constitue une entrave à la gestion durable des forêts. Cette situation ne fait qu'aggraver les défis liés à la gouvernance, l'injustice et les conflits, et limiter la capacité des collectivités locales à explorer des opportunités de développement émanant de divers projets, comme le Programme d'intervention *Biodiversité* du Fonds pour l'environnement mondial (FEM) et le REDD+.

Cette évidence soulève une autre question de procédure : par quel mécanisme articuler les objectifs des instruments juridiques modernes internationaux et le droit foncier coutumier ? Cette articulation peut s'effectuer par la *participation* des peuples autochtones et des communautés locales dans l'élaboration, l'interprétation et la mise en œuvre des politiques forestières. En effet, intéressante dans ses visées environnementales et sociales, la protection du couvert forestier suscite une confrontation d'intérêts et de visions du monde qui ne peut se résoudre que par la *participation* de toutes les parties impliquées à son processus. En ce qui concerne les populations locales, cette implication peut prendre différentes formes, notamment celles de l'information, la consultation, la concertation en vue d'un consensus et de l'adhésion.

La participation locale s'inscrit dans les instruments juridiques internationaux de protection de l'environnement. Nous mentionnerons : la *Déclaration sur les forêts* (1992), la *CDB* (1992), la *CCNUCC* (1992), la *Convention d'Aarhus* (1998). De plus, une série de normes issues du droit international, notamment les droits de l'homme822 contribue également à affiner le contenu de la participation des communautés locales dans la gestion des ressources naturelles et forestières. Malgré cette panoplie de normes, le droit

---

Cambodge, en Inde, en Indonésie, en Malaisie, au Myanmar, aux Philippines et en Thaïlande. En revanche, dans les Etats insulaires du Pacifique, Fidji, Papouasie-Nouvelle-Guinée et Vanuatu, la quasi-totalité des forêts appartient aux peuples autochtones ou aux collectivités, bien que, comparé aux pays d'Asie, il s'agisse d'une petite superficie de forêt. Le régime de propriété foncière donne lieu aux conflits apparemment répandus au Cambodge, tandis qu'il fait aussi l'objet d'un litige non résolu entre l'Etat et le peuple *Penan* au Sarawak, en Malaisie.

821 *Id.*, p. 32.

822 Par exemple, Déclaration universelle des droits de l'homme, préc., note 604 ; Pacte international relatif aux droits civils et politiques, préc., note 607 ; Pacte international relatif aux droits économiques, sociaux et culturels, préc., note 627.

international public de l'environnement (DIPE) demeure flou sur la signification exacte de la *participation* et sur les modalités concrètes d'application. Parmi les instruments juridiques internationaux analysés, nombreux sont ceux qui ne se prononcent pas clairement sur les modalités pratiques de réalisation de la participation locale, dans le secteur de l'exploitation des ressources naturelles et forestières. Se référant au paragraphe 43 de la *Déclaration finale* de Rio+20 de 2012, Dupy et Vinuales estiment ainsi que les Etats ne disposent pas de balises pour assurer une opérationnalisation et une application effective de la participation locale823.

Heureusement, les critères824 de la participation locale et les composantes du *consentement libre préalable et éclairé* offrent certaines directives, notamment le droit d'accès à l'information, comme constituant une composante majeure du principe de participation825. Ces critères énoncés dans les instruments juridiques peuvent assurer un minimum des droits participatifs dans la mise en place des programmes où les pays développés (PD) et autres bailleurs de fonds (institutions financières internationales), financent les PED. Ces programmes visent à garantir la protection de l'environnement, la stimulation des activités économiques et l'amélioration des conditions de vie des populations locales. Ainsi, nous avons montré comment les instruments de la protection juridique internationale des forêts ont évolué dans des actions purement économiques, environnementales à la prise en compte des aspects socioculturels, incluant les communautés locales, dans la planification et l'application des politiques forestières.

Le développement durable et ses postulats ne sont pas statiques. Tout récemment, dans l'*Accord de Paris* de 2015 sur le climat, les Etats se sont engagés à revoir et faire évoluer leurs contributions prévues déterminées au niveau national (CDN), tous les cinq ans. Il ne s'agit pas du principe de non-régression, mais bien de celui, plus exigeant encore, de « *progression* », qui devient la pierre angulaire des contributions nationales déterminées à venir des Etats (art. 3 et 4 (3) et 11)826. Il n'est pas aisé de clarifier la conception de la notion de développement durable et la substance de ses postulats fondateurs. La recherche d'une juste mesure entre les trois piliers du développement durable- l'économie, l'écologie et le social- doit dépasser les déclarations d'intention pour rejoindre les instances décisionnelles et l'individu. Un défi majeur à relever. Les Etats (notamment du Sud) doivent déployer des progrès considérables s'ils veulent concrétiser les objectifs du

823 P.-M. DUPUY et J.-E. VINUALES, préc., note 20, p. 114.

824 Convention d'Aarhus, préc., note 171 : le *droit d'accès à l'information*, la *participation du public aux décisions environnementales* et l'*accès à la justice en matière d'environnement*.

825 P.-M. DUPUY et J.-E. VINUALES, préc., note 20, p. 115.

826 S. LAVALLEE et S. MALJEAN-DUBOIS, préc., note 464, p. 36.

développement durable, et en suivre les prouesses, grâce aux critères et indicateurs développés pour ce faire827.

Conclusion du chapitre

Ce chapitre parle de la participation des populations locales. Cette participation constitue un impératif assurant la mise en œuvre d'instruments juridiques internationaux pertinents de protection de l'environnement en RDC, dans l'optique de développement durable (stimuler la croissance économique, réduire les émissions des gaz à effet de serre, améliorer les conditions de vie des populations). De cette analyse, nous remarquons que certains critères de participation énoncés dans le paradigme du développement durable et dans les instruments juridiques internationaux ne s'appliquent toutefois pas sur le terrain en République Démocratique du Congo. Cette situation s'explique par un certain nombre d'obstacles inhérents au fonctionnement de l'outil participatif et à la mise en route des projets de protection de l'environnement dans ce pays. Ces derniers accusent des lacunes à plusieurs niveaux : (1) lacunes d'ordre institutionnel : déficits de gouvernance et de transparence ; (2) lacunes en infrastructures : manque de réseau routier fiable capable de servir de connexion entre les villes et les milieux ruraux ; (3) lacunes en ressources humaines : déficit des compétences ou manque de main d'œuvre qualifiée dans le secteur de l'environnement ; (4) lacunes d'ordre social : manque d'information des populations locales sur les stratégies nationales environnementales et ses retombées sur les collectivités rurales ; (5) lacunes d'ordre juridictionnel : incompatibilité entre le régime foncier et les droits des populations locales, faiblesse de la sécurité sur l'ensemble du territoire national ; (6) lacunes de nature technique : carence en ressources techniques spécialisées et en logistique. Enfin, (7) conflits d'intérêt (manque d'adhésion des populations locales à l'élaboration des politiques environnementales) qui provoquent le déficit de confiance et de coopération entre le gouvernement, les ONG du secteur et les groupes locaux. Dans la même lancée, nous dégageons des aspects essentiels qui correspondent aux réalités de la RDC exigeant une dynamique applicable aux communautés locales. Ainsi, nous proposons les pistes de solution d'accompagnement suivantes :

(1). Mettre en place une structure efficace de financement de la formation du personnel de l'administration environnementale. Nous demandons aux universités et écoles de formation de gestionnaires spécialisés une attention spéciale en matière de terres et de ressources naturelles ; (2). Approcher les groupes (association des femmes, des jeunes, des vieux, des chefs de villages) chargés d'intéresser les communautés en montrant la nécessité et les bénéfices

---

827 Transformer notre monde : le Programme de développement durable à l'horizon 2030, préc., note 6.

concrets de la mise en œuvre d'instruments juridiques internationaux pour une vie meilleure. Ces cellules formées jouiront d'une certaine influence dans la réalisation de l'instrument mis en route. Ce faisant, la contribution de chacun aide à la concrétisation dudit instrument. De là, les communautés locales deviennent des partenaires de l'instrument proposé. Concernant les bénéfices possibles, procéder à une projection à court, moyen et long termes de création d'emplois à générer, l'accès à l'électricité des ménages, l'accès aux soins de santé, l'amélioration de la couverture des besoins alimentaires, etc. ; (3). Apprivoiser les pratiques traditionnelles des ressources et des terres des communautés locales ; intégrer celles-ci dans la planification des mécanismes de mis en œuvre d'instruments juridiques internationaux ; (4). Conclure des ententes avec des agences privées pour la réhabilitation des infrastructures routières, indispensables à la réussite de l'outil participatif ; (5). Elaborer à l'échelle locale des mécanismes incitatifs au profit des communautés quant à la protection des ressources naturelles et forestières. Ces incitatifs pourraient s'étendre aux initiatives tendant à décourager la pollution. Il s'agira notamment d'accorder une compensation financière aux communautés utilisant des pratiques respectueuses de l'environnement ; (6) Procéder à la formation des membres des communautés locales dans l'optique de leur participation dans la mise en route d'outils juridiques internationaux. Une approche garantira la prise en compte des coutumes locales, ce qui correspondrait mieux aux réalités sociologiques de la RDC. De plus, nous estimons, que l'engagement mis en route et l'implication active des communautés peuvent conduire les instruments juridiques internationaux à une mise en œuvre concrète ; (7) Garantir, au moment de la mise en œuvre d'instruments juridiques internationaux, le droit des communautés concernées à jouer un rôle central dans la détermination des meilleurs moyens de continuer à protéger l'environnement et à en tirer parti, y compris leurs droits d'en poursuivre l'usage coutumier ou traditionnel. Ceci aura pour avantage de légitimer les décisions gouvernementales et de rétablir ce climat de confiance entre les groupes locaux, les ONG du secteur et le gouvernement ; (8) Favoriser la surveillance en prenant des mesures appropriées, des retombées de mise en route d'outils juridiques internationaux sur le plan social et sur des moyens de subsistance des communautés locales. Il est d'une importance capitale que ces outils s'assurent que des avantages durables parviennent effectivement aux populations locales plutôt que d'être accaparés par des tiers ; (9) Elaborer une nouvelle politique visant à renforcer la présence policière par la création de la police de proximité, dotée de moyens financiers adéquats, dans les quartiers, avec l'appui des membres des communautés locales.

Conclusion Volume 1

Ce premier volume a porté sur l'environnement et droit international public. Je l'ai articulé en quatre chapitres.

Le premier chapitre a permis, dans le cadre des prélimiaires, définir le concept environnement, ses problèmes, ses conditions de conservation et d'utilisation ; j'ai parlé en outre des sciences de l'enviromment et des éthiques environnementales dont le principe que l'existence même de la vie comporte l'obligation de la respecter et que chaque génération a une responsabilité envers les suivantes. Il s'agit de la promotion de l'éthique biocentrique comme dépassement de celle anthropocentrique comme enseignée par Hans Jonas. J'ai souligné le rapport de l'homme avec son environnement. Il y a un impact des activités humaines (population, richesse et technologie) sur l'environnement. Il est impérieux de protéger l'environnement pour éviter les dégâts, pour le bien des générations futures, pour l'application du droit à un environnement sain et pour le maintien de la paix mondiale.

Le second chapitre a eu pour pierre de touche l'évolution historique du droit de l'environnement avant 1972 et lors de la *Conférence des Nations Unies sur l'environnement humain* (*CNUEH*) de Stockholm, 1972. J'ai évoqué en outre la *Conférence des Nations Unies sur l'environnement et le développement* (*CNUED*) de Rio, 1992. La *Conférence des Nations Unies sur le développement durable* (*CNUDD*) de Johannesburg, 2002 m'a permis de définir le *pilier social* du développement durable, ses critères clés d'évaluation, le bien-être (mieux-être) des populations et le niveau de qualité interne de la société. J'ai en outre parlé de la *Conférence des Nations Unies sur le développement durable* (*CNUDD*) de Rio+20, 2012 en évoquant les progrès réalisés dans la mise en route du Principe 10 de la *Déclaration de Rio sur l'environnement et le développement*, 1992 dans l'affirmation du Principe 10 au niveau international et la mise en route des trois branches du Principe 10. J'en ai évoqué les perspectives pour la confirmation de la valeur politique du Principe 10 et la lente affirmation de sa valeur obligatoire. J'ai fini par l'*Accord de Paris* sur le climat de 2015.

Le troisième chapitre a eu pour objet les concepts et principes généraux en droit international public de l'environnement. J'ai parlé du développement durable : définition, objectifs fondamentaux et critères clés ainsi que les conditions fondamentales dont la démocratie, l'autonomie, l'équité et l'interdépendance. Il a été propice d'évoquer le statut juridique du développement durable et ses origines huistoriques et institutionnelles de 1960 à1980, de 1980 à nos jours. La seconde section a rappelé le principe de souveraineté permanente sur les ressources naturelles. La troisième section s'est articulée sur le principe de prévention. J'en ai évoqué la notion et des cas d'application à travers les jurisprudences internationales. La quatrième section a examiné le principe précaution en rappelant les notions, les critères pour la mise en œuvre en faisant allusion à l'*Accord sur l'application des mesures sanitaires et phytosanitaires*, au *Protocole de Cartagena* et à la *Ligne directrice européenne* de février 2000. La cinquième section s'est corsée sur la notion et la difficile mise en route du principe pollueur-payeur. La sixième et dernière section a eu pour objet le principe des responsabilités communes mais différenciées (PRCMD) en évoquant les notions générales, le sens, les modalités pour la mise en œuvre, le statut juridique et le lien entre le principe des responsabilités communes mais différenciées et le concept du développement durable.

Le dernire chapitre a été l'étude du principe de participation locale en droit international public de l'environnement. Il a été question de la participation locale dans le paradigme du développement durable et dans les instruments juridiques internationaux de protection de l'environnement. J'ai présenté la définition, les critères, les objectifs et les modalités de la participation locale. Il était important de rappeler les facteurs d'émergence de la participation locale dans le secteur de l'exploitation des ressources naturelles et forestières : la tendance vers la démocratisation post-Union Soviétique, la dissémination accrue de l'information par le biais de médias de masse, *Internet* en tête : Technologies de l'Information et de la Communication (TIC), le développement du droit international public de l'environnement (DIPE), l'inclusion de la participation locale comme condition préalable à l'obtention d'un prêt de la part des institutions financières internationales, l' expansion du régime international des droits de l'homme, la reconnaissance croissante des droits des peuples autochtones sur le plan international et le concept de développement durable et la participation locale. Quant à la place de la participation locale dans les instruments juridiques internationaux de protection de l'environnement, j'ai rappelé l'évolution juridique de la protection internationale des forêts et la participation locale dans les instruments juridiques internationaux pertinents traitant de la forêt dont la *Déclaration de principes, non juridiquement contraignante mais faisant autorité, pour un consensus mondial sur la gestion, la conservation et l'exploitation écologiquement viable de tous les types de forêts* (*Déclaration sur les forêts*, 1992), la *Convention sur la diversité biologique* (*CDB*) de 1992 et celle d' *Aarhus sur l'accès à l'information, la participation du public au processus décisionnel et l'accès à la justice en matière d'environnement* de 1998.

Bibliographie

LEGISLATION ET REGLEMENTATION

Textes constitutionnels

Constitution de la République Démocratique du Congo, telle que modifiée et complétée par la *Loi n° 11/002* du 20 janvier 2011 *portant révision de certains articles de la Constitution* du 18 février 2006.

Constitution de la République du Zaïre de 1967.

Textes législatifs

Lignes directrices de la Politique nationale, CONAP, 1999.

Loi portant Code forestier en République Démocratique du Congo, L.R.D.C. 2002, c. A-1.

Loi portant Code minier en République Démocratique du Congo, L.R.D.C. 2018, c. A-2.

Loi portant dispositions générales applicables aux Etablissements Publics, L.R.D.C., 2008, c. A-7.

Loi portant principes fondamentaux relatifs à la protection de l'environnement, L.R.D.C., 2011, c. A-3.

Loi portant régime général des biens, régime foncier et immobilier et régime des sûretés, telle que modifiée et complétée par la *Loi n°80/008* du 18 juillet 1980.

Loi portant réglementation de la chasse en République Démocratique du Congo, L.R.D.C. 1982, c. P-2.

Loi sur les Aires Protégées au Maroc, L.R.M. 2004, c. 1.

Loi sur les Aires Protégées en République de Guatemala, L.R.G. 1989, c. A-1.

Loi sur les Aires Protégées pour les réserves forestières en République de Guatemala, L.R.D.G. 1989, c. 1.

National Environmental Policy Act (NEPA), L.A. 1970, c. 1.

Textes règlementaires

Arrêté ministériel fixant la procédure d'enquête publique préalable à l'octroi des concessions forestières en République Démocratique du Congo, 2008, c. 2.

Arrêté ministériel fixant les conditions d'agrément d'un bureau d'études en évaluation environnementale et sociale, R.R.D.C., 2016, c. A-1.

Arrêté ministériel fixant les frais liés à l'évaluation des études environnementales et sociales, R.R.D.C., 2017, c. A-5.

Arrêté ministériel fixant les mesures relatives aux autorisations de reconnaissance et d'inventaire forestier d'allocation en République Démocratique du Congo, 2008, c. 3.

Arrêté ministériel portant composition, organisation et fonctionnement des Conseils consultatifs provinciaux des forêts en République Démocratique du Congo, 2006, c. 2.

Arrêté ministériel portant coordination et programmation de toutes les activités de reboisement en République Démocratique du Congo, 2009, c.4.

Arrêté ministériel portant création et organisation du Comité de Pilotage du projet de foresterie communautaire en République Démocratique du Congo, 2008, c. 1.

Arrêté ministériel portant création, organisation et fonctionnement des organes intervenants dans l'évaluation environnementale et sociale du Programme Multisectoriel d'Urgence de Réhabilitation et de Reconstruction, R.R.D.C., 2004, c. A-1.

Arrêté ministériel portant création, organisation et fonctionnement du Groupe d'Etudes Environnementales du Congo, R.R.D.C., 2006, c. A-2.

Arrêté ministériel portant nomination d'un chargé de Mission et d'un chargé de Mission Adjoint, R.R.D.C., 2015, c. A-5.

Arrêté ministériel portant réglementation de la récolte de certains produits forestiers en République Démocratique du Congo, 2008, c. 4.

Déclaration de politique nationale et des stratégies pour le développement de l'environnement en République de Guatemala, 1999.

Décret fixant les modalités de conversion des anciens titres forestiers en contrats de conversion en République Démocratique du Congo, 2005, c. 1.

Décret fixant les règles de fonctionnement des mécanismes procéduraux de la protection de l'environnement, R.R.D.C., 2014, c. A-2.

Décret fixant les statuts d'un Etablissement Public dénommé Agence Congolaise de l'Environnement « ACE » en sigle, R.R.D.C., 2014, c. A-2.

Décret portant Règlement minier en République Démocratique du Congo, R.R.D.C. 2018, c. A-2.

Décret portant règlementation des installations classées, R.R.D.C., 2013, c.A-1.

Décret relatif au régime forestier au Congo belge, E.I.C. 1949, c.1.

Décret royal sur les parcs nationaux du Maroc, R.M. 1934, c.1.

Ordonnance portant nomination des membres du Conseil d'Administration et de la Direction Générale d'un Etablissement Public dénommé Agence Congolaise de l'Environnement « ACE », R.R.D.C., 2023, c. A-6.

Ordonnance-Loi portant principes fondamentaux relatifs à la protection de l'environnement, R.R.D.C., 2023, c. A-3.

JURISPRUDENCE

Affaire *Case of Kichwa Indigenous People of Sarayaku* c. *Ecuador*, [2012] R.C.I.D.H. 245, Series C.

Affaire *Center for Minority Rights Development (Kenya) and Minority Rights Group International on behalf of Endorois Welfare Council* c. *Kenya*, [2003] R.C.A.D.H.P.

Affaire *Communauté autochtone Awas Tingi* (*Nicaragua*) c. *Mary et Carrie Dann* (*Etats-Unis*), [1999] 1 R.C.I.D.H. vol. 2.

Affaire *Communauté autochtones Ogoni* (*Nigéria*) c. *Social and Economic Rights Action Center (SERAC) and Center for Economic and Social Rights (CESR)*, [1996] 155 R.C.A.D.H.P.

Affaire *de l'Usine de Chorzow (Allemagne c. Pologne)*, compétence, 1927, P.C.I.J., Series A, n° 9.

Affaire *de la Fonderie de Trail* (*Etats-Unis d'Amérique* c. *Canada*), [1941] R.S.A., vol. III.

Affaire *des épandages aériens d'herbicides* (*Equateur* c. *Colombie*), [2008] R.C.I.J., n° 2008/5.

Affaire *des essais nucléaires français* (*Australie* c. *France*), [1974] R.C.I.J., 253 et affaire *des essais nucléaires* (*Nouvelle-Zélande* c. *France*), [1974] R. C.I.J., 457.

Affaire *des Mines de Potasse d'Alsace* (Conseil d'Etat français, 18 avril 1986).

Affaire *des pêcheurs japonais* et Affaire *du Torrey Canyon et le développement du droit de la responsabilité objective*.

Affaire *du Détroit de Corfou* (*République Populaire d'Abanie* c. *Royaume-Uni de Grande Bretagne et d'Irlande du Nord*), [1949] R. C.I.J. 244.

Affaire *du Lac Lanoux* (Espagne c. France), [1957] R.S.A., vol. VII.

Affaire *Gabcikovo-Nagyamaros* (*Hongrie* c. *Slovaquie*), [1997] 92 R. C.I.J. 92, General List.

Affaire *Guerra* c. *Italie*, (1998) 12 R.C.E.D.H., J.-F. Flauss, AJDA n° 12/1998, Actualité de la *Convention européenne des droits de l'homme*.

Affaire *Juan Antonio Oposa et al.* c. *Fulgencio S. Factoran*, Jr., et al., [1993] 92 R.C.S.P. 92.

Affaire *Nicaragua* c. *Costa Rica*, [2015] 150 et 152 Rec. C.I.J.

Affaire relative à des *Usine de pâte à papier sur le fleuve Uruguay* (*Argentine* c. *Uruguay*), [2010] 21 R. C.I.J. 21.

Affaires *du plateau continental de la mer du Nord* (*République fédérale d'Allemagne* c. *Danemark* ; *République fédérale d'Allemagne* c. *Pays-Bas*) [1969] 3 R. C.I.J. 72.

Affaires *du Sud-Ouest Africain* (*Ethiopie* c. *Afrique du Sud* ; *Libéria* c. Afrique *du Sud*), [1996] R C.I.J. 6.

Affairs The Hague District Court, Chamber of Commercial (*Urgenda Foundation* v. *The State of the Netherlands* (*Ministry of Infrastructure and the Environment*), C/09/456689/HA ZA 13-1396, 24 juin 2015.

Lahore High Court, Lahore Judicial Department, *Asghar* v. *Federation of Pakistan*, Case n° W.P. n° 25501/2015, 4 septembre 2015.

Licéité de la menace ou de l'emploi d'armes nucléaires, avis consultatif, 8 juillet 1996, [1996] R. C.I.J. 226.

Ligue royale belge pour la protection des oiseaux, Conseil d'Etat belge, n° 55.378, 25 septembre 1995.

DOCRTINE

Monographies et recueils

ANDRE, P., *Participation publique : principes internationaux pour une meilleure pratique*, Paris, International Association for Impact Assessment, 2006.

ANGELSEN A. et S. WERTZ-KANOUNNIKOFF (dir.), *Réaliser le REDD+ : options stratégiques et politiques nationales*, Bogor, Editions Center for International Forestry Research, 2009.

ARBOUR, J.-M. et G. PARENT, *Droit international public*, 5è éd., Cowansville, Editions Yvon Blais, 2006.

ARBOUR, J.-M., S. LAVALLEE, J. SOHNLE et H. TRUDEAU, *Droit international de l'environnement*, 3è éd., Conwansville, Editions Yvon Blais, 2016.

AUBUY, J.-B., *La globalisation, le droit et l'Etat*, 2è éd., Montchrestein, Lextenso Editions, 2010.

BANQUE AFRICAINE DE DEVELOPPEMENT [BAD], *Développement rural et réduction de la pauvreté en Afrique (Résumé)*, Abidjan, BAD, 2002.

BANQUE AFRICAINE DE DEVELOPPEMENT [BAD], *Lignes directrices pour l'évaluation intégrée des impacts environnementaux et sociaux*, Cotonou, Banque africaine de développement, 2003.

BANQUE MONDIALE [BM], *Développement rural, Politique sectorielle*, Washington, Banque mondiale, 1975 et Banque mondiale [BM], *Gestion des ressources forestières pour un développement durable*, Washington DC, Groupe d'évaluation indépendant (BM), 2002 ; BANQUE MONDIALE [BM], *Les partenaires multilatéraux du processus national REDD+ en RDC : ONU-REDD et FCPF*, Kinshasa, Mission Banque mondiale, 2010 et BANQUE MONDIALE [BM], *Faire reculer la pauvreté en Afrique subsaharienne*, Washington D.C., Les Editions de la Banque mondiale, 1997.

BANQUE MONDIALE [BM], *Directive opérationnelle 4.01, l'OP Evaluation Environnementale du fait des impacts environnementaux pouvant résulter de certaines activités futures*, 1999.

BANQUE MONDIALE [BM], *Manuel d'évaluation environnementale*, Washington, Les Editions de la Banque mondiale, 2015.

BANQUE MONDIALE [BM], *Manuel d'évaluation environnementale*, Washington, Editions de la Banque mondiale, 1999.

BANQUE MONDIALE [BM], *Rapport 2015 : l'inaction sur le climat fera flamber la pauvreté*, Washington D.C., Institut de Développement Economique (Banque mondiale), 2015, en ligne : http://www.banquemondiale.org/fr/topic/climatechange/overview (consulté le 4 août 2024) et BANQUE MONDIALE [BM], *Rapport sur le développement dans le monde 2000/2001 : Combattre la pauvreté*, Paris, Eska, en ligne : http://documents.banquemondiale.org/curated/fr/2001/01/7592008/world-development-report-20002001-attacking-poverty-rapport-sur-le-developpement-dans-le-monde-20002001-combattre-la-pauvreté (consulté le 3août 2024).

BANQUE MONDIALE [BM], *Rapport sur le développement dans le monde : Pauvreté et développement humain*, Washington D.C., 2013, en ligne : http://siteresources.worldbank.org/EXTNDR2013/Resources/825802413209 50747192/8260293-13226658831447/Overview_French.pdf (consulté le 3 août 2024) ; BANQUE MONDIALE [BM], *Rapport sur le développement dans le monde : Pauvreté et développement humain*, Washington D.C., 1980 et BANQUE MONDIALE [BM], *Rapport sur le développement dans le monde : Pauvreté et développement humain*, Washington D.C., 1990.

BANQUE MONDIALE [BM], *République Démocratique du Congo-Programme Multisectoriel d'Urgence de Réhabilitation et de Reconstruction (PMURR)*, Banque mondiale, 2002.

BARIL, J., *Droit d'accès à l'information environnementale : pierre d'assise du devéloppement durable*, Cowansville, Editions Yvon Blais, 2013.

BEURRIER, J.-P., *Droit international de l'environnement*, 4è éd., Paris, Editions A. Pedone, 2010.

BIRNIE, P., A. BOYLE and C. REDGWELL, *International Law and the Environment*, 3e éd., Oxford, Oxford University Press, 2009.

BODANSKY, D., J. BRUNNEE and E. HEY, *International environmental law*, Oxford, Oxford University Press, 2007.

BONFIGLIOLI, A., *Terres des pauvres : Gouvernance environnementale locale et gestion décentralisée des ressources naturelles*, New York, Fonds d'équipement des Nations Unies (FENU), 2004.

BOSSELMANN, K., *The principle os sustainability: Transforming law and governance*, second edition, New York, Routledge, 2017.

BOUSSON, E., *Gestion forestière intégrée : Approche basée sur l'analyse multicritère*, Liège, Les Presses agronomiques de Gembloux, 2003.

BOUVIER, A.-L., *L'évolution de l'évaluation des impacts depuis le début des années 1970 : le cas des grands barrages hydroélectriques au Québec*, mémoire de maîtrise, Québec, Faculté des études supérieures, Université du Québec à Montréal (UQAM), 2006.

BROWN-WEISS, E., *Justice pour les générations futures*, Paris, UNU Press, Sang de la Terre, 1993.

CASTELLS, M., *La société en réseaux*, Paris, Fayard, 2001 et *La galaxie internet*, Paris, Fayard, 2002.

CCNUCC, *Analyse exploratoire du potentiel REDD+ de la RDC*, Kinshasa, Coordination Nationale REDD, 2009.

CCNUCC, *Enregistrement du projet REDD+ de reboisement Makira*, dans Proposition des mesures pour l'état de préparation (R-PP), Madagascar (2004) ; CCNUCC, *Enregistrement du projet REDD+ ZAC*, dans Proposition des mesures pour l'état de préparation (R-PP), Madagascar (version 8 octobre 2010) ; CCNUCC, *Green Climate Fund (GCF) : Initial Modalities for the Operation of the Fund's Mitigation and Adaptation Windows and its Private Sector Facility* (GCF/B.07/08 a.), Songdo, 2014.

CCNUCC, *REDD+ : Standards Sociaux et Environnementaux pour REDD+*, Cancun, 2010.

CCNUCC, *Seconde mission conjointe ONU-REDD/Banque mondiale*. La mise en route de la phase 1 a été marquée par la seconde mission conjointe ONU-REDD (FAO, PNUD, PNUE)/Banque mondiale, 2009.

CENTRE DE RECHERCHE POUR LE DEVELOPPEMENT INTERNATIONAL (CRDI), *The ecosystem. Ecosystem Approaches to Human Health Awardee Workshop*, Ottawa, Les Editions du CRDI, 2001.

CHABOUD, C., G. FROGER et P. MERAL, *Madagascar face aux enjeux du développement durable : Des politiques environnementales à l'action collective*, Paris, Editions Karthala, 2007.

CHARLIER, S., J.-P. PEEMANS, M. NYSSENS et I. YEPEZ DEL CASTILLO, *Une solidarité en actes : Gouvernance locale, économie sociale, pratiques populaires face à la globalisation*, Bruxelles, Presses Universitaires de Louvain, 2004.

CHEVALLIER, J., *L'Etat postmoderne*, vol. 35, 3è éd., Chap. 2, Paris, LGDJ (Droit et Société), 2004.

COMMISSION DES COMMUNAUTES EUROPEENNES (CCE), *Commission sur le recours au principe de précaution*, COM (2000) 1, en ligne :http://eur-lex.europa.eu/legal-content/FR/TXT/?uri=URISERV:l32042 (consulté le 17 mai 2024).

COMMISSION DES MINISTRES DES FORETS D'AFRIQUE CENTRALE [COMIFAC], *Rapport sur le bilan, l'analyse et les perspectives des initiatives REDD+ dans les pays de l'espace COMIFAC : Dimension stratégique, institutionnelle et opérationnelle*, Yaoundé, COMIFAC, 2012.

COMMISSION MONDIALE SUR L'ENVIRONNEMENT ET LE DEVELOPPEMENT, *Notre avenir à tous*, Montréal, Editions du fleuve (Publications du Québec), 1988.

COOKE, B. and U. KOTHARI, *Participation: The New tyranny*, Oxford, Zed Books, 2001.

DE LASSUS SAINT-GENIES, G., *La prise en compte des aspects économiques du défi climatique dans le régime juridique international du climat*, thèse de doctorat, Québec, Faculté des études supérieures, Université Laval, 2014.

DE SADELEER, N., *Environmental principles: From political slogans to legal rules*, Oxford, Oxford University Press, 2002.

DE SADELEER, N., *Les principes du pollueur-payeur, de prévention et de précaution*, Bruxelles, Editions Bruylant, 1991.

DE SADELEER, N., *Les principes du pollueur-payeur, de prévention et de précaution : essai sur la genèse et la portée juridique de quelques concepts du droit de l'environnement*, Bruxelles, Editions Bruylant, 1999.

DEBROUX, L. (dir.), *La forêt en République Démocratique du Congo post-Conflit : Analyse d'un agenda prioritaire*, Kinshasa, Center for International Forestry Research (CIFOR), 2007.

DEJEANT-PONS, M. et M. PALLEMAERTS, *Droits de l'homme et environnement*, Bruxelles, Conseil de l'Europe, 2002.

DKAMELA, G.-P. (dir.), *Des Forêts du Bassin du Congo pour le climat global : Questions et réponses pour appréhender les défis et les opportunités du REDD+*, Washington (DC), World Ressources Institute, 2009.

DUPUY, P.-M. et J.-E. VINUALES, *Introduction au droit international de l'environnement*, Bruxelles, Editions Bruylant, 2015.

DUSOLLIER, S., *Droit d'auteur et protection des œuvres dans l'univers numériquie*, Bruxelles, Editions Larcier, 2005.

DUTERME, B. (dir.), *Déforestation : causes, acteurs et enjeux : points de vue du Sud*, Paris, Editions Syllepse, 2008.

EHRLICH, P., *The Population Bomb*, New York, Ballantines Books, 1968 ; EHRLICH, P. et A. EHRLICH, *The Population Explosion*, New York, Touchstone, 1991 ; EHRLICH, P. et A. EHRLICH, *One with Nineveh, Politics, Consumption and the Human Nature*, New York, Island Press, 2004.

ELLUL, J., *La technique ou l'enjeu du siècle*, Paris, Editions Economia, 1990.

FAO, *La FAO au XXIè siècle : assure la sécurité alimentaire dans un monde en constante évolution*, 2014, en ligne : http://www.fao.org/docrep/017/i2307f/i2307f/i2307f.pdf (consulté le 3 août 2024) ; FAO, *Les Forêts du Bassin du Congo : Etat des Forêts 2023. Rapport Evaluation des ressources forestières mondiales 2023*, Rapport principal xii, Rome, Département des forêts, en ligne : http://www.fao.org/forestry/80016/fr/ (consulté le 2 août 2024) ; FAO, *Situation des forêts du monde 2023 : Mieux tirer parti des avantages socioéconomiques des forêts*, Rapport principal, Rome, Département des forêts, en ligne : http://www.fao.org/3/a-13710f.pdf (consulté le 2 août 2024) ; FAO, *Sécurité alimentaire et développement agricole en Afrique subsaharienne* (Rapport principal), Rome, 2023.

FIMPA TUWIZANA, T., *Opportunités du REDD+ pour l'aménagement durable des forêts tropicales et obstacles à son implantation en République Démocratique du congo : perspective juridique*, mémoire de maîtrise, Montréal, Faculté des études supérieures, Université de Montréal, 2013.

FONDS POUR L'ENVIRONNEMENT MONDIAL (FEM), *Public Involvement in GEF-financed Projects : Participation du public aux projets financés par le Fonds pour l'environnement mondial*, FEM, Washington (DC), 2010.

FOREST CARBON PARTENERSHIP, *Architecture financière du REDD+ : problématiques et pistes de réflexion*, Washington, Région Afrique Environnement, Banque mondiale (DC), 2009.

GALANDRIN, J.-C., *Evaluation rétrospective Projet de Développement Local de Torodi Phase 1*, Niamey, Groupe Agence Française de Développement, 2004.

GAREAU, P., *La gestion durable des forêts dans le monde : perspective sociopolitique et approches alternatives*, thèse de doctorat, Montréal, Faculté des études supérieures, Université du Québec à Montréal (UQAM), 2004.

GILBERT, J., *Indigenous Peoples Land Rights Under International law : from Victims to Actors*, New York, Ardsley, Transnational Publishers, 2006.

GROUPE D'EXPERTS INTERGOUVERNEMENTAL SUR L'EVOLUTION DU CLIMAT [GIEC], *Bilan 2023 des changements climatiques : les éléments scientifiques. Contribution du Groupe de travail 1 au Sixième Rapport d'évaluation du Groupe d'Experts intergouvernemental sur l'évolution du climat*, 2023.

GUEDEGBE, D., *Module de formation en évaluation environnementale : support pédagogique*, Cotonou, Les Editions du Départrement de géographie et aménagement du territoire, 2012.

HELD, D. and A. MCGREW (dir.), *Globalisation Theory: Approches and Controversies*, Cambridge, Cambridge Policy, 2007.

HUMPHREYS, D., *Logjan: deforestation and the crisis of global governance*, London, Sterling VA, 2006.

HYDRO-QUEBEC TRANSENERGIE, *Evaluation environnementale : synthèse de connaissances environnementales pour les lignes et les ponts, 1973-2013*, Montréal, Les Presses d'Hydro-Québec, 2013, en ligne : http://www.hydroquebecsc.com/data/developpement-durable/pdf/01_EvaluationEnvironnementale.pdf (consulté le 25 juin 2024).

INSTITUT DE LA FRANCOPHONIE POUR LE DEVELOPPEMENT DURABLE (IFDD), *Evaluations environnementales des politiques et projets de développement*, Québec, Université Senghor, 2009.

JADOT, B., *Acteurs et outils du droit de l'environnement : développements récents, développements peut-être à venir*, Louvain-La-Neuve, Editions Anthémis, 2010.

JOIRIS, D.-V. et P. BIGOMBE LOGO, *Gestion participative des forêts d'Afrique Centrale*, Versailles, Editions Quae, 2010.

JOLLIVET, M. (dir.), *Le développement durable, de l'uitopie au concept. De nouveux chantiers pour la recherche*, Collection Environnement, Revue Natures Sciences Sociétés, Paris, Elsevier, 2001.

KABENGELE, V., *Soutien aux communautés et peuples autochtones dans le cadre du REDD+ : cas de la communauté Yombé*, Kinshasa, Direction des inventaires forestiers, 2015.

KARL, M., *Monitoring and evaluating stakeholder participation in agriculture and rural development projects: a littérature projects*, New York, Les Editions de la FAO, 2000.

KISS, A. et J.-P. BEURIER, *Droit international de l'environnement*, 4è éd., n° 988, Paris, Editions A. Pedone, 2010.

KOUADIO, B.-K., *Recompositions de l'espace Tai et gouvernance du Parc national dans un contexte de crise (Sud-Ouest de la Côte d'ivoire)*, Abidjan, Les Presses de l'Université Alassane Ouattara de Bouaké, 2014.

LAMARCHE, L., *Perspectives accidentelles du droit international des droits économiques de la personne*, Collection de droit international, Bruxelles, Editions Bruylant, 1995.

LANMAFANKPOTIN, G., *Appropriation de la décision collective : évaluation environnementale comme champ d'application de la participation publique au Bénin*, thèse de doctorat, Montréal, Faculté des études supérieures, Université de Montréal, 2014.

LARSSEN, C. et M. PALLEMAERTS, *L'accès à la justice en matière d'environnement : Toegang tot de rechter in milieuzaken*, Bruxelles, Les Editions Bruylant, 2005.

LAVIGNE-DELVILLE, P., *Des groupes cibles aux groupes stratégiques : participation et exclusion*, Paris, Les Notes Méthodologiques du Gret, 2000.

LAVIGNE-DELVILLE, P., *Quelle gouvernance pour les ressources renouvelables ? La gestion des ressources renouvelables dans le contexte de la décentralisation en Afrique de l'Ouest*, Paris, Collection Etudes de l'AFD, 2001.

LAZAREV, G. et M. ARAB, *Développement local et communautés rurales : Approches et instruments pour une dynamique de concertation*, Paris, Les Editions Karthala, 2002.

LE PRESTRE, P., *Protection de l'environnement et relations internationales : les défis de l'écopolitique mondiale*, Paris, Les Editions Dalloz, 2005.

LEDUC, G.-A. et M. RAYMOND, *L'évaluation des impacts environnementaux : un outil d'aide à la décision*, Sainte-Foy, Editions MultiMondes, 2000.

LETREUT, H., *Nouveau climat sur la terre : comprendre, prédire, réagir*, Paris, Editions Flammarion, 2009.

MAMLYUK, B.-N., *Analyzing the Polluter Pays Princple through Law and Economics*, 18 Se. Envtl. L.J. 39, 80 (2009-2010).

MAY, P.-H., B. CALIXTO et M. FERNANDA GEBARA, *REDD+ politics in the media: A cas study from Brazil*, Bogor, Center for International Forestry Research, 2011.

MAZAUDOUX, O., *Droit international public et droit international de l'environnement*, Limoges, Les Presses Universitaires de Limoges, 2008.

MEADOWS et al., *Halte à la Croissance*, Paris, Editions Fayard, 1972.

MEADOWS, D.-H., D.-L. MEADOWS, J. RANDERS, W.-W. BEHRENS, *Halte à la croissance ? Enquête sur le Club de Rome et Enquête sur les limites de la croissance*, Paris, Editions Fayard, 1972.

MEYER-BISCH, P., *Le Corps des droits de l'homme*, Fribourg, Editions Universitaires, 1992.

MILLIGAN, J. (dir.), *Nature conservation for future sustainable shorelines : Lessons from seeking to involve the public*, Vol. 26-2, Elsevier, Land Use Policy, 2009.

MINISTERE DE L'AGRICULTURE DE LA REPUBLIQUE DEMOCRATIQUE DU CONGO (RDC), *Evaluation de la situation alimentaire des populations en RDC 2023*, Kinshasa, Direction Alimentation et services sociaux, 2023.

MOCKLE, D., *La gouvernance, le droit et l'Etat : la question du droit dans la gouvernance publique*, Bruxelles, Editions Bruylant, 2007.

MUNSON, A., *Aménagement écosystémique 1 : principes et fondements*, Québec, Les Presses de l'Université Laval, 2009.

NDANGANG, J.-C. (dir.), *La gestion participative des ressources naturelles : organisation, négociation et apprentissage par l'action*, Heidelberg, IUCN Publication, 2000.

NYANGE NDAMBO, M., *Participation des communautés locales et gestion durable de la forêt en République Démocratique du Congo*, thèse de doctorat, Québec, Faculté des études supérieures, Université Laval, 2014.

OCDE, *Le principe Pollueur-Payeur : Analyses et Recommandations de l'OCDE*, 1992 ; OCDE, *Perspectives de l'environnement de l'OCDE à l'horizon 2050*, OCDE, 2012 ; OCDE- CLIMATE POLICY INITIATIVE (CPI), *Climate Finance in 2013-14 and the USD 100 billion goal*, Paris, OCDE, 2015.

OIBT, *Situation de la gestion des forêts tropicales*, Yokohama (Service technique), n° 11, 2011.

ORGANISATION DE COOPERATION ET DE DEVELOPPEMENT ECONOMIQUE (OCDE), *Déclaration de la réunion de haut niveau de l'OCDE à l'occasion de l'approbation des Lignes directrices de l'organisation pour la réduction de la pauvreté (Relever un défi mondial : réduire la pauvreté en s'appuyant sur le partenariat)*, 2001.

ORGANISATION DES NATIONS UNIES POUR L'ALIMENTATION ET L'AGRICULTURE (FAO), *Sécurité alimentaire et développement agricole en Afrique subsaharienne* (*Rapport principal*), Rome, 2023.

Organisation des Nations Unies pour l'alimentation et l'agriculture (FAO), *Définition de stratégies et de politiques pour le développement durable des ressources naturelles et forestières*, Rome, Département économique et social de la FAO, 2015, en ligne : http://www.fao.org/3/a-w9300f0c.htm (consulté le 15 juillet 2024).

ORGANISATION INTERNATIONALE DES BOIS TROPICAUX (OIBT), *Critères et indicateurs de l'aménagement durable des forêts tropicales naturelles*, New York, OIBT (Politique forestière), 1998.

ORGANISATION MONDIALE DU COMMERCE (OMC), Organe de règlement des différends, *Mesures communautaires concernant les viandes et les produits carnés*, WT/DS 26, 29 mai 1998.

PALLEMAERTS, M., *Le cadre international et européen de lutte contre les changements climatiques*, Bruxelles, Centre de recherche et d'information sociopolitique, 2004.

PARKER, C., *Le Petit Livre du REDD+ : Guide de propositions gouvernementales et non gouvernementales visant à réduire les émissions liées à la déforestation et la dégradation de la forêt*, Oxford, Oxford University Press, 2009.

PASTOR-BARRUE, M., *Forêts et développement durable au Chili : indianité mapuche et mondialisation*, Toulouse, Les Presses Universitaires du Mirail, 2004.

PIERRE, A., G. LANMAFANKPOTIN, J.-P. REVERET et S. YONKEU, *L'évaluation des impacts sur l'environnement : processus, acteurs et pratique pour un développement durable*, 4è éd., Montréal, Presses Polytechniques, 2010.

PIGOU, A.-C., *The Economics of Welfare*, 2è éd., Londres, MacMillan, 1924.

PNUE, PNUD et FAO, *About REDD+*, New York, Programme ONU-REDD, 2009, en ligne : www.un-redd.org/AboutREDD/tabid/102614/Default.aspx (consulté le 16 juillet 2024) ; PROGRAMME DES NATIONS UNIES POUR LE DEVELOPPEMENT [PNUD], *Rapport mondial sur le développement humain*, New York, Organisation des Nations Unies, 1998, en ligne : http://hdr.undp.org/sites/default/files/hdr_1998_fr_complet.pdf (consulté le 16 juillet 2024).

PRIEUR, M., *Droit de l'environnement*, Paris, Editions Dalloz, 2011.

PRIEUR, M., *Droit de l'homme à l'environnement et développement durable*, Ouagadougou, Editions de la francophonie, 2005.

PRING, G. et C. PRING, *Green Justice: Creating and Improving Environmental Courts and Tribunals*, Jakarta, The Access Initiative, 2009.

PROGRAMME DES NATIONS UNIES POUR L'ENVIRONNEMENT (PNUE), *Conservation des Forêts, Coopération environnementale et amélioration des moyens d'existence dans les écosystèmes d'importance internationale*-Ouganda et Bassin du Congo : forêts de la Communauté Yombé, Kinshasa, Coordination nationale REDD, 2010.

PROGRAMME DES NATIONS UNIES POUR L'ENVIRONNEMENT (PNUE), *World Resources Institute, la Fondation Getulio Vargas et le réseau The Access Initiative*, en ligne : http://direitorio.fgv.br/sites/direitorio.fgv.br/files/WR112_Rio_IGP_Program m_final.pdf (consulté le 21 avril 2024).

PROGRAMME DES NATIONS UNIES POUR L'ENVIRONNEMENT (Union mondiale pour la nature- Fonds pour la nature), *Sauver la Planète-Stratégie pour l'Avenir de la Vie*, Gland, 1991, en ligne : http://portals.iucn.org/library/sites/library/files/documents/CFE-003-Fr.pdf (consulté le 21 juillet 2024).

PROGRAMME DES NATIONS UNIES POUR L'ENVIRONNEMENT [PNUE], *Guides lines for the Development of National Legislation on Access to Information, Public Participation and Access to Justice in Environmental Matters*, New York, Organisation des Nations Unies, 2010, en ligne :

http://www.unep.org/DEC/PDF/GuidelinesAccesstoJustice2010.pdf (consulté le 22 juillet 2024).

PROGRAMME DES NATIONS UNIES POUR L'ENVIRONNEMENT [PNUE], *Manuel de formation sur l'étude d'impact environnemental*, 2è éd., Genève, Organisation des Nations Unies, 2002.

PROGRAMME DES NATIONS UNIES POUR LE DEVELOPPEMENT [PNUD], *Projet de Préservation durable des ressources naturelles de la région de Diana*, 2012 ; PROGRAMME DES NATIONS UNIES POUR LE DEVELOPPEMENT [PNUD], *Renforcement des capacités*, Document de référence technique, n° 2, New York, Division de renforcement de la gestion et de la gouvernance, en ligne :
http://magnet.undp.org/docs/cap/Capdevfr.pdf (consulté le 19 juillet 2024) ; PROGRAMME DES NATIONS UNIES POUR LE DEVELOPPEMENT [PNUD], *Stratégie du PNUD pour la société civile et l'engagement civique*, New York, Organisation des Nations Unies, 2012, en ligne :
http://www.undp.org/content/dam/undp/documents/partners/civil_society/publications/2012_UNDP_Strategy-on-Civil-Society-and-Civic-Engagement_FR_final.pdf (consulté le 20 juillet 2024).

PROGRAMME ONU-REDD, *Principes et Critères Sociaux et Environnementaux du Programme ONU-REDD*, 8è réunion du Comité, 25-26 mars 2010, p. JO, en ligne :
www.unredd.org/PublicationsResources/tabid/587/Default.aspx (consulté le 22 juillet 2024) ; PROGRAMME UN-REDD, *Evolution et réalisation du processus REDD+ en RDC*, Kinshasa, Ministère de l'Environnement et Développement durable (Coordination Nationale REDD), 2010.

RAJAMANI, L., *Differential Treatment in International Environmental Law*, Oxford, Oxford University Press, 2006, 2006.

RISSE-KAPPENS, T. (dir.), *Bringing Transnational Relations Back In : Non-State Actors, Domestic Standards and International Institutions*, Cambridge, Cambridge Studies in International Relations, 1995.

ROMI, R., *Droit international et européen de l'environnement*, Paris, Librairie générale de Droit et de la Jurisprudence, 2005.

ROUX, A., *50 ans de démocratie locale : comment la participation citoyenne s'est laissée endormir, pourquoi elle doit reprendre le combat*, Paris, Les Editions Yves Michel, 2011.

SALMON, J., *Dictionnaire de droit international public*, Bruxelles, Bruylant, 2001.

SAMOURA, K. et S. YONKEU, *Les évaluations environnementales comme outil de mise en œuvre du développement durable : définitions, typologie, objectifs et démarche- Suppport pédagogique*, Paris, Ecole d'été de l'Institut de l'énergie et de l'environnement de la Francophonie et Secrétariat international Francophone pour l'évaluation environnementale, 2011.

SANDONATO DE LEON, P., *L'Affaire relative à l'utilisation des eaux du Lac Lanoux*, 50 ans d'actualité, n° 26, Ano, Agenda international, 2008.

SANDS, P., *Principles of International Environmental Law*, 2è éd., Monchester, Manchester University Press, 1995.

SANDS, P., *Principles of International Environmental Law*, Manchester, Manchester University Press, 2018.

SANDS, P., *Principles of international envoronmental law*, second edition, Cambridge, Cambridge University Press, 2003.

SASSEN, S., *La globalisation : une sociologie*, 2è éd., Coll. NRF Gallimard, 2009.

SECRETARIAT DE LA CONVENTION SUR LA DIVERSITE BIOLOGIQUE (CDB) et COMMISSION DES FORETS D'AFRIQUE CENTRALE (COMIFAC), *Biodiversité et gestion forestière durable dans le Bassin du Congo*, Montréal, Secrétariat de la CDB, 2009.

SINAFASI MAKELO, A., *Stratégies de sensibilisation des Peuples autochtones (Pygmées) au REDD+*, Kinshasa, Coordination Nationale REDD, 2010.

SMOUTS, M.-C., *Forêts tropicales, jungle internationale : les revers d'une écopolitique mondiale*, Paris, Presses de Sciences Po, 2001.

SOBREVILA, C., *The Role of Indigenous Peoples in Biodiversity Conservation*, Washington (DC), World bank, 2008.

SOCIETE FRANÇAISE DE REALISATION D'ETUDES ET DE CONSEIL, *Evaluation finale du projet de développement local du Canton de Torodi et étude de faisabilité d'un projet de développement local dans le Département de Tillaberi*, Niamey, Groupe Agence française de Développement, 2000.

SOULE, M.-E. et B.-A. WILCOX, *Conservation Biology : An Evolutionary-Ecological Perspective*, Sunderland (Massachussetts), Sinauer Associates Inc., 1980.

STRANGE, S., *The Retreat of the State: the Diffusion of Power in the World Economy*, Cambridge Studies in International Relations, 1996.

SUDRE, F., *Droit international et européen des droits de l'homme*, Paris, Presses Universitaires Françaises, 1999.

SZABLOWSKI, D., *Transnational Law and Local Struggles: Mining, Communities, and the World Bank*, Oxford, and Portland Oregon, Hart Publishing, 2007.

TAPIE-CRIME, M., C. BLATRIX et P. MOQUAY (dir.), *Développement durable et démocratie participative, la dynamique performative locale*, Lyon, Collection Precherches PUCA, 2007.

THEY, M., *Le contrôle des communautés autochtones sur leurs terres et ressources naturelles traditionnelles*, Paris, Editions A. Pedone, 2013.

TIENTEBERG, T. et L. LEWIS, *Economie de l'environnement et développement durable*, 6è éd., Montreuil, 2013.

TORQUEBIAU, E., *L'agroforesterie : des arbres et des champs*, Paris, L'Harmattan, 2007.

TOURAINE, A., *Penser autremant*, Paris, Fayard, 2007.

TRUDEL, P., *Le risque fondement et facteur d'effectivité du droit, dans Gouvernance et risque : les défis de la régulation dans un monde global*, Montréal, Editions Thémis, 2013.

TUBIANA, L., Synthèse : *Conférence sur la gouvernance internationale de l'environnement*, Paris, Institut du développement durable et des relations internationales, 2004.

UICN, UNEP, WWF, *World Conservation Strategy. Living Resource Conservation for Sustainable Development*, New York, 1980.

UNEP, *Guidelines for the Development of National Legislation on Access to Information, Public Participation and Access to justice in Environmental Matters*.

UNION INTERNATIONALE POUR LA CONSERVATION DE LA NATURE (UICN), *Indigenous and community conserved areas*, 2009, en ligne :
http://www.iucn.org/about/union/commissions/ceesp/topics/governance/icca (consulté le 22 juillet 2024) ; UNION INTERNATIONALE POUR LA CONSERVATION DE LA NATURE (UICN), *Participation des peuples autochtones et des communautés locales au REDD+ : enjeux et possibilités*, Washington DC, UICN, 2010, en ligne :
http://cmsdata.iucn.org/downloads/iucn_briefing_ips_and_redd_march_2010.pdf (consulté le 22 juillet 2024).

UNION INTERNATIONALE POUR LA CONSERVATION DE LA NATURE, *Stratégie mondiale de la conservation : la conservation des ressources vivantes au service du développement durable*, 1980.

UNION POUR LA CONSERVATION DE LA NATURE, Programme des Nations Unies pour l'environnement et Fonds mondial pour la nature (UICN/PNUE/WWF), *Stratégie mondiale de la conservation : la conservation des ressources*

UNITED NATIONS DEVELOPMENT PROGRAMME (UNDP), *Programme de démarrage rapide de UN-REDD dans les pays en développement-1ère année, Programme conjoint des Nations Unies de réduction des émissions dues à la déforestation et à la dégradation des forêts dans les pays en développement*, New York, New York University, 2009.

VALLADAO, A., *O Ministerio Publico, quarto poder do estado, e outros estudos juridicos*, Freitas Bastos, Rio de Janeiro, 2002.

VALLEJO, L., *Crise climatique dans une Communication aux assises de la COP-28*, Dubaï, novembre 2023.

VIEILLEFOSSE, A., *Le changement climatique : quelles solutions ?*, Paris, La Documentation française, 2009.

VINUALES, J.-E., *The Rio Declaration on environment and development: a commentary*, First ed., Oxford, Oxford University Press, 2015.

WILLBER DA ROCHA, S., *Participatory Development in Poverty Reduction Strategies: an analysis of the contributions of participation*, mémoire de maîtrise, Birmingham, University of Birmingham, 2002.

WOODS, C., *The Environment, Intergenerational Equity and Long-term Investments*, thèse de doctorat, Oxford, Oxford University of Oxford, 2011.

YONKEU, S. et G. VERNIERS, *L'étude d'impact environnemental et social-Processus pratique*, Paris, Secrétariat international francophone, 2006.

YONKEU, S., *L'étude d'impact environnemental et social : Procédure administrative*, Paris, Secrétariat international francophone pour l'évaluation environnementale, 2011.

ZACCAI, E., *Le développement durable : dynamique et constitution d'un projet*, Bruxelles, Peter Lang, 2002.

ZASK, J., *Participer : Essai sur les formes démocratiques de la participation*, Lormont, Editions Le Bord de l'Eau, 2011.

Articles de revue

ADAM, N., « République Démocratique du Congo. Le « serpent climat » se mordra-t-il la queue ? », (2009) 2 *C.P.* 1.

AGA KHAN, S., « Le développement durable, une notion pervertie », (2002) 1 *Le Monde diplomatique* 16.

ALSTON, P., « Conjuring Up New Human Rights: a Proposal for Quality Control », (1984) 78 *American Journal of International Law* 610.

AMIRANTE, D., « Environmental Courts in Comparative Perspective: Preleminary Reflexions on the National Green Tribunal of India », (2012) 29-2 *Pace Environmental Law Review* 441.

ANAYA, J., « Indigenous peoples participatory rights in relation to decision about natural resource extraction: The more fundamental issue of what rights indigenous peoples haves in lands and resources », (2005) 22 *Ariz. J. Int'l and Comp. L.* 7.

ANDRIANANJA, H. et V. RAHARINIRINA, « Quels enjeux pour la durabilité t la gouvernance des ressources naturelles et forestières à Madagascar ? », (2004) 32-127 *Mondes en développement* 75.

ARBOUR, J.-M., « La normativité juridique du principe des responsabilités communes mais différenciées », (2014) 55 *Cahiers de droit* 40.

ATAPATTU, S., « The Right to a Healthy Life or the Right to Die Polluted?: The Emergence of a Human Rights to a Healthy Environment under International Law », (2002) 1-2 *Tulane Environmental Law Journal* 69.

AYEVA, T., « Gouvernance locale et renforcement des capacités. Quelles piste de réflexion pour un développement territorial durable des collectivités rurales », (2003) 1 *C.R.D.T.* 1.

AYONG LE KAMA, A., « Horizon 2020 : l'Etat face aux enjeux du développement durable », (2005) 1 *F.P.P.* 11.

BAILLEUX, A., « A la recherche des formes du droit : de la pyramide au réseau », (2005) 55 *R.I.E.J.* 91.

BALLET, J., « La gestion en commun des ressources naturelles : une perspective eritique », (2007) 1 *Développement Durable et Territoire* 1.

BALLET, J., J.-L. DUBOIS et F.-R. MAHIEU, « La soutenabilité sociale du développement durable : de l'omission à l'émergence », (2011) 156-4 *Mondes en développement* 1.

BANK INFORMATION CENTER (BIC), « La République Démocratique du Congo : les secteurs forestier, minier et énergétique », (2011) 1, en ligne : bicusa.org/drc http://www.bicusa.org/fr/Region.KeyIssues.9.aspx (consulté le 31 juillet 2024).

BANQUE MONDIALE (BM), « Stratégie forestière fondée sur une approche écosystémique pour réaliser les objectifs de réduction de la pauvreté, de développement économique durable et de préservation de l'environnement à l'échelle planétaire », *Worldbank.org*, 3 octobre 2002, en ligne : http://web.worldbank.org/WBSITE/EXTERNAL/ACCUEILEXTN/EXTFAQSFENCH/0.,contentMDK:20398749-pagePK:283622-piPK:3544780-theSitePK:727344,00.html (site consulté le 31 juillet 2024).

BARBIER, R., « Quand le public prend ses distances avec la participation : topiques de l'ironie ordinaire », (2005) 13-3 *N.S.S.* 258.

BARRIO DE PEDRO, J.-C., « La participation communautaire dans la conservation des ressources naturelles : intérêt et limites dans le cadre de développement local en Afrique Central (Tchad) », (2013) 22-4 *Cahier Agriculture* 319.

BARTENSTEIN, K. et C.-E. COTE, « Le traitement différencié au service de développement durable : une réponse juridique appropriée aux modalités entre Etats ? », Coll. Sur les inégalités dans le système mondial, non publié, 2009.

BARTENSTEIN, K., « De Stockholm à Copenhague : Genèse et évolution des responsabilités communes mais différenciées dans le droit international de l'environnement », (2010) 56-1 *R.D. McGill* 177.

BARTENSTEIN, K., « Les origines du concept de développement durable », (2005) 3 *R.J.E.* 289.

BELLEY, J.-G., « Le pluralisme juridique comme orthodoxie de la science du droit », (2011) 26 *Revue canadienne de droit et société* 240.

BERTRAND, N. et P. MOQUAY, « La gouvernance locale, un retour à la proximité », (2004) 280 *Economie rurale* 77.

BIDAUD, C., « REDD+, un mécanisme novateur ? Le cas de la forêt de Makira à Madagascar », (2012) 3-211 *Revue Tiers Monde* 1.

BILLE, R. et R. PIRARD, « La conservation de la biodiversité dans le cadre de l'aide au développement : une synthèse critique », (2007) 1 *I.D.D.R.I.* 27.

BLANK, Y., « Localism in the New Global Order », (2006) 47-1 *Harvard International Law Journal* 263.

BODANSKY, D., « The Copenhagen Climate Change Conference: A Postmortem », (2010) 104-2 *American Journal of International Law* 1.

BOSSET, P., « Les droits économiques et sociaux : parents pauvres de la Charte québécoise ? », (1996) 75 *Revue du Barreau canadien* 602.

BOUKI, T., « Les oubliés du développement durable : au-delà de la décentralisation, l'inquiétude des « peuples autochtones » du Sud-Cameroun », (2003) 1-22 *F.P.P.* 1.

BOURDAGES, J.-L., « Le développement durable : conditions, principes et enjeux », (2001) 1-2 *R.S.E.* 1.

BOUTONNET, M., « Le principe de précaution en droit de la responsabilité civile », (2010) *L.G.D.J.* 540.

BOYA BUSQUET, M., « Des stratégies intégrées durables : savoir écologique traditionnel et gestion adaptative des espaces et des ressources », (2006) 7-2 *L'Afrique face au développement durable* 1.

BROCKINGTON, D., J. IGOE and K. SCHIMIDT-SOLTAU, « Conservation, Human Rights, and Poverty Reduction », (2006) 20-1 *Conservation Biology* 250.

BROWN WEISS, E., « The planetary trust: conservation and intergenerational aquity », (1984) *Ecology Law Quaterly* 495.

BRUNNEE, J., « The Stockolm Declaration and the Structure and Processes of International Environmental Law », (2008) 2 *A.C.T.D.* 61.

BUBA, J. et A. KARSENTY, « La lutte contre la déforestation dans les Etats fragiles : une vision renouvelée de l'aide au développement », (2010) 180 *Centre d'analyse stratégique* 1.

BULLETIN DES NEGOCIATIONS DE LA TERRE, « Quarante-troisième session du Conseil international des bois tropicaux et sessions connexes de quatre comités », (2007) 24-78 *L'I.N.D.D.*, en ligne : http://www.iisd.ca/download/pdf/enb2478f.pdf (consulté le 31 juillet 2024).

CAWLEY, M.-G., « We May Help to Make Up the General Mind: Re-Uniting Wilson, Taylor and Pinchot », (1998) 1-20 *Administrative Theory and Praxis* 55.

CCNUCC, « Négociations internationales au Qatar : Sauver les meubles Kyoto sans sauver le climat », (2012) *Organisation des Nations Unies*, en ligne : http://www.rac-f.org/IMG/pdf/Analyse_post-Doha_RAC_VFinale_-1-2.pdf (consulté le 31 juillet 2024).

CCNUCC, « Potentiel REDD+ de la RDC », (2009) 1, *Coodrination Nationale REDD* en ligne : http://unfccc.int/files/methods_science/redd/country_specific_information/application/pdf/rapport_final_exploration_potentiel_redd_071209.pdf (consulté le 30 juillet 2024).

CCNUCC, « Work Programm for the REDD+ Partenership components and timeline 2011-2012 », (2010) 4-7 *United Nations* 1.

COATES, K.-D. (dir.), « Use of a spatially explicit individual-tree model (SORTIE/BC) to explore the implications of patchiness in structurally complex forests », (2003) 186-3 *Forest Ecology and Management* 297.

COCHRAN, T. et B. Leguet, « Fonds d'investissement CO_2 : L'essor des capitaux privés », (2007) 12 *Mission Climat* (*Département développement durable*) 1.

COLLARD, C., « Le risque juridique existe-t-il ? Contribution à la définition du risque juridique », (2008) 1 *Cah. Dr. Ent.* 8.

COMPAGNON, D., « La biodiversité, entre appropriation privée, revendications de souveraineté et coopération internationale », (2008) 10 *Développement durable et territoire*, en ligne : http://www.iisd.ca/download/pdf/enb2478f.pdf (consulté le 27 juillet 2024).

CONVENTION-CADRE DES NATIONS UNIES SUR LES CHANGEMENTS CLIMATIQUES, « Négociations internationales sur le climat : REDD+ et l'avenir des forêts », *un-redd.org*, 15 décembre 2009, en ligne : http://www.cadtm.org/Negociations-internationales-sur (site consulté le 26 juillet 2024).

CONVENTION-CADRE DES NATIONS UNIES SUR LES CHANGEMENTS CLIMATIQUES, « Capacity Development for Reducing Emissions from Deforestation and Forest Degradation », *un-redd.org*, 20 juin 2009, en ligne : http://unfccc.int/files/methods_science/redd/technical_assistance/training_activities/application/pdf/cd_redd_concept_note.pdf (site consulté le 28 juillet 2024).

CONVENTION-CADRE DES NATIONS UNIES SUR LES CHANGEMENTS CLIMATIQUES, « Work Programm for the REDD+ Partenership components and timeline 2011-2012 », (2010) 4-7 *United*

Nations, en ligne : http://reddpluspartnership.org/252460dba058f432218e505b6c5287aa094884.pdf (consulté le 28 juillet 2024).

CORBERA, E. (dir.), « Rights to Land, Forests and Carbon in REDD+ : Insights from Mexico, Brazil and Costa Rica », (2011) 2-1 *Forests* 301.

COSTENBADER, J., « Legal Frameworks for REDD, Design and Implementation at the National Level », (2009) 77 *Environmental Policy and Law Paper* (IUCN) v.

COTE, C.-E., « De Genève à Doha : genèse et évolution du traitement spécial et différencié des pays en développement dans le droit de l'OMC », (2011) 56 :1 *Revue de droit de McGill/McGill Law Journal* 176.

COTE, G., J.-P. WAAUB et B. MARESCHAL, « Evaluation des impacts sur l'environnement en péril : la nécessité d'agir », (2015) 29 *Les Cahiers du GERAD* 5.

CULLEN, H. et K. MORROW, « International Civil Society in International Law: The Growth of NGO Participation », (2001) 1-1 *Non-St. Actors &Int'l L.* 7.

CULLEN, M.-A. and L.-L. DURSCHINGER, « Emerging market for land-use carbon credits », (2008) 18-3 *Tropical Forest Update* 9.

CULLET, P., « Differential Treatment in International Law : Towards a New Paradigm of Inter-state Relations », (1999) 10 *E.J.I.L.* 555.

DAHAN DALMEDICO, A., « Ce qui reste à faire après l'Accord de Paris sur le climat », (2016) 1 *Idées pour le développement* 2.

DAHAN, A., C. BUFFET et A. VIARD-CRETAT, « Le compromis de Cancun : vertu du pragmatisme ou masque de l'immobilisme ? », (2011) *Climate Series* 1.

DALMEDICO, A.-D., « Ce qu'il reste à faire après l'Accord de Paris sur le climat », (2016) 1 *Idées pour le développement* 1.

DEBOS, M., « La création de la Cour africaine des droits de l'homme et des peuples. Les dessous d'une ingénierie institutionnelle multicentrée », (2005) 1 *Culture & Conflit* 182.

DEHEZA, M. et V. BELLASSEN, « La transmission des incitations REDD+ aux acteurs locaux : leçons de la getion du carbone forestier dans les pays en développement », (2012) 35 *E.C.* 1.

DEJEANT-PONS, M., « L'insertion du droit de l'homme à un environnement dans les systèmes régionaux de protection des droits de l'homme », (1991) 3 *Revue universelle des droits de l'homme* 462.

DELISLE, C.-E., « Note sur le savoir écologique traditionnel (SET) vs. Le savoir écologique scientifique (SES) dans les évaluations des impacts sur l'environnement », (2008) 6 *L'incontournable de l'AMEUS* 13.

DOUME DOUME, C.-N., « La forêt comme réservoir de biodiversité : Conservation, recherche et biotechnologie : Cas d'une forêt protégée au Cameroun », (2012) 1 *F.P.P.* 1.

DREYFUL, M., « Retour sur l'application du Principe 10 de la Déclaration de Rio, 20 ans après le Sommet de la Terre de 1992 », (2012) *Droits fondamentaux* 11.

DREYFUS, M., « The Judiciary's Role in Environmental Governance, The Case of Delhi », (2013) 43-3 *Environmental Policy and Law* 167.

DUMAS, M., « Qu'est-ce que le Nouvel ordre économique international ? », (1976) 17 *Tiers Monde* 265.

DUPASQUIER, C. and P.-N. OSAKWE, « Foreign direct investment in Africa : Performance, challenges, and reponsibilities », (2006) 17 *Journal of Asian Economics* 241.

DUPUY, P.-M., « Le droit à la santé en tant que droit de l'homme », (1978) 1-2 *Colloque de droit international* (La Haye) 351.

DURAND, M.-H., S. MARTIN et P. SAINT-PIERRE, « Viabilité et développement durable », (2012) 20 *Nature Sciences Sociétés* 271.

EDGERTON, J. (dir.), « Participatory Processes in the Poverty Reduction Strategy », in *Poverty Reduction Strategy Sourcebook*, Washington D.C.: The World Bank, 2001, en ligne:
http://povlibray.worldbank.org/files/13843partJ030.pdf (consulté le 22 juillet 2024).

EMMINGHAM, W.-H., « Development of ecosystem management in the Pacific Northwest », (2002) 136-2 *Plant Biosystems* 167.

FAO, « Approche participative et technique de communication : Rapport de mission de la FAO sur le soutien au programme (la forêt, les arbres et les communautés rurales) », (2000)1 *Archives de documents de la FAO* 1.

FAO, « Les éléments de politiques d'aménagement durable des forêts du Bassin du Congo », (2010) 0897-C5 *Département des forêts* 1 ; FAO, « Techniques de gestion des écosystèmes forestiers tropicaux : état de l'art », (2009) X-41 *Archives de documents de la FAO*, en ligne :
http://www.fao.org/DOCREP/003/X4130F/X4130f03.htm (consulté le 26 juillet 2024).

FAURE, N. et L. BARROS, « Droit à la participation des communautés locales et populations autochtones à la prise de décision en République du Congo », (2014) 1 *ClientEarth* 1.

FELLI, R., « Développement durable et participation : la démocratie introuvable », (2005) 4 *Revue Belge de géographie (Belgeo)* 1.

FORGET, G. et J. LEBEL, « An ecosystem Approach to Human HeaUh », (2001) 7-2 *International Journal of Occupational and Environmental Health* S3.

FRANCIONI, F., « International Human Rights in an Environmental Horizon », (2010) 21-1 *E.J.I.L.* 44.

FRENCH, D., « Developing States and International Environmental Law: The Importance of Differentiated Responsabilities », (2000) 49 *I.C.L.Q.* 35.

FREUDENTHAL, E., S. NNAH et J. KENRICK, « Le REDD et les droits au Cameroun : analyse du traitement réservé aux peuples autochtones et aux communautés locales dans les politiques et projets de REDD+ », (2011) 1 *F.P.P.* 1.

FUNG, A., « Démocratiser le processus d'élaboration des politiques », (2011) 17-1 *Télescope* 1.

GAILLARD, E., « Le principe de précaution : droit interna », *JurisClasseur Droit de l'environnement et développement durable LexisNexis* 2014.

GAREAU, P., « Approches de gestion durable et démocratique des forêts dans le monde », (2005) 6-2 *R.S.E.* 1.

GERBER, L.-R., « Conservation Biology », (2010) 3-10 *Nature Education Knowledge* 1.

GERVAIS, A., « La sentence arbitrale du 16 novembre 1957 réglant le litige franco-espagnol relatif à l'utilisation des eaux du Lac Lanoux », (1957) 3 *Annuaire Français de Droit International* 180.

GIBSON, N., « The Right to a Clean Environment », (1990) 54 *Sask. L. Rev.* 9.

GITANJALI-NAIN, G., « A Green Tribunal for India », (2010) 22-3 *Journal of Environmental Law* 461.

GODINEZ, S.-M., « Relation de los factores ambientales y la biodiversidad en Guatemala, Document d'appui au cours Parques Nacionales y Vida Silvestre, en Ingénierie forestière », (2000) 1-4 *CUNOROC/USAC* 1.

GONZALEZ, R.-P., « Los mecanismos de desarrollo limpio, Entrepueblos-Grupo de trabajo Cambio Climatico y Pobreza », (2007) 1 *Journal Contra el Cambio Climatico* 4.

GRANDBOIS, M. et M.-H. BERARD, « La reconnaissance internationale des droits environnementaux : le droit de l'environnement en quête d'effectivité », (2003) 44-3 *Les Cahiers de droit* 429.

GRIFFITHS, T., « REDD: Alerte rouge? La déforestation évitée et les droit des peuples autochtones et des communautés locales », (2011) 1 *F.P.P.* 2.

GROBER, U., « Hans Carl von Carlowitz, Der Erfinder der Nachhaltigkeit, Die Zeit », n° 48 du 25 novembre 1999.

GUENEAU, S. et F. JACOBEE, « Conservation de la biodiversité forestière tropicale en Afrique Centrale : dépasionner les débats », (2005) 14 *I.D.D.R.I.* 1.

GUHA, R., « Environmentalism- A Global History », (2002) 13-2 *Journal of World History* 525.

GUTWIRTH, S., « Trente ans de théorie du droit de l'environnement », (2001) 26 *Environnement et Société* 5.

GUTWIRTH, S., « Trente ans de théorie du droit de l'environnement », (2001) 26 *Environnement et Société* 9.

HARIBBEY, J.-M., « Une contradiction insurmontable », (2002) 1 *Le Monde diplomatique* 18.

HELD, D., « Law of States, Law of Peoples: Three Models of Sovereignt », (2002) 8-1 *Legal Theory* 1.

HOARE, A.-L., « Gestion communautaire des forêts en République Démocratique du Congo : conte de fées ou véritable stratégie REDD ? », (2010) 5 *F.M.* 35.

HOSTIOU, R., « La lente mais irrésistible montée en puissance du principe de participation », (2003) 112 *Droit de l'environnement* 1.

JACQUET, P. et J. LOUP, « Le développement durable, une nécessité pour les pays du Sud », (2009) 1-2 *Regards sur la Terre* 183.

JEAN, B., « Réussir le développement approprié des régions rurales : dix gagnantes », (2003) 12-2 *Organisation et Territoires* 19.

KARSENTY, A. et J. WEBER, « Les marchés de droit pour le gestion de l'environnement », (2004) 45-77 *Revue Tiers Monde* 7.

KARSENTY, A., « Payer pour les forêts tropicales ? Vers un régime international des forêts fondé sur leur conservation rémunérée », (2010) 361 *R.A.P.* 15.

KARSENTY, A., « Régime international, déforestation évitée et évolution des politiques publiques et privées affectant les forêts dans les pays du Sud », (2008) 7 *I.D.D.R.I.* 1.

KARSENTY, A., « The architecture of proposed REDD schemes after Bali : facing critical choices », (2008) X-3 *I.F.R.* 457.

KARSENTY, A., A. VOGEL, D. EZZINE DE BLAS et F. CASTELL, « La problématique des droits sur le carbone dans REDD+ », (2012) 1 *R.S.E.* 1.

KISS, A.-C., « Environnement et développement ou environnement et survie ? », (1991) 2 *Journal du droit international* 263.

KISSINGER, G., « Linking forests and food production in the REDD+ content », (2011) 3 *Research Program on Climate Change* 1.

KOTHARI, A., « Protected areas and people: the future of the past », (2008) 1 *Parks* 17.

LACKEY, R.-T., « Seven pillars of ecosystem management », (1998) 40 *Landscape and Urban Planning* 21.

LAPLANTE, L.-J. et S.-A. SPEARS, « Out of the Conflict Zone: The Case for Community Consent Processes in the Extractive Sector », (2008) 11 *Yale Human Rights and Development Law Journal* 69.

LARSSEN, C., « Vers une gestion démocratique du risque environnemental. Le système participatif de la Convention d'Aarhus : faiblesses et potentialités », (2012) 17-1 *Lex Electronica* 1.

LASSAGNE, A., « Exploitation forestière, développement durable et stratégie de pouvoir dans une forêt tropicale Camerounaise », (2005) 1-5 *Anthropologie et Société* 51.

LATOUCHE, S., « L'imposture du développement durable ou les habits neufs du développement », (2003) 121 *Mondes en développement* 23.

LAVALLEE, S. et S. MALJEAN-DUBOIS, « L'Accord de Paris : fin de la crise du multilatéralisme climatique ou évolution en clair-obscur ? », (2016) 1 *Revue juridique de l'environnement* (*R.J.E.*) Dossier COP-21, 36.

LAVALLEE, S., « Responsabilités communes mais différenciées et protection internationale de l'environnement : une assistance financière en quête de solidarité ? », (2014) 55 : 1 *Cahiers de droit* 139.

LEDOUX, L. (dir.), « Implementing EU biodiversityu policy: UK experiences », (2000) 17 *Land Use Policy* 257.

LEE, J., « The Underlying Legal Theory to Support a Well-Defined Human Right to a Healthy Environment as a Principle of Customary International Law », (2000) 25 *Columbia Journal of Environmental Law* 290.

LESKINEN, P. (dir.), « Assessing ecological values with dependent explanatory variables in multi-criteria forest ecosystem management », (2003) 170-1 *Ecological Modelling* 1.

LUCAS, C., I. and P.-S. of Economics, « Carbon and inequality : from Kyoto to Paris Trends in the global inequality of carbone missions (1998-2013) », (2015) *Prospects for an equitable adaptation fund* 18.

MACDONALD, E. (dir.), « Should riparian buffers be part of forest management based on emulation of natural disturbance? », (2004) 187-2 *Forest Ecology and Management* 185.

MAETZ, M., « Equité intergénérationnelles et durabilité : Nos sociétés inégalitaires s'apprêtent à léguer un lourd héritage aux générations futures », (2012) 8-IV *Polistampa Firenze* 1.

MAGGIO, G.-F., « Recognizing the Vital Role of Local Communities in International Legal Instruments for Conserving Biodiversity », (1997-1998) 16 *UCLA 1. Envt &Pol'y* 180.

MALJEAN-DUBOIS, S., « Responsabilité environnementale et règlementation internationale », (2020) 1-56 *C.N.R.S.* 12.

MANGA, S.-J.-T., « Quand le principe de précaution ne rime pas avec moratoire : vers la consolidation d'une norme de biosécurité aux allures commerciales ? », (2011) 52 *Les Cahiers de droit* 314.

MATHY, S., « Pour la création d'une fenêtre de financement pauvreté-adaptation-atténuation dans le Fonds Vert Climat », (2015) 23 *Natures Sciences Sociétés* 29.

MEGEVAND, C., « Dynamiques de déforestation dans le Bassin du Congo : Réconcilier la croissance économique et la protection de la forêt », (2013) The *World Bank* v.

MEINTYRE, O., « The Role of Customary Rules and Principles of International Environmental Law in the Protection of Shared International Freshwater Resources », (2006) 46 *Natural Resources Journal* 167.

MERMET, L. (dir.), « Les porteurs de projets face à leurs opposants : six critères pour évaluer la concertation en aménagement », (2004) 22-1 *Politiques et aménagement public* 1.

MOHAN, G. et K. STOKKE, « Participatory Development and Empowerment: The Dangers of Localism », (2000) 21-2 *Third World Quaterly* 247.

MORITA, S. et D. ZAELKE, « Rule of Law, Good Governance, and Sustainable Development », (2005) 1 *U.N. Sustainable Development Goals* 1.

MUSHKAT, R., « Public Participation in Environmental Law Making : A Comment on the International Framework and the Asia-Pacific Perspective », (2002) *Chinese Journal of Internationsl Law* 185.

NANDA, A.-D., « India's Environmental Trump Card : How Reducing Black Carbon Through Common But Differentiated Responsabilities Can Curb Climate Change », (2011) 39 *Denv. J. Int'l. L.& Pol's* 537.

NEBIE, G., « Nouveaux rapports entre acteurs, nouveaux modèles de croissance. Réflexion sur des pistes novatrices de stratégies et politiques de lutte contre la pauvreté et les inégalités », (2003) 208-4 *Afrique Contemporaine* 13.

NJATANG, U., « Influence des moyens de communication et d'information sur l'éducation à l'environnement en Afrique Subsaharienne : le cas du Cameroun », (2003) 4 *I.R.D.* 297.

NKE NDIH, J. « Déforestation au Cameroun : causes, conséquences et solutions », (2008) 15 *Alternatives Sud* 155.

OLIVIER DE SARDAN, J.-P., « Le développement participatif : ni solution miracle, ni complot néolibéral », (2001) numéro spécial *Afrique Contemporaine* 23.

OMARJEE, S., « De la copie à l'anticopie : réflexions sur un droit d'auteur », (2005) 1 *Cahiers de la propriété intellectuelle* 160.

ONGOLO, S. et A. KARSENTY, « La lutte contre la déforestation en Afrique Centrale : victime de l'oubli du politique ? », (2011) 42-2 *Ecologie & Politique* 71.

ORGANISATION AFRICAINE DU BOIS- ORGANISATION INTERNATIONALE DES BOIS TROPICAUX (OAB-OIBT), « Principes, critères et indicateurs OAB-OIBT de la gestion durable des forêts tropicales naturelles d'Afrique », (2003) 14 *Développement de politiques OIBT*, en ligne : http://www.itto.int/fr/policypapers_guidelines/ (consulté le 4 août 2024).

ORGANISATION INTERNATIONALE DES BOIS TROPICAUX (OIBT), « Critères et indicateurs révisés de l'OIBT pour l'approche écosystémique des forêts tropicales : modèle de rapport sur les C&I inclus », (2005) 15 *Département des forêts*, en ligne : http://www.itto.int/fr/policypapers_guidelines/ (consulté le 4 août 2024).

PASQUIER-DOUMER, L. (dir.), « Cibler les politiques de lutte contre la pauvreté dans les pays en développement ? Un bilan des expériences », (2009) 3-17 *R.E.D.* 5.

PEACH BROWN, H.-C., « Gender, climate change and REDD+ in the Congo Basin forests of Central Africa », (2011) 13-2 *International Forestry Review* 163.

PEDYNOWSKI, D., « Prospects for ecosystem management in the crown of the continent ecosystem, Canada-United States: Survey and recommendations », (2003) 17-5 *Conservation Biology* 1261.

PETIT, O., « Quelles gouvernances de développement durable dans les pays en développement face à la mondialisation ? », (2006) 63 *C3ED* 127.

PIRARD, R. et A. KARSENTY, « Climate Change Mitigation: Should 'Avoided Deforestation' (REDD) Be Rewarded? », (2009) 28-3 *J.S.F.* 21.

PIRARD, R., « A methodology to estimate impacts of domestics policies on deforestation », (2008) 5 *E.E.* 1.

PIRARD, R., « Estimating opportunity Costs of Avoided Deforestation (REDD): Application of a stepwise approach to the Indonesian Pulp Sector », (2007) 10-3 *I.F.R.* 12.

PIRARD, R., « Indonésie. Comment monnayer sa forêt ? », (2008) 88 *C.P.* 1.

PIRARD, R., « La lutte contre la déforestation tropicale et son financement », (2009) 38 *Q.I.* 64.

PIRARD, R., « Lutte contre la déforestation (REDD) : implications économiques d'un financement par le marché », (2008) 20 *I.D.D.R.I.* 14.

PIRARD, R., J.-L. COMBES et P. MOTEL COMBES, « A reponse to the commentary on Compensated Successful Efforts », (2009) 68-8 *E.E.* 281.

PLANTE, S. et P. ANDRE, « La gestion communautaire des ressources naturelles, cadre de référence pour une réflexion sur les communautés locales », (2002) XXV-1 *R.C.S.G.* 117.

PLAUD, S., « Principe de précaution et progrès scientifique », (2010) 7 *Ethique et Economique* 2.

POISSONNET, M. et G. LESCUYER, « Aménagement forestier et participation : quelles leçons tirées des forêts communales du Cameroun ?», (2005) 6-2 *R.S.E.* 1.

POTVIN, C. (dir.), « Is reducing emissions from deforestation financially feasible? A Panamanian case study », (2008) 8 : 40 *E.N.* 24.

PRIEUR, M., « La Convention d'Aarhus, instrument universel de la démocratie environnementale », (1999) spécial *R.J.E.* 9.

PROGRAMME ONU-REDD, « PCSE » et « Benefit and Risk Tool (BeRT) », (2009) *Organisation des Nations Unies*, en ligne : www.un-redd.org/Multiple_Benefits/PCSE_BeRT/tabid/991/Default.aspx (consulté le 4 août 2024).

PROGRAMME ONU-REDD, « Stratégie du programme ONU-REDD 2011-2015 », *un-redd.org*, 2 février 2011, en ligne : http://www.iisd.org/pdf/2011/redd_programme_strategy_2011_2015_fr.pdf (site consulté le 25 juillet 2024).

QUENEUDEC, « Les incidences de l'affaire du Torrey Canyon sur le droit de la mer », (1968) *A.F.D.I.* 701.

RAHARINIRINA, V., « Le mécanisme REDD+ : « Mythe » ou « Panacée » pour Madagascar », (2010) 1 *Madagascar Conseil International* (MCI) 1.

RAJAMANI, L., « Addressing the 'post-Kyoto' Stress Discover: Reflections on the Emerging Legal Architecture of the Climate Regime », (2009) 58-4 *International & Comparative Law Quarterly* 750.

RAJAMANI, L., « Public interest Environmental Litigation in India: Exploring Issues of Access, Participation, Equity, Effectiveness and Sustainability », (2007) 19-3 *Journal of Environmental Law* 293.

READ, J.-E., « The Trail Smelter Dispute », (1963) 1 *C.Y.I.L.* 213.

REED, M.-S., « Stakeholder participation for environmental management: A literature review », (2008) 141-10 *Biological Conservation* 2417.

REY, P., « La considération locale de la durabilité en Guinée maritime », (2009) 37-158 *Mondes en développement* 85.

RISETH, J.-A., « An Indigenous Perspective on National Parks and Sami Reindeer Management in Norway », (2007) 45 *Geographical Research* 177.

ROE, D., F. NELSON et C. SANDBROOK, « Gestion communautaire des ressources naturelles en Afrique : Impacts, expériences et orientations futures », (2009) 18 *S.R.N.* 1.

ROMPRE, S., « Le régime de la copie privée face à Internet », (2007) 1-12 *Lex Electronica* 1.

RUDA GONZALEZ, A., « La réparation du préjudice écologique en Espagne, l'Affaire du Prestige », (2015) 22 *Revue électronique en sciences de l'environnement* (*R.E.S.E.*) 5.

RUPPEN, D., J. RUNNALLS, R.-M. TSHIMANGA, B. WEHRLI and D. ODERMATT, « Optical remote sensing of large-scale water pollution in Angola and DR Congo caused by the Catoca mine taillings spill », (2023) 1 *International Journal of Applied Earth* (*Observation and Geoinformation*) 1.

SCHEMBRI, P., « Environnement et développement- quelques réflexions autour du concept de développement durable », (2002) 1 *IRD Editions* 51.

SCHRIJVER, N., « The Evolution of Sustainable Development in International Law », (2007) 329 *R.C.A.D.I.* 217.

SEXTON, W.-T., « Ecosystem management: expanding the resource management tool Kit », (1998) 40 *Landscape and Urban Planning* 103.

SHELTON, D., « What happened in Rio to human rights? », (1992) 3 *Yearbook on International Environmental Law* 75.

SHUE, H., « Global Environmental and International Inequality », (2015) 75-3 *International Affairs* 545.

SITORUS, S. (dir.), « Impact de la décentralisation sur la gestion des ressources forestières en Indonésie : Etudes des cas à Kalimantan-Est », (2005) 29-1 *Anthropologie et Société* 81.

SMITH, J., « A critical appreciation of the « bottom-up » approach to sustainable water management: embracing complexity rather than desirability », (2008) 13 *Local Environment* 353.

SMITH, R., « Contemporary fire regimes of northern Australia, 1997-2001: change since Aboriginal occupancy, challenges for sustainable management », (2003) 12-3 *International Journal of Wildland Fire* 283.

SOHN, L.-B., « The New International Law: Protection of the Rights of Individuals rather than States », (1982) 32 *The American University Law Review* 6.

STATISTIQUES DU CAD-OCDE, janvier 2014. Voir également « OECD DAC statistics on climate-related aid », en ligne : http://www.oecd.org/dac/stats/Climate%20changerelated%20Aid%20Flyer%20-%20November%202013.pdf (consulté 28 juillet 2024).

TABAU, A.-S. et C. COURNIL, « Nouvelles perspectives pour la justice climatique. Cour du District de la Haye, 24 juin 2005, Fondation Urgenda contre Pays-Bas », (2015) 40-4 *R.J.E.* 693.

THEYS, J., « La gouvernance, entre innovation et impuissance : Le cas de l'environnement », (2003) 2 *Développement durable et territoire* 6.

THUNIS, X. et N. De SADELEER, « Le principe du pollueur-payeur : idéal régulateur ou règle de droit positif ? », (1995) *Aménagement et environnement* 15.

TIGNIMO, M., « Les contours du principe de la participation publique et la protection des ressources en eau transfrontières », (2010) 7 *R.S.E.* 1.

TORDJMAN, H. et V. BOISVERT, « L'idéologie marchande au service de la biodiversité », (2012) 2-70 *Mouvements* 2.

TORDJMAN, S., « Démocrates sans démocratie : soutien à la société civile et démocratisation en Ouzbékistan post-Soviétique », (2007) 9 *R.E.I.* 2.

TREMBLAY, A., « Regard sur l'évolution du concept de droit à l'environnement », (2005) 18 *R.J.E.U.L.* 5.

TRUDEAU, H., « Du droit international au droit interne : l'émergence du principe de précaution en droit de l'environnement », (2003) *Queen's L.J.* 527.

TSAYEM DEMAZE, M., « Eviter ou réduire la déforestation pour atténuer le changement climatique : le pari du REDD », (2010) 4-674 *Annales de la géographie*, en ligne : http://www.cairn.info/revue-annales-de-geographie-2010-4-page-338.htm (consulté le 29 juillet 2024).

TSAYEM DEMAZE, M., « L'enrôlement de Madagascar dans la REDD+ : domestiquer une opportunité internationale », (2014) 14-1 *R.S.E.* 1.

URBINATI, S., « Les droits des peuples autochtones, la souveraineté des Etats et la Convention sur la diversité biologique », (2004) 1 *F.P.P.* 1.

VALEIX, J., « Enjeux de développement durable et aménagement des forêts du Bassin du Congo : Questions nouvelles et agenda de recherche », (2009) 1-2 *F.P.P.* 1.

VAN DEN HOVE, S., « Approches participatives pour la gouvernance en matière de développement durable : une analyse en termes d'effets », (2000) 1 *Cahier du C3ED* 4.

WALSH, S., « China and India's Participation in Global Climate Negociations », (2011) 11-3 *International Environmental Agreements : Politics Law & Economics* 269.

WILSHER, D., « Freedom of Environmental Information : Recent Development and Future Prospects », (2001) 25 *European Public Law* 671.

WINFIELD, M., « Reflections on the Biosafety Protocol Negociations in Montreal », (2000) *Canadian Institute for Environmental Law and Policy* 1.

WORLD WILDLIFE FUND (WWF), « Protéger les droits et les moyens de subsistance des communautés au sein des initiatives REDD+ : Lignes directrices pour REDD+ », (2011) 1 *Forest & Climate Initiative* 1.

YADAV, N. et T. PRIYADARSHINI, « Trade Imperialism Versus Environmental Protectionism. An Analysis Using Interpretation of Article XX », (2006) 15 *Currents Int'l Trade L.J.* 97.

Articles provenant d'ouvrages collectifs

ANDERSON, M., « Human Rights Approaches to Environmental Protection : An Overview », dans Alan BOYLE et Michael ANDERSON, *Human Rights Approaches to Environmental Protection*, Oxford, Clarendon Press, 1996, p. 1.

BAKO-ARIFARI, N. et P.-Y. LE MEUR, « Les dynamiques locales face aux interventions de développement », dans G. WINTER, *Inégalités et politiques publiques en Afrique : pluralité des normes et jeux des acteurs*, Paris, Karthala-IRD, 2001, p. 1.

BARTON, B., « Underlying Concepts and Theoritical Issues in Public Participation in Resources Development », dans Donald ZILLMAN, Alastair LUCAS et Georges PRING (dir.), *Human Rights in Natural Resource Development : Public Participation in the Sustainable Development of Mining and Industry Resources*, New York, Oxford University Press, 2002, p. 85.

BILLAND, A., « Biodiversité dans les forêts d'Afrique Centrale : panorama des connaissances, principaux enjeux et mesures de conservation », dans De WASSEIGE et Coll., *Les Forêts du Bassin du Congo*, Luxembourg, Office des Publications de l'Union européenne (UE), 2012, p. 63.

BOWMAN, M., « The Nature, Development and Philosophical Foundations of the Biodiversity Concept in International Law », dans M. BOWMAN and C. REDWELL (dir.), *International Law and the Conservation of Biological Diversity*, Boston, Kluwer Law International, 1996, p. 114.

BOYLE, A., « Relationship Between International Environmental Law and Other Branches of International Law », dans Daniel BODANSKY, Jutta BRUNNEE et Ellen HEY, *The Oxford Handbook of international Environmental Law*, Oxford, Oxford University Press, 2007, p. 135.

BRODHAG, C., « Articuler le jeu des acteurs autrement », dans Anne-Marie DUCROUX (dir.), *Les nouveaux utopistes du développement durable*, Coll. Mutations, n° 216, Paris, 2002, p. 15.

BROWN WEISS, « Global Environmental Change and International Law : The Introctory Framework », dans E. BROWN WEISS, *Environmental Change and International Law*, Tokyo, United Nations University Press, 1992.

BRUCH, C. et M. FILBEY, « Emerging Global Norms of Public Involvement », dans Carl BRUCH (dir.), *The New Public: The Globalization of Public Participation:* 1-15, Washington, Environmental Law Institute, 2002, p. 1.

BRUNNEE, J., « Common Areas, Common Heritage and Common Concerns », dans Daniel BODANSKY, Jutta BRUNNEE et Ellen HEY (dir.), *The Oxford Handbook of International Environmental Law*, Oxford, Oxford Univesity Press, 2010, p. 566.

CARRERE, R., « Una vision critica de REDD », dans Joanna CABELLO et Tamra GILBERTSON, *No REDD Papers*, eds., Hermosillo : IEN, 2011, p. 51.

DOLIGEZ, F., « La participation : un cadre d'analyse », dans JOURNEE D'ETUDE INSTITUT DE RECHERCHES ET D'APPLICATIONS DES METHODES DE DEVELOPPEMENT (IRAM) (dir.), *De la participation à l'Empowerment*, Paris, IRAM, 2003, p. 1.

DUCROUX, A.-M., « Rendre la vie possible », dans Anne-Marie DUCROUX (dir.), *Les nouveaux utopistes du développement durable*, Coll. Mutations, n° 216, Paris, 2002, p. 1.

EBBESSON, J., « Public Participation », dans Daniel BODANSKY, Jutta BRUNNEE and Ellen HEY (dir.), *The Oxford Handbook of International Environmental Law*, New York, Oxford University Press, 2007, p. 573.

FAUROUX, E., « De l'optimisme technologique à l'optimisme participatif. Les métamorphoses du discours des spécialistes de développement à travers des exemples malgaches », dans Jean-François BARE (dir.), *Paroles d'experts. Etudes sur la pensée institutionnelle du développement*, Paris, Karthala, 2006, p. 317.

GAILLARD, E., « Pour une approche systémique, complexe et prospective des droits de l'homme », dans Christel COURNIL et Catherine COLARD-FABRAGOULE (dir.), *Changements environnementaux globaux et Droits de l'homme*, Bruxelles, Editions Bruylant, 2012, p. 76.

GARDETTE, Y.-M. et B. LOCATELLI, « Les marchés du carbone forestier », dans CIRAD, *Les marchés du carbone forestier*, Washington D.C., Editions de la Banque mondiale, 2007, p. 1.

GOURITIN, A., « La jurisprudence de la Cour européenne des droits de l'hommes sur les obligations privées en matière environnementale peut-elle s'appliquer aux changements climatiques ? », dans Christel COURNIL et Catherine COLARD-FRABREGOULE (dir.), *Changements climatiques et défis du droit*, Bruxelles, Editions Bruylant, 2010, p. 275.

HALLEY, P., « Une gestion transnationale fondée sur l'écosystème : expérience nord-américaine », dans M.-H. PARIZEAU et S. KASH (dir.), *De l'inégalité dans le dialogue des cultures : mondialisation, santé et environnement*, Québec, Les Presses de l'Université Laval, 2005, p. 115.

KISS, A., « Définition et nature juridique d'un droit de l'homme à l'environnement », dans Pascale KROMAREK (dir.), *Environnement et droits de l'homme*, Paris, UNESCO, 1987, p. 17.

KISS, A., « The Right to the Conservation of the Environment », dans PICOLOTTI, ROMINA, TAILANT et DANIEL, *Linking Human Rights and the Environment*, Tucson, Univesity of Arizona Press, 2003, p. 1.

KROMAREK, P., « Quel droit à l'environnement ? Historique et développement », dans Pascale KROMAREK (dir.), *Environnement et droits de l'homme*, Paris UNESCO, 1987, p. 113.

LAMBERT, A., « La participation dans l'élaboration des politiques de développement rural et de lutte contre la pauvreté et les inégalités », dans JOURNEE D'ETUDE IRAM, *De la Participation à l'Empowerment*, Paris, Institut de Recherches et d'Applications des Méthodes de développement, 2003, p. 15.

LARSSEN, C., « La Convention d'Aarhus : avancée majeure du droit international ? », dans J. CRAWFORD et S. NOUWEN (éd.), *Select Proceedings of the European Society of International Law*, vol. 3, Bruxelles, 2010, p. 340.

LAVALLEE, S. et K. BARTENSTEIN, « Le principe des responsabilités communes mais différenciées au service du développement durable », dans A. MICHELOT, *Equité et environnement : Quel (s) modèle (s) de justice environnementale ?*, Bruxelles, Editions Larcier, 2012, p. 386.

LAVIGNE-DELVILLE, P. et M. MATHIEU, « Le diagnostic participatif comme enjeu de pouvoir et comme processus social », dans JOURNEE D'ETUDE IRAM 2003, *De la participation à l'Empowerment*, Paris, Institut de Recherches et d'Applications des Méthodes de développement, 2003, p. 1.

LAWLOR, K. and D. HUBERMAN, « Reduced emissions from deforestation and forest degradation (REDD) and human rights », dans Jessica CAMPESE, Terry SUNDERLAND, Thomas GREIBER and Gonzalo OVIEDO, *Rights-based approaches: Exploring issues and opportunities for conservation*, eds, Bogor, CIFOR et UICN, 2009, p. 260.

LOGIE, G., « La participation : une issue possible pour la société humaine ? », dans JOURNEE D'ETUDE IRAM 2003, *De la participation à l'Empowerment*, Paris, IRAM, 2003, p. 1.

LUTTRELL, C., « Who should benefit and why? Discourses on REDD+ benefit sharing », dans Arild ANGELSEN (dir.), *Analysing REDD+. Challenges and choices*, Bogor, Editions CIFOR, p. 120.

MALJEAN-DUBOIS, S. et R. MEHDI, « Environnement et développement, les Nations Unies à la recherche d'un nouveau paradigme », dans Sandrine

MALJEAN-DUBOIS et Rostane MEHDI (dir.), *Les Nations Unies et la protection de l'environnement : la promotion d'un développement durable*, Paris, Editions A. Pedone, 1999, p. 9.

MALJEAN-DUBOIS, S., « Accès à l'information et reconnaissance d'un droit à l'information environnementale. Le nouveau contexte juridique international », dans Sandrine MALJEAN-DUBOIS (dir.), *L'effectivité du droit européen de l'environnement. Contrôle de la mise en œuvre et sanction du non-respect*, Paris, La Documentation française, 2000, p. 25.

MALJEAN-DUBOIS, S., « Marché (s) et lutte contre les changements climatiques à l'échelle internationale », dans Jochen SOHNLE et Marie-Pierre CAMPROUX DUFFRENE (dir.), *Marché et environnement. Le marché : menace ou remède pour la protection internationale de l'environnement*, Bruxelles, Editions Bruylant, 2014, p. 241.

MARKS, S.-P., « Emerging Human Rights: A New Generation for the 1980s? », dans R. FALK, F. KRAVOTCHWIL et S.-H. MENDLOVITZ (dir.), *International Law, A Contemporary Perspective*, Boulder, Westview Press, 1985, p. 114.

MATZ, N., « Environmental Financing : Function and Coherence of Financial Mechanisms in International Environmental Agreements », dans Armin VON BOGDANDY and Rudiger WOLFRUM (dir.), *Max Planck Yearbook of United Nations Law*, t. 6, Heidelberg, Max Planck Institute for Comparative Public Law and International Law, 2002, p. 484.

ORELLANA, M.-A., « Unearthing Governance: Obstacles and Opportunities for Public Participation in Mineral Policy », dans Carl BRUCH (dir.), *The New Public: The Globalization of Public Participation*, Washington D.C., Environmental Law Institute, 2002, p. 230.

OST, F., « Le temps virtuel des lois postmodernes ou comment le droit se traite dans la société de l'information », dans Jean CLAM et Gilles MARTIN (dir.), *Les transformations de la régulation juridique*, travaux 5, Paris, LGDJ (Droit et Société), 1998, p. 423.

POMADE, A., « Focus on the Transversal Principles of Information and Participation in Decision-making », dans Christel COURNIL et Anne-Sophie TABAU (dir.), *Human Rights and Climate Change: EU Policy Options*, Bruxelles, Study for the UE Parliament, 2012, p. 90.

PRIEUR, M, « Le principe de non-régression face à la logique du marché », dans Jochen SOHNLE et Marie-Pierre CAMPROUX DUFFRENE (dir.), *Marché et environnement. Le marché : menace ou remède pour la protection internationale de l'environnement*, Bruxelles, Editions Bruylant, 2014, p. 478.

PRIEUR, M., « Information et participation du public en matière d'environnement. Influence du droit international et communautaire », dans Michel PAQUES et Michaël FAURE, *La protection de l'environnement au cœur du système juridique international et du droit interne. Acteurs, valeurs et efficacité*, Bruxelles, Editions Bruylant, 2003, p. 1.

PRING, G. et N.-Y. SUSAN, « The emerging international law of public participation affecting global mining, energy, ans natural resource development », dans Donald ZILLMAN, Alastair LUCAS and Georges PRING (dir.), *Human rights in natural resource development : Public Participation in the Sustainable Development of Mining Industry Resources*, New York, Oxford University Press, 2002, p. 1.

REDWELL, C., « The International Law of Public Participation- Protected Areas, Endangered Species and Biological Diversity », dans Donald N. ZILLMAN, Alistair LUCAS et Georges PRING (dir.), *Development of Mining and Energy Resources*, Oxford, Oxford University Press, 2002, p. 187.

RICHARDSON, B. and J. RAZZAQUE, « Public Participation in Environmental Decision-Making », dans Benjamin J. RICHARDSON and Stephen WOODS (dir.), *Environmental Law for Sustainability: A Reader*, Oxford and Portland Oregon, Hart Publisher, 2006, p. 85.

ROUSSEAU, D., « Les droits de l'homme de la troisième génération », dans ASSOCIATION FRANÇAISE DES CONSTITUTIONNALISTES (dir.), *Droit constitutionnel et droits de l'homme*, Aix-en-Province, Editions Economia et PUAM, 1987, p. 78.

RUOZZI, E., « L'harmonisation internationale comme instrument finalisé à la réalisation de la dignité humaine, dans les dimensions de la protection de la santé et de l'environnement », dans Jochen SOHNLE et Marie-Pierre CAMPROUX DUFFRENE, *Marché et environnement*, Bruxelles, Editions Bruylant, 2014, p. 111.

SALDOMANDO, A., « L'impossible gouvernance pro-pauvres au Nicarague », dans Bonnie CAMPBELL, *Qu'allons-nous faire des pauvres ? Réformes institutionnelles et espaces politiques ou, les pièges de la gouvernance pour les pauvres*, Paris, L'Harmattan, 2005, p. 1.

SASSEN, S., « The Places and Spaces of the Gobal: An Expanded Analytic Terrain », dans David HELD and Anthony MCGREW (dir.), *Globalization Theory: Approches and Controversies*, Cambridge, Policy Press, 2007, p. 79.

TALLA TAKOUKAM, P., « Les individus et le droit de l'environnement », dans Michel PRIEUR, *Pour un droit commun de l'environnement*, Paris, Dalloz, 2007, p. 523.

TRAIL SMELTER ARBITRAL TRIBUNAL, (1939) 33 Am. J. Int'L. 182, reproduit dans Rebecca M. BRATSPIES et Russell A. MILLER (dir.), *Transboundary Harm in International Law: Lessons from the Trail Smelter Arbitration*, New York, Cambridge University Press, Annexe B, 2006.

TREFON, T., « Exploitation industrielle du bois au Congo : une approche participative est-elle possible ? », dans CENTER FOR INTERNATIONAL

FORESTRY RESEARCH (CIFOR), *Quel avenir pour les forêts de la République Démocratique du Congo ? Instruments et mécanismes innovants pour une gestion durable des forêts*, Kinshasa, Africa Tervuren, 2007, p. 40.

VASAK, K., « Les différentes catégories des droits de l'homme », dans A. LAPEYRE, A.-F. de TINGUY, K. VASAK (dir.), *Les dimensions universelles des droits de l'homme*, Bruxelles, Editions Bruylant, 1990, p. 98.

VINUALES, J.-E. et S. CHUFFART, « From the Other Shore-Economic, Social and Cultural Rights from an International Environmental Law Perspective », dans E. RIEDEL (dir.), *Contemporary Challenges in the Realization of Economic, Social and Cultural Rights*, 2è ed., 2014, p ; 1.

WEIGANDT, E., « Climate change, equity and international negociations », dans Urs LUTERBACHER et DETLLEF F. SPRINZ (éd.), *International Relations and Global Climate Change*, Cambridge, MIT Press, 2001.

WIENER, J.-B., « Precaution », dans Jutta BRUNNÉE, Daniel BODANSKY et Ellen HEY, eds., *The Oxford Handbook of International Law*, Oxford, Oxford University Press, p. 612.

ZILLMAN, D.-N., « Introduction to Public Participation in the Twenty-First Century », dans Donald ZILLMAN, Alastair LUCAS and Georges PRING (dir.), *Human Rights in Natural Resource Development : Public Participation in the Sustainable Development of Mining Industry Resources*, New York, Oxford University Press, 2002, p. 1.

Documents gouvernementaux

FONDACION PARA EL ECODESARROLLIO (FUNDAECO), *Plan maestro- Reserva forestal municipal de Todos Santos Cuchumatan*, Huehuetenango, Conseil National des Aires Protégées (CONAP), 2007.

GOUVERNEMENT DE GUATEMALA (Conseil National des Aires Protégées), *Politica nacional y estrategias para el desarrollo del sistema guatemalteco de areas protegidas*, Cuidad Guatemala, 1999.

GOUVERNEMENT DE LA REPUBLIQUE DE GUINEE EQUATORIALE, Ministère de la Reconstruction Nationale, *Fibre optique : la Guinée Equatoriale bientôt connectées*, Malabo, Bibliothèque et Archives nationales de Malabo, 2012.

GOUVERNEMENT DU GABON, *Stratégie nationale REDD+ (Gabon vert)*, Libreville, Division inventaire forestier, 2010.

MINISTERE DE L'ENVIRONNEMENT ET DEVELOPPEMENT DURABLE DE LA REPUBLIQUE DEMOCRATIQUE DU CONGO, *Seconde mission inter-agence pour le processus REDD (FAO, PNUD, PNUE et Banque mondiale) : note d'actualisation du processus national REDD*, Kinshasa, Coordination Nationale REDD (CN-REDD), 2009.

MINISTERE DE L'ENVIRONNEMENT ET DEVELOPPEMENT DURABLE DE LA REPUBLIQUE DEMOCRATIQUE DU CONGO, *Plan de préparation au REDD 2010-2012 (R-PP Draft)*, Kinshasa, Direction inventaire et aménagement forestiers, 2010.

MINISTERE DE L'ENVIRONNEMENT ET DEVELOPPEMENT DURABLE DE LA REPUBLIQUE DEMOCRATIQUE DU CONGO, *Evolution et réalisation du processus REDD+ en RDC*, Kinshasa, CN-REDD, 2010.

MINISTERE DE L'ENVIRONNEMENT ET DEVELOPPEMENT DURABLE DE LA REPUBLIQUE DEMOCRATIQUE DU CONGO, *Les partenaires multilatéraux du processus national REDD+ en RDC : ONU-REDD et FCPF*, Kinshasa, CN-REDD, 2010.

MINISTERE DE L'ENVIRONNEMENT, des Eaux, de la Chasse et de la Pêche de la République Centrafricaine, *Plan de préparation au REDD+ (R-PP)*, Bangui, Comité National REDD, 2009.

MINISTERE DU DEVELOPPEMENT DURABLE, de l'Economie forestière et de l'environnement de la République du Congo, *Droit à la participation des communautés locales et populations autochtones à la prise de décisions*, Brazzaville, Direction des inventaires forestiers, 2014.

ROYAUME DU MAROC (Département de l'Environnement), *Etude nationale sur la biodiversité- Rapport de Synthèse*, Rabat, 2001, en ligne : http://ma.chm-cbd.net/implementation/doc_product_cdb_ma/enb_ma/raosyntenb_ma (consulté le 28 juillet 2024).

ROYAUME DU MAROC (Secrétariat d'Etat chargé de l'Environnement), Stratégie nationale pour la conservation et l'utilisation durable de la diversité biologique, Rabat, 2004, en ligne : http://www.biodiv.be/maroc/implementation/doc_product_cdb_ma/snb_ma.pdf (consulté le 28 juillet 2024).

SECRETARIAT D'ETAT CHARGE DE L'ENVIRONNEMENT DU MAROC ET COMMUNAUTES LOCALES, *Programme d'action d'aménagement participatif du Parc National d'Ifrane*, Rabat, 2007.

Documents internationaux

Accord de Cancun, 10 décembre 2010, (2010) Draft Décision-/CP. 16, en ligne :http://unfccc.int/files/meetings/ cop_16/application/pdf/cop16_1ca.pdf (consulté le 5 août 2024) [AC].

Accord de Copenhague, 18 décembre 2009, (2009) Draft Décision-/CP.15, en ligne : http://unfccc.int/resource/docs/2009/cop15/eng/107.pdf (consulté le 5 août 2024) [AC].

Accord de l'Association des Nations de l'Asie du Sud-Est (ANASE) sur la conservation de la nature et des ressources naturelles, 9 juillet 1985.

Accord de Marrakech instituant l'Organisation mondiale du commerce, 15 avril 1994, 1867 R.T.N.U. 165.

Accord de Paris, 12 décembre 2015, (2015) Draft Décision-/CP.21, Annexe, en ligne :

http://unfccc.int/resource/docs/2015/cop21/fre/109r01f.pdf (consulté le 25 juillet) [AC].

Accord international sur les bois tropicaux, 26 janvier 1994, (1997) 921 R.T.N.U. 11, en ligne : http://www.admin.ch/ch/f/rs/i9/0.921.11.fr.pdf (consulté le 29 juillet 2024) [AIBT].

Accord international sur les bois tropicaux, 27 janvier 2006, (2008) 921 R.T.N.U. 11, en ligne : http://cmsdata.iucn.org/downloads/aibt_2006.pdf (consulté le 28 juillet 2024) [AIBT].

Accord Nord-américain de coopération dans le domaine de l'environnement, 12 décembre 1992, [1994] R.T. Can. n° 122 (entré en vigueur le 1er janvier 1994).

Accord régissant les activités des états sur la lune et les autres corps célestes (ci-après « *Traité sur la lune* »), 18 décembre 1979, [1984] R.T. Can. n° 45 (entré en vigueur le 11 juillet 1984).

Accord sur l'application des mesures sanitaires et phytosanitaires, 15 avril 1994, 1867 R.T.N.U. 568.

Acte unique européen, signé à Luxembourg le 17 février et à La Haye le 28 février 1986 (entré en vigueur : le 1er juillet 1987), JOCE, 29.06.1987, n° L 169.

Action 21/agenda 21, Doc. N.U. A/CONF.151/26/Rev.1 (16 juin 1992), chap. 11, en ligne :

http://www.un.org/french/ga/special/sids/agenda21/action11.htm (consulté le 22 juin 2024).

Action plan for the human environment, Doc. N.U. A/CONF. 48/14 (16 juin 1972), en ligne :

http://ids.oup.com/www.oup.co.uk/pdf/bt/cassese/cases/part3/ch17/1204.pdf (consulté le 22 juin 2024).

Annuaire de la Commission du droit international (CDI), 1980, vol. II, deuxième partie.

Arab statement on environment and development and the future outlook, adoptée par la Conférence ministérielle sur l'environnement et le développement au Caire, A/46/632, U.N. Doc. E/CN.4/Sub.2/1992/7, 20.

CCNUCC, Atelier de 2009 à Nairobi (Kenya) 16-18 novembre 2009 : *REDD+ dans le cadre des pourparlers de Copenhague sur les changements climatiques et au-delà, combler le fossé entre la négociation et l'action.*

CDB, *Ebauche de la politique sur la participation du public aux projets financés par le FEM* (GEF/C.6/inf.5).

CDB, Secrétariat du FEM : *Public involvement in GEF-financed Projects (Participation du public aux projets financés par le Fonds pour l'environnement mondial, FEM*), Washington, 2010.

Charte africaine des droits de l'homme et des peuples, 27 juin 1981, [1986] R.T. Can. n° 126 (entrée en vigueur le 21 octobre 1986).

Charte de l'environnement, adoptée par la République française, n° 2005-205, 1er mars 2005.

Charte mondiale de la nature, Doc. N.U. A/RES/37/7 (28 octobre 1982), en ligne : http://www.un.org/french/documents/ga/res/37/fres37.shml (consulté le 30 juillet 2024).

COMITE DES DROITS DE L'ENFANT, *Journée de débat général sur les droits des enfants autochtones : recommandations*, 34è session, 2003.

COMITE DES DROITS ECONOMIQUES, SOCIAUX ET CULTURELS, *Observation générale n° 7 : le droit à un logement suffisant : expulsions forcées*, 1997 ; *Récapitulation des observations générales ou recommandation générale adoptées par les organes créés en vertu d'instruments internationaux relatifs aux droits de l'homme*, Doc. N.U. HRI/GEN/1/Rev.5, 2001.

COMITE DES NATIONS UNIES POUR L'ELIMINATION DE TOUTES LES FORMES DE DISCRIMINATION RACIALE, *Recommandation générale XXIII (51) concernant les droits des peuples autochtones*, adoptée lors de la 1235è séance, Doc. N.U. CERD/C/51/Misc.13/Rev.4 (18 août 1997).

Commentaire général N° 23 (50) (ART. 27), adopté par le Comité des droits de l'homme lors de sa 1314è Réunion (Cinquantième session), 6 avril 1994, Doc. N.U. CCPR/C/21/Rev.1/Add.5. (1994).

COMMISSION DES DROITS DE L'HOMME, PROMOTION ET PROTECTION DES DROITS DE L'HOMME, *Les droits de l'homme et l'environnement en tant qu'éléments du développement durable*, Rapport du Secrétaire général, ECOSOC, E/CN.4/2004/87, 6 février 2004.

COMMISSION DU DROIT INTERNATIONAL DES NATIONS UNIES [CDI], *Rapport de la Commission à l'Assemblée générale sur les travaux de sa Cinquante-troisième session, Projet d'articles sur la prévention des dommages transfrontières résultant d'activités dangereuses et commentaires y relatifs*, Doc. N.U. A/56/10 dans *Annuaire de la Commission du droit international 2001*, vol.2, partie 2, New York, N.U., 2001.

COMMISSION DU DROIT INTERNATIONAL, *Etude des régimes de responsabilité ayant trait au sujet de la Responsabilité internationale pour les conséquences préjudiciables découlant d'activités qui ne sont pas interdites par le droit international*, Doc. Off. A.G. N.U., Doc. N.U. A/CN.4/471/1995.

COMMISSION INTERAMERICAINE DES DROITS DE L'HOMME, *Rapport n° 27/98* (*Nicaragua*), par. 142 et *Rapport n° 75/02, Cas n° 11.140, Mary and Carrie Dann (Etats-Unis)* 27, 2002 (OEA/Ser.L/V/II.116, Doc. 46.

COMMISSION MONDIALE SUR L'ENVIRONNEMENT ET LE DEVELOPPEMENT [CMED], *Rapport Notre avenir à tous dit Rapport Brundtland 1987*, en ligne : http://www.un.org/ga/search/view_doc.asp?symbol=A/42/427 (consulté le 31 juillet 2024).

COMMUNAUTE ECONOMIQUE EUROPEENNE- ORGANISATION DES NATIONS UNIES (CEE-ONU), *Guide d'application de la Convention d'Aarhus*, 2000, en ligne : http://www.unece.org/env/pp/implementation%20guide/french/impl.guidel.e.pdf (consulté le 31 juillet 2024).

Conclusion du comité pour l'élimination de la discrimination raciale, Doc. N.U. CERD/C/304/Add.21, par. 3 (1997).

CONFERENCE DES NATIONS UNIES SUR LE COMMERCE ET LE DEVELOPPEMENT [CNUCED], *Rapport 2013 sur les Pays les Moins Avancés (PMA) : une croissance créatrice d'emplois pour un développement équitable et durable*, New York et Genève, ONU, 2013, en ligne : http://unctad.org/fr/PublicationsLibrary/1dc2013_fr.pdf (consulté le 18 juillet 2024).

CONFERENCE MONDIALE SUR LES DROITS DE L'HOMME, *Déclaration et Programme d'action de Vienne*, A/CONF.157/23, 14-25 juin 1993.

CONSEIL DES DROITS DE L'HOMME, *Rapport du Mécanisme d'experts sur les droits des peuples autochtones : l'Etude sur les peuples autochtones et le droit de participer à la prise de décisions*, Assemblée générale des Nations Unies, sixième session, Genève, 2013.

CONSEIL DES DROITS DE L'HOMME, *Sous-Commission de la promotion et de la protection des droits de l'homme*, Rés. 2003/9, 2003/14, 2003/17, 2003/20, 2003/71, 2003/1 et 2004/24.

CONSEIL ECONOMIQUE ET SOCIAL, COMMISSION DES DROITS DE L'HOMME, *Examen des faits nouveaux survenus dans les secteurs dont la Sous-Commission, Droit de l'homme et environnement, Rapport final établi par Madame Fatma Zohra Ksentini, Rapporteur spécial*, E/CN.4/Sub.2/1994/9, 26 juillet 1994.

Convention americaine relative aux droits de l'homme, 22 novembre 1969, [1978] R.T. Can. n° 54 (entrée en vigueur le 18 juillet 1 978).

Convention concernant la protection du patrimoine mondial, culturel et naturel, 23 novembre 1972, [1975] R.T. Can. n° 311 (entrée en vigueur le 17 décembre 1975).

Convention d'Aarhus sur l'accès a l'information, la participation du public au processus décisionnel et l'accès à la justice en matière d'environnement, 25 juin 1998, [2001] R.T. Can. n° 53 (entrée en vigueur le 30 octobre 2001).

Convention d'Espoo sur l'évaluation des impacts sur l'environnement dans un contexte transfrontière, 25 février 1991, (1999) 1989 R.T.N.U. 309, adoptée sous l'égide de la Commission Economique pour l'Europe.

Convention d'Helsinki sur la protection et l'utilisation des cours d'eau transfrontières et des lacs internationaux, 17 mars 1992 (entrée en vigueur le 6 octobre 1996), en ligne : http://www.unece.org/env/water/pdf/waterconf.pdf (consulté le 26 juillet 2024).

Convention de 1991 sur la préparation, la lutte et la coopération en matière de pollution par les hydrocarbures, 30 novembre 1990, 1991 R.T.N.U. 92.

Convention de 1992 sur la protection du milieu marin de l'Atlantique du Nord-Est, 22 septembre 1992, 2354 R.T.N.U. 67.

Convention de Bamako sur l'interdiction d'importer en Afrique des déchets dangereux et sur le contrôle des mouvements transfrontaliers et la question des déchets dangereux produits en Afrique, 30 janvier 1991, (1991) 30 ILM 773.

Convention de Londres relative à la conservation de la faune et de la flore dans leur état naturel, en Afrique, 1993.

Convention de Lugano concernant la compétence judiciaire, la reconnaissance et l'exécution des décisions en matière civile et commerciale, 30 octobre 2007, [2010] R.T. Can. n° 54 (entrée en vigueur le 1er janvier 2010).

Convention de Lugano de 1993 sur la responsabilité civile des dommages résultant d'activités dangereuses pour l'environnement, 21 juin 1993, STCE n° 150.

Convention de Paris pour la protection du milieu marin pour l'Atlantique du Nord-Est, 22 septembre 1992, 2354 R.T.N.U. 67.

Convention de sauvegarde des droits de l'homme et des libertés fondamentales, 4 novembre 1950, STCE, n° 005 (entrée en vigueur le 3 septembre 1953).

Convention de Vienne pour la protection de la couche d'ozone, 22 mars 1985, 1513 R.T.N.U. 293.

Convention de Washington pour la protection de la flore, de la faune et des beautés panoramiques naturelles des pays de l'Amérique, 1940.

Convention des Nations Unies sur la lutte contre la désertification dans les pays gravement touchés par la sécheresse et/ou la désertification, en particulier en Afrique, 17 juin 1994, 1954 RTNU 3 (entrée en vigueur le 26 décembre 1996).

Convention des Nations Unies sur le droit de la mer, 10 décembre 1982, [1994] R.T. Can. n° 48 (entrée en vigueur : le 16 novembre 1994).

Convention européenne des droits de l'homme, 4 novembre 1950, [1953] R.T. Can. n° 99 (entrée en vigueur le 3 septembre 1953).

Convention internationale pour la règlementation de la chasse à la baleine, 2 décembre 1946, [1948] R.T. Can. n° 51 (entrée en vigueur le 10 novembre 1948) [CIRCB].

Convention internationale pour les pêcheries de l'Atlantique du Nord-Ouest, 1978.

Convention internationale sur l'élimination de toutes les formes de discrimination raciale, 21 décembre 1965, [1969] R.T. Can n° 115 (entrée en vigueur le 4 janvier 1969).

Convention internationale sur la responsabilité civile pour les dommages dus à la pollution par les hydrocarbures, 29 novembre 1969, 973 R.T.N.U. 12.

Convention n° 169 concernant les peuples indigènes et tribaux dans les pays independants, 27 juin 1989, 1650 R.T.N.U. 383.

Convention n° 169 relative aux peuples indigènes et tribaux de l'Organisation internationale du travail, 27 juin 1989, [1991] R.T. Can n° 55 (entrée en vigueur le 5 septembre 1991).

Convention pour la protection de la mer noire contre la pollution, 21 avril 1994, 1764 R.T.N.U. 33.

Convention relative au règlement des difficultés soulevées par l'exploitation de la Fonderie de Trail en Colombie-Britannique, 15 avril 1935, N.U., R.S.A, vol. III.

Convention relative aux droits de l'enfant, 20 novembre 1989, 1577 R.T.N.U. 3.

Convention sur la diversité biologique, 5 juin 1992, [1993] R.T. Can n° 24 (entrée en vigueur le 29 décembre 1993) [CDB].

CONVENTION SUR LA DIVERSITE BIOLOGIQUE, *Message du cinquième Congrès mondial des parcs (CMP)* tenu à Durban (Afrique du Sud) du 8 au 17 septembre 2003, en ligne : http://www.iucn.org/themes/wpc2003/pdfs/outputs/wpc/cdbmessage_fr.pdf (consulté le 31 juillet 2024).

Convention sur les effets transfrontières des accidents industriels, Helsinki, 17 mars 1992, 2105 R.T.N.U. 457.

Convention-Cadre des Nations Unies sur les changements climatiques, 9 mai 1992, [1994] R.T. Can. n° 96 (entrée en vigueur le 21 mars 1994) [CCNUCC].

Décision 1/CP.13 *Plan d'action de Bali*, en ligne : http://unfccc.int/resource/docs/2007/cop13/fre/06a01f.pdf (consulté le 23 juillet 2024) ; Décision 1/CP.15 (FCCC/AWGLCA/2009/L7/Rev.1 et Add.1) *Rapport de la première session de la Conférence des Parties agissant comme réunion des Parties à la CCNUCC, tenue à Copenhague en 2009 sur la participation intégrale et effective des peuples autochtones et des communautés locales (AWG-LCA : Groupe de travail spécial de l'action concertée à long terme sur le mécanisme REDD+).*

Décision 11/CP. 7 *Utilisation des terres, changement d'affectation des terres et foresterie* et Décision 19/CP.9 (FCCC/CP/2003/6/Add.2) ; Décision 1/CMP.1 (FCCC/KP/CMP/2005/8/Add.1) *Etude au titre du paragraphe 9 de l'article 3 du Protocole de Kyoto des engagements des Parties visées à l'Annexe I de la CCNUCC pour les périodes suivantes*, 30 mars 2006 ; Décision 1/CP.17 (FCCC/CP/2011/9/Add.1) *Création d'un groupe de travail spécial de la plate-forme de Durban pour une action concertée*, 15 mars 2012 ; Décision 2/CP.13 *Réduction des émissions résultant du déboisement dans les pays en développement : démarches incitatives*.

Décision vi/10, 29 et 30 de la sixième réunion de la Conférence des Parties (COP) à la *Convention sur la diversité biologique* (*CDB*) ; Décision VIII/24, 22 (d) et (e) de la huitième réunion de la Conférence des Parties (COP) à la *Convention sur la diversité biologique* (*CDB*).

Déclaration de Johannesburg sur le développement durable, Doc. N.U. A/CONF.199/20 (4 septembre 2002), en ligne : http://www.ielrc.org/content/e0228.pdf (consulté le 7 août 2024).

Déclaration de Lucques sur la mise en œuvre de la Convention sur l'accès à l'information, la participation du public au processus décisionnel et l'accès à la justice en matière d'environnement (MP.PP/2002/CRP.1), 21-23 octobre 2002, [2004] R.T. Can. n° 87 (entrée en vigueur le 2 avril 2004).

Déclaration de New Delhi sur les principes du droit international relatifs au développement durable, ILA Rés. 2/2002, 2002.

Déclaration de principes, non juridiquement contraignante mais faisant autorité, pour un consensus mondial sur la gestion, la conservation et l'exploitation écologiquement viable de tous les types de forêts, Rés. 151 (III), Doc. Off. A.G. N.U., 3è sess., suppl. n° 26, Doc. N.U. A/151 (1992).

Déclaration de Riga à la Convention d'Aarhus, adoptée à la troisième session de la Réunion des Parties (RP) à la Convention , tenue à Riga (Lettonie), 11-13 juin 2008, ECE/MP. PP/2008/2/Add.1.

Déclaration de Rio sur l'environnement et le développement, Rés. 151 (1), Doc. Off. A.G. N.U., 17è sess., suppl. n° 26, Doc. N.U. A/151 (1993).

Déclaration des Nations Unies sur les droits des peuples autochtones, Rés. 295, Doc. Off. A.G. N.U., 61è sess., suppl. n° 67, Doc. N.U. A/61/L.67 et Add.1 61/295 (2007).

Déclaration des principes régissant le fond des mers et des océans, ainsi que leur sous-sol, au-delà des limites de la juridiction nationale, Décl. n° 2749, Doc. Off. A.G., 25è sess., suppl. n° 1932, Doc. N.U. A/25/2749 (1970).

Déclaration du Millénaire pour le développement, Rapport du Secrétaire général pour le Millénaire A/54/2000, 2000.

Déclaration finale de la Conférence des Nations Unies sur l'environnement, Rés. 1972/2849, Doc. Off. A.G. N.U., 26è sess., suppl. n° 29, Doc. N.U. A/8429 (1972).

Déclaration finale de la Conférence des Nations Unies sur le développement durable (Rio+20), *L'avenir que nous voulons : une gouvernance du développement durable ouverte et participative*, Rés. 66/288, Doc. Off. A.G. N.U., 66è sess., pt. n° 19, Doc. N.U. A/66/288 (2012).

Déclaration ministérielle du débat de haut niveau de la neuvième session du Forum des Nations Unies sur les forêts à l'occasion du lancement de l'Année internationale des forêts, Documents officiels du Conseil économique et social, suppl. n° 22 (E/2011/42), chap. I, sect. A, projet de décision I (2011) ; Voir également Décision 66/543.

Déclaration régionale d'Amérique et des Caraïbes sur la mise en œuvre du principe 10 de la Déclaration de Rio sur l'environnement et le développement, 10 février 2013, en ligne :
http://www.ciel;org/Publications/LAC_DeclarationP10_Feb2013.pdf (consulté le 8 août 2024).

Déclaration sur la souveraineté permanente sur les ressources naturelles, Décl. n° 1803, Doc. Off. A.G., 17è sess., suppl. n° 9, Doc. N.U. A/5209 (1962).

Déclaration universelle des droits de l'homme, Rés. A.G. 217 (III), Doc. A. G. N.U., 3è sess., suppl. n° 13, Doc. N.U. A/810/71 (1948).

DEVELOPPEMENT DURABLE, Doc. ONU 2349/XXIII, 20 décembre 1971.

DEVELOPPEMENT ET ENVIRONNEMENT, Doc. ONU 2349/XXIII (20 décembre 1971).

Directive 2000/18/CE du Parlement européen et du Conseil relative à la dissémination volontaire d'OGM dans l'environnement, 12 mars 2001 ; *Directive 90/220/CEE du Conseil, Déclaration de la Commission*, Journal officiel n° L 106, 17/04/2001, en ligne :

http://eurlex.europa.eu/resource.html?uri=cellar:303dd4fa-07a8-4d20-86a8-0baaf0518d22.0007.02/DOC_1&format=PDF (consulté le 23 mai 2024).

Directive 2004/35/CE du Parlement européen et du Conseil sur la responsabilité environnementale en ce qui concerne la prévention et la réparation des dommages environnementaux, JO de l'UE n° L143, 30 avril 2004 ; *Directives 88/46/CEE du Conseil interdisant l'utilisation de certaines substances à effet hormonal dans les spéculations animales*, 7 mars 1998.

Directives OIBT/UICN pour la conservation et l'utilisation durable de la biodiversité dans les forêts tropicales productrices de bois, 2009 (Publiées conjointement par l'Organisation internationale sur les bois tropicaux et l'Union mondiale pour la nature), en ligne : http://www.cbd.int/doc/books/2009/B-03168.pdf (consulté le 30 juillet 2024).

Directives sous regionales sur la participation des populations locales et autochtones et des ONG à la gestion durable des forêts d'Afrique Centrale (COMIFAC : Commission des Ministres des Forêts d'Afrique Centrale), 2013, en ligne : http://www.comifac.org/Members/tvtchuante/directives-pop-ong-a-la-gestion-for.pdf (consulté le 30 juillet 2024).

DISCOURS PRONONCE AU CONSEIL DES GOUVERNEURS, par Robert S. Mac Namara, président, Banque mondiale, Nairobi, 1973.

FAO COMMITTEE ON FORESTRY, Doc. COFO-90/3 (a), Xè session, Rome, 24-28 septembre 1990.

FEM, *Projet approuvé par le Conseil du FEM en avril 2004 pour le Royaume du Maroc. Entités d'exécution : Banque mondiale (BM) et Programme des Nations Unies pour l'environnement (PNUE) : financement du FEM : 9,7 millions de dollars américains*.

FEM, *Références et directives pour les projets financés par le FEM*, Washington, Conseil du FEM, 2013.

FEM, *Stratégie du FEM dans le domaine d'intervention « Diversité biologique » pour FEM-4, Renforcement de l'engagement et du partenariat des populations locales avec le FEM*, GEF/C. 34/9, Washington, 2007-2010.

FONDS DES NATIONS UNIES POUR LA POPULATION, *Rapport sur l'état de la population mondiale 2023*, New York.

FONDS POUR L'ENVIRONNEMENT MONDIAL (FEM), *Participation du public aux projets du FEM approuvés par le Conseil en avril 2010*, GEF/C, 39/8/Rev.2, Washington, 2010.

FORUM INTERNATIONAL AUTOCHTONE SUR LA BIODIVERSITE (FIAB), *Septième réunion du Groupe de travail chargé d'examiner l'application de l'article 8 (j) et des dispositions connexes de la Convention sur la diversité biologique* (WG8j-7), Montréal, 2011.

GROUPE DE TRAVAIL PORTANT SUR L'ARTICLE 8 (J) ET GROUPE DE TRAVAIL RELATIF A L'ACCES ET AU PARTAGE DES

AVANTAGES. Conférence des Parties à la *Convention sur la diversité biologique*, DECISION V/6, *Article 8 (j) et dispositions connexes*, art. 2 ; CONFERENCE DES PARTIES A LA CONVENTION SUR LA DIVERSITE BIOLOGIQUE, Décision V/26, *Accès aux ressources génétiques*.

INSTANCE PERMANENTE SUR LES QUESTIONS AUTOCHTONES, *Etude sur la conformité des politiques et des projets relatifs aux changements climatiques aux normes énoncées dans la Déclaration des Nations Unies sur les droits des peuples autochtones*, Doc. N.U. E/C. 19/2010/7 (2 février 2010).

Lignes directrices (dites « directives ») pour l'élaboration d'une législation nationale sur l'accès a l'information, la participation du public et l'accès à la justice dans le domaine de l'environnement (Conseil d'administration/Forum ministériel mondial sur l'environnement sur les travaux de sa onzième session extraordinaire), 24-26 février 2010, UNEP/GCSS.XI.11, Annexe I, DECISIONS adoptées par le Conseil d'administration, SS.XI/5 : Droit de l'environnement, A.).

LIVRE BLANC SUR LA RESPONSABILITE ENVIRONNEMENTALE DE LA COMMISSION DES COMMUNAUTES EUROPEENNES, 9 février 2000.

OCDE, *Guider la transition vers le Développement durable : un rôle essentiel pour l'OCDE, Rapport du Groupe consultatif de haut niveau sur l'environnement au Secrétaire général de l'Organisation de Coopération et de Développement Economique*, 1997.

ORGANISATION DES ETATS AMERICAINS, *Rapport sur la situation des droits de l'homme en Equateur*, OEA/Ser.L/V/II.96, Doc. 10, Rev.1, 1997.

ORGANISATION DES NATIONS UNIES [ONU], *Recommandation de l'UNESCO concernant la protection sur le plan mondial du patrimoine culturel et naturel*, en ligne :
http://portal.unesco.org/fr/ev.phpURL_ID=13133&URL_DO_TOPIC&URL_SELECTION=201.html (consulté le 22 juin 2024).

Pacte international relatif aux droits civils et politiques, 19 décembre 1966, [1976] R.T. Can. n° 30 (entré en vigueur : le 23 mars 1976) [PIDCP].

Pacte international relatif aux droits économiques, sociaux et culturels, 16 décembre 1966, [1976] R.T. Can. n° 33 (entré en vigueur le 3 janvier 1976) [PIDESC].

PLAN D'ACTION DE JOHANNESBURG, dans *Rapport du Sommet mondial pour le développement durable*, Doc. Off. A.G. N.U., 2002, Doc. N.U. A/CONF. 199/20.

Premier rapport sur la prevention des dommages transfrontieres resultant d'activites dangereuses, Doc. Off. A.G. N.U., 50è sess., 1998, Doc. N.U. A/CN.4/487.

PRESIDENT DU GROUPE D'ETUDE, *Rapport de José Martinez Cobo à la Sous-Commission de la lutte contre les mesures discriminatoires et de la protection des minorités : Etude sur la discrimination à l'encontre des peuples autochtones*, Doc. N.U. E/CN.4/Sub.2/1986/7/Add.4.

Proclamation de Téhéran adoptée par la Conference internationale des droits de l'homme, 13 mai 1968.

PROGRAMME D'ACTION POUR LA DEUXIEME DECENNIE INTERNATIONALE DES POPULATIONS AUTOCHTONES, A/60/270.

PROGRAMME DES NATIONS UNIES POUR L'ENVIRONNEMENT [PNUE], *Programme des Nations Unies et la Norvège visant à réduire la déforestation et la dégradation des forêts dans les pays à forêt tropicale et préserver ou augmenter leur capacité de stockage de puits de carbone*, New York, Organisation des Nations Unies, 1ère édition 2008, en ligne : http://www.unredd.org/AboutUNREDDProgramme/tabid/583/Default.aspx (consulté le 26 juillet 2024).

PROGRAMME DES NATIONS UNIES POUR L'ENVIRONNEMENT [PNUE], *Troisième Rapport sur l'écart entre les besoins et les perspectives en matière de réduction d'émissions*, 2012, en ligne : http://www.unep.org/publications/ebooks/emissionsgap2012 (consulté le 29 juillet 2024).

PROGRAMME ONU-REDD, « Stratégies du programme ONU-REDD 2011-2015 », *un-redd.org*, 2 février 2011, en ligne : http://www.iisd.org/pdf/2011/redd_programme_strategy_2011_2015_fr.pdf (site consulté le 18 juin 2024).

PROJET DE DECISION DU SBSTA (FCCC/SBSTA/2009/L.19/Add.1) *Orientations méthodologiques pour les activités relatives au mécanisme REDD+*.

Protocole additionnel à la Convention américaine relative aux droits de l'homme, 17 novembre 1988, OAS Treaty Series 69 (entré en vigueur : le 16 novembre 1999).

Protocole additionnel à la Convention de San José et portant sur les droits économiques, sociaux et culturels, 17 novembre 1988, 1989 ILM, 1989, 1988, O.A.S.T.S., n° 69 (entré en vigueur le 16 novembre 1999).

Protocole additionnel à la Convention relative à la protection du Rhin contre la pollution par les Chlorures du décembre 1976, 25 septembre 1991.

Protocole de Cartagena sur la prévention des risques biotechnologiques relatifs à la Convention sur la diversité biologique, 29 janvier 2000, 39 I.L.M. (2000) 1027.

Protocole de kyoto à la Convention-Cadre des Nations Unies sur les changements climatiques, 11 décembre 1997, (2005) 2303 R.T.N.U. 148, en ligne : http://unfccc.int/resource/docs/convkp/kpfrench.pdf (consulté le 23 avril 2024).

Protocole à la Convention de Londres de 1972 sur la prévention de la pollution des mers résultant de l'immersion des déchets et autres matières, (1996) 1997 36 ILM.

Protocole de Nagoya sur l'accès aux ressources génétiques et le partage juste et equitable des avantages découlant de leur utilisation (APA) relatif à la Convention sur la diversité biologique, 29 octobre 2010, UNEP/CBD/COP/DEC/X/1 (entré en vigueur le 12 octobre 2014).

Protocole relatif à la Charte africaine des droits de l'homme et des peuples, portant création d'une Cour africaine des droits de l'homme et des peuples, 10 juin 1998 (entré en vigueur le 25 janvier 2004).

Rapport de la Commission à l'Assemblée Générale sur les travaux de sa cinquante-troisième session, Projet d'articles sur la prévention des dommages transfrontières résultant d'activités dangereuses et commentaires y relatifs, Doc. N.U. A/56/10 dans *Annuaire de la Commission du droit international 2001*, vol. 2, partie 2, New York, N.U., 2001.

Rapport de la Commission du droit international sur les travaux de sa 48è session, Doc. Off. A.G. N.U., 51è sess., suppl. n° 10, Doc. N.U. A/51/10 (1996).

Rapport de la Commission du droit international, Doc. Off. A.G. N.U., 56è sess., suppl. n° 10, Doc. N.U A/56/10 (2001), *Rapport de la Commission du droit international*, Doc. Off. A.G. N.U., 61è sess., suppl. n° 10, Doc. N.U. A/61/10 (2006).

Rapport de la conference de rio sur l'environnement et le developpement, Action 21, Chap. 11, Doc. N.U. A/CONF.151/26/Rev.1 (1992).

Rapport du comite sénatorial permanent des droits de la personne aux Etats-Unis, Améliorer le rôle du Canada dans l'Organisation des Etats américains : l'adhésion du Canada à la Convention américaine relative aux droits de l'homme, 2003.

Rapport du Secrétaire Général de la Conference, dans *Actes de la Conférence des Nations Unies sur le commerce et le développement*, Doc. Off. CES N.U., 1964, Doc. N.U. E/CONF. 46/41, vol. II (1965), *Rapport du Secrétaire Général des Nations Unies, Changements mondiaux et développement durable : les grandes tendances*, E/CN.17/1997/3 et Corr.1.

Rapport sur la situation des droits de l'homme d'une partie de la population Nicaraguayenne d'origine Miskito, OEA/Ser.L/V/II.62, Doc. 26. (1984) 76-78, 81, *Rapport sur la situation des droits de l'homme en Equateur*, OEA/Ser.L/V/II.96 Doc. 10, Rev.1 (1997), 103-4 ; *Troisième Rapport sur la situation des droits de l'homme dans la République du Guatemala*, OEA/Ser. I/V/II.67, Doc. 9 (1986), 114.

RAPPORTEURE SPECIALE, *Rapport d'Erica-Irène DAES à la Sous-Commission de la promotion et de la protection des droits de l'homme : Souveraineté permanente des peuples autochtones sur leurs ressources naturelles*, Doc. N.U. E/CN.4/Sub. 2/2004/30 (13 juillet 2004).

Recommandation générale XXIII (51) concernant les peuples autochtones, Adoptée à la 1235è Réunion du Comité des Nations Unies sur l'élimination de la discrimination raciale, le 18 août 1997, Doc. N.U. CERD/C/51/Misc.13/Rev.4.

Recommandation sur les principes directeurs relatifs aux aspects économiques des politiques de l'environnement sur le plan international C (27) 128 ; Recommandation sur la mise en œuvre du principe pollueur-payeur C (74) 223.

SECRETARIAT DE LA CONVENTION SUR LA DIVERSITE BIOLOGIQUE, *CBD thamatic report on protected areas- Guatemala* (Spanish version), 2003, en ligne : http://cbd.int/doc/world/gt/gt-nr-pa-es.pdf (consulté le 22 juin 2024).

SECTION B DE L'ANNEXE A LA DECISION UNEP/CBD/V/6 ET SECTION C DE L'ANNEXE A LA DECISION UNEP/CBD/V/6.

Traité pour la protection et la préservation des phoques à fourrure, 1991.

Traité relatif aux eaux limitrophes et aux questions originant le long de la frontière entre le Canada et les Etats-Unis d'Amérique, 1985.

Traité sur l'Union européenne, *Journal officiel* n° C-115, 9 mai 2008.

Traité sur le fonctionnement de l'Union européenne, *Journal officiel de l'Union européenne*, 26 octobre 2012, 2012/C 326/01.

TRANSFORMER NOTRE MONDE, *Le Programme de développement durable à l'horizon 2030*, Rés. 70/1, Doc. Off. A.G. N.U., 70è sess., suppl. n° 15 et 116, Doc. N.U. A/RES/70/1 (2015).

UNEP, *Convention sur la diversité biologique : Journée internationale des peuples autochtones*, Montréal, 2006.

UNEP, *Diversité biologique des forêts : état et évolution, et opinions visant la conservation et l'utilisation durable*, UNEP/CBD/SBSTTA/5/8/25, 2000.

UNEP/CBD/COP/11/8 *Mise en correspondance du cadre quadriennal 2010-2014 pour les domaines prioritaires définis à la Conférence des Parties et de la stratégie adoptée dans le domaine d'intervention diversité biologique* pour FEM-5, 2012.

UNEP/CDB/COP/7/21 et Annexe 1, *Affinement et élaboration de l'approche par écosystème sur la base des expériences des Parties dans sa mise en œuvre* ; UNEP/COP/V/6, Annexe A- *Description de l'approche par écosystème*.

UNION INTERNATIONALE POUR LA CONSERVATION DE LA NATURE (UICN), Rés. 164 sur l'adoption du principe de *non-régression*. Adoptée par 95,36% des ONG et 90% des Etats à Jeju en Corée du Sud, 2012.

UNITED NATIONS DEPARTMENT OF ECONOMIC AND SOCIAL AFFAIRS/POPULATION DIVISION, *World Population Prospects: The 2015 Revision*, Key Findings and Advance Tables, 2015.

WT/DS76/R Rapport du Groupe Spécial, 27 octobre 1998, Confirmé par l'Organe d'appel WT/DS76/AB/R, 22 février 1999.

Annexe

Cadre de participation locale au programme REDD+

Critères concrets	*Indicateurs* précis
Phase 1 : Préparation ou conception du programme REDD+.	
1. Formation des vulgarisateurs par les experts du REDD+ et experts en Technologies de l'Information et de la Communication (TIC) de la CCNUCC. Il s'avère indispensable d'assurer l'implication des communautés concernées aux études proposées à la formation sur le mécanisme REDD+.	1.1. Les vulgarisateurs seront formés d'abord, dans les secteurs de la gestion des forêts et des terres. 1.2. Ensuite, la formation sera portée sur les aspects généraux et spécifiques du mécanisme REDD+. La gestion des forêts et des terres mise sur les savoirs et systèmes/techniques traditionnels spécifiques à chaque communauté locale et autochtone. 1.3. Enfin, la formation sera axée sur les connaissances techniques, le transfert de savoir-faire indispensables à la mise en route du REDD+. Toutefois, seront mis en avant le concept du REDD+, ses principes fonctionnels et ses objectifs. Ainsi, s'appliqueraient la stratégie de mise en œuvre des activités du REDD+, la nature, les bénéfices, les risques du programme à l'environnement et aux populations tributaires des forêts. Les outils de communication utilisables seront : *Internet*, diapositives, boîte à image. La production et l'exploitation de ces outils tiennent compte des savoirs et techniques traditionnels.
2. Représentativité de l'équipe de formation des vulgarisateurs. Cette équipe s'intéressera de façon prioritaire aux besoins spécifiques des communautés locales et autochtones.	2.1. Les experts du REDD+ et ceux en TIC seront constitués par une équipe tripartite comme suit : 2.1.1. Une équite du Programme UN-REDD et du Fonds de Partenariat pour le Carbone Forestier (FCPF) de la Banque

mondiale ainsi que les promoteurs de projets. Cette équipe sera composée de spécialistes en matière de gestion des forêts et des terres et au REDD+ désignée par ces bailleurs de fonds en fonction d'*indicateurs* des PED Parties à ce processus ;

2.1.2. Une équipe des mandataires publics sera choisie par les Ministères de l'Environnement des PED en fonction des compétences en gestion des forêts et des terres et au REDD+ ;

2.1.3 Une équipe des représentants des communautés locales et autochtones compétente en gestion des forêts et des terres et au REDD+. Elle sera désignée par la communauté lors d'une rencontre informelle. En cas de dissidence, les représentants seront élus aprè un sondage d'opinion, de manière qu'ils soient reconnus et acceptés effectivement comme porte-parole et défenseurs des intérêts de ces communautés sous l'égide des chefs de groupes.

2.2. Une représentation équitable et équilibrée de l'équipe tripartite sera assurée et adaptée en fonction des besoins spécifiques des communautés locales et autochtones.

3. Préparation des plans et stratégies REDD+ par les gouvernements des PED de concert avec les populations locales, y compris les documents à transmettre aux bailleurs de fonds. Cette équipe bipartite (gouvernement- représentants des communautés) se penchera sur les critères de développement durable.	3.1. La *participation pleine et entière* des représentants des communautés locales et autochtones dans l'élaboration, l'interprétation et la mise en œuvre des plans REDD+, y compris la rédaction des documents adressés aux bailleurs de fonds (Programme UN-REDD, FCPF et autres). Les communautés locales et autochtones seront choisies en fonction des compétences lors d'une consultation informelle. 3.2. Une représentativité équitable et équilibrée entre les représentants des communautés, les mandataires du pouvoir public (égalité du statut) dans les structures du REDD+ lors de la prise de décisions. Cette représentation bipartite aura pour mission : (i) de définir les orientations et les directives et de décider des actions à mener dans le cadre du REDD+ ; (ii) d'assurer le suivi, le contrôle et l'évaluation de la mise en œuvre du processus REDD+ ; (iii) de mettre en place un fonds pour la gestion et la redistribution des subventions et des ressources provenant du mécanisme REDD+. 3.3. Les représentants des communautés locales ainsi que ceux des gouvernements s'attacheront à : (i) réaliser l'étude socioéconomique, culturelle, biologique de chaque région ; ainsi pourront être mises au jour les différences de perception de la forêt et des pratiques traditionnelles de son exploitation ; (ii) identifier les concepts, les objectifs du projet et des sites à exploitation du REDD+. Sur cette question, il serait bénéfique de

	respecter le *savoir écologique traditionnel* (SET) des communautés et leurs *systèmes traditionnels de gestion des terres et des forêts* dans la prise de décisions ; (iii) repérer les risques écologiues, de nuisance des moyens de subsistance des communautés et les gérer au fur et à mesure de l'avancement du projet. Les besoins spécifiques des communautés locales seront évoqués à ce niveau et traités pour leur satisfaction progressive au regard des droits coutumiers sur les terres et ressources.
4. Représentativité au niveau des bailleurs de fonds (Programme UN-REDD, FCPF et autres), des mandataires du pouvoir public et des communautés locales. Il serait primordial de mettre à profit l'expertise des membres des communautés afin d'obtenir des résultats positifs sur le projet proposé.	4.1. Une équipe des mandataires du pouvoir public, ainsi que des représentants des communautés locales siégeront dans les structures des bailleurs de fonds (Programme UN-REDD, FCPF et autres) avec un statut égal lors des délibérations dans les prises de décisions. 4.2. Les mandataires du pouvoir public sont des experts en gestion des terres et des forêts ainsi au REDD+ et désignés par les administrations forestières. 4.3. Les représentants des communautés seront choisis lors d'une consultation informelle. Leur mission consisterait à faire le suivi des documents transmis aux bailleurs de fonds. Il s'agit d'assurer la gestion et l'affectation des fonds destinés au renforcement des capacités institutionnelles, dans la mise en place du processus REDD+

	aux échelons national, provincial/régional et local.
5. *Information* des populations sur la nature, les objectifs et les bénéfices de l'outil REDD+. D'abord, nous proposons un délai minimum de 6 mois pour assurer le volet « *information* » et de 8 mois lorsque le projet comporte un impact sur les moyens de subsistance des communautés. Ensuite, nous suggérons la mise à contribution des communautés des localités éloignées (prévoir un délai supplémentaire de 45 jours sur la sensibilisation et la vulgarisation du REDD+).	5.1. Le pilier « *information* » sera assuré par une équipe tripartite : (i) promoteurs de projets REDD+, (ii) mandataires du pouvoir public, (iii) représentants des communautés locales vulgarisateurs formés. 5.2. Leurs missions : (i) élaborer les programmes d'activités : zonages, règles à observer par les uns et les autres ; (ii) mettre en place des Assemblées locales aux différents niveaux (des représentants seront désignés lors d'un travail de consultation informelle par la communauté) ; (iii) organiser des séries de formation (ateliers, séminaires en *langue locale*, soulignons-le) pour vulgariser les bonnes pratiques et les règles à suivre. 5.3. Les animateurs ainsi formés assureront la *sensibilisation* et la *vulgarisation*, en utilisant les médias : radio et télévision communautaires, assemblée villageoise locale, théâtre, musique, crieurs publics et conteurs, affiches, *Internet* (TIC), T-shirts et autres gadgets, vidéo, projection des films, visites intercommunautaires. A ce propos, les animateurs auront la tâche de susciter une interaction intense par le dialogue au sein de la communauté et entre les populations et les promoteurs d'activités de projets REDD+.
6. *Consultation* et mis en discussions : recueillir les observations des communautés locales et autochtones. Il convient aux communautés d'enrichir le	6.1. Les promoteurs de projets sous l'assistance des mandataires publics et des représentants des communautés locales auront à : (i) recenser les divers

projet retenu ; qu'il soit centré sur les écosystèmes. S'assurer que les besoins étudiés s'orientent en faveur des communautés locales et autochtones.

problèmes/risques et priorités soulevés par les populations, touchant les écosystèmes et les communautés locales. Lorsque le projet a des répercussions sur les revenus et les moyens d'existence des communautés locales, en particulier des groupes défavorisés, on recueillera le maximum d'idées observées et acceptées pour la mise en place du projet proposé ; (ii) réflechir et identifier les pistes de solution les mieux adaptées à la lumière des *connaissances traditionnelles en se fondant sur l'expertise locale* : les communautés locales peuvent contribuer à l'enrichissement du projet par le biais de ses apports au profit des écosystèmes ; (iii) créer une dynamique se traduisant par un recensement des problèmes et des potentialités existantes et la suggestion des pistes de solution réalisables localement.

6.2. Les mécanismes traditionnels de communication, les pratiques, le savoir faire traditionnels seront recensés et pris en considération.

7. *Participation- appropriation-adhésion* des communautés locales aux objectifs des activités de projets REDD+. L'équipe ayant identifié les concepts, les objectifs, ainsi que le choix des sites du projet, crée des otils en portant attention aux droits fondamentaux et aux intérêts des communautés locales et autochtones.

7.1. Les communautés locales s'impliquent à l'identification des *concepts* et des *objectifs* ainsi qu'au *choix des sites* du projet.

7.2. Les promoteurs de projets avec l'assistance des représentants des communautés et ceux des mandataires publics dresseront une *Fiche Descriptive du projet REDD+*. Cette fiche indiquera les observations communautaires et les modalités prises en considération. Il serait intéressant que ces observations s'appuient sur les

	savoirs locaux et respectent les *systèmes traditionnels de gestion des forêts et des terres* garantissant les droits et intérêts des communautés. 7.3. La *Fiche Descriptive du Projet REDD+* sera transmise aux Secrétariats techniques du Programme UN-REDD et du FCPF, selon le cas, pour s'assurer de la prise en compte des observations communautaires. Cette fiche indiquera la *participation*, l'*appropriation* et l'*adhésion* à l'ensemble des objectifs des activités de projets REDD+ par les communautés locales.
II. *Phase II. Du REDD+ : l'application des activités de projets REDD+.*	Une Commission mixte assurera un pouvoir partagé, la codécision et la cogestion, en permanence la table ronde de concertation.
III. *Phase III du processus REDD+ : Suivi et évaluation des résultats des activités de projets REDD+.* La Commission mixte s'occupera du suivi des activités et de l'évaluation régulière de l'impact et des répercussions socioéconomiques du REDD+.	Deux Commissions de supervision seront instituées à cet effet ; la Commission Economique (s'occupera des résultats économiques) et la Commission Sociale (se chargera des retombées sociales). Ces Commissions auront une reprsentativité équitable et équilibrée entre tous les partenaires du REDD+, y compris les populations locales, dont seront chargées : (i) d'identifier les sources éventuelles de blocage et d'effectuer une revue panoramique critique du processus et, de l'application de la stratégie, notamment grâce aux enquêtes de satisfaction. Ces dernières se dérouleront au sein des communautés à l'aide d'une Fiche de Satisfaction (sondage d'opinion) sur les résultats du projet tout en utilisant les médias (radio et télévision

communautaires, *Internet*, crieurs publics et conteurs, affiches) ;

(ii) de relancer le programme par l'identification de nouvelles cibles prioritaires, en fonction de cette revue panoramique. Le cas échéant, les Commissions Economique et Sociale assureront aussi la résolution des conflits entre les différents acteurs du projet REDD+.

IV. *Phase IV du REDD+ : autopromotion ou autodéveloppement local.*

La Commission mixte appréciera l'épanouissement social et économique des populations locales, notamment celles qui dépendent des ressources forestières pour leur survie. Cette Commission se chargera du suivi des activités et des évolutions, sans oublier l'évaluation de chacune des étapes. En cas d'obstacles, s'imposera une recherche de solution favorable au projet, par consensus.

La Commission mixte dressera le bilan du nombre d'emplois créés ; du nombre de ménages ayant électrifiés leur foyer ; du nombre des infrastructures installées en soins de santé, en éducation ; du nombre de *puits* en pompage d'eau potable ; etc. Cette Commission élaborera une perspective de croissance à court, moyen et long termes dans les localités. Elle motivera les gains obtenus par la mise en œuvre du processus REDD+ dans les collectivités locales. La Commission réalisera la programmation de nouvelles actio ns en lien au développement.

Table des matières

Structures éditoriales du groupe L'Harmattan

L'Harmattan Italie
Via degli Artisti, 15
10124 Torino
harmattan.italia@gmail.com

L'Harmattan Hongrie
Kossuth l. u. 14-16.
1053 Budapest
harmattan@harmattan.hu

L'Harmattan Sénégal
10 VDN en face Mermoz
BP 45034 Dakar-Fann
senharmattan@gmail.com

L'Harmattan Cameroun
TSINGA/FECAFOOT
BP 11486 Yaoundé
inkoukam@gmail.com

L'Harmattan Burkina Faso
Achille Somé – tengnule@hotmail.fr

L'Harmattan Guinée
Almamya, rue KA 028 OKB Agency
BP 3470 Conakry
harmattanguinee@yahoo.fr

L'Harmattan RDC
185, avenue Nyangwe
Commune de Lingwala – Kinshasa
matangilamusadila@yahoo.fr

L'Harmattan Congo
219, avenue Nelson Mandela
BP 2874 Brazzaville
harmattan.congo@yahoo.fr

L'Harmattan Mali
ACI 2000 - Immeuble Mgr Jean Marie Cisse
Bureau 10
BP 145 Bamako-Mali
mali@harmattan.fr

L'Harmattan Togo
Djidjole – Lomé
Maison Amela
face EPP BATOME
ddamela@aol.com

L'Harmattan Côte d'Ivoire
Résidence Karl – Cité des Arts
Abidjan-Cocody
03 BP 1588 Abidjan
espace_harmattan.ci@hotmail.fr

Nos librairies en France

Librairie internationale
16, rue des Écoles
75005 Paris
librairie.internationale@harmattan.fr
01 40 46 79 11
www.librairieharmattan.com

Librairie des savoirs
21, rue des Écoles
75005 Paris
librairie.sh@harmattan.fr
01 46 34 13 71
www.librairieharmattansh.com

Librairie Le Lucernaire
53, rue Notre-Dame-des-Champs
75006 Paris
librairie@lucernaire.fr
01 42 22 67 13

www.ingramcontent.com/pod-product-compliance
Lightning Source LLC
LaVergne TN
LVHW011305061026
849535LV00005B/1408
* 9 7 8 2 3 3 6 4 9 4 8 3 8 *